EDGAR WOLFRUM

DER AUFSTEIGER

Eine Geschichte Deutschlands
von 1990 bis heute

KLETT-COTTA

Klett-Cotta
www.klett-cotta.de
© 2020 by J. G. Cotta'sche Buchhandlung
Nachfolger GmbH, gegr. 1659, Stuttgart
Alle Rechte vorbehalten
Printed in Germany
Cover: Rothfos & Gabler, Hamburg
unter Verwendung eines Fotos von © plainpicture
Gesetzt von Dörlemann Satz, Lemförde
Gedruckt und gebunden von GGP Media GmbH, Pößneck
ISBN 978-3-608-98317-3

Bibliografische Information der Deutschen Nationalbibliothek
Die Deutsche Nationalbibliothek verzeichnet diese Publikation in der
Deutschen Nationalbibliografie; detaillierte bibliografische
Daten sind im Internet über http://dnb.d-nb.de abrufbar.

INHALT

ANHANG

EINLEITUNG:
WANDLUNGEN

Bis 1989/90 war – unter der Glocke des Ost-West-Konflikts – die Geschichte des demokratischen Teils Deutschlands, der Bundesrepublik, relativ ruhig verlaufen, innen- wie außenpolitisch, und so konnten die Deutschen im Westen nach dem Zivilisationsbruch des Nationalsozialismus in einem langen Lernprozess und im Wechsel der Generationen ein relativ »normales« Volk werden. Im Osten Deutschlands herrschte weiterhin eine Diktatur, die sich im Wesentlichen gegen das eigene Volk richtete. Die Friedliche Revolution von 1989, als Ostdeutsche Freiheit und Einheit erkämpften, sowie günstige internationale Konstellationen haben diese hinweggefegt. So sind zwei ungleiche Brüder konfliktreich zusammengekommen. »Was war das noch für 'ne Einigkeit, als wir geteilt noch waren«, formulierte es das Kabarett *Die Distel* 1990. Seither hat das wiedervereinigte, das »neue« Deutschland im Inneren, aber auch als globaler Akteur, Entwicklungen zurückgelegt, die zuvor undenkbar gewesen wären. Die Macht in der Mitte Europas wandelte sich auf fast allen Feldern.

Dieses Buch handelt von diesem neuen Deutschland – von 1990 bis zur Gegenwart des Jahres 2019. Es untersucht und schildert etwas, das die deutsche Geschichte von 1949 bis 1990 in diesem Ausmaß nicht gekannt hatte: große

Veränderungen, Suchbewegungen, die sich aus der neuen
Stärke in einer unübersichtlicher gewordenen Welt ergaben – Wandlungen. Dies ist die Perspektive der Darstellung.
Um das Neue und den Wandel sichtbar zu machen, werden im Folgenden immer wieder kurze Vergleiche zur »alten« Bundesrepublik gezogen. Das Neue reicht dabei von
schleichenden Veränderungen im Parteiensystem oder der
gesellschaftlichen Erregung bis hin zu den großen Fragen
wie Krieg und Klimawandel.

Die Untersuchung schließt an meine Studie zur Geschichte der alten Bundesrepublik Deutschland von ihren
Anfängen bis 1990 an, der ich 2006 den Titel *Die geglückte
Demokratie* gegeben habe. Die Bundesrepublik war insgesamt erfolgreich, die deutsche Geschichte nahm somit einen
anderen Verlauf als so oft davor. Glück ist nie nur eigenes
Verdienst, sondern es ist immer auch das Glück der Um-
stände. Die alte Bundesrepublik Deutschland war, so hat es
Bundespräsident Richard von Weizsäcker mir gegenüber
einmal ausgedrückt, eine »trotz allem« geglückte Demokratie. Der Optimismus hat mich auch beim Schreiben dieses
nun vorliegenden Buches nicht verlassen, man sollte ihn
niemals verlieren. Deutschland erscheint noch immer als
stabiles Land, vieles ist geglückt, und in vielem haben die
Deutschen auch wiederum einfach Glück gehabt. So haben sie mit der Wiedervereinigung 1990 eine zweite Chance
erhalten und konnten wie keine andere Nation in Europa
vom Euro und von der Globalisierung profitieren.

Und doch mischen sich in diese Sicht, betrachtet man
das neue Deutschland seit 1990, zahlreiche Misstöne hinein.
Deutschland: Im Inneren eine verunsicherte Demokratie
und im Äußeren ein zaudernder Riese? Solche Fragen überraschen gerade deshalb, weil nach der Wiedervereinigung

alles so positiv ausgesehen hatte. Es hatte eine regelrechte Hochstimmung geherrscht. Deutschland hatte seine 40-jährige Teilung überwunden, der Kalte Krieg war zu Ende – was hätte man sich, zumal als Deutscher, mehr wünschen können? Doch mit der neuen Rolle und auch mit den von außen herangetragenen Erwartungen kam man nicht immer zurecht. Daraus ergibt sich die grundsätzliche Frage: Welche deutschen Traditionen blieben auch nach 1990 erhalten – sie waren teilweise sehr alt und hatten ihre Wurzeln in der Weimarer Republik oder gar in der Revolution von 1848 – und welche Neuerungen und Wandlungen kamen hinzu?

Dass sich in der Bundesrepublik Deutschland seit 1990 vieles geändert hat, zeigt sich an ihrem Handeln auf der europäischen und internationalen Bühne ebenso wie an innenpolitischen, gesellschaftlichen und soziokulturellen Aspekten. Unter diesem Fluchtpunkt, der nach Veränderungen fragt, ist ebenfalls einzubeziehen, dass seit der Wiedervereinigung zwei geteilte Vorgeschichten der gesamtdeutschen Gegenwart existieren. Es geht also auch darum, wie man die beiden getrennten Geschichten, die der BRD und die der DDR, zusammenführen und eine gesamtdeutsche Geschichte nach 1990 schreiben kann, da doch die historischen Voraussetzungen und Erfahrungen der Deutschen in West und Ost so unterschiedlich waren.

Die großen Zäsuren nach der Wiedervereinigung ereigneten sich besonders auf internationaler Ebene. 9/11 ist nur eine von ihnen. Der Krieg wurde wieder zum Kennzeichen der Epoche. Dort, im Internationalen, war das vereinigte Deutschland mit einem Mal nicht nur ein ökonomischer, sondern auch ein politischer Riese, auf den die Augen der Welt gerichtet waren. Eine Ordnung beruht, ganz grundsätzlich betrachtet, auf Hegemonie oder Gleichgewicht. Wo

eine Hegemonie nicht möglich ist, erfordert es eine mul-
tipolare Ordnung. Der Versuch, die Welt zu verwestlichen,
kann 30 Jahre nach dem Epochenbruch um 1990 als gescheitert gelten. Deutschland war mittendrin und bedeutender
Akteur dieser turbulenten Umbruchzeit. Auch die Finanzkrise seit 2008 veränderte die Welt. Sie teilt die Tektonik
der Weltwirtschaft in zwei Phasen: Vor dem Crash gab es
eine 50 Jahre während Phase des immer steiler werdenden
Aufstiegs, danach folgte ein beschwerlicher Weg des Weiter-
kommens. Islamistischer Terrorismus, Kriege, die Rückkehr
des Nationalismus – alles wirkte sich auch auf Europa und
Deutschland aus. Man musste in den Problemlagen einer
Welt, die aus den Fugen geraten war, agieren. Neue Problemlagen traten auf allen Gebieten hinzu, insbesondere
Klimawandel, Flucht und Migration sind an dieser Stelle zu
nennen. Die Informationsgesellschaft, Digitalisierung und
Big Data führten zu einer Transformation alltäglicher Lebenswelten und damit verbundener Chancen und Herausforderungen.

Dass all diese Aspekte Nationales, Europäisches und Globales in einen ständigen Austausch brachten, dass perma-
nente Wechselwirkungen die Wirklichkeit bestimmten,
heizte den Wandel an und ließ Unruhe, Angst und Pessimismus in der Mitte der Gesellschaft aufkommen. Außenpolitisch bildeten die Erweiterung Europas, 9/11 und die Finanzkrise die großen Einschnitte. Innenpolitisch waren es
die Erschöpfungsphase der Ära Kohl und die Wiederverein-
gungskrise in den 1990er Jahren, die rot-grüne Ära zwischen
1998 und 2005, in der sich die Republik in beschleunigtem
Wandel befand, sowie die lange Regierungszeit Angela Merkels, als Deutschland zum europäischen Hegemon aufstieg.
»Deutschlands Wiederkehr«[1] nach 1990 war im Wechsel der

Weltpolitik und angesichts großer und kleiner Gräben im Inneren – Resultat einer Gesellschaft, die nach langer Teilung erst wieder zusammenwachsen musste – viel konfliktreicher als die Geschichte von 1945 bis dahin.

Der Aufsteiger, wie der Titel dieses Buches lautet, hat natürlich seine Grenzen, doch kommen in diesem Bild viele Facetten und Wandlungen gut zum Ausdruck. Deutschland stieg nach 1990 in die erste Liga der Staatengemeinschaft auf – wo es zuvor nur auf wirtschaftlichem Gebiet zu finden war, Wirtschaftswunderland war es seit Mitte der 1950er Jahre gewesen. Infolge der unverhofften deutschen Einheit trat zur Wirtschaftsmacht auch der politische Aufstieg hinzu, eine Karriere sondergleichen, die das Land erst akzeptieren oder verkraften musste. Viele hatten es sich bequem gemacht und sich eingehaust in einer Art »Superschweiz«. Die Erwartungen von außen waren hingegen enorm; dass manches davon nicht eintraf, lag nicht allein an überzogenen Wünschen, sondern auch am deutschen Selbstzweifel sowie an inneren, gesellschaftlichen und vergangenheitspolitischen Beschränkungen. So gebärdete sich der Aufsteiger nicht nur als Musterknabe oder gelegentlich als Streber, manchmal haftete ihm auch etwas Unstetes an. Er war unsicher und rang mit seinem Status. Solche Statusunsicherheiten wurden auch im Inneren sichtbar. Nicht allein, dass die Deutschen trotz größten Wohlstands in Rankings zu den »unglücklichsten Völkern« der Welt zählten, es brach im Land auch eine neue Fragilität durch, die nicht allein den west-östlichen Problemen der »inneren Einheit« geschuldet war. Die Deutschen als Musterschüler der Demokratie – dieses Bild bekam Risse, neue Verunsicherungen durchzogen Staat und Gesellschaft. Überall Polarisierungen: Für die einen wurde Deutschland zum Sehnsuchtsort, andere sahen ängstlich oder mit Furcht

auf die neue Macht in der Mitte Europas. All diese Zuschreibungen und Wechselwirkungen schimmern durch, wenn
die Assoziation des Aufsteigers geweckt wird.

Alle Geschichte ist offen, doch das gewordene Heute be-
darf einer Erzählung und fortlaufender Klärung. In aller
Vorläufigkeit, derer sich die gegenwartsnahe Zeitgeschichte
bewusst ist, geht es im Folgenden darum, unser Heute aus
der jüngsten Vergangenheit heraus zu erklären und zu verstehen. Der französische Deutschlandexperte Daniel Vernet von der Zeitung *Le Monde* verwies Anfang der 1990er
Jahre auf Napoleon, der einmal meinte, der Naturzustand
der Deutschen sei das Werden und nicht das Sein.[2] Ob diese
Aussage gegenwärtig auch noch Gültigkeit besitzt?

1.

ZAUDERNDER RIESE UND
VERUNSICHERTE DEMOKRATIE?

Fragen an Deutschland

Mit der Wiedervereinigung von 1990 hat sich die Bundesrepublik verändert, sie ist territorial größer und bevölke-
rungsreicher geworden, und gleichsam über Nacht ist dieses neue Deutschland, die Berliner Republik, in die Rolle
einer kontinentalen Großmacht mit weltpolitischem Gewicht geschlüpft. Auch die Selbstdarstellung der Bundesrepublik Deutschland wandelte sich allmählich, und in Europa machten sich Ängste breit, wie dieser bis dahin relativ
»gütige Hegemon« agieren werde. Gleichzeitig wiesen weltweite Umfragen darauf hin, dass Deutschland zum »beliebtesten« Land der Welt geworden sei, eine Entwicklung, die
1945 völlig unvorstellbar gewesen war. Auf dem Land selbst
lasteten die Probleme der »inneren Einheit«. Deutschland
war ein zwischen Ost und West gespaltenes Land, und es
breitete sich ein Pessimismus in der Mitte der Gesellschaft
aus, der die Republik zu beschädigen drohte. Zaudernder
Riese nach außen, verunsicherte Demokratie im Inneren?
   Die Wiedervereinigung Deutschlands am 3. Oktober
1990 bedeutete die Lösung eines Jahrhundertproblems: der
deutschen Frage. Drei Dinge waren dadurch geklärt, erstens
wo Deutschland lag, wo seine Grenzen verliefen, zweitens

die alte Frage, ob im Zweifel Freiheit oder Einheit der Vorrang gebührte, denn nun gab es eine Wiedervereinigung in Frieden und Freiheit, und drittens war Deutschland kein Problem der europäischen Sicherheit mehr, es war in die Europäische Union, in die NATO und in viele andere Organisationen supranational eingebunden.[1] Die alte deutsche Krankheit, ein Schwanken zwischen Ost und West, war kuriert.

Doch was folgte aus all dem? Was war die neue Bundesrepublik? Strotzte sie vor Stärke oder war sie nur »halbstark«? War sie ein Export- und auf internationaler Ebene bald auch ein Moralweltmeister und lebte ganz aus der Eigenperspektive? Der deutsche Nationalismus war mehrheitlich weder stolzgeschwellt noch wild noch arrogant. Er war schwierig und gelangte als das Negativ eines überbordenden Nationalgefühls zum Ausdruck. Das deutsche Selbstbild, so sahen es internationale Beobachter 2018, lud zum »Merkeln« ein, womit sie ein Durchlavieren der deutschen Politik, ein Zeitschinden, eine Entscheidungsvermeidung meinten,[2] wie sie die Bundeskanzlerin Angela Merkel kennzeichnete. Die stärkste Nation Europas habe sich, so das Fazit, erfolgreich eingehaust und werde ihrer Verantwortung nicht gerecht.

Die Ambivalenz der Außenwahrnehmung Deutschlands war enorm. Auf der einen Seite standen jene, die seine Leistungen bewunderten und Deutschlands gleichsam missionarische Rolle für Europa priesen, auf der anderen Seite jene, die vor einer Dominanz Deutschlands warnten und dabei eine neue unheilvolle »deutsche Frage« kommen sahen. Dazwischen gab es alle nur erdenklichen Schattierungen der einen wie der anderen Sichtweise.

Die größten Bewunderer Deutschlands kamen ausgerechnet aus jenen Ländern, in denen die öffentliche Meinung nicht eben deutschlandfreundlich war: aus Großbritannien und Italien. *Reluctant Meister*, der zurückhaltende Meister, oder der Meister, der seine Rolle nur ungern ausübt, hieß ein Buch des bekannten britischen Journalisten Stephen Green aus dem Jahr 2014.[3] Nicht nur, dass er darin darlegte, wie vorbildlich die Deutschen mit dem Nationalsozialismus und ihren Verbrechen umgegangen seien; seine Bewunderung für Deutschland wurzelte in dessen kulturellen Errungenschaften: Keine Kultur des gesamten Planeten sei größer und imposanter als die Deutschlands; der kulturelle und intellektuelle Beitrag Deutschlands sei weltweit einzigartig. Kritiker meinten, hier schlage vor allem die für einen Teil der britischen Intellektuellen typische Begeisterung für Deutschland durch.

Dies ließe sich vielleicht auch für den in Deutschland bekanntesten britischen Historiker sagen: Neil MacGregor. Kaum ein Historiker aus dem Vereinigten Königreich hatte solch einen publizistischen wie institutionellen Erfolg in Deutschland wie er. Immerhin war er von 2002 bis 2015 Direktor des British Museum, bevor er zum Intendanten des Humboldt Forums berufen wurde, einer der wichtigsten kulturpolitischen Manifestationen und des größten Prestigeprojektes der Berliner Republik. 2015 wurde er mit der Goethe-Medaille und dem Deutschen Nationalpreis ausgezeichnet. MacGregor versuchte in einer Radiosendung, seinen Landsleuten die Deutschen in ihrer Geschichte, insbesondere in den letzten 500 Jahren seit Martin Luther, zu erklären. Auf Deutsch hieß sein Buch dann *Deutschland. Erinnerungen einer Nation*.[4] Wer die Sendungen in Großbritannien verfolgte und wer das Buch in Deutschland las, glaubte sofort zu verstehen, warum die Deutschen so sind, wie sie sind. Nur ein Brite mit seinem unterhaltsamen Zugang zur Vergangenheit konnte sich erlauben, echte Bewunderung für Deutschland aufzubringen, ohne die verbrecherischen Seiten der deutschen Geschichte auszulassen. Oder ein Italiener. Angelo Bolaffis Buch *Deutsches Herz. Das Modell Deutschland und die europäische Krise* trieb so manchem deutschen Intellektuellen die Schamesröte ins Gesicht. Bolaffi, linksintellektueller Politologe und Philosoph, war lange Jahre Direktor des Italienischen Kulturinstituts in Berlin gewesen und galt als einer der prominentesten Deutschlandkenner Italiens. Er skizzierte in seinem Buch eine »neue geopolitische Ära der Menschheitsgeschichte«. Im Herzen Europas, in Deutschland, hätten sich die seit Längerem spürbaren Globalisierungsprozesse verbunden und das Modell des demokratischen Deutschland strahle seine Attraktivität auf ganz Europa aus. Zum ersten Mal in seiner Geschichte müsse sich Europa nicht gegen, sondern für etwas zusammenschließen. Und kein anderer Staat als die Bundesrepublik Deutschland sei in der Lage, die großen Herausforderungen als europäische Führungsnation zu meistern. Bolaffi meinte, mit Fug und Recht sagen zu können, dass »Europa in gleichem Maße deutsch werden sollte, wie Deutschland vollständig und überzeugt europäisch geworden ist«.[5] Selbst in Israel hatte das Deutschlandbild nach der Wiedervereinigung eine Aufwertung erfahren, da die Bundesrepublik besondere Beziehungen zu diesem Land unterhielt, während weite Teile Europas als antiisraelisch oder antisemitisch wahrgenommen wurden; so erschien Deutschland oft als »letzter Freund« Israels.

Natürlich stieß dieses euphorische Berlinporträt auch auf Kritik, besonders in Deutschland selbst. Als wäre man erschrocken. Wollte man sich hier besonders gern kleiner machen? Wollte man gar nicht führen, sondern sich lieber verstecken? Wäre es nicht schön, sich im Windschatten der Weltgeschichte zu bewegen?

BBC-Umfragen aus den Jahren 2013 und 2014 unter mehr als 20 000 Menschen in 18 Ländern brachten etwas Überraschendes zutage: »Germany most popular country in the world.« Wie konnte Deutschland, 1945 nach den Verbrechen des Zweiten Weltkrieges und dem Holocaust Paria der Weltgemeinschaft, nicht nur Wiederanerkennung in der Welt gewinnen, sondern sogar zum »beliebtesten Land der Welt« am Anfang des 21. Jahrhunderts aufsteigen? Die Aufarbeitung der Vergangenheit und die Demokratisierung der Gesellschaft zeitigten Wirkungen, das »Wirtschaftswunder« und die Fundamentalliberalisierung seit den 1960er Jahren, aber auch historische Persönlichkeiten wie Konrad Adenauer und Willy Brandt, hatten einen Anteil daran, und nicht zuletzt priesen die Befragten die ökonomische Kraft und die politische Stabilität des Landes.

Vielleicht schwang auch noch die Fußballweltmeisterschaft in Deutschland 2006 nach, die sich zu einem »Sommermärchen« entwickelt hatte. Vor aller Welt zeigte sich der »freundliche Deutsche« und nicht der »hässliche«. Er war nicht mehr spießbürgerlich-philisterhaft und engstirnig-provinziell, gar nicht obrigkeitsstaatlich-geknechtet und übte auch nicht ständig Bücklinge. Er lief nicht mehr in Knobelbechern herum und schrie dauernd »Achtung« wie in so vielen populären Filmen zum Zweiten Weltkrieg, die sich vor allem in Großbritannien größerer Beliebtheit erfreuten. Und dann war das Wetter auch noch erstaunlich gut in diesem Sommer. Die Weltmeisterschaft war eine einzige große Party. All jene rieben sich die Augen, die über die Deutschen gern spotteten, sie als trist, freudlos, trübsinnig und hypochondrisch bezeichneten. Solche Heiterkeit hätten die Wenigsten den Deutschen zugetraut. Deutschland war irgendwie sympathisch geworden. Nach innen, in das Land hinein, wirkte sich der fröhliche Patriotismus vor allem der jungen Generation positiv aus. Man meinte, ein substanzielles Aufbruchsgefühl verspüren zu können, nicht nur ein Strohfeuer. Die meisten Deutschen waren zivil statt kriegerisch eingestellt, Deutschland war eine stabile Demokratie, geachtet in der internationalen Staatengemeinschaft.

Diese Deutschen hatten mit jenen von 1945 kaum mehr etwas gemeinsam, und ein schöner Satz des großen Erzählers der deutschen Geschichte, Golo Mann, schien sich zu bewahrheiten: Geschichte zeigt uns, woher wir kommen – sie zeigt uns aber auch, was wir *nicht* mehr sind.[6]

Auch bei den härteren Fakten lag Deutschland vorn. Einer Studie des amerikanischen Magazins *U.S. News and World Report* in Kooperation mit amerikanischen Universitäten zufolge war Deutschland das beste Land der Welt. Verglichen wurden 60 Länder in zehn Kategorien, darunter: Abenteuer, Lebensqualität, Macht und Unternehmertum. Deutschland schnitt in allen Kategorien nicht schlecht ab und konnte erheblich mit einer funktionierenden Bürokratie, einer gut ausgebildeten Bevölkerung und einer starken Wirtschaft punkten.

So schien die Neubildung der deutschen Nation – und darum ging es ja bei und nach der Wiedervereinigung von 1990 – gelungen. Deutschland war ein postklassischer Nationalstaat, als »Großmacht« gezähmt, da in vielfältige supranationale Strukturen und Gebilde eingebunden; die Deutschen hatten aus ihrer Geschichte gelernt und begriffen, dass sie nach zwei Weltkriegen und ungeheuerlichen Verbrechen eine unverhoffte zweite Chance erhielten, wie sie im Leben

nur selten vorkommt.[7] Der äußeren Einheit würde rasch
die innere Einheit folgen. »Blühende Landschaften« wurden versprochen. Dies war die erste Täuschung. Die Transformation von einer sozialistischen Planwirtschaft in eine
soziale Marktwirtschaft verlief nicht reibungslos, zwischen
West und Ost tat sich ein großer Graben auf, die Folgelasten
des »Aufbau Ost« wurden massiv unterschätzt. Vielerorts
auf der Welt, von Europa bis Südamerika, hatten demokratische Bewegungen gesiegt und kommunistische Regimes
sowie Militärdiktaturen zum Einsturz gebracht. Demokratie
und Bürgerrechte schienen kraftvoll und unschlagbar, autoritäre Systeme der Vergangenheit anzugehören. Dies war
die zweite Täuschung. In vielen Staaten und Gesellschaften,
selbst in Europa und den USA, gab es nach dem ersten Jahrzehnt des 21. Jahrhunderts einen Rückwärtsdrall der Demokratie, vielleicht sogar eine historische Schubumkehr, eine
Art populistische Revolte. An dieser Entwicklung war auch
Deutschland beteiligt.

Die Geschichte, so ließen sich 1989/90 viele einreden, sei
an ihr Ende gelangt, der liberale Kapitalismus habe weltweit
gesiegt und es würde sich eine lange friedliche Ära, ein neues
goldenes Zeitalter fortwährender Glückseligkeit ausbreiten.
Dies war die dritte Täuschung. Neue Kriege, auch vor der
Tür der EG, in Südosteuropa, und ein brutaler internationaler Terrorismus kamen auf, die Sicherheitslage war sogar
kritischer als zu Zeiten des Kalten Krieges. Und schließlich:
Hatten nicht die Bilder aus dem Weltall den wunderschö-
nen, aber zerbrechlichen blauen Planeten gezeigt? Wenn alle
zusammenhielten und um des großen Ganzen willen ko-
operierten, ließe sich doch dieses winzige Raumschiff Erde
gedeihlich gestalten, ließen sich irdische Lebenswelten verbessern und Menschheitsfragen wie der Klimawandel lösen.

Dies war die vierte Täuschung. Nicht nur, dass sich weltweit die Kluft zwischen Arm und Reich vertiefte und der Hunger nicht besiegt wurde; bei der Bekämpfung des Klimawandels trat man bestenfalls auf der Stelle.

Es kamen noch weitere Täuschungen auf nationaler wie internationaler Ebene hinzu. Sämtliche dieser Annahmen und Täuschungen betrafen auch die Bundesrepublik Deutschland. Was war sie? Eine entspannte Nation, eine entkrampfte oder eine unsichere, eine zaudernde? Wohin sollte die Orientierung gehen? Wollte man die besten Europäer sein, der beste Freund der USA – und wie sollte man sich verhalten, wenn diese nicht mehr wollten oder, andersherum, mehr wollten? Die oben erwähnten Umfragen erfolgten ja zur Zeit der Finanzkrise, in der Deutschlands Rolle in Europa höchst umstritten war. Kam Deutschland seit 1990 die Aufgabe zu, sich aktiv für eine Wiederbelebung der europäischen Idee einzusetzen, funktionierte der »europäische Traum« nur mit deutscher Führung oder eben gar nicht? Sollte Deutschland gar ein gewisses Gegengewicht zur einzig verbliebenen Supermacht USA aufbauen, zumindest mit seiner Präsenz in multilateralen Organisationen? Wo war sein Platz in der Welt? Sollte es eine stille Ecke sein oder ein Führungsposten? Die dritt- oder viertgrößte Wirtschaftsmacht und eines der reichsten Länder der Erde, ein Staat, der international politisch massiv an Gewicht gewonnen hatte, der für Europa fast zu groß und für die Welt zu klein war, der immer noch unter den 20 bevölkerungsreichsten Ländern der Erde rangierte – ein Staat dieser Größe und dieses Wohlstands konnte sich keinem dieser Probleme entziehen, selbst wenn er es gewollt hätte. Deutschland war ein globaler Faktor.

Eine Studie der deutschen Gesellschaft für Internationale

Zusammenarbeit mit dem Titel *Deutschland in den Augen der Welt* legte 2015 folgende Quintessenz vor: »Man wünscht sich Deutschland als starken Player im globalen Machtgefüge, sieht Fortschritte beim Ausfüllen dieser Rolle, glaubt jedoch weiter an ein nicht ausgeschöpftes Potenzial. Das Neue an der aktuellen Befragung: Eine Dominanz Deutschlands ist für viele Beobachter, zumindest auf Europa bezogen, heute bereits eine Realität. Diese erfüllt aber mehrheitlich nicht mit Sorge oder Angst, sondern die Gesprächspartner leiten daraus vermehrt Ansprüche an Deutschland ab, werden akzentuierter sowie kritischer in ihrer Bewertung. Aufgrund seiner vielfach konstatierten ökonomischen Potenz fordert man stärkere politische Präsenz und Visionen – dies vor allem in und für Europa, aber auch über europäische Grenzen hinaus. Dabei wird auch immer wieder die Erweiterung einer bekannten Stärke Deutschlands, seiner ›Soft Power‹-Eigenschaften, um mehr Beteiligung an militärischer Konfliktlösung angesprochen.« So sehr Verständnis für die Zurückhaltung Deutschlands mit Blick auf seine Vergangenheit herrsche, so überwiege mittlerweile die Ungeduld. »Wie alle anderen ›Großmächte‹ auch müsse Deutschland lernen, trotz und in voller Kenntnis seiner Geschichte mutig Position zu beziehen und sich in das internationale Sicherheitsgefüge dezidierter einzubringen.«[8]

Wie war dies einzuschätzen? Eine Bagatellisierung deutscher Vergangenheit? Eine notwendige Aufforderung? Eine Verkennung der Möglichkeiten? Eine Überschätzung der Deutschen? Nur eine Momentaufnahme? Würde eine »Gestaltungsmacht Deutschland«, die »Macht in der Mitte«[9], nicht permanent und gleichsam automatisch unter Hegemonialverdacht gestellt werden? Oder war es so, dass Deutschland einfach die Verantwortung scheute, einerseits

zu selbstbezogen war und gar nicht führen konnte, und andererseits für seine Positionen keine Gefolgschaft fand?[10]

Hans-Dietrich Genscher, der langjährige Außenminister
der BRD, meinte 2015, ein halbes Jahr vor seinem Tod: »Unsere Zukunft ist Europa – eine andere haben wir nicht«.[11]
Es schien, als teilten die meisten Deutschen diese Ansicht,
bloß dass verschwommen blieb, was dies genau hieß. Wenn
der europäische Hegemon verantwortlich handelte, sollte
er dann seine Interessen durchsetzen oder sie gerade um
höherer, gemeinsamer Ziele willen zurückstellen? Die von
Wahlen gejagte und in Klientelpflege absorbierte deutsche
Parteipolitik gab darauf keine Antwort. Die einfachen, nach
dem legendären amerikanischen Außenminister so genann-
ten »Kissinger-Fragen« waren offengeblieben: »Was wollen
wir unbedingt erreichen? Was wollen wir unbedingt verhindern?«

Alle Antworten waren von dem Wunsch getragen, das
Land möge kleiner sein als seine Fremdzuschreibungen. Ein
Nationalismus der Größe existierte schlechterdings nicht.
Die Position, die Deutschland international zugemessen
wurde, erfüllte keine gesellschaftliche Erwartung.

Die Berufung auf die deutsche Vergangenheit, das war
klar, konnte es weiter erlauben, schwierige bündnispolitische Entschlüsse gemäß innenpolitischer Opportunität
und innerdeutschen Meinungslagern zu fassen. Das Ausland erkannte darin einen Zug von Unberechenbarkeit. War
Deutschland eine Weltmacht wider Willen? Fand das Land
einfach nicht zu einer Außenpolitik, die seinem kolossalen
Gewicht entsprach? Pazifisten fanden es moralisch empö-
rend, dass Deutschland überhaupt Waffen baute und sie ver-
kaufte. Dagegen verwiesen die Prediger des Pragmatismus
auf internationale Verpflichtungen.

Zu einer Außenpolitik, die seiner Größe und Bedeutung entsprach, fand Deutschland offenbar nicht. Bundespräsident Horst Köhler stolperte im Jahr 2010 aus dem Amt, weil er eine unerhörte Selbstverständlichkeit ausgesprochen hatte: dass es zwischen Militäreinsätzen und wirtschaftlichen Interessen Verbindungen gebe.

Deutschland blieb ein Land, das zwar zu den Motoren der globalen Ökonomie und zu den tragenden Säulen der westlichen Welt zählte, welches jedoch die daraus resultierende Rolle beharrlich verweigerte. Hätte es nicht, Stichwort »Fluchtursachen«, viel aktiver werden müssen bei der Moderation regionaler Konflikte, an den Rändern Europas, aber auch in Afrika? Man stelle sich vor, Deutschland würde einmal nicht bei jeder Regierungsbildung zuerst an Soli und Spitzensteuersatz denken. Deutschland, so die Meinung vieler, verrichtete außenpolitischen Dienst nur nach Vorschrift.

70 Jahre nach dem Krieg und 30 Jahre nach dem Mauerfall hatte Deutschland noch immer nicht gelernt, auf der Grundlage seiner Werte seine Interessen zu definieren und diese aktiv zu verfolgen. Es sollte jedoch jedes Kind wissen, dass ein Koloss wie Deutschland keine Wahl hatte, Macht auszuüben oder nicht. Es konnte beispielsweise keine deutsche Finanzpolitik geben, die nicht auch Effekte auf den Rest der Welt hätte, es konnte keine unter Rot-Grün verabschiedete »Agenda 2010« geben, die nicht auch die europäische Ökonomie beeinflusst hätte, es konnte keine Flüchtlingspolitik geben, die hätte isoliert national betrachtet werden können. Das Ausland glaubte es einem derart starken Land nicht mehr, wenn es sich zerknirscht und unsicher zeigte. Misstrauen entstand weniger, wenn die Deutschen sagten, was sie wollten, als wenn sie dies unterließen.[12]

Aus den zwei Frontstaaten des Kalten Krieges, BRD und

DDR, war Deutschland seit 1990 zu einer Macht in der Mitte des EU-Raumes geworden.[13] Man hätte 1990 viel stärkeren Widerstand erwarten können gegen die Formierung einer neuen Mitte in Europa. Er war jedoch so schwach wie nach der Gründung des Deutschen Kaiserreichs 1871. Doch dazwischen lagen zwei Griffe nach der Weltmacht. Bundeskanzler Helmut Kohl und seine Berater wussten um die Probleme und Befürchtungen. Deshalb wählten sie eine defensive Rhetorik, um die Wiedervereinigung der beiden deutschen Staaten zu bewerkstelligen. Sie signalisierten die Bereitschaft, die D-Mark – das Symbol einer fast hegemonialen Rolle Deutschlands und ein Identitätsmarker der Deutschen – aufzugeben und in einer europäischen Gemeinschaftswährung, die seit Längerem im Schwange war, aufgehen zu lassen. Deutschland machte sich klein und schmal. Die Frage ist nur: Warum ist das so geblieben?

Erst mit dem Beginn der Finanzkrise im Jahr 2008 wurde das neue Gewicht Deutschlands schlagartig sichtbar – und alle, nicht zuletzt die Deutschen selbst, zeigten sich überrascht. Doch gab die Bundesrepublik Deutschland in den großen internationalen Krisen seit 1990 eine starke Figur ab? Oder war es gerade ein durch den Nationalsozialismus und die Vergangenheitsaufarbeitung »karthatisch grundiertes Politikverständnis«, das der BRD überhaupt erst den Spielraum gab, den sie außenpolitisch, so zögerlich es nach außen wirken mochte, nutzen konnte?[14]

Die »Macht in der Mitte« war nicht nur eine geografische Position, sondern ebenso eine politische. Darunter fiel etwa auch das, was der Politologe Manfred G. Schmidt mit »mittlerem Weg« in der Sozialpolitik beschrieb, ein Land, das immer zwischen Liberalkapitalismus und Sozialismus unterwegs war und so zu einem Hort der Stabilität und

Kontinuität wurde.[15] Aber begann nicht auch hier die Erosion, ein Abbröckeln vom Konsens zugunsten populistischer
Versuchungen? Und bröckelte nicht überall die Mitte und
machte sich ein neuer Pessimismus breit? Man konnte im
Europa der Gegenwart, ebenso wie in den USA und anderen
Regionen der Welt, ein »populistisches Moment« erkennen.
Dieses scheint die Folge einer dreißigjährigen radikallibe-
ralen Politik zu sein. Anti-Establishment-Bewegungen von
rechts kamen auch in Deutschland auf, die Rechtspopulisten behaupteten, dem »Volk« die Stimme zurückzugeben,
die ihm von den Eliten entzogen worden sei. Drohte daraus
eine postdemokratische Lage zu entstehen?

Das neue Deutschland hatte sich auch in geschichtspolitischer Hinsicht verändert. Die Berliner Republik war nicht
mehr unmittelbar mit dem NS-Regime verbunden, sondern
dazwischen lag wie ein Puffer die demokratische Erfolgsgeschichte der Bonner Republik. Was bedeutete dies für die
Politik, die politische Kultur und die Erinnerungskultur
nach 1990? Wie präsent war das »Dritte Reich« noch? Wie
stand es um die doppelte Diktaturerfahrung und -aufarbei-
tung? War es beim Umgang mit der Vergangenheit so, wie
manche meinten: Nazi geht und Stasi kommt? Wie lange
waren die Verwerfungen der Neugründung des Landes 1990
spürbar? Fremdheit und Frustrationen zwischen Ost und
West waren geblieben, das Ressentiment und die immer
weniger unterdrückte Wut kamen bald dazu. Die DDR war
tot, aber so einfach war das nicht. Geschichte hört niemals
einfach auf, wenn ein Land verschwindet. Geschichte ging
auch in Deutschland weiter, sie wickelte sich um die Menschen. So kam auch das Dunkle, der Hass, der Rassismus auf
gefährliche Weise wieder an die Oberfläche. Welche Konsequenzen hatte das? Das Land, so war die Wiedervereini-

gungslogik, wurde westlicher, offener, internationaler, kosmopolitischer. Aber stimmte das überhaupt?

Tektonische Verschiebungen gab es also nicht nur auf europäischer oder internationaler Ebene, sondern auch in Deutschland selbst. »Von den fünf Elementen«, so beschrieb es Peter Bender einmal, »verschwanden mit der Vereinigung drei: die Teilung in zwei Staaten, die Trennung der Menschen und bis auf geringe Reste auch die Feindschaft. Es blieben aber die Entfremdung und das Ungleichgewicht.«[16] Die Einheit gestaltete sich schwierig, sie war eine historische Herausforderung. Was blieb vom »Modell Deutschland«, das allein auf die alte BRD bezogen war? Was wurde aus der Idee eines »zweiten Wirtschaftswunders«, das jenem der 1950er Jahre ähneln sollte? Im Wesentlichen auf dem Fundament der alten BRD ist ein neues Deutschland entstanden, doch die Einheit blieb ein Experiment und es existierte keine Blaupause. Der ökonomische Angleichungsprozess stockte bereits Mitte der 1990er Jahre. Man muss festhalten, dass drei Viertel der Deutschen in Ost und West unter fast gleichen materiellen Bedingungen lebten, und doch äußerte sich zwanzig Jahre nach der Wiedervereinigung nur jeder dritte Ostdeutsche zufrieden mit der Demokratie. Das Unbehagen an der Einheit war ein Alarmsignal.

Kaum eine andere Demokratie auf der Erde verfügte über ein stabileres Parteiensystem als die alte Bundesrepublik, was sich auch in dem am Ende der 1950er Jahre viel zitierten Satz »Bonn ist nicht Weimar« spiegelte. Dieser Zustand war spätestens um die Jahrtausendwende vorbei und hatte sich in ein unübersichtlicheres Parteiensystem verwandelt, zu einer Erosion der alten Volksparteien SPD und CDU/CSU geführt und allgemein einer Zersplitterung der Parteienlandschaft Platz gemacht. Schwierige Regierungsbil-

dungen sowie neue Koalitionsmöglichkeiten prägten von
nun an, ebenso wie viele andere europäische Staaten, auch
Deutschland. Es gab so etwas wie eine »Normalität der Insta-
bilität«. Die »Konsensdemokratie« der alten Bundesrepublik
war durch Streit, ja auch durch Fundamentalkritik abgelöst
worden. Ein neuer politischer Stil prägte sich aus. Dennoch
blieb Deutschland fern von nationaler Selbstüberhebung,
dafür sorgten die demokratischen Traditionen vor 1990.

Der tiefste Wunsch der deutschen Rechten erfüllte sich
nicht: Der definitive Schlussstrich unter die Aufklärung der
NS-Geschichte blieb auch nach 1990 aus. Am 10. Mai 2005
wurde im Herzen Berlins das Denkmal für die ermordeten
Juden Europas, kurz Holocaust-Mahnmal, eingeweiht. Es
besteht aus einem Feld von 2711 hohen, grauen Betonstelen,
bedrückend, eng, Ausweglosigkeit und Tod symbolisierend.
Das Mahnmal ist ein Zeugnis »wider das Vergessen«. Wie
jedoch sollte man mit der SED-Diktatur umgehen, die nur
einen Teil der Deutschen betraf? Viele Ostdeutsche glaubten, dass ihr Leben nun vor Gericht stand. Aber dieser Eindruck war falsch: Denn sie hatten ja eine Diktatur zum Einsturz gebracht, was noch niemals zuvor in der deutschen
Geschichte gelungen war. Diese Revolutionäre waren die
Helden, und dass die Ostdeutschen unter einem Regime
hatten leben müssen, das die meisten ablehnten, konnte
man ihnen nicht ankreiden. Die Westdeutschen hatten nach
1945 einfach auch Glück gehabt, auf der »richtigen« Seite des
Eisernen Vorhangs leben zu dürfen.

Während die Westdeutschen von der Wiedervereinigung
scheinbar kaum betroffen wurden, verlangte die deutsche
Einheit den Ostdeutschen einen radikalen Umbruch ab. Obwohl alle Deutschen die Chance erhielten, ihr Vaterland zu
einen, so waren sie doch im Weltmaßstab kein zufriedenes

Volk. Aber muss es nicht erstaunen, dass eine der reichsten Nationen in solchen Umfragen hinter den ärmsten der Welt auftauchte?

Die Bonner Lehrjahre nach 1949 hatten zu einer lernenden Demokratie geführt, die Friedliche Revolution der Ostdeutschen 1989 fügte die eroberte Freiheit hinzu, und alles bündelte sich in der erwachsen gewordenen, europäisch eingebetteten Demokratie der Berliner Republik. Das war und ist ein aufregender Prozess, der noch nicht an sein Ende gelangt ist.

2.

BONNER REPUBLIK,
BERLINER REPUBLIK

Wahljahre und Demokratiewandel

In der Epoche seit der Wiedervereinigung erlebte das neue Deutschland drei Regierungswechsel von einschneidender Bedeutung, in denen sich neue Trends und große Wandlungsprozesse bündelten. 1998 ging mit der Ära Helmut Kohl die bis dahin längste Kanzlerschaft der Bundesrepublik zu Ende, die noch ganz dem traditionellen Muster seit Adenauer entsprach: Die Union als Staatspartei schloss bevorzugt ein Bündnis mit der FDP. 1998 ist dann in der Bundesrepublik Deutschland erstmals eine amtierende Regierung vollständig abgewählt worden – dies hatte es seit ihrer Gründung 1949 noch nie gegeben. Rot-Grün an der Macht war auch ein Generationenprojekt, die 68er, diese umstrittene Generation, waren endgültig in der Bundesrepublik angekommen. Die Koalition der Sozialdemokraten mit Bündnis 90/Die Grünen unter Gerhard Schröder und Joschka Fischer war nach sieben Jahren erschöpft. Dass dieses »Projekt« auf Bundesebene keine Wiederholung mehr finden, sondern einmalig bleiben dürfte, liegt auch an der zunehmenden Auffächerung des deutschen Parteiensystems. Schon 2005 reichten die Mehrheitsverhältnisse nur für eine Große Koalition, die allerdings so groß nicht mehr war. Bei der Regierungsbildung 2017 – die länger dauerte als jede andere in der Geschichte der Bundesrepublik Deutschland zuvor – wurde das Dilemma sichtbar: Bündnisse konnten nur geschmiedet werden, wenn sich eine größere Partei, in diesem Fall die Union, mit zwei kleineren zusammenraufte, oder die beiden größeren, CDU/CSU und SPD, sich zusammentaten. Bundeskanzlerin Angela Merkel regierte seit 2005 in wechselnden Konstellationen, doch ein Dreierbündnis zwischen Union, Grünen und FDP kam 2017 erst gar nicht zustande.[1]

Im Sommer 1999 war es so weit: Die deutsche Regierung zog von Bonn nach Berlin um. Aber es gab noch »Doppelministerien« im alten Bonn und im neuen Berlin; Regierungsbeamte flogen mit Flugzeugen zwischen Rhein und Spree hin und her. Der Spatenstich für den Neubau des Kanzleramtes im Spreebogen – noch von Bundeskanzler Helmut Kohl, der seit einem Jahr nicht mehr regierte, in Auftrag gegeben – war im Februar 1997 erfolgt. Als erstes Verfassungsorgan war der Bundespräsident 1994 vollständig nach Berlin gezogen. Im Juli 1999 kam der Bundestag in das Reichstagsgebäude, der Bundesrat zog in das Preußische Herrenhaus, und ab August residierte der seit 1998 amtierende Bundeskanzler Gerhard Schröder, weil das Kanzleramt noch nicht bezugsfertig war, provisorisch im Staatsratsgebäude Erich Honeckers, das 1964 eingeweiht worden war. Das Dienstzimmer Honeckers, ein riesiger Ballsaal, an dessen Ende der Schreibtisch stand, war nun das seine. So fand die merkwürdige deutsche Geschichte wieder zueinander. Eigentlich hätte man von dem Zimmer aus einen Blick auf das alte preußische Schloss gehabt, doch das stand schon lange nicht mehr da, die SED hatte es in den 1950er Jahren geschliffen, nur der trübe Torso des nun seinerseits abge-

wrackten »Palastes der Republik«, des Prachtbaus, den die
SED 1973 an dessen Stelle gesetzt hatte, war zu sehen.

Von Bonn nach Berlin – diese Entscheidung war am
20. Juni 1991 gefallen. Erstaunlich war, wie knapp, in Gestalt
einer Kampfabstimmung, das Ergebnis nach der großen
Debatte im Deutschen Bundestag ausfiel: 338 Abgeordnete
stimmten für Berlin als Hauptstadt des wiedervereinigten
Deutschland, immerhin 320 votierten für Bonn, darunter
die Mehrheit der Parlamentarier aus der alten Bundesrepublik. In Bonn sei doch alles gut gewesen, der kleine Regierungssitz stehe für Modernität, westliches Demokratie-
modell und europäische Einbindung. Außerdem, so fügten
Krämerseelen hinzu, sei der Umzug teuer. Und Berlin? War
das nicht das »böse« Deutschland? Die Kapitale des milita-
ristischen Preußens, wilhelminisch durchsäuert und vor allem Hitlers Reichshauptstadt? Viele priesen nun das kleine,
verschlafene Bonn und schienen zu vergessen, was sie während der 40-jährigen Teilung Deutschlands immer beschwo-
ren hatten: dass Berlin natürlich die Hauptstadt eines der-
einst wiedervereinigten Landes sei. Ein Lichtblick war, dass
die meisten prominenten Politiker, von Willy Brandt bis
Richard von Weizsäcker, sich für Berlin einsetzten. Die Abgeordneten aus dem Osten taten das sowieso, denn das neue
Deutschland dürfe doch keine »vergrößerte alte Bundesrepublik« sein, empörten sie sich.[2] So begann die »Berliner
Republik« im Streit und die Hälfte der Volksvertreter wollte
sie gar nicht. Hat sich Deutschland dadurch verändert? Regierungswechsel, Ortswechsel, Politikwechsel?

Die Ergebnisse der Volkskammerwahl vom 18. März 1990,
der ersten freien Wahl in der noch bestehenden DDR, stellten nur sehr wenige Muster auf den Kopf, die aus der Bundesrepublik so vertraut waren. Erst in den folgenden Jahren

entwickelte sich ein großer Wandel. Die von der CDU ange-
führte Allianz für Deutschland erzielte mit 48 Prozent der
Stimmen einen überragenden Wahlsieg. Sie war im Februar
1990 aus dem Zusammenschluss von Ost-CDU, Demokra-
tischem Aufbruch und der Deutschen Sozialen Union entstanden und stellte unter Lothar de Maizière (CDU) nun
die Übergangsregierung, um dann größtenteils in der CDU
aufzugehen. Die Allianz überflügelte die Sozialdemokraten, die nur auf etwas mehr als 21 Prozent kamen, selbst in
jener Wählerklientel, die bislang für sie am verlässlichsten
gewesen war: der Arbeiterschaft. CDU und PDS – sie errang 16,4 Prozent – bildeten die beiden entgegengesetzten
Pole, während die SPD sich in eine merkwürdige Mittel-
lage versetzt sah. Bei der ersten gesamtdeutschen Wahl am
2. Dezember 1990 konnte Helmut Kohl, der »Kanzler der
Einheit«, triumphieren: Die Union lag mit über zehn Prozent Vorsprung vor der SPD, deren Kanzlerkandidat Oskar
Lafontaine Vorbehalte gegenüber der deutschen Wiedervereinigung geäußert hatte; das rächte sich jetzt.

Historisch lagen im Osten Deutschlands die Hochburgen
der SPD, doch diese Zeit war lange vorbei, und wer gegen
die deutsche Einheit argumentierte, wie Lafontaine, konnte
dort kein Zugpferd sein. Mit der Vereinigung Deutschlands vergrößerte sich die Anzahl der Wahlberechtigten um
etwa 25 Prozent, doch merkwürdigerweise veränderte dies
die Kräfteverhältnisse kaum, sieht man einmal vom sehr
schwachen Abschneiden der SPD ab, das am Kandidaten
lag. Substanziell unterschied sich das Ergebnis kaum von
den Resultaten der 1980er Jahre. Die Liberalen erreichten
mit elf Prozent ein hohes Ergebnis, hier schlug der Nimbus des in Halle geborenen bundesdeutschen Außenministers Hans-Dietrich Genscher durch, der ein Jahr zuvor vom

Balkon der bundesdeutschen Botschaft in Prag die Ausreise geflüchteter DDR-Bürger in die Bundesrepublik verkündet hatte. Die Grünen scheiterten zu ihrem eigenen Entsetzen an der Fünf-Prozent-Hürde und zogen nur mit einem kleinen ostdeutschen Häufchen von Bündnis 90 in den Bundestag ein. Für Ostdeutschland galt die Fünf-Prozent-Klausel nicht, und diese Ausnahmeregelung beförderte auch die PDS – die Nachfolgeorganisation der SED, die in den neuen Bundesländern auf 11,1 Prozent der Stimmen kam – in den Deutschen Bundestag.

Euphorie und Aufbruch der Wiedervereinigung verflogen rasch. Vor Kurzem lagen sich die Deutschen noch in den Armen, nun lagen sie sich in den Haaren. Es kam angesichts vielfältiger Schwierigkeiten zur »Wiedervereinigungskrise«.[3] Die Privatisierung der DDR-Wirtschaft erwies sich als ein riesiges Problem, im gesamtdeutschen Kontext blieb vieles liegen, Reformen wurden nicht in Angriff genommen. Nach der Einheit steuerte die Bundesrepublik auf ein Jahrzehnt neoliberaler Regelungen zu, die in fast allen westlichen Industriestaaten Mode waren: weniger Staatsausgaben, Stärkung der Kaufkraft und Investitionen durch die Kürzung von Einkommens- und Unternehmenssteuern sowie von Sozialausgaben. Überall in den westlichen Industriestaaten ließ sich dieser Trend erkennen, aber in Deutschland verlief er vergleichsweise gemäßigt; hier wirkten die traditionellen Muster bundesdeutscher Sozialstaatlichkeit fort.

Mit der Wiedervereinigung schoss jedoch auch die Staatsverschuldung Deutschlands in die Höhe. Die Vereinigungskrise war ökonomisch messbar: 1990 betrug das Bruttoinlandsprodukt pro Einwohner in Westdeutschland 40 220 D-Mark, es war eines der reichsten Mitglieder der Europäischen Gemeinschaft. Ein Jahr später war die Leis-

tungsfähigkeit der gesamtdeutschen Volkswirtschaft pro
Einwohner auf 34 990 D-Mark gesunken. Stark angewach-
sen waren hingegen die öffentlichen Sozialausgaben, mit
dem Einigungsvertrag galten in den neuen Bundesländern
die Regeln der westdeutschen Sozialversicherung. Renten-,
Kranken- und Arbeitslosenversicherung trugen einen großen Teil der sozialen Anpassungskosten. Die Kosten der Einheit, die sich aus den Erblasten der SED-Diktatur ergaben,
waren enorm – und zum Teil wider besseres Wissen falsch
eingeschätzt worden. Eines der größten Probleme stellte die
Privatisierung der DDR-Wirtschaft dar. Die eigens dafür geschaffene Treuhandanstalt – die größte Staatsholding der
Welt, eine Zwischeneigentümerin von etwa 8 000 Kombina-
ten und »Volkseigenen Betrieben« mit mehr als 40 000 Be-
triebsstätten und über vier Millionen Beschäftigten – musste
ohne Vorbilder und ohne vorgefertigte Rezepte ihre Arbeit
aufnehmen. Es gehört nicht viel Fantasie dazu, sich vorzu-
stellen, dass dies nicht ohne erhebliche Friktionen, Verwerfungen und Enttäuschungen vonstattengehen konnte.[4]

Innerparteilich wurde die Position von Helmut Kohl
durch die Wiedervereinigung gestärkt. Die Integration
der ehemaligen Ost-CDU erwies sich jedoch als schwierig.
Lothar de Maizière, der bisherige Vorsitzende der CDU der
DDR, war zum alleinigen Stellvertreter Kohls gewählt worden, musste jedoch 1991 wegen angeblicher Stasi-Tätigkeit
zurücktreten; zu dessen Nachfolgerin bestimmte der Dresdner CDU-Parteitag die politisch unbelastete Angela Merkel.
Als symbolischer Wendepunkt zwischen dem Kanzler der
Einheit und der ostdeutschen Bevölkerung galt der »Eier-
wurf von Halle« – Kohl wurde wüst attackiert, weil die Arbeitslosenquote extrem nach oben geschnellt war. Dass ein
Solidaritätszuschlag, eine Steuer auf alle Einkommen, ein-

geführt wurde, konnte als Anzeichen dafür gelten, dass es finanziell mit der deutschen Einheit entgegen allen Bekundungen nicht gut voranging.[5] Auch im Westen Deutschlands lief die Wirtschaft nicht mehr rund, vor allem die Automobilindustrie erlitt erhebliche Einbrüche. Eine Rezession und internationaler Wettbewerbsdruck machten ihr zu schaffen, und es entbrannte eine Debatte um den Wirtschaftsstandort Deutschland, den viele – wegen der hohen Arbeitskosten – als bedroht ansahen.[6]

Nach der Bundestagswahl von 1994, in der sich die christlich-liberale Koalition mit Müh und Not behaupten konnte und SPD-Herausforderer Rudolf Scharping Bundeskanzler Kohl unterlag, brachte die Regierung ein »Aktionsprogramm für Investitionen und Arbeitsplätze« auf den Weg. Niemals vor dem Protest gegen die Agenda 2010 um das Jahr 2004 herum war die Opposition gegen Einschnitte in das Sozialsystem so gewaltig wie im Juni 1996, als die Gewerkschaften, unterstützt von den Kirchen, über 350 000 Menschen zu Kundgebungen in Bonn auf die Straße brachten. In Ostdeutschland war schon lange davor massenhaft gegen Sozialabbau und Wirtschaftsmisere demonstriert worden. Über den Bundesrat, wo sie die Mehrheit hatte, versuchte die sozialdemokratische Opposition Gesetze zu verhindern und den Konflikt zu verschärfen. Mehr Gesetze als jemals zuvor in der Geschichte der Bundesrepublik scheiterten an der Zustimmung der Länderkammer – der Begriff »Reformstau« avancierte 1997 sogar zum »Wort des Jahres«.

Innenpolitisch waren die letzten Jahre der Regierung Kohl somit eine Periode der Stagnation, und auch die sogenannte »Ruck-Rede« von Bundespräsident Roman Herzog konnte daran nichts ändern. Er wünschte sich einen neuen Aufbruch für Deutschland, doch der Wunsch verhallte. Das

ehemalige »Modell Deutschland« war zu einem reform-
politischen Problemfall geworden, die Strukturen des alten
bundesrepublikanischen Wohlfahrtsstaates erwiesen sich als
hemmend, die Regierung zeigte sich handlungsunfähig und
verlor an Zustimmung.

Morgenluft witterte die extreme Rechte, Deutschlands
Demokratiefeinde formierten sich wieder.[7] Der Vereinigungsrassismus war ein gesamtdeutsches Problem, doch
in Ostdeutschland besonders sichtbar. Die Pogrome in
Rostock-Lichtenhagen etwa bedeuteten nicht nur einen
punktuellen Normbruch, vielmehr begann hier eine neue
gesellschaftliche Realität zu wirken. Seit den 1990er Jahren
nahmen Ausländerfeindlichkeit und Rechtsextremismus
zu, brutale Gewalttaten und regelrechte Jagden auf Ausländer verdunkelten überall in der Welt das Bild des neuen
Deutschland, das offenbar das alte geblieben war und in
ein »Viertes Reich« abzudriften drohte. Zur Vorgeschichte
der Verbrechen des »Nationalsozialistischen Untergrunds«
(NSU) gehören die politisch motivierten Morde, die in diesem Jahrzehnt begangen wurden.[8]

Bei der Bundestagswahl 1998 war alles anders als 1990 und
1994. Die CDU/CSU erlitt ein regelrechtes Desaster, nur
noch 35,1 Prozent votierten für die Kanzlerpartei. Dass sie
in Ostdeutschland noch plakatiert hatte »Blühende Landschaften wählen«, empfanden viele Menschen als Hohn.
Die Massenarbeitslosigkeit war das wichtigste Wahlkampf-
thema, und hier konnte die SPD mit ihrem Programm
»Innovation und Gerechtigkeit« punkten. Helmut Kohls
Zeit war nach 16 Jahren Kanzlerschaft abgelaufen. Mit Gerhard Schröder wurde die SPD zum ersten Mal seit 1972 mit
40,9 Prozent der Stimmen wieder zur stärksten Partei, und
die Grünen eroberten mit 6,7 Prozent den dritten Platz. Der

Regierungswechsel zu Rot-Grün bedeutete auch einen Ge-
nerationswechsel im Leben der deutschen Demokratie. Die
etwa 50-Jährigen, geprägt durch die 68er-Bewegung, gelangten an die Macht. Ein frischer Wind wehte durch das Land.
Zwar wurde am Anfang einiges verstolpert, doch insgesamt
waren die kommenden sieben Jahre eine Reformperiode
wie seit 30 Jahren nicht mehr. Atomausstieg, Reform des
Staatsangehörigkeitsrechts, Klimapolitik und dann vor allem die umstrittene Agenda 2010, die größte Arbeitsmarktre-
form in der Geschichte Deutschlands – die Republik war in
Bewegung geraten. So war die rot-grüne Ära eine Zeit gestei-
gerter Reformtätigkeit. Auf nahezu allen innenpolitischen
Feldern, die oftmals – sei es durch Globalisierungsdruck,
sei es durch neu aufkommende Menschheitsfragen – mit
äußeren Angelegenheiten verschränkt waren, konnte man
Neues vernehmen, egal, ob man es schätzte oder nicht. Je
nach Standpunkt wurden die Reformen als sinnvoll oder
verhängnisvoll bewertet. Das grüne Credo der »Nachhaltigkeit« geriet zum Leitbild des politischen Handelns. Energiewende, Agrarwende, Kehrtwende in der Öko-Steuerpolitik –
seit der Revolution von 1989 war der Begriff der »Wende«
nicht mehr so inflationär im Umlauf.[9]

Die Jahre von 1998 bis 2005 waren eine Zeit der Entwürfe,
die nicht alle zur Ausführung gelangten. Der Eindruck des
Unsteten ergab sich aus häufigen Ministerwechseln, aber
mehr noch aus Suchbewegungen im politischen Neuland.
Man konnte sich darüber streiten, ob der Regierung der
Kompass fehlte, oder ob die alten Navigationsinstrumente
einfach nicht mehr taugten und neue erst gesucht und eta-
bliert werden mussten. Nur knapp konnte sich Rot-Grün
2002 über das Ziel retten. Die SPD lag mit ganzen 6027 Stimmen vor der CDU/CSU, deren Kanzlerkandidat Edmund

Stoiber (CSU) hieß. Mit einem ansehnlichen Zuwachs sicherten die Grünen die Koalition: 8,6 Prozent (plus 1,9 Prozent). Die FDP steigerte sich auf 7,4 Prozent (plus 1,2 Prozent), die PDS fiel um 1,1 Prozent zurück und erlangte nur 4 Prozent der Stimmen. Der Gleichstand der beiden großen Parteien täuschte darüber hinweg, was sich eigentlich ereignet hatte: Die SPD verlor im Westen gegenüber 1998 4 Prozent, gewann im Osten allerdings 4,7 Prozent dazu. Ganz anders war es bei der Union, sie steigerte sich im Westen um 3,8 Prozent gegenüber ihrem schwachen Ergebnis von 1998, im Osten jedoch nur um 1 Prozent, womit sie hier um 11,5 Prozent schwächer war als die SPD. Auch die Geschlechter votierten sehr unterschiedlich. Frauen blieben der SPD treu, während 5 Prozent der Männer zur Union wechselten. Bei den Frauen erhielt die rot-grüne Koalition unter Schröder und Fischer die absolute Mehrheit. Auch hier gab es Neues zu vermelden: Ganz im Unterschied zu den frühen Jahrzehnten der Bundesrepublik wurde die Union zu einer männerdominierten Partei, jedenfalls was ihre Wählerschaft anbelangte. 54 Prozent der Stimmen kamen von Wählern, nur 46 Prozent von Wählerinnen. Somit kann man sagen, dass für Rot-Grün regional die Wahl im Osten entschieden und dass die Regierungskonstellation vor allem von Frauen favorisiert wurde. So knapp alles ausging und so spannungsvoll und temporeich, ja auch dramatisch sich die Ära gestaltete – 1998 bis 2005 bedeutete eine Zeit der Modernisierung aufgrund von globalen Erfordernissen. Deutschland wurde fit gemacht für das 21. Jahrhundert.

Nach dem abrupten Ende von Rot-Grün 2005 konnten später noch eine Reihe posthumer »Siege« gefeiert werden. Dies galt für die polarisierenden Themen der Zeit, allen voran für den Ausstieg aus der Atomenergie. Mehr als zehn Jahre nach dem Beschluss zum Atomausstieg 2000 und mehr als sechs Jahre nach dem Ende der Koalition erzielte Rot-Grün einen der größten Erfolge: Die schwarz-gelbe Regierung unter Angela Merkel beugte sich jener Gesetzesvorlage – und verschärfte sie überdies noch –, die Union und FDP seinerzeit aufs Schärfste bekämpft hatten. Nach der Reaktorkatastrophe im japanischen Fukushima wünschte sie sich 2011 einen breiten Konsens, dem sich die ehemaligen Oppositionsparteien eine Dekade zuvor noch hartnäckig verweigert hatten. Eigentlich war eine Befriedung dieses Konflikts, der die deutsche Gesellschaft seit 30 Jahren gespalten hatte,[10] bereits 2000 geglückt. Doch die konservativ-liberale Regierung hatte mit dem Ausstieg aus dem Ausstieg 2010 alte Wunden wieder aufgerissen. Ein Jahr später wurde der Schwenk vollzogen. Kaum jemals zuvor in der bundesdeutschen Geschichte hat es eine Kehrtwende solchen Ausmaßes gegeben.

Zu den posthumen »Siegen« von Rot-Grün gehören darüber hinaus höchst umkämpfte Aspekte der Modernisierung der Gesellschaft. Elf Jahre nach der Einführung der eingetragenen Lebenspartnerschaft wurde die gleichgeschlechtliche Ehe gesetzliche Normalität und das neue Staatsbürgerschaftsrecht war alltäglich geworden. Zu den »Siegen« zählen überdies die keineswegs hemmungslose Deregulierung und Liberalisierung der Finanzmärkte. Rot-Grün verschloss sich in gewissem Umfang einem allgemeinen Trend der Zeit und riss die Barrieren gegenüber dem »Raubtierkapitalismus« nicht ein.

Rot-Grün wurde, so kann bilanziert werden, halb freiwillig, meist jedoch gezwungenermaßen zur ersten »globalen« Regierung in Deutschland. Um die Jahrtausendwende herum gerieten nationale Angelegenheiten immer stärker ins Hintertreffen oder waren allein nicht mehr zu lösen, die Welt veränderte sich schneller als zuvor. Es waren Jahre des Umbruchs, und Deutschland befand sich mitten in einer Welt des Wandels und veränderte sich darin selbst. Die rot-grüne Zeit kennzeichneten turbulente und verwirrend hektische Jahre. Die westlichen Sozialstaaten, allen voran Deutschland, waren in die Krise geraten und sahen sich nicht mehr allein nationalstaatlichen Problemen unterworfen, sondern die von außen kommenden Kräfte und der Wettbewerb mit aufstrebenden Ökonomien, besonders aus Asien, wurden stärker. Die beiden Regierungen Schröder-Fischer peilten eine nachholende Modernisierung der Gesellschaft und ökologische Strukturreformen an. Ein neuer »Geist« sollte die Republik begleiten.

Nach der knappen Wiederwahl der Jahreswende 2002/03 agierte die Koalition nur noch aus der Defensive und schien oft dem politischen Tod näher als dem Leben. Die Aufbruchsstimmung war verflogen. Mit dem Rücken zur Wand setzte Kanzler Schröder mit der Agenda 2010 alles auf eine Karte – und verlor. Zuerst kam es zum Verlust der Macht in der Herzkammer der SPD, in Nordrhein-Westfalen, dann, bei der vorgezogenen Neuwahl, auch im Bund. Statt rot-grüner Selbstbehauptung stand am Schluss die Selbstaufgabe.

So wie am Ende der sozialliberalen Koalition unter Helmut Schmidt Anfang der 1980er Jahre eine neue Partei, die Grünen, entstanden war, so wurde Schröders Regierungszeit, vor allem durch die Agenda 2010, zur Geburtshelferin einer gesamtdeutschen Linkspartei – angeführt vom ehemaligen sozialdemokratischen Parteivorsitzenden Oskar Lafontaine –, eine Volte der Geschichte sondergleichen. Die siebenjährige Regierungszeit hatte eine ganze Generation von Sozialdemokraten verbraucht, davon konnte die Partei sich nicht mehr erholen. Sie sah sich von den Zumutungen der sozial- und arbeitsmarktpolitischen Reformen ihres Kanzlers und seiner Getreuen überfordert, die Selbstdelegitimierung mündete in eine Art Selbstzerstörung.

Bei den Grünen war es anders. Auch sie waren 2005 zwar erschöpft, konnten sich jedoch mit frischem Personal wieder fangen, und nachdem sie die Talsohle durchschritten hatten, kamen sie – zuerst in Landesregierungen – zu neuer Kraft und zogen in der Wählergunst zum Teil an den Sozialdemokraten vorbei. Immer schon in der Geschichte der Bundesrepublik Deutschland waren die Bundesländer Laboratorien für neue Koalitionsmöglichkeiten, so hatte etwa die rot-grüne Regierung von Hessen seit 1985 das Bündnis auf nationaler Ebene vorbereitet. 1994 tolerierte die PDS eine rot-grüne Minderheitsregierung in Sachsen-Anhalt und 1998 wurde in Mecklenburg-Vorpommern die erste formelle SPD/PDS-Koalition gebildet. Doch dass 2011 die Grünen im eher konservativen Baden-Württemberg zum ersten Mal einen Ministerpräsidenten, Winfried Kretschmann, stellten, war eine Sensation. Dass zunächst die SPD als Juniorpartner agierte, konnte noch als Trend der Zeit bezeichnet werden, fünf Jahre später sah sich jedoch die CDU in dieser Rolle. Die Grünen waren im Stammland der Konservativen stärkste Partei geworden, und darin drückte sich ein grundlegender Wandel aus. Zu diesen Veränderungen gehört auch, dass in Thüringen seit 2014 ein Ministerpräsident der Linken, Bodo Ramelow, in einem Kabinett mit der SPD und Bündnis 90/Die Grünen regierte. Auch in anderen Bundesländern wurden verschiedene Dreierbündnisse normal. Die Republik gestaltete sich vielfältiger und unübersichtlicher.

Sehr knapp ging die vorgezogene Bundestagswahl 2005 aus. Niemand hatte Gerhard Schröder eine solche Aufholjagd zugetraut. Dementsprechend schwer tat sich der Kanzler, die Macht loszulassen. Obwohl die CDU/CSU mit 35,2 Prozent ein sehr schlechtes Ergebnis eingefahren hatte und die beiden großen Parteien fast gleichauf lagen, konnte sie ein Prozent mehr Wählerstimmen auf sich vereinen als die SPD, die auf 34,2 Prozent kam. An einer großen Koalition unter Führung von Angela Merkel führte kein Weg vorbei, für andere Koalitionen reichte es nicht. Die FDP hatte 9,8 Prozent der Stimmen erhalten, die PDS 8,7 und die Grünen 8,1. Somit wurde Merkel die erste Person an der Spitze einer deutschen Regierung, die in der Bundesrepublik geboren wurde (1954 in Hamburg, bevor sie mit ihren Eltern in die DDR übersiedelte). Alle anderen waren im »Dritten Reich«, der Weimarer Republik oder sogar noch im Kaiserreich geboren.

Weil die Gräben zwischen den Partnern tief waren, verlief die Große Koalition holprig. Die Föderalismusreform, eines der wichtigsten Vorhaben der Koalition, entwirrte zwar Zuständigkeiten von Bund und Ländern, blieb aber auf halbem Weg stecken. In anderen Bereichen wie Bildung und Forschung war es kaum besser. Allerdings gelang ein wesentlicher Durchbruch in der Gesundheitsreform, seither ist die Krankenversicherung für alle Pflicht. Der Befund, es habe nur Stillstand und Blockade in dieser Koalition geherrscht, wird der Wirklichkeit sicherlich nicht gerecht; was jedoch fehlte, war eine Politik aus einem Guss. Die Regierungsparteien selbst verhinderten größere Reformen, zum einen, weil sie in wichtigen Fragen ganz unterschiedliche Vorstellungen und Konzepte hatten – etwa »Bürgerversicherung« oder »Kopfpauschale« in der Sozialpolitik –, und zum anderen, weil sie sich in dieser unerwünschten Notkoalition von vornherein im Wettbewerb um Wählerstimmen befanden.[11] Die Union überstand die Große Koalition relativ unbeschadet, wohingegen die SPD in keiner Weise von der Regierungsbeteiligung profitieren konnte. Als Hypothek aus der Endphase der rot-grünen Regierung schleppte sie mangelndes Vertrauen und Depression mit und gerierte sich zudem noch als eine nicht zur Ruhe kommende Partei. Interner Streit, Wechsel im Vorsitz, ein ungeklärter Umgang mit der Linken – wofür stand diese Partei eigentlich?

Im Wahlkampf 2009 versuchten die Parteien, ihr Profil zu schärfen, was der Union kaum, der SPD überhaupt nicht, sondern vor allem der FDP gelang. Nur 33,8 Prozent errang die Union, und die SPD verlor fast ein Drittel ihrer Wählerschaft und landete dramatisch abgeschlagen bei 23 Prozent, was einem Minus von 11,2 Prozent entsprach. Alle kleineren Parteien legten zu, am meisten die FDP, die auf 14,6 Prozent stieg (plus 4,7 Prozent), gefolgt von der Linken mit 11,9 Prozent (plus 3,2 Prozent) und den Grünen mit 10,7 Prozent (plus 2,6 Prozent). CDU/CSU und FDP galten mit Ausnahme der Zeit zwischen dem Ende der 1960er und dem Beginn der 1980er Jahre stets geradezu als »natürliche« Koalitionspartner in dem von ihnen sogenannten »bürgerlichen« Lager. Somit schien jetzt die alte bundesrepublikanische »Normallage« wiederhergestellt und alles im Lot zu sein.

Doch aus der Wunschkoalition entwickelte sich eine Krisengemeinschaft. Harte Streitfragen, gespickt mit Drohgebärden, begleiteten die Koalitionsverhandlungen, etliches harrte der Klärung und musste auf den Regierungsalltag verschoben werden. Zwei Aspekte belasteten die christlich-liberale Koalition zusätzlich: Sie agierte im Schatten internationaler Krisen, vor allem der Finanzkrise, die wenige

Monate zuvor in ihrem ganzen Ausmaß noch nicht sichtbar gewesen waren. Und ihr fehlten die Themen. Eigentlich war die Zeit dieses schwarz-gelben Projektes schon längst vorbei, ehe der Bund geschlossen worden war. Die wichtigsten Reformen auf dem Arbeitsmarkt und in den Sozialsystemen hatte bereits Rot-Grün verabschiedet. Eine Begeisterung für weitere wirtschaftsliberale Reformen war im Wahlvolk nicht zu entfachen. Was blieb, war eine Politik, die auf Krisen und Skandale kurzfristig reagieren musste – vom Atomunfall in Japan bis hin zum Rücktritt von Verteidigungsminister Karl-Theodor zu Guttenberg wegen einer Plagiatsaffäre.[12]

Nach diesen verdrießlichen Jahren war nur eines konsequent: Union und FDP führten 2013 keinen Koalitionswahlkampf. Wofür hätte man gemeinsam streiten sollen? Wieder ging es, wie in allen Wahlen seit 1998, sehr turbulent zu: Bei der Bundestagwahl 2013 scheiterte die FDP, die zuvor so mächtig und stolzgeschwellt war, an der Fünf-Prozent-Hürde und verpasste erstmals seit 1949 den Einzug in den Deutschen Bundestag. Merkel erlangte für die Union ein ausgezeichnetes Ergebnis, fast die absolute Mehrheit an Mandaten (41,5 Prozent der Stimmen), und strafte all jene Lügen, die seit Längerem einen Schwanengesang auf große Volksparteien angestimmt hatten.

Zum wiederholten Male innerhalb kurzer Zeit war etwas gänzlich Neues in der Geschichte der Bundesrepublik zu verzeichnen: Nie zuvor hatten Koalitionspartner derart unterschiedliche Entwicklungen in der Wählergunst erfahren. Was sich nun ereignete, war eine »eklatante Divergenz zwischen dem elektoralen Höhenflug der Unionsparteien und dem Absturz der FDP«.[13] Es ging hin und her, hoch und runter – das Unstete wurde zur neuen Grundmelodie und löste jene der Beständigkeit ab, die in der alten BRD zu vernehmen war. Die Sozialdemokraten schnitten mit rund 25 Prozent erneut schlecht ab, die Linke errang 8,6 Prozent und die Grünen erhielten 8,4 Prozent. Und noch etwas bezeugte tiefe Wandlungsprozesse: ein Rekordhoch bei den Stimmen für Parteien, die an der Fünf-Prozent-Hürde scheiterten. Es waren sage und schreibe 15,7 Prozent, auch das hatte es bisher so nicht gegeben, darunter die FDP mit 4,8 Prozent und die bundesweit erstmals angetretene AfD mit 4,7 Prozent. Aufs Neue wurde daraufhin mangels Alternativen eine Große Koalition gebildet.

In dieser Zeit gewann Deutschland nochmals an Wirtschaftskraft hinzu, die Steuereinnahmen sprudelten. Parallel wuchs die Ungleichheit im Land, in der Armutsbekämpfung und -prävention versagte die Koalition.[14] Im März 2017 lebten 6,17 Millionen Menschen von Hartz IV, davon waren 1,64 Millionen Kinder unter 15 Jahren. Im September 2013 waren es 6,09 Millionen, davon 1,62 Millionen Kinder. Ebenfalls nicht voran kam die Regierung bei der Gleichbehandlung von Männern und Frauen im Arbeitsleben, noch immer verdienten Frauen durchschnittlich 21 Prozent weniger als Männer. Die SPD konnte zwar einige ihrer Ziele durchsetzen, bis hin zum Mindestlohn und der »Ehe für alle«, doch versagte die Partei darin, diese Erfolge den Menschen auch zu vermitteln. Alles, was die Koalition machte, wurde seit 2015 von einem einzigen Thema überlagert: der sogenannten »Flüchtlingskrise«.[15]

Die Bundestagswahl im September 2017 stellte als Summe aller Wandlungen in der Berliner Republik das traditionelle politische System der Bundesrepublik endgültig auf den Kopf. Viele politische Beobachter und ausländische Kommentatoren trauten ihren Augen nicht. Die Union verlor 8,6 Prozent und erreichte nur noch 32,9 Prozent. Noch viel schlimmer traf es die Sozialdemokraten, sie büßten zwar »lediglich« 5,2 Prozent ein, allerdings von einem bereits sehr niedrigen Sockel, und konnten nun nur noch 20,5 Prozent verbuchen – eine katastrophale Niederlage. Dabei war der Kanzlerkandidat Martin Schulz einige Monate zuvor noch als »Heilsbringer« gefeiert worden. Niemals zuvor in der Geschichte der Bundesrepublik seit 1949 hatten sowohl die Union als auch die SPD so deprimierend schlechte Ergebnisse erzielt. Mit 94 Abgeordneten und 12,6 Prozent der Stimmen zog hingegen die rechtspopulistische AfD als drittstärkste Kraft in den Deutschen Bundestag ein – das Tabu, das die Geschichte scheinbar auferlegt hatte, war gebrochen. Die FDP konnte einen großen Zuwachs von fast 6 Prozent verbuchen und landete bei 10,7 Prozent, die Linke sowie die Grünen wuchsen um etwa einen halben Prozentpunkt an und erreichten 9,2 bzw. 8,9 Prozent.

Erstmals hatte eine weit rechts stehende Partei das deutsche Parlament »erstürmt«, wie *The Times* aus Großbritannien schrieb, und die BBC fügte hinzu: »Was die Regel in vielen anderen europäischen Ländern ist, war im Nachkriegsdeutschland für unmöglich gehalten worden«.[16] Mit diesem Ergebnis sei der Platz von Kanzlerin Merkel in den Geschichtsbüchern »befleckt« worden, denn durch ihre Flüchtlingspolitik sei sie zur Mutter des AfD-Erfolgs geworden, so *Le Figaro* aus Frankreich. Die niederländische Zeitung *De Volkskrant* fasste zusammen: »Deutschland ist kein normales Land. Seine politische Identität beruhte auf einem radikalen Bruch mit der Vergangenheit und dem weithin gehegten Wunsch, dass Deutschlands Macht in eine gesamteuropäische Politik einfließt. Angesichts dessen sind die rechtsextremen Äußerungen, die die AfD nicht immer zu unterdrücken vermag, nicht nur sehr unappetitlich, sondern

auch beunruhigend. Die Folgen dieser deutschen ›Normali-
sierung‹ dürften auch in der EU zu spüren sein.«

Die komplizierte Lage spiegelte sich in den Koalitionsverhandlungen. Erst sprang die FDP von einem möglich
erscheinenden »Jamaika-Bündnis« (Union, FDP, Grüne)
ab, dann war die CSU mit einer Art Selbstzerfleischung beschäftigt und die CDU vermittelte den Eindruck, sie wolle
nur regieren, weil es in die Lebensplanung der Parteivorsitzenden Merkel passe. Die ins Mark getroffenen Sozialdemokraten wollten um jeden Preis in der Opposition Zuflucht
nehmen, um sich zu regenerieren, doch Mahnungen von
Bundespräsident Frank-Walter Steinmeier ließen sie schließlich wieder in die Große Koalition gehen. Fast nur neben-
bei machte sich die mächtige Position des Bundespräsidenten bemerkbar: Er kann jenen Kandidaten zu Kanzler
oder Kanzlerin ernennen, der nach mehreren erfolglosen
Wahlgängen immerhin die relative Mehrheit erhalten hat;
er kann aber auch den Bundestag auflösen und Neuwahlen
anordnen. Das war nach Artikel 63, Absatz 4 des Grundgesetzes schon immer so, doch bislang war die Kanzlerwahl in
der Bundesrepublik Deutschland angesichts der jeweiligen
Mehrheitsverhältnisse meistens ein spannungsloses Ritual
gewesen. Das hatte sich geändert. Diese vierte Große Koalition in der Geschichte der Bundesrepublik war nicht mehr
»groß«. In der ersten, 1966 bis 1969, hatten Union und SPD
fast 90 Prozent der Stimmen auf sich vereinigt, nun waren
es wenig mehr als 53 Prozent. Die Republik war eine andere
geworden.

Drei sehr unterschiedliche Bundeskanzler prägten Deutschland und den politischen Stil des Landes seit der Wiedervereinigung. Helmut Kohl, den »Vater der Wiedervereinigung«,
zeichnete ein nahezu geniales Gespür für die Macht aus,

und zugleich erwies er sich, auch innerparteilich, als großer Moderator. Am Ende seiner Amtszeit war er ein fast denkmalgeschützter Geschichtskanzler, und auch später bekannt gewordene gesetzeswidrige Spendenaffären änderten an diesem Nimbus wenig. Zu groß war das Bleibende, denn die Einheit ist Deutschland nicht geschenkt worden. Mit geradezu traumwandlerischer Sicherheit bewegte sich Kohl in den entscheidenden Wochen zwischen den Befürchtungen im Ausland und den Hoffnungen in Deutschland. Kohls favorisierter und bis zur Perfektion getriebener Politikstil, den nicht wenige als »Aussitzen« verunglimpften, lautete: Macht durch Moderation. Inhaltlich legte er sich nie zu früh fest, erst, wenn er eine klare Mehrheit hinter sich gebracht hatte, verfolgte er robust seine Linie.[17] Kein Kanzler vor ihm zog so gekonnt die Strippen wie er; wer zum Stamm der »Kohlianer« dazugehören wollte und mitmachte, wurde belohnt, wer nicht, bestraft. In diesem »System Kohl«, das noch ganz den Mustern der alten Bundesrepublik entsprach, wurde Gunst verteilt wie auch genommen. Kohl war ein gewiefter Taktiker. Was sich ihm in den Weg stellte, das konnte die Machtmaschine Kohl, wenn es darauf ankam, unter sich begraben.

Viel ungestümer, drängender war Gerhard Schröder, der sich als »Macher« verstand, was nicht selten als »Basta-Politik« empfunden wurde. War Kohl ein Teamplayer, so war Schröder ein Einzelkämpfer. Schwer zu beraten, mit einem unverwüstlichen Drang nach vorne, liebte er die Offensive; die Defensive oder das geduldige Abwarten entsprachen nicht seinem Naturell. Schröder sei ein vitaler und kompetenter Politikmacher, ein bisschen vom Schlage Helmut Schmidts, so der aufmerksame britische Journalist David Marsh.[18] Allerdings hat sich Schröder nie als Pflichtmensch nach der Art Schmidts verstanden, der, anders als Schröder, zu keiner Zeit auf die Idee gekommen wäre, die eigene Selbstverwirklichung könne ein erstrebenswertes Ziel sein. Was hingegen Schmidt und Schröder einte: Beide hatten ihre eigene Partei, die SPD, nicht unter Kontrolle. Das wäre Helmut Kohl niemals passiert. Während Kohl von den Medien stets unterschätzt worden war, glaubte Schröder, der »Medienkanzler«, er könne sie zu seinen eigenen Gunsten nutzen. Zum Regieren, so meinte er einmal flapsig, benötige er nur die »Glotze« und die *Bild*. Zunächst war das tatsächlich so. Doch wer mit dem Paternoster der *Bild* nach oben fuhr, der fuhr auch irgendwann mit ihm wieder hinunter. Seine alten »Medienkumpel« ließen Schröder in seiner zweiten Amtszeit nicht nur im Stich, sondern machten extrem Stimmung gegen ihn. War Rot-Grün 1998 in den Medien als »cool« bejubelt worden, galt Schröder als Anführer dieser »coolen Gang«, so hielten ihn dieselben Journalisten nun nur noch für einen ratlosen »Zocker«, der bereits seine Karten verspielt hatte.

Die Kehrseite der maßlosen Enttäuschung über Rot-Grün bildete das geradezu übersteigerte Lob für Angela Merkel, die CDU/CSU-Kanzlerkandidatin im Jahr 2005 – was sich freilich schnell legte.[19] Merkel begann als »Zauderin« und war gegen Ende ihrer Kanzlerschaft die mächtigste Frau der Welt. Als Parteivorsitzende der CDU, die sie 18 Jahre führte, und als Bundeskanzlerin sucht Merkel national wie international historisch ihresgleichen. Ihr nüchterner und sachlicher Politikstil war frei von jedwedem Pathos. Kritiker, die das Leidenschaftliche vermissten, meinten, Merkel habe eine Unsichtbarmachung betrieben und das Land eingelullt. Anders als Schröder war sie keine »Basta-Kanzlerin«, vielmehr eine kollegiale Sachverwalterin. Dies war nicht zuletzt den drei Großen Koalitionen, die sie anführte, geschuldet – hier mussten die Handlungsspielräume vorsichtig ausgelotet werden. Ihre Stärke lag darin, Konstellationen und deren Veränderungen zu erkennen, sich hierauf einzustellen und das richtige Timing abzuwarten. Manche bezeichneten dies als »Konsenskanzlerin« oder, weit positiver, als »smart power«.[20] Jeden Monat führte sie viele Hunderte Telefongespräche, nicht um einzuschüchtern, wie Schröder, sondern um einzubinden und zu überzeugen, wie Kohl. Man darf auch nicht vergessen, dass sie sämtliche innerparteilichen männlichen Rivalen ausgeschaltet und politisch überlebt hat. Merkels Sachkompetenz und ruhige Übersicht, lange als spröde wahrgenommen, erwies sich, als neue Populisten die Welt eroberten, von den USA über Russland bis zur Türkei, plötzlich als Vorteil – sie sei, so hieß es nun, die beste, die besonnenste Führerin der demokratischen Welt. Innerparteilich rühmten sie die einen, dass sie die Union modernisiert habe, die anderen ächteten diese Bestrebungen als »Sozialdemokratisierung« der CDU.

Diese drei Persönlichkeiten, die Deutschland führten, stehen für drei unterschiedliche innenpolitische Phasen der Bundesrepublik. Helmut Kohl musste sich nach der Euphorie der Einheit mit der Wiedervereinigungskrise herumplagen. Er war Kanzler des Übergangs von der alten zur neuen Bundesrepublik, mehr noch jedoch Gestalter des neuen Europa.[21] Gerhard Schröder leitete die größte Reformperiode der Bundesrepublik seit den 1970er Jahren ein und betonte international das neue Selbstbewusstsein Deutschlands, scheiterte indessen am Machterhalt. Angela Merkel konnte die Erträge der Reformen nutzen und Deutschland trotz internationaler Turbulenzen in ökonomisch goldene Jahre führen.

Seit 2010 erlebte Deutschland einen der längsten wirtschaftlichen Aufschwünge der Nachkriegszeit – die Volkswirtschaft expandierte jährlich um mehr als zwei Prozent, was für einen reifen Industriestaat beachtlich war. Vom »kranken Mann Europas« um die Jahrtausendwende hatte es sich zum Kraftzentrum entwickelt, während sich der Kontinent ökonomisch spaltete und Südeuropa in eine lange Rezession abrutschte. Getilgt waren die hohen Kosten der Wiedervereinigung, der Reformstau gehörte der Vergangenheit an, die Einführung des Euro trieb die deutsche Wirtschaft voran und das Land profitierte mehr als andere von der Globalisierung. Die Arbeitslosenzahlen halbierten sich innerhalb weniger Jahre von 5 Millionen auf weniger als 2,5 Millionen, während die Zahl der Beschäftigten von 39 Millionen Menschen auf 45 Millionen stieg. Wobei wir später sehen werden, dass nicht alles ganz so »rosig« war, wie die nackten Zahlen suggerieren.[22] Denn die Wohlstandssteigerung mehrte in Deutschland vor allem eines: das Unglücklichsein. In anderen Ländern verlief die Kurve anders; auch dies muss später noch geklärt werden: Woher rührte dieser deutsche Pessimismus in der Mitte der Gesellschaft?

Nicht nur die Politikstile und politischen Resultate wandelten sich. Besonders die Veränderungen im deutschen Parteiensystem seit der Wiedervereinigung waren erheblich, die Ergebnisse der Wahlen bezeugen dies. Die Gesellschaft war vielfältiger und streitlustiger geworden. Die alten Volksparteien schrumpften, während die kleinen Parteien an Gewicht zulegten. Dies warf die Frage auf, wo die Schnittmengen zwischen den einzelnen Lagern und Parteien zu suchen waren. Das bundesdeutsche Parteiensystem durchlief seit 1949 mehrere Phasen: Der Neuformierungsphase nach dem Krieg folgte eine Konsolidierungsphase in den 1950er

Jahren, schließlich bildete sich auf Bundesebene das Drei-
parteiensystem von Union, SPD und FDP heraus, auf dessen
Höhepunkt in den 1970er Jahren die beiden Volksparteien
Union und SPD mit 91 Prozent der Wählerstimmen eine so
große Dominanz hatten wie nie zuvor und niemals mehr
danach. Mit Beginn der 1980er Jahre setzte eine Pluralisie-
rung ein, die Grünen kamen dazu, die bayerische CSU ha-
derte mit der Unions-Fraktionsgemeinschaft und am rechten
Rand formierten sich verschiedene Gruppen. Ein weiterer
Schub der Fragmentierung begann dadurch, dass mit der
Vereinigung das DDR-Parteiensystem und die Neugründun-
gen in der Friedlichen Revolution hinzukamen, und mit der
Bundestagswahl von 2005 »verlor das bundesrepublikanische Parteiensystem endgültig seine bisherige relativ starre
Wettbewerbsstruktur und wurde zum ›fluiden Fünfparteiensystem‹«.[23] Schließlich erweiterte es sich noch einmal infolge der Flüchtlingskrise und der Finanzkrise, aber auch
dadurch, dass die CDU gesellschaftspolitisch immer weiter
nach »links« gerückt war: Aus Sicht der rechtskonservativen
bisherigen Wählerschaft der Union verließ Bundeskanzlerin
Angela Merkel spätestens seit September 2015 einen – poli-
tologisch gesprochen – »Akzeptanzkorridor«, was zu einer
massiven Abwanderung in Richtung der neuen rechten Partei AfD führte. Selbst die 30-Prozent-Marke stellte die einst
stolze Union nun vor immense Probleme.

Eine solche massive Abwanderung, in ihrem Falle nach
links, hatte die SPD bereits hinter sich. Sie konnte sich davon nicht mehr erholen, sondern trieb immer weiter nach
unten; in einigen Bundesländern sank sie unter die 10-Pro-
zent-Marke. Im Mai 2019 war es dann so weit: Zum ersten
Mal in der Geschichte der Bundesrepublik Deutschland seit
1949 war die SPD bei national ausgetragenen Wahlen – hier

den Europawahlen – nicht mehr stärkste oder zweitstärkste
Partei, sondern hinter CDU/CSU und den Grünen abgeschlagen auf den dritten Platz gerutscht. Knapp 40 Jahre
nach Gründung der Grünen, die auch als Protest gegen eine
sozialdemokratisch geführte Bundesregierung entstanden
waren, stand der Ableger in Blüte, während der Stamm ver-
dorrte. Die Grünen hatten vor allem die jungen Wähler auf
ihrer Seite.

Mit Ausnahme von Willy Brandt, der immer noch als
Ikone thronte, hatten die Sozialdemokraten ihre Kanzler
nachträglich entzaubert, ja delegitimiert. Seit den 1990er Jahren und dann vor allem nach 2004, als es rasche Wechsel gab,
galt dies auch für die jeweiligen Parteivorsitzenden. Von 1949
bis 1987 hatte die SPD drei Vorsitzende gehabt, Kurt Schu-
macher, Erich Ollenhauer und Willy Brandt. Seither waren
es zwölf und drei kommissarische für eine kurze Übergangs-
zeit bis zur Neuwahl. Anfang Juni 2019 trat Andrea Nahles
zurück, sie war die erste Frau an der Spitze der SPD. Die Partei lag nach neun Vorsitzenden seit dem Jahr 2000 in Trüm-
mern und mit ihr die staatspolitische Entscheidung von
2018, neuerlich in eine Große Koalition einzutreten. Dieser
temporeiche Wechsel verdeutlichte, dass mit der Partei etwas nicht mehr stimmte. Ihren traditionellen Markenkern,
nämlich die Sozialkompetenz, hatte sie in den Augen vieler durch die marktliberalen Positionen der Schröderschen
Agenda 2010 verloren. Diese Agenda bettete sich in einen
gesamteuropäischen Trend ein. Unter dem Gebot der »Modernisierung« hatten Sozialdemokraten überall – am ausge-
prägtesten unter Tony Blair in Großbritannien – den globalen Finanzmarktkapitalismus akzeptiert und staatlichen
Interventionen abgeschworen.[24] Nach 30 Jahren Radikalli-
beralismus befand sich die europäische Sozialdemokratie

in einer tiefen Depression. In Deutschland führte die neue Ausrichtung zunächst zu einer gewerkschaftlich orientierten Abspaltung von der West-SPD in Gestalt der WASG, die dann in der Linkspartei aufging, womit am Ende Die Linke zu einer gesamtdeutschen Partei wurde und den Status einer ostdeutschen Regionalformation hinter sich lassen konnte.

Die beiden ehedem klassischen Volksparteien sind somit in eine Krise geraten, die Sozialdemokraten noch viel stärker als die Christdemokraten, die ihren Markenkern »Wirtschaftskompetenz« einigermaßen bewahren konnten. Ihre historischen Wurzeln hatten beide in den Massenintegrationsparteien des Kaiserreichs und ihre Anhänger bestanden aus homogenen sozialen Gruppen, der Arbeiterschaft auf der einen Seite und den Katholiken (Zentrum) auf der anderen; im Wertesystem unterschieden sie sich fundamental, es bildeten sich sozialmoralische Milieus heraus mit festen, nicht nur rational-interessengeleiteten, sondern viel tieferen, auch emotionalen Bindungen »von der Wiege bis zur Bahre«.

Nach dem Zweiten Weltkrieg hob die neue interkonfessionelle Ausrichtung die Union zu ganz neuen Erfolgen, die SPD legte seit dem Parteitag von Bad Godesberg 1959 ihren Klassenkampfcharakter zugunsten ideologisch gemäßigter Positionen ab, was ihr schließlich zur Macht verhalf. Die Presskräfte des Kalten Krieges und der deutschen Teilung stabilisierte dieses System der beiden Volksparteien. Diese Zeiten sind lange und unwiederbringlich vorbei. In der modernen Marktdemokratie nach dem Ende des Ost-West-Konflikts erwarteten viele Bürgerinnen und Bürger von der Politik nicht so sehr eine Haltung, als die Befriedigung ihrer Bedürfnisse. Die Konsumenten wurden ungeduldig, launisch, jederzeit fordernd und wollten sich nicht binden.[25]

Nicht nur, dass die Gesellschaft insgesamt facettenreicher geworden war, im Zeitalter der Digitalisierung verwoben sich Kommunikation und Lebenswelten zu einem bunten Teppich. Berufsstrukturen hatten sich verändert, die Mobilität war gestiegen, Globalisierungs- und Säkularisierungsprozesse schritten ebenso voran wie die Individualisierung. Dass sich damit traditionelle soziale Milieus verflüchtigten, langfristige Wertorientierungen nachließen und enge Bindungen erodierten, liegt auf der Hand. Das galt für die Geschlechter ebenso wie für die Generationen. Zeiten der Ungeduld und Nervosität befördern die Demokratie nicht; diese benötigt viel Zeit, nicht Hast, um Probleme zu lösen, Konflikte auszutragen, einen Konsens herzustellen. Da sich auf dem Feld der bundesdeutschen Politik sehr viele Vetospieler bewegen – die »gesellschaftlich relevanten Gruppen« –, werden Aushandlungen zu einem mühseligen Geschäft. Und die Logik der Medien – die ungeduldig sind und nach Skandalisierung lechzen – und diejenige einer zeitraubenden Kooperationsdemokratie laufen auseinander.

Koalitionsbildungen waren in der Bundesrepublik über viele Jahrzehnte eine Allianz der verschiedenen Lebenswelten lediglich *eines* Lagers. Als die FDP sich am Ende der 1960er Jahre sozialliberal ausrichtete und nicht mehr nationalliberal, war das Bündnis mit der SPD vorgezeichnet; und Rot-Grün 1998 wurde sogar als gemeinsames »Projekt« jener, die doch irgendwie zusammengehörten, überhöht. Um wie viel schwieriger sind Bündnisse über die Lager hinweg? Um wie viel problematischer sind große Koalitionen zwischen den geschrumpften Volksparteien? Die Parteienlandschaft veränderte sich rasant. Der Wechsel zwischen den Lagern wurde ersetzt durch fast zufällige Koalitionen, die gerade möglich waren. Einerseits sollten die Volksparteien voneinander unterscheidbar sein, andererseits mussten sie in der Nähe zur Mitte bleiben. Und diese Kumulation in der Mitte produzierte rechts wie links scharfe Flankenparteien. Dass eine fremdenfeindliche, gegen die Institutionen des Staates hetzende Partei wie die AfD in Teilen Ostdeutschlands, besonders in Sachsen, bei der Europawahl 2019 die meisten Stimmen holte, war ein Problem für das ganze Land. Wenngleich die goldenen Zeiten von Volksparteien der Vergangenheit anzugehören scheinen, so darf man nicht ausblenden, dass die »richtigen« Personen und »gute« Problemlösungen den Abstieg auch stoppen können. Denn eine Konstante gilt trotz allen so grundsätzlichen Veränderungen während der gesamten Lebensdauer der Bundesrepublik bis in die Gegenwart: Immer spielte das politische Personal die zentrale Rolle, so sehr sich auch viele wünschten, Programme und nicht Personen mögen im Vordergrund stehen.

3.

KEIN FRIEDLICHES ZEITALTER

Deutschland im Krieg

Nach der Epochenwende von 1989 ist kein »goldenes Zeitalter« des Friedens angebrochen. Aus der tiefsten Ächtung ist der Krieg vielmehr wieder zu neuer Bedeutung gelangt, auch in Europa. Im zerfallenden Jugoslawien brachen seit 1991 blutige Konflikte aus; in Randgebieten der ehemaligen Sowjetunion fanden ebenfalls Kämpfe statt. In nie dagewesener Form wurden in verschiedenen Staaten terroristische Anschläge verübt. Die Terroranschläge auf das New Yorker World Trade Center 2001 waren für viele Beobachter der Beginn einer neuen Zeitrechnung. Es folgten die Kriege in Afghanistan und dem Irak, dann kamen kriegerische Auseinandersetzungen in Nordafrika, schließlich der Syrienkrieg. In diesem Zeitalter der »neuen Kriege« wandelte sich die außenpolitische Stellung und militärische Rolle Deutschlands fundamental. Deutschland wurde wieder zu einer Krieg führenden Nation.

Aufgekommen ist der Begriff der »neuen Kriege« während der Balkankriege.[1] Zu ihren wichtigsten Charakteristika gehören das Fehlen von herkömmlichen Frontlinien, womit auch ein Hinterland verschwindet, und das Verwischen der Grenzen zwischen Kombattanten und der Zivilbevölkerung. Der Zerfall der »Sozialistischen Föderativen

Republik Jugoslawien«, der die Zeitenwende seit 1989 über-
schattete, warf die Frage auf, ob dieses Scheitern exemplarisch für »multikulturelle« Gesellschaften sei. Der einflussreiche US-Journalist Robert D. Kaplan vertrat die These,
der »uralte Hass« zwischen den Nationen und Minderheiten – die er als »Balkan ghosts« bezeichnete – habe das Land
zerstört.[2] Doch können nicht nur die »Balkan-Gespenster«
des ethnischen Hasses als Ursache des Zerfalls betrachtet
werden, sondern vielmehr noch die Gespenster der Armut,
der Verunsicherung und diffusen Angst. Anders gesagt: Die
ethnischen Spannungen waren Folge von Krise und Zerfall
des Staates Jugoslawien, nicht seine Ursache.[3] Opfermythen
und Kriegserinnerungen, insbesondere an den Zweiten
Weltkrieg und auf serbischer Seite an die Kosovo-Schlacht
von 1389 sowie die Amselfeld-Rede des Präsidenten Slobodan Milošević vom 28. Juni 1989, beherrschten die öffentliche Wahrnehmung und überlagerten seither alles, was im
Gegensatz zu diesem Deutungsmuster stand.

Die Katastrophe, die über Jugoslawien seit 1990/91 herein-
brach, führte zum ersten militärischen Konflikt seit dem
Ende des Zweiten Weltkriegs auf europäischem Boden.
Eine der Hauptquellen der Konfliktkonstellation war das
nie geklärte Verhältnis von Nationalismus und Föderalismus. Ein wirtschaftlicher Niedergang der Region war schon
lange zu beklagen. Im Jahr 1985 lagen die Realeinkommen
der Menschen in diesem Raum schon um 27 Prozent niedriger als noch sechs Jahre zuvor, mit erheblichen regionalen
Unterschieden. Außerdem gab es seit Titos Tod 1980 keine
von allen Ethnien anerkannte Autorität mehr. Der Ruf nach
Reformen wurde vor allem in Slowenien und Kroatien lauter, und am Ende des Jahrzehnts war die Zentralregierung
nahezu handlungsunfähig. Nachdem die Vertreter Slowe-

niens den »Bund der Kommunisten Jugoslawiens« verlassen hatten, begann der Föderalstaat zu zerfallen, und die Macht verlagerte sich auf die Ebene der einzelnen Republiken. Der in allen Landesteilen um sich greifende neue Nationalismus gipfelte in einer extremen Politisierung ethnischer Gegensätze und paralysierte die gesamtstaatlichen Institutionen beinah vollständig. Auch das Fernsehen und der Hörfunk trugen dazu bei, alte Feindbilder wieder auszugraben, Ängste zu schüren und moralische Grenzen zu durchbrechen.

Die eskalierende Gewalt traf die internationale Staatengemeinschaft völlig unvorbereitet, weil die geostrategische Bedeutung der Region nach dem Ende des Ost-West-Konflikts geschwunden war. Die europäischen Politiker waren mit scheinbar dringlicheren Aufgaben beschäftigt, etwa mit der Vorbereitung der Konferenz von Maastricht, der Golf-Krise nach dem Überfall Iraks auf Kuwait und den Folgen der Auflösung der Sowjetunion. Auf deutschen Druck hin beschlossen die europäischen Außenminister im Januar 1992, die abtrünnigen Teilrepubliken Slowenien und Kroatien anzuerkennen.

Es war Zufall, dass die Bundesrepublik seit 1991 den KSZE-Vorsitz innehatte und somit der deutsche Außenminister Hans-Dietrich Genscher gleich zu Beginn des Jugoslawienkonflikts in einer herausragenden Position war.[4] Stärker als alle anderen europäischen Partner pochten die Deutschen auf ein fundamentales Prinzip: das Selbstbestimmungsrecht der Völker. Dieses war ihnen im Zweifel wichtiger als die Einheit Jugoslawiens. »Gerade wir Deutschen haben allen Grund«, so Kanzler Helmut Kohl in einem Interview, »für das Selbstbestimmungsrecht einzutreten, denn wir konnten im vergangenen Jahr in freier Selbstbestimmung die

Einheit unseres Vaterlandes vollenden«.[5] So wirkte sich die Wiedervereinigung auf außenpolitisches Verhalten aus. Dass Italien die Unabhängigkeit Sloweniens und Kroatiens ebenfalls befürwortete, führte in Frankreich, das sich nach dem Ersten Weltkrieg am stärksten für die Neuschöpfung Jugoslawiens eingesetzt hatte, zu einer Unterstellung: Hier feiere die Achse Berlin-Rom der 1930er Jahre fröhliche Urstände.[6] Ob die deutsche Politik durch die rasche Anerkennung Sloweniens und Kroatiens Mitschuld an der folgenden Eskalation des Konfliktes und der serbischen Radikalisierung trug – daran scheiden sich die Geister.[7]

Jedenfalls führte diese Internationalisierung der Jugoslawienkrise nicht zur erhofften Befriedung, ganz im Gegenteil, es wirkte, als hätte man Öl ins Feuer gegossen. Zahlreiche paramilitärische Gruppen kämpften abseits der regulären Streitkräfte, sodass die Grenzen zwischen Zivilisten und Soldaten verwischt wurden. Die UNO erfasste im Jahr 1994 mindestens 83 irreguläre Verbände, wobei die Mehrzahl, nämlich 56 von ihnen, in direkter Verbindung zu den serbischen Militärstäben stand und die anderen jeweilige nach Selbstständigkeit strebende Einzelrepubliken unterstützten. Die Republik Bosnien-Herzegowina, mit ihrem Territorium zwischen Kroatien und Serbien eingezwängt, musste sich der Ansprüche beider Nachbarn erwehren und entschloss sich im Frühjahr 1992 ebenfalls zur Unabhängigkeit. In einem zerbrechlichen Gleichgewicht hatten Kroaten, Serben und muslimische Bosnier bis dahin einigermaßen einträchtig zusammengelebt. Damit war es vorbei, denn die Serben riefen nun ihrerseits die »Serbische Republik Bosnien« aus – militärisch massiv von der Regierung in Belgrad, die einen Krieg wollte, unterstützt. Ein barbarischer Bürgerkrieg begann, der weder durch internationale Drohungen noch durch die hilflos agierenden UN-Blauhelme vor Ort eingedämmt werden konnte, was sich im Massaker von Srebrenica vom Juli 1995 grauenvoll bestätigte. Im Rahmen der NATO griffen schließlich die USA militärisch ein und zwangen die serbischen Einheiten mit Luftschlägen zum Rückzug. Erst dreieinhalb Jahre nach seinem Beginn konnte der Bosnienkrieg mit dem Abkommen von Dayton vom 21. November 1995 beendet werden. Die Beteiligten verpflichteten sich auf eine neue regionale Friedensordnung.

Bei diesen NATO-Einsätzen auf dem Balkan beteiligten sich deutsche Soldaten an der Luftaufklärung. Dabei war nicht auszuschließen, dass sie Feuerleitfunktion für Luftwaffen anderer Länder hätten übernehmen müssen. Stand dies im Widerspruch zu Artikel 87a des Grundgesetzes? Dort heißt es: »Außer zur Verteidigung dürfen die Streitkräfte nur eingesetzt werden, soweit dieses Grundgesetz es ausdrücklich zulässt«. Am 12. Juli 1994 erließ das Bundesverfassungsgericht ein wegweisendes Urteil: Es eröffnete die Möglichkeit, Truppen im Rahmen eines Systems gegenseitiger Sicherheit zu entsenden, band dies jedoch an einen Beschluss des Bundestages.[8] Damit war ein Wendepunkt markiert: Militärische Auslandseinsätze waren fortan keine verfassungsrechtliche Frage mehr, sondern eine politische. Deutschland sollte sich in den folgenden Jahren an zahlreichen Einsätzen beteiligen, im Kosovo 1999, in Afghanistan 2002, im Kongo 2003, im Libanon 2006, bei der Anti-Piraten-Mission am Horn von Afrika 2008 oder bei der »Stabilisierungsmission« in Mali seit 2013 und mit nochmaliger Ausweitung 2018, um nur die wichtigsten zu nennen.

Überhaupt war die neue Bundeswehr gegenüber den Streitkräften der alten BRD einer grundlegenden, fast dramatisch zu nennenden Transformation unterworfen. Die

Eingliederung von etwa 20 000 Soldaten der Nationalen Volksarmee der DDR nach der Wiedervereinigung bedeutete noch das geringste Problem. Der größte Teil des Materials der NVA wurde verschrottet, verkauft oder verschenkt, so etwa Panzer an die Türkei oder Kriegsschiffe an Indonesien. Im Kalten Krieg war der Einsatz der Bundeswehr allein zur Landes- und Bündnisverteidigung eines Angriffs aus dem Osten denkbar gewesen. Nun jedoch war die unmittelbare Landesverteidigung zu einem undenkbaren Fall geworden, während die bis dahin undenkbaren Auslandseinsätze »out of area« zum Regelfall wurden. Vorschläge, wie eine Reform der Bundeswehr aussehen könne, wurden von der Kommission »Gemeinsame Sicherheit und Zukunft der Bundeswehr« zwischen Mai 1999 und Mai 2000 unter dem Vorsitz des ehemaligen Bundespräsidenten Richard von Weizsäcker ausgearbeitet. Das Ergebnis lief darauf hinaus, die Bundeswehr zu verkleinern und sie zu einer Interventionsarmee umzugestalten. Nach dem Terroranschlag von 9/11 gewann diese Ausrichtung an Fahrt. Ab dem Jahr 2011 wurde die Wehrpflicht ausgesetzt; parallel dazu definierten die neuen verteidigungspolitischen Richtlinien die Aufgaben und Fähigkeiten der Bundeswehr neu. Sie erweiterten den Sicherheitsbegriff: Auch Krisenbewältigung in – von Deutschland aus betrachtet – fernen Gebieten der Welt sowie der Kampf gegen den internationalen Terrorismus zählten nun dazu.[9]

Wenn die Staatengemeinschaft davon ausgegangen war, der jugoslawische Sukzessionskrieg sei mit dem Abkommen von Dayton beigelegt, wurde sie bald eines Schlechteren belehrt, denn der Krisenherd Kosovo war bei den Verhandlungen ausgeklammert worden. Schon seit geraumer Zeit richtete Serbiens Präsident Milošević seine Ambitionen auf

den Kosovo, wo er seit Beginn seines Aufstiegs zur Macht
den serbischen Nationalismus und den Hass auf die albani-
sche Mehrheitsbevölkerung geschürt hatte. Der unter Tito
eingeführte Autonomiestatus war schon 1990 beseitigt, die
Bevölkerung schikaniert und unterdrückt worden. Menschenrechte wurden mit Füßen getreten, Vertreibungen und
Massenerschießungen gipfelten in »ethnischen Säuberungen«, die in einen Völkermord zu münden drohten.

Am 24. März 1999 begann die NATO einen Luftkrieg gegen militärische Einrichtungen, Infrastruktur und Indus-
trieanlagen der Bundesrepublik Jugoslawien. Der Krieg der
Allianz dauerte 78 Tage. Die meisten europäischen Staaten
sprachen sich zuerst gegen ein militärisches Eingreifen ohne
ein UN-Mandat aus, aber schließlich setzte sich die Haltung
der USA durch, die einen Glaubwürdigkeitsverlust der Allianz befürchteten. Die Europäer, auch Deutschland, beteiligten sich an den Kampfhandlungen.

Der Kosovo-Krieg bedeutete eine Zäsur für die Geschichte der Bundesrepublik Deutschland. Im Frühjahr 1999
verabschiedete sich ausgerechnet eine rot-grüne Bundesregierung unter Kanzler Gerhard Schröder und Vizekanzler
Joschka Fischer von bisher geltenden kategorischen Impera-
tiven wie Antimilitarismus, Zivilmachtsdenken und Multilateralismus. Um einen Krieg im Namen der Humanität
führen zu können, verschob sich das seit 1945 gültige oberste
Gebot: Aus »Nie wieder Krieg« wurde »Nie wieder Auschwitz«. Es gebe Schlimmeres als Krieg, nämlich Völkermord,
so der grüne Außenminister Fischer.[10] Krieg müsse geführt
werden, um Völkermord zu verhindern. Zum ersten Mal
seit dem Zweiten Weltkrieg befanden sich deutsche Soldaten im Krieg: Kampfpiloten der Tornado-Jets, die sich am
NATO-Einsatz gegen serbische Stellungen beteiligten. Die-

ser Einsatz war durch nichts gedeckt, worauf Sozialdemokraten und Grüne in der Vergangenheit immer Wert gelegt
hatten – nicht durch ein UN-Mandat, das wäre im Sinne
einer multilateralen Außenpolitik das Wichtigste gewesen
(aber Russland und China votierten im Sicherheitsrat dagegen), nicht durch den NATO-Vertrag, denn es wurde ja
kein NATO-Partner angegriffen, und nicht durch die pro-
grammatische Beschlusslage der beiden Regierungsparteien, die noch in ihren Koalitionsvertrag vom Herbst 1998
hineingeschrieben hatten: »deutsche Außenpolitik ist Frie-
denspolitik«.[11] An diesem Tag – dem 24. März 1999 – ging für
Deutschland die Nachkriegszeit zu Ende und das Einzige,
was übrig blieb, war, dass die Moral vor das Recht gestellt
wurde.

War diese Abkehr von Verhaltensprinzipien, die bisher die
Legitimität des westlichen Handelns bestimmt hatten, klug
und notwendig? Zweifel an diesem Krieg kamen zeitgenös-
sisch von vielen Seiten. Allerdings hatten die Befürworter
das stärkste Argument: Es ging darum, eine »humanitäre
Katastrophe« zu verhindern und die ethnischen Säuberungen zu stoppen. Demokratien müssen zur Nothilfe eilen
und Gewalt anwenden dürfen, so der einflussreiche Philosoph Jürgen Habermas, um verfolgte Menschen und Völker
nicht alleinzulassen, so lange die UNO nicht in der Lage
war, ein Weltbürgerrecht zu etablieren.[12] Es war, anders gesagt, eine tragische Situation: Man wurde schuldig, wenn
man Bomben warf; aber man wurde noch schuldiger, wenn
man nichts unternahm.

Dass ausgerechnet auf dem Balkan deutsche Geschichte
und deutsche Militärgeschichte fortgeschrieben wurde, war
fast schon makaber. Knapp 54 Jahre nach dem Ende des
Zweiten Weltkrieges nahmen deutsche Soldaten unter dem

Oberbefehl der NATO am Militäreinsatz im Kosovo teil. Nicht wenige dort lebende Menschen konnten sich noch an die Gräuel der Wehrmacht im Zweiten Weltkrieg erinnern, manchen war selbst noch die wilhelminische Parole von 1914 »Serbien muss sterbien« im Gedächtnis.

Mit 800 000 Flüchtlingen hatte sich die bis dahin größte menschliche Tragödie der europäischen Nachkriegsgeschichte entwickelt. Über 200 000 Todesopfer wurden gezählt, Städte und Kulturdenkmäler fielen der systematischen Zerstörung anheim. Obwohl die Zahl der Opfer in anderen Bürgerkriegen auf der Welt weit höher lag als auf dem Balkan, gruben sich die Bilder von Gefangenenlagern, die an Konzentrationslager erinnerten, Flüchtlingstrecks und Massengräbern besonders tief in das öffentliche Bewusstsein ein. Schwerste Menschenrechtsverletzungen bis hin zu ethnischen Säuberungen und die Unfähigkeit der Staatengemeinschaft, darauf zu reagieren, wirkten auch als ein Appell, für neue friedenspolitische Instrumentarien zu sorgen. Die Europäische Union entwickelte angesichts der Katastrophe auf dem Balkan ihre gemeinsame Außen-, Sicherheits- und Verteidigungspolitik, und die Vereinten Nationen wandelten ihr »Peacekeeping« in neue, auf grundlegenden Wandel ausgerichtete »Nation-building«-Missionen um.

Die Frage nach der (Mit-)Schuld an der Tragödie Jugoslawiens wurde bald gestellt. Es gab zahlreiche Verantwortliche. Zunächst hatten weder die Vereinten Nationen noch die Europäer Interesse an einer Intervention bekundet, wobei sich vor allem Frankreich aus historischer Verbundenheit weigerte, Serbien eine Schuld am Verlauf der Ereignisse zu geben. Die USA machten eine weitaus bessere Figur als die Europäer, sobald sie sich auf dem Balkan engagierten. Dass jede Phase der internationalen Intervention erst auf amerikanische Initiative zustande kam, war ausgesprochen beschämend für die westeuropäischen Alliierten. Doch auch die USA konnten sich nur mit großer Mühe entschließen – vor allem weil das amerikanische Militärestablishment nicht bereit war, Risiken einzugehen, und weil viele US-Politiker der Meinung waren, ihr Land habe »keine Aktien« in diesem Krieg.

Die Hauptschuld an der jugoslawischen Katastrophe lag jedoch bei nationalistischen Serben, die sich um ihren Führer, den später als Kriegsverbrecher angeklagten Slobodan Milošević, scharten. Im Juni 2001 lieferte die neue serbische Regierung Milošević an den Internationalen Strafgerichtshof in Den Haag aus, der im Mai 1993 auf Betreiben der UNO eingerichtet worden war, um die gravierenden Menschenrechtsverletzungen und Verbrechen in Jugoslawien zu ahnden. Milošević starb 2006, noch vor der Urteilsfindung.

Schonungslos hatten es die Balkankriege offengelegt und bald wurde es noch sichtbarer: Europa war militärisch fast bedeutungslos. Es kam immer offensichtlicher zu einer internationalen Arbeitsteilung, welche die Europäer dazu verdammte, bei multinationalen militärischen Einsätzen nur unterstützend, nie jedoch führend tätig zu sein und eher die spätere Friedenssicherung zu organisieren, während die USA aus sicherer Entfernung und mit modernster Technik Krieg führten. Auch der Zweite Golfkrieg (als Erster Golfkrieg wird der Krieg zwischen Irak und Iran vom 22. September 1980 bis zum 20. August 1988 bezeichnet), der am 17. Januar 1991 begann, um Kuwait vom Aggressor Irak zu befreien, hatte darauf hingedeutet. Die »Golfkriegskoalition«, unter US-amerikanischer Führung zusammengebracht, war durch die technologische und militärische Überlegenheit der USA geprägt – von den Europäern leisteten nur Großbritannien

und Frankreich größere militärische Beiträge – und zwang
den Irak innerhalb von 100 Tagen in die Knie. Deutschland
war damals, so kurz nach der Wiedervereinigung, in der Art
und Weise beteiligt gewesen, wie bis dahin immer: Es zahlte
die Rechnungen. Diese »Scheckbuchdiplomatie« war teuer;
insgesamt belief sich der finanzielle Beitrag Deutschlands
zum Golfkrieg auf rund 17 Milliarden D-Mark.[13] So war man
zwar nicht offiziell, jedoch faktisch Kriegspartei.

Viele europäische NATO-Staaten waren militärisch zu
einem »Interventionskrieg«, weit entfernt vom eigenen
Territorium, gar nicht fähig, weil ihre Armeen noch auf
das Prinzip der Landesverteidigung ausgerichtet waren.
Deutschland sah sich darüber hinaus auch politisch nicht in
der Lage, einen militärischen Beitrag zu leisten: Bonn lehnte
dies klar mit dem Hinweis auf das Grundgesetz ab.

Der Terroranschlag auf die Twin Towers vom 11. September 2001 ist als das »Pearl Harbor der industriellen Zivilisation« bezeichnet worden.[14] Unfassbar war nicht nur die Zahl
der Opfer, sondern die Perfektion, mit der diese Attacke ins
Werk gesetzt wurde: Ein Angriff, der die USA ins Mark traf –
noch nie zuvor waren sie auf ihrem Festland attackiert worden. Zwei Kriege folgten, der in Afghanistan und der im
Irak. Am ersten sollte sich Deutschland massiv beteiligen,
am zweiten nicht. Beim Irakkrieg ab 2003 sollte Deutschland sogar die Ablehnungsfront anführen.

Der 11. September 2001 werde, so Kanzler Schröder im
Deutschen Bundestag, als »schwarzer Tag für uns alle in die
Geschichte eingehen«. Es sei eine Kriegserklärung an die gesamte zivilisierte Welt. Deshalb sicherte er dem amerikanischen Präsidenten George W. Bush die »uneingeschränkte
Solidarität Deutschlands« zu.[15] Am 4. Oktober 2001 stellte
die NATO zum ersten Mal in ihrer Geschichte den Bünd-

nisfall gemäß Artikel 5 des NATO-Vertrages fest. Dieser
Artikel war das Rückgrat des Nordatlantikpaktes – alle be-
trachten sich als angegriffen, wenn ein Bündnispartner angegriffen wird. Die Anschläge von 9/11 lösten die größten
politischen Umwälzungen seit dem Fall der Berliner Mauer
aus. Der in Brüssel beschlossene Bündnisfall der NATO lag
vollkommen quer zu den Situationen, die man sich jemals
hätte vorstellen können. Wenn in den Jahrzehnten des Kalten Krieges von der Ausrufung eines Bündnisfalles die Rede
war, nahm man stets wie selbstverständlich an, dass die USA
einem oder mehreren europäischen Verbündeten zu Hilfe
kommen würden. Nun war es gerade anders herum. Ein-
schränkend zum deutschen Beistand hatte Kanzler Schröder
einige Tag später jedoch einen Satz hinzugefügt, auf den er
sich bald immer häufiger berufen sollte: Es gelte zwar die
uneingeschränkte Solidarität, doch sei die Bundesrepublik
zu »Abenteuern« nicht bereit.[16]

Als Rückzugsgebiet der Terroristen galt Afghanistan. Dieses Land am Hindukusch war auch nach dem Abzug der
letzten sowjetischen Truppen am 15. Februar 1989 nicht zur
Ruhe gekommen, und nach einem Bürgerkrieg übernahmen die von den USA unterstützten Milizen der Taliban
im September 1996 die Macht. Nach dem 11. September
forderten die USA viele Male die Auslieferung des Saudis
und Geldgebers Osama bin Laden, der seit Langem ver-
steckt lebte, unauffindbar war und als Drahtzieher des Anschlags galt. Gleichzeitig bereitete Washington einen Koali-
tionskrieg gegen das Land vor, und nur vier Wochen nach
9/11 begannen amerikanische und britische Militäreinhei-
ten mit Luftangriffen auf Afghanistan; schließlich wurden
auch Bodentruppen eingesetzt. Der eigentliche Feldzug war
schnell zu Ende, und Afghanistan sollte das erste Beispiel

eines von außen erzwungenen Regimewechsels werden, doch was folgte, war ein zermürbender Guerillakrieg der Taliban gegen die Besatzungsmächte und die neue afghanische Regierung. Der politische Neubeginn am Hindukusch wurde unter den Schutz einer internationalen Streitmacht, der ISAF (International Security Assistance Force), gestellt, an der Soldaten aus 32 europäischen Ländern, auch solchen, die nicht der EU angehörten, beteiligt waren.

Für die EU bedeuteten die Terroranschläge vom 11. September 2001 eine besondere Herausforderung. Als die Staats- und Regierungschefs einige Tage später, am 21. September 2001, in Brüssel zusammentrafen, erklärten sie, den Kampf gegen den Terrorismus »mehr denn je zu einem vorrangigen Ziel der Europäischen Union zu machen«.[17] Der an diesem Tag beschlossene Aktionsplan, bei dem eine innen- und justizpolitische Zusammenarbeit im Vordergrund stand, sollte vor allem der nationalen und internationalen Öffentlichkeit Handlungsfähigkeit signalisieren.

Vier Bereiche wurden geregelt. Erstens die Prävention: Maßnahmen sollten verhindern, dass Menschen sich dem Terrorismus zuwandten. Im Vordergrund standen dabei der Missbrauch des Internets und die Bekämpfung der Aufstachelung und Anwerbung. Zweitens der Schutz: Die Bürger und die Infrastruktur sollten vor Anschlägen geschützt und die Verwundbarkeit verringert werden. Priorität besaß die Einführung biometrischer Daten in Ausweispapieren, die Verbesserung der Informationssysteme und ein effektiver Schutz der EU-Außengrenzen. Drittens die Verfolgung: Eine grenzüberschreitende Verfolgung von Terroristen war vorgesehen. Es ging vor allem um die Stärkung der Fähigkeiten der mitgliedstaatlichen Behörden, die uneingeschränkte Nutzung von Europol und Eurojust sowie den Ausbau der gegenseitigen Anerkennung gerichtlicher Entscheidungen. Viertens die Reaktion: Hierbei ging es um die Bewältigung von Terroranschlägen durch eine Zusammenarbeit beim Katastrophenschutz und eine verbesserte Reaktionsfähigkeit. Eine Kooperation der Geheimdienste auf europäischer Ebene wäre bis dahin kaum denkbar gewesen. Angesichts der Gefährdung entwickelte sich die EU in einem Bereich fort, der zuvor als exklusive Domäne des Nationalstaats galt. Trotz dieser Maßnahmen war klar: Wenn die zivilisierte Welt in ihrer Gegenwehr obsiegen wollte, durfte sie sich in der Beachtung ihrer Grundwerte nicht beirren lassen. Das Bekenntnis zur Würde und Freiheit des Menschen zeichnete den modernen Verfassungsstaat, wie er in Europa entstanden war, gegenüber totalitären Ideologien aus.

In Deutschland kam es zu einer dramatischen Zuspitzung. Rot-Gün schwankte. Schon wieder ein Krieg? Um eine breite Grundlage im Bundestag dafür zu erhalten, am Krieg gegen den Terror teilzunehmen, stellte Kanzler Schröder die Vertrauensfrage. Sie ist das schärfste Schwert eines Bundeskanzlers und im Verlauf der Geschichte der Bundesrepublik immer wieder eingesetzt worden. Neu an der Vertrauensfrage vom 16. November 2001 war jedoch, dass erstmals in der Geschichte der Bundesrepublik Deutschland eine solche Abstimmung, die als Versuch des Kanzlers gilt, die politische Kontrolle mit parlamentarischen Mitteln zurückzugewinnen, mit einer Sachfrage verknüpft wurde. Das hatte es bisher noch nie gegeben. Die Verbindung des Kriegsbeschlusses mit der Vertrauensfrage wirkte wie ein Elektroschock – kurzfristiger Erfolg gewiss, langfristige Nebenwirkungen ebenso.

»Deutschland wird auch am Hindukusch verteidigt« – auf diese Formel brachte es Verteidigungsminister Peter Struck

(SPD).[18] Das bald geflügelte Wort war von gleichem Format wie Außenminister Fischers Bild von »Nie wieder Auschwitz«, das er mit Bezug auf den Kosovokrieg verwendet hatte. Beides waren überzogene Begriffe, um etwas deutlich zu machen, was die meisten Deutschen nicht gern hörten – dass sie sich im Krieg befanden. Die deutsche Sehnsucht nach Neutralität gegenüber allen Schrecknissen der Welt im Sinne einer »Superschweiz« war tief verankert. Gegenüber der Bundeswehr gab es kaum mehr als »freundliches Desinteresse«, wie es Bundespräsident Horst Köhler einmal ausdrückte.[19] Dabei stellte Deutschland nach den USA – die 90 000 Soldaten schickten – und Großbritannien – das 9500 Soldaten entsandte – das drittstärkste Kontingent in Afghanistan, weit vor Frankeich, Italien, Kanada und Polen. Insgesamt waren über die vielen Jahre hinweg weit mehr als 100 000 deutsche Soldaten im rotierenden Einsatz. 58 deutsche Soldaten verloren am Hindukusch ihr Leben, mehr als 200 Verletzte und mehrere Tausend schwer traumatisierte Soldaten waren zu beklagen.

Mit dem Amtsantritt von Präsident George W. Bush hatte sich die US-amerikanische Außenpolitik radikalisiert und sich hegemonial und unilateral ausgerichtet, während die Europäer zusehends die zivile, multilaterale und völkerrechtliche Dimension von Außenpolitik bevorzugten. Aber mit der Irakkrise seit Ende 2001 wurde deutlich, dass wichtige europäische Staaten, gerade Regierungen der neuen Demokratien in Mittel- und Osteuropa, anders dachten und agierten. Europa war für sie nicht die leise und sanfte Weltmacht, wie es die Deutschen gern sehen wollten. So kam es beispielsweise zu einer geschickten Gleichgewichtsdiplomatie der baltischen Staaten frei nach dem Motto: »NATO is for life, EU is for better life«. In der Sicherheitspolitik suchten die baltischen Staaten die Nähe zur NATO und den USA, in Bezug auf wirtschaftspolitische Fragen pflegten sie hingegen die guten Beziehungen zu den EU-Staaten.

Als der amerikanische Präsident im Januar 2002 eine »Achse des Bösen« identifizierte – sie verlief über den Irak und Iran nach Nordkorea – und eine »Koalition der Willigen« zu einem Krieg gegen den Erzfeind Saddam Hussein aufrief, verweigerte sich Deutschland. Verknüpft mit einem neuen Selbstbewusstsein stellte die rot-grüne Regierung die deutschen Interessen in den Vordergrund. Kanzler Schröder führte aus: »Das Deutschland, für das ich arbeite, ist ein stolzes, ein solidarisches Land (…). Unser Deutschland vertraut auf seine eigene Kraft (…). Unser Deutschland genießt Respekt und Ansehen in der Welt. Weil wir Partner und Vorbild sind. Weil wir das Europa der Völker bauen und weltweit Frieden und Menschenrechte sichern und schützen helfen. Und weil wir deshalb unsere nationalen Interessen nicht verstecken müssen. Das ist unser deutscher Weg.«[20] Ein »deutscher Weg«, der von Amerika wegführte? War das nicht Antiamerikanismus? Erst mit einem deutsch-französischen Schulterschluss gegen den Irakkrieg konnte ein bedeutsames Gegengewicht zu den USA entstehen, und dass Präsident Jacques Chirac und Kanzler Gerhard Schröder noch Hilfe vom russischen Präsidenten Wladimir Putin erhielten und somit eine Achse Paris-Berlin-Moskau entstand, wirkte eindrucksvoll auf die Weltgemeinschaft. Das deutsch-amerikanische Verhältnis jedoch war so schlecht wie noch nie seit dem Ende des Zweiten Weltkrieges. Wie sehr Eiszeit herrschte, dokumentierte die Maxime der amerikanischen Sicherheitsberaterin Condoleezza Rice: »Frankreich bestrafen, Deutschland ignorieren, Russland verzeihen.«[21] Deutschland »ignorieren«, weil es, so musste man das Verb verstehen, ein nebensächlicher Partner war – schlimmer konnte es nicht kommen.

Für Europa als Gemeinschaft war der Irakkrieg ein inneres Debakel. Ein tiefer Riss spaltete den Kontinent in einer lebenswichtigen Frage. In einem mittlerweile geflügelten Wort zählte der amerikanische Verteidigungsminister Donald Rumsfeld die kriegsunwilligen Staaten, die sich um Frankreich und Deutschland scharten, zum »alten« – und er meinte schwachen und matten – Europa. Das »neue«, kraftvolle Europa, das Amerikas Kriege unterstützte, sammle sich um die jüngeren Mitgliedstaaten wie Großbritannien, Spanien und die ostmitteleuropäischen jungen Demokratien, und nur auf sie sei Verlass.[22]

Dass sich die Bundesrepublik solchermaßen von der einstigen Schutzmacht emanzipierte, war Ausdruck eines neuen deutschen Selbstbewusstseins und bedeutete einen ungeheuerlichen Vorgang. Dabei handelte es sich keineswegs um die erste Krise im deutsch-amerikanischen Verhältnis. Seit Ende der 1950er Jahre war es immer wieder zu Spannungen gekommen, sei es während der Berlin-Krise 1958–1961, der Ostpolitik Willy Brandts oder der Nachrüstungsdebatte in den frühen 1980er Jahren. Doch in Zeiten des Kalten Krieges und der Semisouveränität der »alten« Bundesrepublik waren die Kräfte der Einigung und die des Nachgebens stark. Das, was im Sommer 2002 geschah, stellte hingegen einen Bruch mit der außenpolitischen Tradition der Bundesrepublik Deutschland dar.

Dieser Bruch war indessen berechtigt. Denn bald wurde der Weltöffentlichkeit klar, dass die amerikanische Regierung gemeinsam mit dem britischen Premierminister Tony Blair hinsichtlich des Irak und seiner angeblichen Massenvernichtungswaffen massiv Lügen verbreitete und die Welt in die Irre geführt hatte. Niemand machte sich Illusionen über die Diktatur Saddam Husseins; aber die Kontrolleure der UNO befanden sich im Land und hegten das Regime ein. Der amerikanische Krieg forderte Hunderttausende Menschenleben und destabilisierte die gesamte Region auf Jahrzehnte hinaus. Der Nahe Osten wurde in der Folge nicht nur zu einem Schlachtfeld der beiden »Todfeinde« Iran und Saudi-Arabien, denen das Vakuum, das die Amerikaner im Irak hinterließen, zupass kam, sondern auch Russland mischte sich in den syrischen Bürgerkrieg ein, und es war nur noch eine Frage der Zeit, wann China sich stärker engagieren würde – zum Schutz seiner wirtschaftlichen Interessen wie dem Bau der Neuen Seidenstraße.[23]

Es erwies sich als schwierig, nach den unilateralen Aktionen der USA wieder auf den Weg zu einem Multilateralismus zurückzukehren. Deutschland galt in der Welt als der Stützpfeiler des auf Regeln basierenden multilateralen Staatensystems. Doch in den Krisen der folgenden Jahre gab die Bundesrepublik aufs Ganze gesehen ein widersprüchliches Bild ab. Ihre Regierungen schwankten je nach politischer Zusammensetzung erheblich, obwohl mit dem amerikanischen Präsidenten Barack Obama wieder ein verlässlicher Partner am Ruder war. Manchmal scherte Deutschland aus der internationalen westlichen Allianz aus, wie im Libyen-Konflikt 2011, und manchmal bildete es die diplomatische Speerspitze wie in der Ukraine-Krise seit 2014. Obwohl die Vereinten Nationen in einer Resolution die internationale Gemeinschaft zu militärischen Maßnahmen gegen das Gaddafi-Regime in Libyen ermächtigten, um die Zivilbevölkerung zu schützen, und daraufhin die USA, Großbritannien und Frankreich mit Luftangriffen begannen und eine Seeblockade verhängten, hielt sich Deutschland heraus. Außenminister Guido Westerwelle (FDP) beharrte auf einer politischen Lösung, was allerdings die europäischen Verbündeten als »zivile Sonderwegsmentalität« der Deutschen brandmarkten. Tatsächlich wurden die außenpolitischen Koordinaten in dieser Krise falsch berechnet, Deutschland war isoliert und galt als unzuverlässige Macht. Zwei Maximen gerieten in Konflikt: Zivilmacht gegen Bündnismacht. Angesichts der Menschenrechtsverletzungen in dem nordafrikanischen Land stand Deutschland am Ende als unmoralische Nation da, als exzeptionelle Zivilmacht ohne jegliche Zivilcourage. Noch nie zuvor hatte es ein Deutschland gegeben, das gegenüber den westlichen Partnern ganz allein so selbstgerecht auftrumpfte und zugleich konsequent die Augen vor staatlichen Verbrechen gegen die Zivilbevölkerung verschloss.[24]

In der darauffolgenden Bundesregierung seit 2013, als Frank-Walter Steinmeier (SPD) Außenminister war, gab es wieder einen bündnispolitischen Schulterschluss, und in einem der größten Konflikte der neuen Zeit hielt die europäische Front, auch wenn sie bisweilen – durch nationale Egoismen – bedenklich wackelte: bei der Krimkrise seit 2014. Russland unter Wladimir Putin verleibte sich die Halbinsel in einem militärischen Konflikt mit der Ukraine ein, und im Osten des Landes, vor allem im Kohlerevier Donbass, kämpften die beiden Seiten gegeneinander. Dieser Bruch des Völkerrechts führte zur schärfsten Ost-West-Konfrontation seit dem Ende des Kalten Krieges.[25] Alle diplomatischen Bemühungen, die Krimkrise zu lösen, scheiterten, und der Westen griff zum Mittel der Sanktionen. Angeführt von den Deutschen beschloss die Europäische Union in einem ersten Schritt, die Verhandlungen mit Russland über Visumserleichterungen auszusetzen, Vermögenswerte einzufrieren und EU-Firmen wirtschaftliche Beziehungen zur russisch annektierten Krim zu untersagen (was allerdings durchbrochen wurde). Russland, das sich wieder als eigenständige Weltmacht definierte, hatte sich von Europa und dem Westen verabschiedet und sah die Europäische Union als einen Gegner an, den es zu bekämpfen galt.

Im April 2019 verabschiedete der UN-Sicherheitsrat eine von Deutschland vorgelegte Resolution gegen sexuelle Gewalt. Der einmonatige Vorsitz in diesem UN-Gremium gab dem deutschen Außenminister, Heiko Maas (SPD), die Chance, das Thema an höchster Stelle der internationalen Diplomatie zu platzieren. Deutschland wollte zeigen, dass es eine wertegebundene Außen- und progressive Menschenrechtspolitik betreibe. Maas hatte sich mit der Schauspielerin Angelina Jolie, zwei Friedensnobelpreisträgern und der Menschenrechtsanwältin Amal Clooney im Vorfeld prominente Unterstützung geholt. Das Thema war nicht neu, das Problem seit Jahrzehnten nicht gelöst. In Bosnien, Ruanda und Myanmar waren wie in vielen anderen Konfliktherden der Welt Massenvergewaltigungen begangen worden. Auf Druck der Amerikaner wurde der Resolutionsentwurf aus deutscher Feder deutlich entschärft, und China und Russland waren plötzlich mit eigenen (laschen) Entwürfen um die Ecke gekommen. Am Ende gab es kein Veto gegen die abgeschwächte Resolution der Deutschen, die allerdings weit entfernt von einem wirksamen Opferschutz war. Dass die deutsche Diplomatie dennoch von einem »Meilenstein« sprach, war übertrieben, denn eine umfassende Allianz für Multilateralismus zu begründen, scheiterte.

In all diesen Auseinandersetzungen, Konflikten und Kriegen wurde eines sehr deutlich, und dies ist die Quintessenz: Deutschland beteiligt sich anders als früher wie selbstverständlich im Konzert der Staaten und der Mächte – und zwar nach Maßgabe seiner eigenen Interessen und seiner Geschichte. Letztere, die Geschichte, bewirkt indessen keine absolute Festlegung in die eine oder andere Richtung mehr. Die Republik ist außenpolitisch in den vier Jahren zwischen der Beteiligung am Kosovokrieg von 1998 und der Ablehnung des Irakkrieges 2002 eine andere geworden und seither in eine ganz neue Phase eingetreten.

4.

EIN GROSSER GRABEN
ZWISCHEN OST UND WEST?

Deutschlands innere Einheit

In den 1990er Jahren wurden die Karten in Deutschland neu gemischt, und was dabei herauskam, verursachte Streit. Die ostdeutsche Bürgerrechtlerin und spätere Chefin der Stasi-unterlagenbehörde, Marianne Birthler, glaubte im Rückblick von dreißig Jahren, dass Ostdeutsche in der Bundesrepublik immer noch benachteiligt seien, was ihrer Ansicht nach auch an deren Gutgläubigkeit und Ahnungslosigkeit lag. Beides sei ein großer Nachteil in der Umbruchzeit gewesen, denn: »Profitiert haben jene, die sich auskannten und in gesicherten Verhältnissen lebten. Und zehn Jahre später? Als die Ostler das System verstanden haben, war der Kuchen verteilt.«[1] Ist das wirklich die Grundmelodie der deutschen Wiedervereinigung? Richard Schröder, Philosoph, evangelischer Theologe und in der Volkskammer von 1990 Abgeordneter der SPD, betonte hingegen stets das Glück der deutschen Einheit, gerade für die Ostdeutschen. Man dürfe sie nicht unter der Rubrik »Pleiten, Pech und Pannen« abhandeln, sondern müsse ihre Erfolgsgeschichte herausstellen. Unter ungewöhnlich günstigen Umständen sei den Deutschen mit der Einheit etwas Gutes gelungen.[2]

Für die einen war bereits zu einem guten Teil zusam-

mengewachsen, was zusammengehörte, für die anderen lagen noch Welten zwischen West und Ost. Immer hing und
hängt das Urteil über Erfolg oder Misserfolg der »inneren
Einheit« vom angelegten Maßstab ab. Verlief der Transfor-
mationsprozess in anderen ehedem sozialistischen Ländern
nicht ungleich schwieriger? Sahen die Nachbarn der Deutschen deren Zusammenwachsen nicht in viel günstigerem
Licht als diese selbst? War alles nicht viel besser geworden,
wenn man die Lebensbedingungen in der DDR mit jenen
nach dreißig Jahren Wiedervereinigung verglich? Gab es in
der gesamten deutschen Geschichte überhaupt so etwas wie
eine vollendete »innere Einheit« und gänzlich gleichwertige
Lebensverhältnisse? Oder schätzten die Deutschen nicht
vielmehr seit jeher und mit guten Gründen Pluralismus und
Föderalismus, weil sie vor Verkrustungen und übergestülp-
ter Einheitlichkeit schützten? Es waren vor und nach 1990
kleine Welten, die einen Ostfriesen von einer Oberbayerin
trennten.

Die Kritik an der Gestaltung des Einigungsprozesses war
im Nachhinein vielfältig. Man hätte mehr aus der DDR
übernehmen sollen, hieß es etwa. Aber was genau? Eine
neue Verfassung hätte dem vereinigten Deutschland gutge-
tan, aber auf welche Verfassungstraditionen aus der DDR
wollte man sich berufen? Wäre tatsächlich Besseres als das
schlanke Grundgesetz in seiner Urfassung 1948/49 heraus-
gekommen, da doch fast jede Neuformulierung in seiner
bisherigen Geschichte eher Einschränkungen denn Erweite-
rungen von Freiheitsrechten brachte? Schließlich monierten
einige, dass das Rechtssystem und die Marktwirtschaft langsamer hätten vollzogen werden müssen. Doch gab es nicht
vielmehr international und national den Zwang zur Eile?
Die staatspolitische Idee vom »Projekt Deutsche Einheit«

stellte nur die eine Seite dar, die andere war die Alltags- und Erfahrungsgeschichte der Menschen, häufig das Fremdbleiben im neuen Deutschland. Martin Sabrow urteilt: »Hinter der zielstrebigen politischen Neuordnung auf staatlicher Ebene aber verbarg sich ein vielschichtiger und oft chaotischer Umbruch, der Befreiung und Verstörung, Traum und Trauma bedeuten konnte und sich zunächst als vollständige Auflösung der DDR-Gesellschaft in einer erweiterten Bundesrepublik darstellte.«[3]

Das konfliktgeladene, von Fortschritten und Rückschlägen begleitete Zusammenwachsen zweier fast ein halbes Jahrhundert lang getrennter Länder war auch eine Generation später noch nicht abgeschlossen – wie hätte es auch anders sein können? Der nationalen Begeisterung und der euphorischen Freiheitsbewegung im Osten folgte zunächst die Vereinigungskrise, doch je weiter die Bilanzen an die Gegenwart rückten, desto mehr zeigte sich, dass vieles geglückt war und die Gräben immer flacher wurden.

Zu Beginn des Systemwechsels stellte die DDR-Wirtschaft ein rückständiges System dar, das durch fehlenden Wettbewerb, unzureichende und fehlgeleitete Einbindung in die internationalen Wirtschaftsverflechtungen und Handelsstrukturen sowie eine enorme zentrale Bürokratie gekennzeichnet war. Die sektorale Struktur entsprach in etwa jener der BRD in den späten 1960er Jahren. Eine Konsequenz dieser Zustände war eine wesentlich geringere Produktivität im Vergleich zur alten BRD. Die DDR-Wirtschaft erreichte Ende der 1980er Jahre nur knapp 30 Prozent des westdeutschen Produktivitätsniveaus.[4] Die deutsche Einigung begann daher mit einer euphorischen Perspektive: In drei bis fünf Jahren sollten in Ostdeutschland »blühende Landschaften« und einheitliche Lebensverhältnisse entste-

hen, so der damalige Bundeskanzler Helmut Kohl. Auch
die Finanzierung wurde als wenig problematisch gesehen,
sie sollte durch Wirtschaftswachstum erfolgen, nicht etwa
durch Steuererhöhungen – die Finanzminister Theo Waigel
(CSU) kategorisch ablehnte.

Nachdem im Herbst 1989 der Gewinn der Freiheit im
Mittelpunkt stand, war es nach dem Mauerfall die zügige
Beteiligung am Wohlstand. Die Regierung Kohl entschied
sich dazu, Ostdeutschland möglichst vollständig zu »bun-
desrepublikanisieren«, indem die westlichen Institutionen
schnell und umfänglich übertragen werden sollten. Das gescheiterte Modell des Marxismus-Leninismus sollte durch
jenes ersetzt werden, das für die Erfolgsgeschichte der BRD
stand, was sich in den allgemeinen Trend der Zeit vom ange-
nommenen globalen »Sieg des Kapitalismus« einfügte. Man
wählte eine schlagartige Transformation der DDR durch
eine Wirtschafts-, Währungs- und Sozialunion zum 1. Juli
1990. Dass damit die Sensibilität für die soziokulturelle Dimension der Wiedervereinigung auf der Strecke blieb, liegt
auf der Hand. »So waren west-östliche Missverständnisse im
Einigungsprozess angelegt. Westdeutsche Selbstgewissheit
als Sieger der Geschichte und Gestalter der Einheit traf auf
eine ostdeutsche Melange aus tiefer Verunsicherung und hohen Erwartungen an die Bundesrepublik.«[5]

Der Zusammenbruch der DDR hatte die Bundesrepublik nicht nur ganz unerwartet getroffen, sondern zudem
in einer Situation des Vorwahlkampfes für die Bundestagswahl 1990. So stieß das Handeln der politischen Akteure an
»empfindliche Schranken der Rationalität«, wie es der Politologe Gerhard Lehmbruch ausdrückte.[6] Außergewöhnlich
krisenhafte Situationen begrenzten stets in der Geschichte
ein rationales kollektives Handeln, und der Parteienwettbe-

werb potenziere dies noch. Man konnte seinen Wählerinnen und Wählern, wollte man die Wahlen gewinnen, nicht
»Blut, Schweiß und Tränen« in Aussicht stellen, wie dies
Winston Churchill in seiner berühmten Unterhausrede von
1940 angesichts der nationalsozialistischen Bedrohung getan
hatte – sondern eben »blühende Landschaften«. Ausgeblen-
det wurden dabei auch die wichtigen Erfolgsbedingungen
der Währungsstabilisierungen von 1923 und 1948, auf die so
gern Bezug genommen wurde: In beiden Fällen hatte es sich
um einen sehr schmerzhaften Schnitt gehandelt. Nun, 1990,
sollte es jedoch (mit gewissen Einschränkungen) eins zu
eins und damit ohne einen solchen Schnitt gehen.

Die optimistischen Prognosen widersprachen der ökonomischen Realität. Mit der DDR-Wirtschaft stand es überhaupt nicht gut. Im September 1989 hatten führende Mitglieder des Politbüros befürchtet, die DDR könne noch im
selben Jahr zahlungsunfähig werden. Wie dramatisch die
Situation tatsächlich war, zeigte sich, wenn man genauer
hinblickte: Der Kapitalstock war in weiten Teilen technisch
veraltet, die Infrastruktur heruntergewirtschaftet, die Umwelt verwüstet und auf Jahrzehnte mit Schadstoffen belas-
tet. Auch die verdeckte Arbeitslosigkeit war hoch, und das
Produktivitätsniveau je Erwerbstätigen schätzten die ostdeutschen Experten auf gerade 30 bis 50 Prozent des Westniveaus. Was die Wettbewerbsfähigkeit der Industrie anbelangte, so war die Lage nicht besser. Im Mai 1990 hielten
die zuständigen Ministerien der DDR knapp ein Drittel der
Betriebe für rentabel; sie könnten ohne Fördermittel aus-
kommen. Gut die Hälfte, so die Einschätzung, arbeite mit
Verlust, sei aber sanierungswürdig; 14 Prozent der Betriebe
seien akut konkursgefährdet.[7]

Wie ein Schock wirkte die rasche und abrupte Öffnung

der DDR-Wirtschaft gegenüber der Weltmarktkonkurrenz,
der viele Experten, die sich nun bestätigt fühlen konnten,
kritisch gegenübergestanden hatten. Die Eruption wurde
durch die Währungsunion und den Umtauschkurs, was zur
Aufwertung auf DM-Preise in einer Größenordnung von
300 bis 400 Prozent führte, zusätzlich verstärkt. Hinzu kam
der Rückgang der inländischen Nachfrage, da die neuen
Bundesbürger nun Produkte aus dem Westen bevorzugten.
Schließlich fielen auch noch die volkswirtschaftlich relevanten Absatzmärkte in Osteuropa weitgehend weg. Zusätzlich
verschärft wurde die Lage infolge bestimmter Regelungen
des Einigungsvertrages. Als Investitions- und Privatisierungs-
hindernis erwies sich, dass – hinsichtlich des Vermögens der
Ex-DDR – den Rechten der Alteigentümer Vorrang eingeräumt wurde vor den Rechten ihrer jetzigen Nutzer oder
potenziell neuer Eigentümer. Diese Bevorzugung der Alteigentümer war von der FDP erstritten worden, band aber
nun der Treuhandanstalt die Hände bei Veräußerungsent-
scheidungen. Bis Ende 1994 sollte sie die Kombinatsbetriebe
verkaufen, zerlegen, schließen oder auch sanieren, aufgrund
dieser »Vorfahrtsregelung« hatte sie jedoch Mühe, Fremdka-
pital zu beschaffen.

Im Ergebnis sank 1990 das Bruttoinlandsprodukt in Ostdeutschland um 17,3 Prozent, 1991 sogar um 34,8 Prozent.
Regelrecht verheerend war die Arbeitsmarktbilanz dieser
ersten Phase der Vereinigung: Von den 9,75 Millionen Be-
rufsstätigen Ende 1989 war zwei Jahre später nicht einmal
mehr die Hälfte voll erwerbstätig. 550 000 waren in Vor-
ruhestand gegangen, 800 000 in den Westen abgewandert,
400 000 pendelten, 1,3 Millionen waren in Kurzarbeit beschäftigt, 800 000 in sonstigen arbeitsmarktpolitischen Maßnahmen eingebunden und 1,1 Millionen waren arbeitslos.

Die ostdeutsche Industrieproduktion befand sich in einem
solchen Sturzflug, dass 1991 die industrielle Leistung nur
noch ein Drittel derjenigen von 1989 betrug.[8] Hatte man
anfangs in optimistischem Überschwang Milliardenerträge
aus den Betriebs- und Landverkäufen der Treuhandanstalt
erwartet, so trat nun das Gegenteil ein: Es häufte sich ein
gigantischer Schuldenberg auf. Noch im Oktober 1990 hatte
der Präsident der Treuhandanstalt, Detlev Rohwedder, verkündet, dass durch Privatisierung ein Erlös in der Größenordnung von 600 Milliarden DM zu erreichen sei. Am Ende
stand jedoch nicht dieser prognostizierte hohe finanzielle
Gewinn, sondern ein Defizit von etwa 300 Milliarden DM.

Die Devise der Treuhand lautete: »Schnell privatisieren,
entschlossen sanieren, behutsam stilllegen«. Bei den einen
rasch verdrängt und vergessen, bei den anderen nach wie
vor als Objekt des Hasses präsent, war die Treuhandanstalt
eine der wichtigsten Organisationen nach der Friedlichen
Revolution. Mythenumrankt und umstritten ist sie bis in
die Gegenwart hinein.[9] Hat sie die größte Vernichtung von
Produktionskapital in Friedenszeiten vorgenommen oder
war sie die Grundbedingung für einen geglückten Aufbau
in der ehemaligen DDR? Waren die Treuhand-Manager be-
seelt von einem patriotischen Auftrag oder agierten sie als
Monster reinsten Kapitalismus? Auch fast drei Jahrzehnte
nach ihrem rechtlichen Ende kam der Treuhandanstalt eine
zentrale Rolle vor allem in der ostdeutschen Erinnerung zu.
Sie bildete den Referenzpunkt für die entfremdete »Abwick-
lung« und war der Inbegriff für den rigorosen »Ausverkauf«
nach dem Ende der DDR. Sie schien dafür verantwortlich
zu sein, dass es so viele gebrochene Biografien gab, womit
die gesamte Wiedervereinigung in Verruf geriet. Bereits 1994
stellte die Treuhandanstalt ihre Arbeit ein, allerdings führte

die »Bundesanstalt für vereinigungsbedingte Sonderaufga-
ben« einen Teil der Aufgaben unauffällig bis 2000 fort. Aus
dem Gesamtbestand von 12 354 Betrieben hatte die Treuhand
53 Prozent privatisiert, 13 Prozent reprivatisiert, 2,5 Prozent
kommunalisiert und 30 Prozent liquidiert. Das finanzielle
Desaster war fast unausweichlich: »Hausgemacht war der
Zwang zur Verramschung der DDR-Industrie insoweit, als
keine ›offene Volkswirtschaft‹ eine Aufwertung ihrer Währung um 400 Prozent verkraften kann.«[10]

Genau dies geschah jedoch mit der Währungsunion vom
1. Juli 1990. Die Treuhand neutralisierte das politische Kri-
senpotenzial, diente »als Blitzableiter im Sturm der Vereini-
gungsfolgen und als Sündenbock«.[11] Die Treuhandanstalt
war ein wirtschaftspolitisches Sondermodell, das sich zu
einem Ausnahmeregime fortentwickelte und eine unge-
heure Dynamik im revolutionären Umbruchsgeschehen
entfaltete, der sich die Mitarbeiter nicht entziehen konnten. Aus volkswirtschaftlicher Sicht muss das Urteil über
die Treuhand hingegen eher positiv ausfallen, gelang es ihr
doch, einen industriellen Kern zu schaffen, der zukunftsfä-
hig war. Außerdem agierte die Treuhand ja nicht allein. Parallel zu ihr lief die Wirtschaftsförderung an: Ausbau und Re-
novierung der Infrastruktur, Förderung von Neuansiedlung
und Erweiterungsinvestitionen der Industrie, und zwar auf
allen Ebenen, durch die ostdeutschen Länder und Kommunen, über den Bund bis hin zur Europäischen Union.

Die Ostdeutschen rechneten 1990 längst in D-Mark. Sie
lebten bereits in dem, was Ökonomen einen DM-Standard
nennen würden. Es zählte allein der Wert, in harter West-
währung kaufen zu können und wenn nötig durch Abwanderung die gewünschte Währung im Westen selbst zu ver-
dienen. Für jene Mehrheit, die blieb, wurde nicht ein neues

»Wirtschaftswunder«, sondern die Arbeitslosigkeit zum Ur-
erlebnis mit der Marktwirtschaft.[12] Schon zwei Jahre nach
der Vereinigung war die ostdeutsche Industrie zusammen-
gebrochen, waren die Länder so gut wie deindustrialisiert
und die vermeintlichen Übergangsprobleme wurden zu
Dauerproblemen; der Aufbau- und Konvergenzprozess verlief zäh, und dann platzte 1995 auch noch die ostdeutsche
Immobilienblase. Dem wilden Umschwung folgte ein sehr
langsamer, aber kontinuierlicher Prozess der Neu-Industrialisierung. Am härtesten von der Systemtransformation betroffen waren die 45- bis 55-Jährigen: Zu jung für die Rente,
zu alt – jedenfalls in den Augen der Arbeitgeber – für einen
beruflichen Neuanfang. In dieser Generation »blieben die
sozialen Folgen der biographischen Unsicherheit in der
Summe dramatisch und können in ihrer Bedeutung als er-
fahrungsgeschichtliche Zäsur kaum überschätzt werden«.[13]

Der Rückgang der Erwerbstätigkeit verlief in den einzelnen Wirtschaftsbereichen extrem unterschiedlich. Den sehr
frühzeitig erfolgten drastischen Rückgängen in der Land-
und Forstwirtschaft (bis November 1994 auf 27 Prozent der
Ausgangsbeschäftigung), im Bergbau und der Energiewirtschaft (auf 36 Prozent), in der Metall- und Elektroindustrie
sowie im übrigen verarbeitenden Gewerbe (auf 49 bzw.
55 Prozent) standen deutliche Zuwächse im Bereich Banken/
Versicherungen (auf 266 Prozent) und, bis zur erwähnten
Krise, im Bau (auf 115 Prozent) gegenüber. 1994 hatte sich
die ostdeutsche Erwerbstätigenstruktur sehr stark der Struktur in Westdeutschland angenähert. Lediglich in den Sek-
toren Handel und Verkehr sowie bei den Dienstleistungen
lag der Anteil der ostdeutschen Erwerbstätigen auffallend
unter den Anteilen der westdeutschen, während er im Bereich Staat/private Haushalte deutlich darüber lag. Zudem

blieb der Anteil der Selbstständigen an den Erwerbstätigen
in Ostdeutschland deutlich geringer als in Westdeutschland.

Die Übertragung des westdeutschen Sozialstaates, so hat
es der beste Kenner der Materie, Gerhard A. Ritter, betont,
war der Grund dafür, dass all diese Umbrüche ohne ernst-
hafte soziale Unruhen abliefen.[14] Dieses sozialstaatlich fun-
dierte Verfahren zur Bewältigung von Diktaturfolgen war
nicht neu – bereits in der jungen, noch labilen Bundesrepublik der 1950er Jahre hatte sich die Sozialpolitik als die
große Integrationsklammer für den Neuaufbau der Demokratie erwiesen.[15] Ob dazu in den Jahren des Umbruchs nach
1990 gute Alternativen vorhanden gewesen wären, darf bezweifelt werden, doch langfristig problematisch waren diese
Grundsatzentscheidungen dennoch, und zwar, weil die damit verbundenen Kosten gänzlich unterschätzt wurden.
Das Kalkül war einfach: Sozialversicherungsbeiträge ließen
sich mit geringeren politischen Kosten erhöhen als Steuern.
Im Gegensatz jedoch zu den bundesdeutschen Lastenaus-
gleichsgesetzen von 1949 und 1952 verschonte man 1990 die
Vermögenden mit Sonderabgaben, was ungerechter war
als nach dem Zweiten Weltkrieg und Ungleichheiten beförderte. Als sich durch die fortschreitende Globalisierung
die Machtrelation zwischen Kapital und Arbeit zulasten der
Arbeitnehmer zusätzlich verschob, nahm die Einkommens-
ungleichheit zu, was eine »neue Umverteilung« beförderte.
War die soziale Ungleichheit in der alten Bundesrepublik
im langfristigen Trend rückläufig gewesen, so vergrößerte
sich der Abstand zwischen Arm und Reich in der neuen
Bundesrepublik wieder erheblich, wobei vor allem die Ver-
mögen ungleich verteilt waren.[16]

Die Rentner zählten zu den eindeutigen Gewinnern der
Einheit, die durchschnittlichen Renten stiegen in einem

Zeitraum von nur vier Jahren von monatlich 475 Ostmark im Juni 1990 um mehr als das Zweieinhalbfache auf 1214 DM. Allerdings waren die Menschen im Osten fast ausschließlich auf die gesetzliche Rente angewiesen, im Westen hingegen waren auch Zusatzversorgungen üblich. In der Gesundheits-, Familien- und Gleichstellungspolitik existierten erhebliche Unterschiede zwischen der DDR und der BRD. Im Westen dominierten private Anbieter, in der DDR war alles verstaatlicht worden. Auf Druck der Ärzteorganisationen sowie der pharmazeutischen Industrien und der Apotheken kam es nach 1990 zu einer schnellen Übernahme der ambulanten Versorgung durch frei praktizierende niedergelassene Ärzte. Großzügig ausgebaute Kinderbetreuungseinrichtungen kennzeichneten die Familienpolitik der DDR und die Gleichberechtigung war weiter fortgeschritten als in der Bundesrepublik. Im Einigungsvertrag stand, dass »die Gesetzgebung und Gleichberechtigung zwischen Männern und Frauen weiterzuentwickeln« sei, und in das Grundgesetz wurde schließlich 1994 der Artikel 3 über die Gleichheit vor dem Gesetz durch den Zusatz erweitert, dass der »Staat (…) die tatsächliche Durchsetzung der Gleichberechtigung von Frauen und Männern« fördert und »auf die Beseitigung bestehender Nachteile« hinwirkt. Geschehen ist danach allerdings wenig. Scharfe Kontroversen begleiteten die neue Bundesrepublik etwa bezüglich der Fristenregelung beim Schwangerschaftsabbruch, die in der DDR großzügiger gestaltet war.

Kurzzeitig stand die Frage zur Debatte, ob das Arbeitsrecht der DDR als eine der »sozialen Errungenschaften« zu erhalten sei, denn das in der DDR-Verfassung verankerte »Recht auf Arbeit« galt als sehr populär. In die Staatszielbestimmungen des Grundgesetzes wurde es jedoch nicht aufgenommen – man wollte auf bundesdeutscher Seite nicht unerfüllbare Erwartungen wecken, und außerdem stand das Beispiel der Weimarer Verfassung mahnend vor Augen: Solche sozialen Grundrechte hatten, als sie angesichts der Weltwirtschaftskrise seit 1929 nicht mehr einzulösen waren, zu einer rasanten Delegitimierung der Demokratie und zu einer Staatskrise geführt.

Die zentralistische Planwirtschaft der DDR verfügte über keine autonomen Arbeitsbeziehungen, keine Tarifverhandlungen und auch nicht über Arbeitgeberverbände. Die Gewerkschaften waren unfrei; sie hatten nur die Aufgabe, als Transmissionsriemen für die Durchsetzung staatlicher Wirtschaftspläne zu sorgen. Hier musste alles neu gemacht werden. Eine scharfe Rezession im Herbst 1992 sowie eine nur sehr schwache Steigerung der Produktivität führten ein halbes Jahr später zu einer außerordentlichen Kündigung des Tarifvertrages – vonseiten der Arbeitgeber. Das bedeutete ein absolutes Novum in der deutschen Tarifgeschichte, denn bisher war es immer andersherum gewesen. Künftig wurden die für die alte Bundesrepublik so typischen Flächentarifverträge aufgeweicht und Revisions- und Öffnungsklauseln in die Tarifverträge aufgenommen. Um Härten im Osten abzufedern, wurde eine aktive Arbeitsmarktpolitik betrieben. Abweichend von den alten Ländern, konnte Kurzarbeitergeld auch dann gezahlt werden, wenn der Arbeitsplatz wahrscheinlich verloren ging und bei »Kurzarbeit Null« gar keine Arbeit mehr geleistet wurde. Die Kosten für eine derartige aktive Arbeitsmarktpolitik waren horrend hoch und entsprachen Mitte der 1990er Jahre etwa 18 Prozent des ostdeutschen Bruttosozialprodukts. »Sie hat die offene Arbeitslosigkeit (…) auf etwa 15 Prozent gesenkt, aber die notwendigen Strukturreformen eher verzögert als beschleunigt. Als

Mittel gegen die geringe Produktivität, die Achillesferse der ostdeutschen Wirtschaft, war sie nicht geeignet.«[17]

Eine Generation später, also nach etwa 25 Jahren, war die Stimmung schlechter als die Lage. Gesamtwirtschaftlich war der Aufholprozess nach anfänglich rasantem Tempo schleppender verlaufen als erwünscht, aber er lief stetig. Die Ergebnisse der Einheit waren viel besser als gemeinhin angenommen. Es wurde viel erreicht, und manches noch nicht. Dass der Aufholprozess länger dauerte, lag weniger am Versagen der Politik nach 1990 als vielmehr am Flurschaden von 40 Jahren DDR-Sozialismus. Die Modernisierung der Produktion war ein Jahrzehnt nach der Vereinigung vorangeschritten, man konnte eine gute Neu-Industrialisierung verzeichnen. Anzutreffen waren vor allem kleinere Betriebsgrößen sowie Produktionsstätten größerer Unternehmen, die »verlängerten Werkbänke« des Westens. Viele Unternehmen produzierten im Osten zwar mit neuester Technologie, doch die Forschungsabteilungen befanden sich im Westen. Ein Problem war der zählebige Ost-West-Rückstand in der Arbeitsproduktivität. Einige regionale Wachstumszonen und »Boomtowns« stachen heraus, etwa Dresden, Leipzig, Jena, Berlin, doch selbsttragende Strukturen oder eine selbsttragende Steuerbasis waren Mangelware. Die Produktivität hatte rund 80 Prozent des Westniveaus erreicht, doch von den 700 umsatzstärksten Unternehmen der BRD hatten 2009 nur 5 Prozent ihren Firmensitz in Ostdeutschland. Hatte die Arbeitslosigkeit 2003 die 20 Prozent-Marke überschritten, so sank sie seit 2005, wie in ganz Deutschland, erheblich und lag 2018 im Osten bei 6,9 Prozent und im Westen bei 4,8 Prozent.

Von riesigen Unterschieden wie noch zehn Jahre zuvor, als die Arbeitslosenquote im Osten doppelt so hoch war wie

im Westen, konnte keine Rede mehr sein, und gesamteuro-
päisch betrachtet befand sich der Wert sowieso ganz unten
auf der Skala. Es muss deshalb natürlich beachtet werden,
dass der westdeutsche Standard, an dem sich alles ausrichtete, sehr anspruchsvoll war. Man konnte sich darüber streiten, ob dieser rein nationale Blickwinkel der richtige war.
Als aufschlussreich erwies sich ein Vergleich mit Tschechien,
jenem Land, das als hochentwickelte Industrieregion die
größte strukturelle Ähnlichkeit mit Ostdeutschland aufwies.
Die tschechische Wirtschaft verharrte um 2010 noch bei
etwa 30 Prozent der Produktivität und 20 Prozent des Lohn-
niveaus von Westdeutschland – um wieviel besser stand Ostdeutschland da? Hier lagen Welten dazwischen. War es also
nicht vielmehr so, dass manchmal die Fortschritte aufgrund
des sehr hohen westdeutschen Maßstabes verblassten?

Noch schneller als die Produktivität entwickelte sich
der Lebensstandard in den neuen Bundesländern infolge
einer »nachholenden Einkommensexplosion«.[18] Löhne und
Gehälter erreichten rund 80 Prozent des Westniveaus, bei
zugleich niedrigeren Lebenshaltungskosten. Die Konsum-
muster glichen sich an, die Ausstattungslücke mit Autos,
Haushalts- und Unterhaltungselektronik wurde weitgehend
geschlossen. Gemessen an der Situation des Jahres 1989 erlebte Deutschland eine gigantische Aufbau- und Solidarleis-
tung.

Wie hoch die Kosten der deutschen Einheit insgesamt zu
veranschlagen sind, ist umstritten, die Berechnungen hän-
gen stets von der Wahl des Ansatzpunktes ab. Dazu zählt, ob
man den Transferleistungen von West nach Ost die Steuer-
und Beitragseinnahmen gegenüberstellt, die sich aus der
Wiedervereinigung ergaben, oder ob berücksichtigt wird,
wie der Westen vom Zuzug gut ausgebildeter Arbeitskräfte

aus Ostdeutschland profitierte. Am Ende erscheint die Debatte müßig. Sollte Oskar Lafontaine Recht gegeben werden, der im Bundestagswahlkampf 1990 meinte, die deutsche Einheit sei finanziell nicht kalkulierbar, wobei die
Ansicht mitschwang, man solle das Unterfangen am besten
von vornherein sein lassen? Oder war das viele Geld nicht
doch »richtig« angelegt? Theo Waigel, der zur Zeit der Wiedervereinigung Finanzminister war, weigerte sich, alles unter pekuniären Gesichtspunkten zu sehen und sagte: »Wenn
dein Bruder vor der Tür steht, lässt du ihn rein und fragst
nicht, was es kostet«.[19]

Die neuen Länder sind Teil eines hochproduktiven Indus-
trielandes, ihnen blieb das Schicksal abgehängter deindus-
trialisierter Regionen wie in England und Italien, aber auch
in den USA, erspart. Es hat eine Annäherung stattgefunden,
keine Angleichung, Unterschiede blieben vorhanden. Die
Infrastruktur des Ostens ist infolge hoher Investitionen oft
besser als in Teilen Westdeutschlands, das dortige System
der Telekommunikation etwa ist eines der modernsten der
Welt. Sanierte und modernisierte Altbauwohnungen laufen ähnlichen Gebäuden im Westen oft den Rang ab. Das
größte Problem ist das Stadt-Land-Gefälle, ländliche Regionen scheinen abgehängt. Die Abwanderung von Millionen
junger Menschen, in der Mehrzahl Frauen, aus solchen Ge-
genden hinterließ prekäre Räume.

Auf die neuen Bundesländer wurden die über viele Jahrzehnte hinweg bewährten bundesrepublikanischen Normen
und Institutionen übertragen. Diese bewegten sich immer
zwischen zwei Polen: dem nordeuropäischen Wohlfahrtska-
pitalismus und dem nordamerikanischen marktorientierten
Kapitalismus. Diese »Politik des mittleren Weges« war für
die BRD so typisch und unterschied sie von anderen Indus-

triestaaten.[20] Daran hatte sich mit der Wiedervereinigung
nichts geändert. In einer Demokratie muss zur Staatstätigkeit jedoch auch eine lebendige Zivilgesellschaft, das Engagement von Bürgerinnen und Bürgern, hinzukommen.
Im Dezember 1999 setzte der 14. Deutsche Bundestag die
Enquete-Kommission »Zukunft des bürgerschaftlichen Engagements« ein, die konkrete politische Strategien und För-
dermaßnahmen entwickeln sollte. Hintergrund war, dass
die Freiwilligensurveys von 1999 gezeigt hatten, wie unterschiedlich ausgeprägt das bürgerschaftliche Engagement
in den einzelnen Bundesländern war. Die Engagementquo-
ten – Engagierte bezogen auf die Wohnbevölkerung über
14 Jahre – in den einzelnen Bundesländern schwankten erheblich, sie reichten von 24 Prozent in Berlin als unterstem,
bis zu 40 Prozent in Baden-Württemberg als oberstem Wert.
Sämtliche alte Bundesländer rangierten im oberen Bereich,
alle neuen Bundesländer im unteren.[21]

Woran lag das? War die Friedliche Revolution nur ein kur-
zes Aufflackern des Kometen »Zivilgesellschaft«, der rasch
wieder verglühte, weil sich herausstellte, dass die materiellen Sorgen zu groß waren?[22] Der schwierige Wandlungs-
prozess in den neuen Bundesländern war nach Ansicht
einiger Sozialwissenschaftler im Wesentlichen auf eine historisch gewachsene mentale Disposition der Menschen zurückzuführen, die man auf den Begriff der »eigensinnigen
Modernisierungsresistenz« bringen könne. In der DDR habe
ein eigentümliches, abgehangenes, ja verzopftes »deutsches
Erbe« überdauert, man habe es – im Vergleich zum Westen –
mit einer »verspäteten Gesellschaft« zu tun, die von Moder-
nisierungs- und Aufklärungsprozessen abgeschottet worden
war.[23] Die Sozialisation in der DDR, die so anders war als diejenige in der Bundesrepublik, wurde damit für die Einstellun-

gen verantwortlich gemacht: Dort Versorgungsmentalität, hier marktorientiertes Verhalten; dort Harmoniesüchtigkeit und Gemeinschaftsbezug, hier Eigeninitiative und Leistungsdenken. Die Ostdeutschen orientierten sich am Kollektiv, die Westdeutschen am Ich; die Ostdeutschen neigten zu einer versorgungsbezogenen Gerechtigkeitsvorstellung – »jedem nach seinen Bedürfnissen« –, die Westdeutschen bevorzugten eine leistungsbezogene Verteilungsgerechtigkeit – »jeder nach seinen Fähigkeiten«. Im Osten seien die Menschen staatsfixiert, im Westen hingegen obrigkeitskritisch.[24]

Geht man davon aus, dass die beschriebenen Haltungen auf die erwähnten sozialisatorischen Einflüsse zurückzuführen sind, hat dies gravierende Konsequenzen: Es würde sich dann um eine tiefe Verinnerlichung handeln, und dass sich daran bald etwas ändern könnte, wäre nahezu ausgeschlossen. Ähnliche »Volksstereotypen« existierten in der Geschichte des deutschen Föderalismus seit einigen Jahrhunderten zuhauf: Im »Bindestrichland« Baden-Württemberg werden sie beispielsweise bis heute kultiviert und besitzen vor allem folkloristischen Charakter. Dort geht das badische Klischee so: Die arbeitswütigen Schwaben würden im Ländle dominieren und die lebensfrohen Badener kolonisieren. Von Stuttgart aus gesehen wird wiederum eine andere Geschichte erzählt, bei der die Schwaben gut und die Badener schlecht wegkommen. Was also ist von solchen Zuschreibungen zu halten? Soziologen, die sich der historischen Stereotypen bewusst sind, führen die Kritik der Ostdeutschen am Westen nicht auf solche tiefen Prägungen zurück, sondern auf situative Einflüsse, nämlich auf die enttäuschenden Erfahrungen, die viele im wiedervereinigten Deutschland machen mussten. Der »Vorteil« dieser Interpretation liegt auf der Hand: Sie unterstellt, dass sich mit dem Wandel der Bedingungen auch die Haltungen der Menschen rasch ändern könnten.

Tatsächlich wurde der Anschluss an das westliche System 1989/90 von den meisten Ostdeutschen gefeiert. Doch auf die großen Erwartungen und Versprechungen folgten bald Ernüchterung und Enttäuschung. »Die so Unterlegenen schrieben sich freilich Qualitäten zu, die sie den arroganten Besserwissern aus dem Westen absprechen und sie ihnen wieder überlegen machen: Qualitäten der Menschlichkeit, der Wärme und der Solidarität.«[25] Im Jahr 2004 waren 37 Prozent der Westdeutschen und 31 Prozent der Ostdeutschen zivilgesellschaftlich aktiv. Im Westen gab es einen Zusammenhang zwischen sozialem Kapital und Zivilgesellschaft; dieses Muster fand sich im Osten nicht. Geringer als im Westen blieben im Osten die Zufriedenheit mit dem politischen System, mit dem Funktionieren der Demokratie und das Vertrauen in öffentliche Institutionen.

Neben der angespannten ökonomischen Lage war das größte Problem in Ostdeutschland: der Kulturbruch. Die vorhandenen Strukturen waren hier für eine Zivilgesellschaft weniger günstig als im Westen. Die Anbindung des freiwilligen Engagements in der DDR war eine andere gewesen als in der BRD. Die Infrastruktur wurde über die großen Betriebe und Großorganisationen geprägt, die es nach der Wiedervereinigung kaum noch gab. Im Osten folgte die Anbindung freiwilligen Engagements viel weniger als im Westen dem Wohnortsprinzip. »Engagementhemmnisse« gab es im Osten in vielerlei Weise. Das wichtigste davon: Die Gewohnheiten und Erwartungen westlichen Haltungen gegenüber waren abwertend. Eigeninitiative wurde in der Vergangenheit weder benötigt noch gefördert. Im Rückblick auf die Situation bürgergesellschaftlichen Engagements zu

DDR-Zeiten herrschte sowohl die Einschätzung, dass früher festere Strukturen für Engagement bestanden hätten und dieses im Gesellschaftssystem besser integriert und besser verankert war als danach.

Die ostdeutsche Zivilgesellschaft entwickelte sich im Zeitverlauf seit der Jahrtausendwende dynamisch. Das betraf vor allem das soziale Netz von Gruppen und Vereinen mit sportlicher, geselliger und kultureller Ausrichtung. Im Bereich von Kirche und Religion stellte Ostdeutschland einen Sonderfall dar. Durch den aufeinanderfolgenden, doppelten Kampf gegen die Kirche – zuerst seitens der NS-, dann der SED-Diktatur – waren die Strukturen über Generationen hinweg zerbrochen, es hatte eine massive Entkirchlichung und verordnete Säkularisierung stattgefunden – ausgerechnet in den Kerngebieten der Reformation.[26] Die kirchennahen Menschen in Ostdeutschland wurden zwar besser mobilisiert als in Westdeutschland – eine Art Resistenz gegen Zumutungen hatte sie zusammengeschweißt –, allerdings war dieses Milieu viel kleiner als dort.

Das »soziale Kapital«, das aus der Zivilgesellschaft heraus entsteht, stellt freilich eine problematische Größe dar. Es kann nämlich soziale Grenzen überwinden oder aber im eigenen Milieu oder sogar im eigenen Clan (wie bei der Mafia) verhaftet bleiben. In der Tat ist Sozialkapital für Mafiastrukturen eine wichtige Ressource. Es gibt also auch eine »andere Bürgergesellschaft«, die Schrecken einjagt, in Form gewalttätiger Banden und fundamentalistischer Sekten. Dies verweist auf ihre Schattenseiten: Rechte und rechtsradikale Gruppierungen nutzten bürgergesellschaftliche Elemente für sich und etablierten Netzwerke, die, was den Osten anbelangte, »Wende-Enttäuschte« zusammenbrachte, etwa in Gestalt von Pegida.[27]

Durchbricht man die so charakteristische Isolation der
deutsch-deutschen Perspektive und weitet den Blick auf Ostmitteleuropa aus, dann ist allerdings auch auf diesem Gebiet die Transformation insgesamt als ein Erfolg zu sehen:
»Stabilität und Qualität der Demokratie, die Funktionsfä-
higkeit von Verwaltung und Rechtsstaat sowie die Verbesserung der wirtschaftlichen Lage und der allgemeinen Lebensverhältnisse haben ein Niveau erreicht, das die neuen
Bundesländer in die Spitzengruppe der postsozialistischen
Transformationsfälle platziert.«[28] Die Zufriedenheit mit
dem Funktionieren der Demokratie war im Osten geringer
als im Westen, freilich vor allem in der Generation der über
60-Jährigen und bei den jüngeren Jahrgängen viel weniger.
Auch hier bemisst sich alles wieder am Vergleich: Gegenüber den etablierten Demokratien Westeuropas erscheint
der »Zufriedenheitswert« als eher geringer, gegenüber postsozialistischen EU-Mitgliedsländern jedoch als viel höher.
Wenn man sich somit genereller dafür interessiert, wie sich
die »jungen« Demokratien konsolidierten, wird das Urteil
sein müssen: die demokratische Transformation Ostdeutschlands ist geglückt.

Nicht dramatisch, jedoch kontinuierlich abnehmendes
Vertrauen in die demokratischen Institutionen war ein
gesamtdeutsches Problem, vor allem seit der Jahrtausendwende. In vielen gesellschaftlichen, sozialen und ökonomischen Bereichen hatte es im Jahrzehnt nach der Vereinigung
zu wenige Neuerungen gegeben. Auch das bundesdeutsche
Sozialstaatsmodell war in die Jahre gekommen, längst fäl-
lige Reformen wurden unter dem Diktat der Zeit nicht mit
dem Prozess der deutschen Einheit verknüpft. Im Gegenteil: Sie wurden zurückgestellt und erst eine Dekade später, als die Rahmenbedingungen sich erheblich verschlech-

tert hatten, wieder aufgegriffen. Die schlechte Lage in den neuen Bundesländern war um 2000 auch auf die negative Konjunkturentwicklung in der Bundesrepublik insgesamt zurückzuführen, wobei diese wiederum mit den Transferleistungen von West nach Ost zusammenhing. Dass so viel Geld in den Osten floss und der »Aufbau Ost« dennoch nicht wie gewünscht vorankam, schwächte die deutsche Wirtschaft stark. Seit 2003 behandelte die Regierung Schröder den Aufbau Ost nicht mehr vorrangig, sondern er wurde in die Maßnahmen der Agenda 2010 eingebettet, die für das gesamte Deutschland galten. Neun Jahre später, 2012, hatte sich das Blatt komplett gewendet: Vor allem Politiker aus dem hoch verschuldeten Ruhrgebiet forderten, den finanziellen Transfer nach Ostdeutschland einzustellen und endlich einen »Aufbau West« zu starten. Während die Städte im Osten mittlerweile piekfein seien, würden etliche im Westen regelrecht verwahrlosen.

Am Vorabend der Agenda 2010 war die Wirklichkeit alarmierend. Im November 2002 mussten die Beitragssätze in der Gesetzlichen Rentenversicherung von 19,1 Prozent auf 19,4 Prozent erhöht werden, und in das neue Jahr 2003 ging Deutschland mit erheblichen Hypotheken: Die Zahl der Arbeitslosen erreichte zum Jahreswechsel einen neuen Rekord von 4,8 Millionen Menschen. Gleichzeitig war das Bruttoinlandsprodukt im Jahr 2002 nur um 0,2 Prozent gestiegen, und das Haushaltsdefizit lag mit 3,6 Prozent – gemessen am Bruttoinlandsprodukt – deutlich über den im EU-Stabilitätspakt erlaubten drei Prozent. Die Kassen der Sozialversicherungen waren gähnend leer. Überall leuchteten die Alarmlampen auf Rot. Zum Teil erklärten sich die wirtschaftlichen Probleme aus der schlechten konjunkturellen Lage; doch im Kern hatte Deutschland, was sich als viel schlimmer erwies, strukturelle Probleme, die allein durch umfassende Reformen am Arbeitsmarkt, im Steuersystem, in der Finanzverfassung sowie in der Renten- und Krankenversicherung gelöst werden konnten. Alles war im Jahrzehnt nach der Wiedervereinigung aufgeschoben worden, da sich der ganze Ehrgeiz darauf richtete, das bewährte »Modell Deutschland«[29] auf den Osten zu übertragen. Nun knirschte es überall. Eine Herkules-Aufgabe stand bevor.

Wie konnte man den Sozialstaat unter veränderten globalen Bedingungen erhalten? Wo musste man umsteuern, wo sogar Einschnitte vornehmen, um zumindest die Substanz zu erhalten? Die Sozialleistungen waren im Nachkriegsdeutschland immer schon dem Faktor Arbeit aufgebürdet worden, nach der Wiedervereinigung jedoch drohte dieses System zu kollabieren. Nun musste Verzicht geübt werden, damit es wieder besser wurde. Dies war eine voraussetzungsvolle Botschaft, und hätte die rot-grüne Regierung dabei auch an die Vermögens- und Erbschaftssteuern gedacht, die in Deutschland im internationalen Vergleich niedrig lagen, wären mehr Menschen gefolgt. Deutschland sollte zum Innovationsland der Globalisierung werden. Bei den Deutschen sollte eine Zukunftslust entfacht werden. Es gelang nicht. Ganz im Gegenteil.

Die Agenda 2010 war das überwölbende Dach für unzählige Einzelmaßnahmen, die jedoch nur zusammengenommen die beabsichtigte Wirkung entfalten konnten, nämlich den Paradigmenwechsel in der deutschen Sozialstaatlichkeit. Sie stellte einen Gesamtkomplex aus den Bereichen Arbeitsmarkt, Rente, Gesundheit, Steuern, Familien- und Bildungspolitik dar. Man kann geradezu von einem »catch all«-Begriff sprechen, der nahezu alle Maßnahmen der rot-grünen Regierung bündelte, so unterschiedlich sie auch

sein mochten. Dazu gehörten die Reformen in der Arbeitsmarktpolitik, die zu einer »Zeitenwende am Arbeitsmarkt«
führten,[30] Hartz I bis Hartz IV – sie standen unter der Zielvorgabe, Menschen leichter wieder in Arbeit zu bringen. I
bis III waren ziemlich schnell vergessen, alles drehte sich um
Hartz IV, womit eine Zusammenlegung von Arbeitslosen-
und Sozialhilfe zum Arbeitslosengeld II erfolgte. Dies zielte
darauf, die Sozialhilfeempfänger, die aus dem Vermittlungs-
system der ehemaligen Arbeitsämter völlig herausgefallen
waren, wieder in den Arbeitsmarkt zu integrieren, da nun
die Bundesagentur für Arbeit für sie zuständig war, sofern
eine Erwerbsfähigkeit festgestellt wurde. Ein kurzfristiger,
jedoch für das Image und die Stimmung sehr negativer Ne-
beneffekt war, dass dadurch die Zahlen in der Arbeitslosen-
statistik drastisch anstiegen, obwohl es in Wahrheit genauso
viele Arbeitslose wie vorher gab.

   Einige Jahre später wurde behauptet, dass Bundeskanzler
Schröder seiner Partei die Pistole auf die Brust gesetzt habe
und es so zu einer Preisgabe sozialdemokratischer Wertori-
entierung gekommen sei. Allerdings gab es in der entscheidenden Zeit keinen Aufruhr in der SPD, selbst der linke
Flügel stimmte zu, dass Deutschland angesichts der Misere
umfassend und schnell erneuert werden musste. Auf einem
Sonderparteitag der SPD am 1. Juni 2003 billigten 90 Prozent der Delegierten die vorgesehenen Einschnitte im Sozialsystem. Manche wollten sogar noch weiter gehen, und
auch der Koalitionspartner, die Grünen, stand geschlossen
hinter der Agenda 2010, vielleicht sollte nur hier und da
noch ein ökologischer Aspekt hinzukommen. Im Vermittlungsausschuss mit den unionsregierten Ländern gelang es
den Sozialdemokraten, noch tiefere Einschnitte, die etliche
CDU-Landesfürsten forderten, abzuwehren.[31]

2004 schwollen die Straßendemonstrationen gegen die Kürzungen bei Arbeitslosen und Sozialhilfeempfängern an. Zunächst waren es nur ein paar hundert Menschen, doch mit jeder Veranstaltung schien sich die Zahl zu verdoppeln, bald kamen mehrere Tausend. Anfang August gingen in Ostdeutschland 40 000 Menschen auf die Straße, um in »Montagsdemonstrationen« ihre Empörung gegen die Agenda-Politik zu bekunden. Es entstand ein Massenprotest, wie ihn die Bundesrepublik seit den 1980er Jahren – damals ging es um die NATO-Nachrüstung – nicht mehr gesehen hatte; und in Ostdeutschland war seit der Revolution 1989 kein solcher Protest mehr aufgetreten. Dass die Organisatoren dabei den Namen aus der Revolution von 1989 wählten, war unverfroren, schließlich ging es, anders als bei den damaligen Montagsdemonstrationen, nicht um Diktatur oder Demokratie, und wer die Agenda 2010 scharf kritisierte, musste nicht mit Schikanen oder Haft rechnen. Aber die Stimmung wurde immer mehr aufgeheizt. Die Demonstranten sahen den Sozialstaat und damit auch einen Teil der Freiheit bedroht, die sie sich 1989 erkämpft hatten. Als ein Treppenwitz der Geschichte kann gelten, dass ausgerechnet die PDS als Nachfolgepartei der SED zu Protesten unter dem Label »Montagsdemonstrationen« aufrief und aus der Wut der Menschen Kapital schlagen wollte.

Noch nie zuvor hatten Gewerkschaften in solchem Ausmaß gegen eine sozialdemokratisch geführte Regierung mobilisiert. Genugtuung verspürte Oskar Lafontaine, der die SPD kurz zuvor verlassen hatte, und nun vor 60 000 Leipzigern von einer Gefährdung der Demokratie sprach. Aus Tausenden von Kehlen schallte es zurück: »Schröder muss weg!« Hier wurde ein Ton angeschlagen, der ein Jahrzehnt später, während der Flüchtlingskrise, die Bundeskanzlerin

traf: »Merkel muss weg!« Die globalisierungskritische Bewegung Attac weitete die Proteste gegen Hartz IV energisch
aus. Auch die Rechtsradikalen riefen im Internet ihre Mitglieder zur Teilnahme an den Demonstrationen auf, weil Arbeitslosen das Geld gestrichen werde, während »kriminelle
Ausländer Milliarden« bekämen.[32] Nicht zuletzt forderten
CDU-Politiker aus Ost und West dazu auf, an den Montagsdemonstrationen teilzunehmen, obwohl die Union die Be-
schlüsse nicht nur mitgetragen, sondern im Vermittlungsausschuss noch verschärft hatte. In der FDP fand man die
Fundamentalopposition sympathisch und bekundete, auf
der Seite der Demonstranten zu stehen. Kanzler Schröder
empörte sich und sprach nicht nur von einem »abartigen
Bündnis«, sondern sah darin sogar eine »neue Volksfront«
aufkeimen.[33]

Es lag ein Hauch von Weimar in der Luft. Auch die mediale Hysterie war so groß wie lange nicht. Die *Bild*, die
noch kurz zuvor über »Sozialschmarotzer« und »faule Arbeitslose«, die sich auf der Urlaubsinsel Mallorca vergnüg-
ten, hergezogen hatte, schwang sich nun in einer bisher nie
da gewesenen Medienkampagne zur »Stimme des kleinen
Mannes« auf. Die Zeitung war dafür verantwortlich, dass
sich der Name »Hartz IV« verselbstständigte und zum Skan-
dal- und Schimpfwort gedieh. Es war hanebüchen, was alles
unterstellt und »berichtet« wurde. Der deutsche Tierschutz-
bund musste beispielsweise dementieren, dass es einen Zusammenhang zwischen den Arbeitsmarktreformen und
der Aussetzung von Haustieren gab. Die *Bild* hatte getitelt:
»Mehr ausgesetzte Tiere – wegen Hartz IV«. Und dies war
nur die Spitze des Eisberges.[34]

Vieles gab es an den Gesetzen zu bemängeln. Ältere so-
zialversicherte Arbeitnehmer, die jahrzehntelang Beiträge

eingezahlt hatten, mussten sich in ihrer Ehre verletzt fühlen, wenn sie jetzt gleich oder schlechter behandelt wurden,
als ein Antragsteller, der nicht berufstätig war und keine
Ersparnisse beiseitegelegt hatte.[35] In Deutschland wurde
ein Niedriglohnsektor geschaffen, ohne dass ihn ein gesetz-
licher Mindestlohn abgefedert hätte. Dieser Niedriglohnsektor stieg bald auf 20 Prozent an, er war damit größer als
in den meisten anderen Ländern Europas. Die Zahl prekärer
Beschäftigungsverhältnisse wuchs erheblich. Unternehmer
nutzten die Möglichkeiten weidlich aus, reduzierten die
Kernbelegschaft und operierten mit Leiharbeitnehmern.
Und vor allem: Die Grundsicherung der Existenz war bei
einem Leben mit Hartz IV-Sätzen nicht garantiert. Diese
Bereiche mussten rasch nachjustiert werden, was jedoch
viel zu lange unterblieb. Ein Mindestlohn wurde erst 2015,
und 2017 ohne Einschränkungen, eingeführt. Der Regelsatz
für Hartz IV wurde erst im Juli 2007, also zweieinhalb Jahre
nach der Einführung, erstmals erhöht. Da die Berechnung
des Regelsatzes nicht verfassungskonform war, musste 2011
nachgebessert werden, doch entspricht er bis heute nicht
der Entwicklung des Verbraucherpreisindex; die Sicherung
einer würdevollen Existenz ist nicht gewährleistet.

Mit der Agenda 2010 endete die politische Logik der deut-
schen Nachkriegszeit, die von einem stetigen Ausbau der
Wohlfahrtsstaatlichkeit ausging und seit den 1980er Jahren
kaum mehr haltbare Sozialstaatsgarantien kontinuierlich
weiter versprach. Noch nie zuvor hatte eine Regierung so
konsequent Reformpolitik betrieben und den deutschen
Sozialstaat so gründlich umgebaut. In keinem anderen
OECD-Land wurden so weitreichende Reformen auf dem
Arbeitsmarkt, in der Steuerpolitik und auf dem Gebiet der
Altersvorsorge durchgesetzt wie in der Bundesrepublik.

Wenn man Vergleiche nicht scheut, könnte man 2004 mit 1972 in eine Reihe stellen – damals war die bundesrepublikanische Gesellschaft modernisiert worden – oder auch mit 1990, dem großen Umbruchsjahr. Denn 2004 begann das Land sich ernsthaft auf den globalen Wettbewerb, auf die Krise des Sozialstaates und auf die alternde Bevölkerung einzustellen. Ein schnelles Wachstums- und Beschäftigungswunder konnte freilich kaum erwartet werden, bis die Reformen griffen, das war klar, würden mehrere Jahre ins Land ziehen. 2004 zeigte indessen: Deutschland erwies sich als reformfähig. War der klassische Sozialstaat eher passiv ausgerichtet und hatte er die Bedürftigen nur mehr »verwaltet«, so stellte sich das neue Sozialstaatsdenken als ein aktives und präventives dar.

Im Juli 2005 veröffentlichte die OECD einen Bericht über die Arbeitsmarktreformen in ihren 30 Mitgliedstaaten. Der Befund lautete, dass nirgends so starke Fortschritte zu verzeichnen waren wie in Deutschland. Auch die Weltbank lobte die Bundesrepublik in einem Ranking 2005 als besonders eifriges Reformland.[36] Schließlich kam im selben Jahr die Bertelsmann-Stiftung in einer Analyse zu dem Ergebnis, dass Deutschland infolge der rot-grünen Reformen – anders als es die Stimmungslage suggerierte – enorm aufgeholt habe.[37] Seit 2010 setzte ein regelrechter Konjunkturboom ein und die deutschen Exporte stiegen an wie nie zuvor. Niemand sprach mehr vom »Abstieg eines Superstars«,[38] sondern Deutschland war zu einem Modellstaat geworden. Schröder hatte das Land in den wirtschaftlichen Aufschwung geführt – und seine Partei erlitt in der Folge eine Wahlniederlage nach der anderen. So erwiesen sich die 1990er und frühen 2000er Jahre als »doppelter Umbruch«,[39] denn es folgten Wandlungen nicht nur im Osten, sondern vielmehr auch große Veränderungen im neuen Deutschland insgesamt. Entscheidend war: Der neoliberale Umbau der sozialistischen Gesellschaften führte mit Verzögerungen zu analogen »Ko-Transformationen« im Westen.[40]

Deutschland wandelte sich somit geografisch betrachtet überall, im Osten und im Westen, im Norden und im Süden. Das für die »alte« Bundesrepublik so charakteristische »Nord-Süd-Gefälle« und seit Ende der 1960er Jahre »Süd-Nord-Gefälle«, das die Debatte viele Jahrzehnte ohne Unterlass bestimmte, war ja immer noch vorhanden – allen seit 1990 dazugekommenen Redens und Forschens über Ost und West zum Trotz. Eine »Angleichung der Lebensverhältnisse« war auch zwischen Nord und Süd stets gewünscht, und dennoch gab es immer Unterschiede. Neu war, dass der innerdeutsche Süd-Nord-Konflikt vollkommen in den Hintergrund getreten und der zwischen Ost und West in den Vordergrund gerückt worden war. Die »Anderen« waren, je nach Blickwinkel, nicht mehr wie bisher die Ostfriesen oder die Bayern, sondern vom Westen aus gesehen die Sachsen oder Brandenburger und vom Osten aus gesehen die Hamburger oder Hessen. Die jeweils diskursive Abwertung blieb indes die gleiche.

Aber hat es jemals in der deutschen Geschichte einen einheitlichen nationalen »Container« gegeben, in den sich integriert werden musste, oder war nicht gerade dieser »landsmannschaftliche« Disput mit all seinen Klischees das Charakteristische? Ist der Fokus auf »einheitliche Nationen« nicht vollkommen illusionär, eine Fiktion aus dem 19. Jahrhundert, die nie erreicht werden kann – was auch gut ist? Der spezifisch bundesdeutsche Länderfinanzausgleich etwa war lange vor der Wiedervereinigung geschaffen worden, um strukturschwache Länder in Westdeutschland zu fördern.

Betrachtet man die Jahre seit 1990, so haben unterm Strich
fünf Länder eingezahlt: Hamburg, Nordrhein-Westfalen,
Hessen, Baden-Württemberg und Bayern, wobei die letzten
beiden wie viele Jahre zuvor schon – Stichwort »Süd-Nord-
Gefälle« – den Löwenanteil aufbrachten. Zu den Empfän-
gern zählten ostdeutsche Bundesländer, aber eben auch
westdeutsche. Und der größte Profiteur dieses Systems war
das Land Berlin, die Bundeshauptstadt.

   Die wirtschaftliche Leistungsfähigkeit der neuen Länder
hat sich zwischen 1990 und 2017 mehr als verdoppelt und
die verfügbaren Einkommen sind fast um das Dreifache gestiegen.[41] Die Erwerbsquote lag 2017 im Osten um fast zwei
Prozent höher als im Westen (79,7 zu 77,9 Prozent), was auf
die Frauenerwerbsarbeit zurückzuführen war. Allerdings
waren Ostdeutsche in Spitzenjobs in Staat und Gesellschaft
unterrepräsentiert. Nimmt man alle »Führungspositionen«
zusammen, so waren dort nur 1,7 Prozent Ostdeutsche vertreten, bei einem Bevölkerungsanteil von 17 Prozent. 2015
waren nur drei von 60 Staatssekretären der Bundesregierung
Ostdeutsche. Nur vier von 154 Botschafter Deutschlands in
der Welt waren im Osten geboren. Allerdings wurde in solchen Auflistungen gern übersehen, dass der Bundestagsprä-
sident zwischen 1998 und 2005 (Wolfgang Thierse), die Kanzlerin seit 2005 (Angela Merkel) und der Bundespräsident
zwischen 2012 und 2017 (Joachim Gauck) aus dem Osten
kamen, sie also die höchsten Staatsämter innehatten. Bun-
desbehörden in Ostdeutschland anzusiedeln, war ein Versprechen von 1992. Ein Vierteljahrhundert später gab es dort
sechs, im Westen waren es etwa zehn Mal so viele; freilich
ändert sich auch diese Bilanz, wenn man die Ministerien in
Berlin miteinbezieht.

   Die Infrastruktur im Osten Deutschlands war gut, im

Wohnungs- und Städtebau gab es erhebliche Fortschritte. Die soziale Marktwirtschaft war nach dem Rückgang der Arbeitslosigkeit weithin akzeptiert. Die private wirtschaftliche Situation wurde 2016 von 70 Prozent der Westdeutschen und von 65 Prozent der Ostdeutschen als gut bis sehr gut bewertet. Die durchschnittlichen Konsumausgaben der privaten Haushalte waren trotz kleinerer Niveauunterschiede ähnlich. Während das Wohlstandsgefälle zwischen Ost und West seit der Jahrtausendwende kleiner geworden ist, haben die Einkommensunterschiede zwischen Norddeutschland und Süddeutschland zugenommen. Die süddeutschen Flächenländer entwickelten sich dynamischer als der bundesdeutsche Durchschnitt; nur der norddeutsche Stadtstaat Hamburg konnte hier mithalten. »Gleichwertige« Lebensverhältnisse zu erreichen, wie es das Grundgesetz seit 1949 fordert, ist als Ziel nur schwer einzulösen. Man darf dabei nicht nur die Einkommensunterschiede vergleichen, sondern müsste sie in Relation zu den Mieten und allgemeinen Lebenshaltungskosten setzen. Blickt man nur auf die durchschnittlich verfügbaren Einkommen der Privathaushalte in den 401 deutschen Landkreisen und kreisfreien Städten, war der wohlhabendste Landkreis im Jahr 2019 Starnberg bei München, wohingegen Gelsenkirchen das Schlusslicht bildete. Halle an der Saale hatte den niedrigsten Durchschnitt im Osten, rangierte jedoch noch deutlich vor Duisburg im Westen. Teile des Ruhrgebietes, des Saarlandes und Niedersachsens lagen weit zurück, also nicht allein Ostdeutschland, wo es neben ärmeren Kreisen auch reichere gab.[42]

Die Forschungslandschaft und modern ausgestatteten Universitäten in Ostdeutschland erwiesen sich als zunehmend attraktiv, jedenfalls aus Sicht der Studierenden. Deutschland zählt in Europa zu den Regionen mit der

höchsten verkehrstechnischen Erreichbarkeit, und trotz
relativ geringer Bevölkerungsdichte und einer geringen
Zahl an Verdichtungsräumen lagen alle Gebiete im Osten
Deutschlands weit über dem europäischen Durchschnitt,
die Verkehrsnetze waren gut ausgebaut.

Die allgemeine Lebenszufriedenheit hatte im Jahr 2006
im Osten den Wert aus dem Westen überholt – wenngleich
die Deutschen im Weltmaßstab immer noch dem Klischee
der Trübsal Blasenden entsprachen. Auch die Lebenserwar-
tung, die zum Zeitpunkt der Wiedervereinigung im Osten
deutlich niedriger war als im Westen, lag nun auf fast gleichem Niveau. Zwischen den Geburtenziffern existierte kein
signifikanter Unterschied zwischen West und Ost. Die jüngere Generation beider Regionen erblickte in der deutschen
Einheit ein großes Glück, nur Ostdeutsche, die 60 Jahre und
älter waren, zweifelten erheblich daran. Bei den Jüngeren
verfingen Bilder wie »Mauer in den Köpfen« nicht mehr,
und die »landsmannschaftlichen« Stereotypen hatten sich
auf jenes Maß eingependelt, das zum Beispiel auch zwischen
»Schwaben« und »Preußen« immer schon vorhanden war.
Die regionalen Unterschiede zwischen strukturschwachen
Gebieten in Westdeutschland sind heute größer als jene
zwischen Ost und West. Das neue Deutschland kennzeich-
net in einigen Bereichen vielleicht noch eine kleine Mulde
zwischen Ost und West, aber längst nicht mehr ein großer
Graben. Dass es politische Unterschiede gibt und woran
dies liegt, wird später im Kapitel über die »populistische Revolte« beleuchtet.

5.

IM FADENKREUZ DER GEWALT

Europa und der globale Terrorismus

Den »klassischen« Terrorismus hat es in Europa seit dem 19. Jahrhundert gegeben. Er hatte vor allem zwei Ausprägungen: eine sozialrevolutionäre Variante, wie sie im zaristischen Russland entstanden ist, und eine nationalseparatistische, etwa im Baskenland in Form der Untergrundorganisation ETA, die mit Gewalt für eine Abspaltung der nordspanischen Region vom Mutterland kämpfte. Was des einen »Terrorist« war, war oftmals des anderen »Freiheitskämpfer«. Seit den 1970er Jahren kam eine äußerst gewalttätige linksterroristische Variante hinzu, zum Beispiel in Gestalt der deutschen »Roten Armee Fraktion« oder den italienischen »Brigate Rosse«; oft verbanden diese Gruppierungen sich mit dem internationalen Terrorismus der Palästinensischen Befreiungsorganisation (PLO). Gewaltakte und Morde zielten auf herausgehobene Personen der politischen Klasse oder der gesellschaftlichen Elite sowie allgemein auf die Repräsentanten des bekämpften Systems, vor allem Polizisten. Die betroffenen Länder setzten alles daran, potenzielle Ziele der Terroristen zu schützen.

Seit den Terroranschlägen von 9/11 im Jahr 2001 wandelte sich der internationale Terrorismus fundamental. Er war nun in erster Linie islamistisch begründet, und die Angriffe

kennzeichnete, dass ihnen wahllos jeder Mensch zum Opfer fallen konnte. »Ziele« konnten nicht mehr umfassend
geschützt werden. Dieser Terror wollte sichtbar sein, die
Bilder der Anschläge sollten sich in die Köpfe der Menschen einbrennen, sollten im Alltag Angst verbreiten und
damit die freiheitlichen Gesellschaften destabilisieren. Es
war eine Kriegserklärung islamistischer Organisationen an
den gesamten Westen, die auch eine tief empfundene, Jahrhunderte dauernde Demütigung zur Grundlage hatte. Der
Westen seinerseits reagierte auf diese fundamentalistische
Herausforderung nach außen, indem er seit 2001 die Taliban in Afghanistan oder seit 2014 den selbst ernannten »Islamischen Staat« in Syrien militärisch bekämpfte. Keinesfalls
durfte er jedoch in die Falle der Islamisten tappen. Diese
zielten darauf, dass der Westen eine Feinderklärung gegen
alle Muslime aussprach, auch gegen jene, die in den westlichen Gesellschaften lebten. Würde eine solche erfolgen, so
das Kalkül des »Islamischen Staates«, könnte die Organisation mit Millionen von Unterstützern rechnen.

War die Bundesrepublik Deutschland auf diesen neuen
Terrorismus überhaupt vorbereitet? Sämtliche Erfahrungen,
über die Deutschland in der Anti-Terror-Politik verfügte,
entsprangen der Bekämpfung des Terrorismus der Roten
Armee Fraktion in den 1970er Jahren, alle in dieser Zeit
erlassenen Gesetze waren seither nicht oder nur marginal
verändert worden.[1] Der RAF-Terrorismus erschien nun allerdings tatsächlich wie ein Szenario aus dem vergangenen
Jahrhundert, und die Dimension der aktuellen Bedrohung
30 Jahre später erforderte ganz neue und vermutlich ganz
andere Methoden. Man war sich ja nicht einmal im Klaren
darüber, wie viele Anhänger islamistischer Terrororganisa-
tionen im Verborgenen agierten, welche Pläne für weitere

Terrorakte bereits existierten und wie man diesem neuen Risiko überhaupt wirksam gegenübertreten konnte.

Wir müssen kurz zurückblenden, um alles zu verstehen. Ebenso wie Al Qaida 2001 das geeinte Deutschland, stellte die RAF in den 1970er Jahren die damals noch junge Bundesrepublik vor eine in dieser Schärfe noch nie dagewesene Herausforderung, hatte man es doch mit einer äußerst brutalen, straff organisierten, Leib und Leben missachtenden, fanatisierten Gruppe zu tun. Zwar sah sich die RAF selbst als ein Zweig der internationalen Befreiungsbewegungen, doch die Verflechtungen und überhaupt die kommunikationstechnischen Möglichkeiten dafür waren sehr eingeschränkt. Mit ihrer als »Stadtguerilla« bezeichneten Vorgehensweise wollte die RAF den angeblich faschistischen Staat BRD aus den Angeln heben. Sie zielte darauf ab, durch Aktionen einen Graben zwischen dem Staat und seinen Bürgern aufzureißen, indem sie den Staat zwang, mit repressiver Sicherheitspolitik die Freiheitsrechte einzuschränken, womit die Zahl der Sympathisanten so weit ansteigen sollte, dass schließlich eine Art gesellschaftliche Revolution die Folge sei, in der sich die Menschen von Faschismus, Imperialismus und Kapitalismus lösen würden.[2]

All dies hatte wenig gemeinsam mit dem islamistischen Terrorismus des neuen Jahrhunderts. Über Aufbau, Organisationsstruktur, Mitgliederzahl und die Bedeutung Osama bin Ladens für das transnational agierende Netzwerk war wenig bekannt, jedenfalls schien Al Qaida keine in sich geschlossene Organisation wie etwa die RAF zu sein, sondern aus einer Vielzahl weltweit verstreuter Terrorzellen zu bestehen, die in unterschiedlich enger Verbindung zueinander standen und oftmals unabhängig voneinander agierten.[3] Auch wenn man von einem harten Kern an Mitgliedern ausgehen konnte, so war selbst dieser keineswegs derart homogen und so fest gefügt wie die Baader-Meinhof-Gruppe, ganz zu schweigen von den verbündeten Gruppierungen, wo auch immer auf der Welt sie sich aufhielten.

Als gemeinsames Ziel schälte sich bei den Terrorzellen unter dem Mantel von Al Qaida die Befreiung der islamischen Welt von allen »Ungläubigen« heraus, mit Anschlägen sollte ein Maximum an Todesopfern und Verletzten erreicht und psychologisch ein Angstzustand in Permanenz geschaffen werden. Nicht allein symbolische Einrichtungen oder Repräsentanten des westlichen Wertesystems gerieten ins Visier, sondern öffentliche Verkehrsmittel, Gebäude und Plätze, was bei den Menschen eine apokalyptische, allgegenwärtige Bedrohung hervorrufen sollte. Die weltweit agierenden, unzähligen kleineren und größeren Terrorzellen und der dadurch völlig diffuse Charakter von Al Qaida machten es Staaten wie auch nationalen und internationalen Sicherheitsbehörden schwer, wirksam vorzugehen. Alles geschah im Verborgenen, wer sympathisierte, war unbekannt, der einzelne Terrorist blieb schemenhaft, hatte oftmals gar kein Gesicht mehr – oder, gerade umgekehrt, es kam zu generellen Verdächtigungen muslimischer Menschen mit bestimmten äußerlichen Merkmalen. Hingegen waren die Mitglieder der RAF bekannt, ihre Fahndungsfotos hingen an öffentlichen Orten. Außerdem waren die Mechanismen und Reaktionen des Staates der 1970er Jahre darauf aufgebaut, die Täter abzuschrecken. »Klassische« Terroristen griffen an und zogen sich zurück. Einen großen Teil ihrer kriminellen Energie mussten sie für die Vorbereitung des Rückzugs und für das Verwischen von Spuren verwenden. Doch konnte man die neuen Terroristen von irgendetwas abhalten? Konnten Selbstmordattentäter abgeschreckt werden? Sie beabsichtigten ja gar keinen Rückzug. War der Staat also hilflos?

Der Begriff »Terrorismus« wurde erstmals in die deutsche Gesetzgebung aufgenommen, als im August 1976 Paragraf 129 a dem Strafgesetzbuch hinzugefügt wurde, allerdings gab es keine allgemein verbindliche Füllung von »Terrorismus«. Unter Strafe standen von nun an die Bildung, Mitgliedschaft, Unterstützung und Werbung in einer terroristischen Vereinigung bzw. für eine terroristische Vereinigung, die ihre Ziele durch Mord, Totschlag, Menschenraub, Geiselnahme, Brandstiftung, Herbeiführung von Explosionen und Zerstörung wichtiger Arbeitsmittel zu erreichen versuchte. Institutionell erhielten Bundeskriminalamt und Verfassungsschutz zusätzliche Kompetenzen, außerdem schuf man die Grenzschutzgruppe 9 (GSG9), eine Spezialeinheit zur Terrorismusbekämpfung; insgesamt blieb die Anti-Terror-Politik der 1970er Jahre aber national beschränkt.

Die Anti-Terror-Gesetze, die 1977 dem Deutschen Bundestag vorgelegt worden waren, wurden im Februar 1978 mit der kleinsten möglichen Mehrheit – mit einer Stimme – verabschiedet. Den einen aus dem sozialliberalen Regierungslager zu viel, den anderen aus den Reihen der CDU/CSU zu wenig, schränkte diese Gesetzgebung mehrere rechtsstaatliche Garantien im Zweifelsfall ein. Im selben Jahr waren auch Maßnahmen ergriffen worden, um die Ermittlungen und Fahndungen der Polizei zu verbessern. Mit der auf Datenverarbeitung basierenden neuartigen Rasterfahndung, die auf den Präsidenten des Bundeskriminalamts Horst Herold zurückging, trat erstmals eine Methode zur Prävention neuer terroristischer Verbrechen ins Rampenlicht. Es wurde dabei nicht mehr nach bestimmten Personen gefahndet, sondern anhand spezifischer äußerlicher und personenbezogener Merkmale nach einem »Typ« Mensch, der in ein bestimmtes Raster passte. Obwohl man sich viel von ihr versprochen hatte – die Erfolge der Rasterfahndung blieben mäßig, aber sie wurde nie mehr ganz aufgegeben und gelangte in der Folge des 11. September 2001 wieder zur Anwendung. So sollten die »Schläfer« – islamistische Terroristen, die auf den Befehl zum Losschlagen warteten – in Deutschland ausfindig gemacht werden, wofür ein entsprechendes Raster an verdächtigen Personen erarbeitet und unzählige Daten ausgewertet wurden – allerdings wiederum, trotz neuester Computertechnologie, ohne nennenswerte Erfolge.[4]

»Wer den Rechtsstaat zuverlässig schützen will, der muss innerlich auch bereit sein, bis an die Grenzen dessen zu gehen, was vom Rechtsstaat erlaubt und geboten ist«.[5] Nach dieser Devise des Bundeskanzlers Helmut Schmidt, die er 1975 in der bis dahin gravierendsten Krise der Bundesrepublik, der Zeit des RAF-Terrorismus, formuliert hatte, handelten auch die Bundesregierungen in den Jahren nach 2001. Der Kampf gegen den internationalen Terrorismus war nun aber auch eine außen- und bündnispolitische Frage. Innenpolitisch bedeutete er, dass eine Reihe von neuen oder verschärfenden sicherheitspolitischen Gesetzen auf den Weg gebracht wurde, um Sicherheit zu gewährleisten und eventuelle Terrorzellen aufzuspüren. Es bestand sofortiger Handlungsbedarf, denn die Bundesrepublik war bereits in ein schiefes Licht gerückt: Drei der vier Terroristen, die die Flugzeuge bei den Anschlägen vom 11. September gesteuert hatten, dies teilten amerikanische Justizbehörden der Bundesregierung bereits am 12. September mit, hatten jahrelang in Hamburg gelebt und studiert und von der Hansestadt aus die Anschläge unentdeckt geplant und organisiert.[6] Deutschland galt somit als Basis des internationalen Terrorismus, hier konnten sich offenbar »Schläfer«, ohne auf Widerstand zu stoßen, auf Anschläge vorbereiten – das erforderte eine rasche Reaktion. Allerdings war dies nur die eine Seite. Denn auf der anderen Seite lebten in Deutschland annähernd 4 Millionen Muslime, so viele wie in fast keinem anderen Land der Europäischen Union; nur in Frankreich war der muslimische Bevölkerungsanteil größer. Augenmaß und Zurückhaltung taten also ebenfalls not. Dies auch, um nicht zusätzlich Ängste zu schüren, die Verunsicherung war ja schon groß genug, wenn jetzt noch Hysterie ausbrechen sollte, wäre alles verloren.

Die Ziele des von Otto Schily (SPD) geleiteten Ministeriums des Innern lassen sich folgendermaßen zusammenfassen: bereits bestehende terroristische Strukturen zerschlagen, eine Formierung neuer Strukturen unterbinden, Anschläge verhindern und durch Kooperation mit anderen Staaten eine europa- und wenn möglich weltweite Strategie zur Austrocknung des Terrorismus schaffen. Die terroristische Bedrohung erforderte die Anpassung zahlreicher Gesetze und internationaler Vereinbarungen gegen den Terror.[7]

Am 25. September 2001 einigte sich der Bundessicherheitsrat auf das vom Kabinett kurz zuvor beschlossene Anti-Terror-Programm. Es sah vor, drei Milliarden DM zur Bekämpfung bereitzustellen, 500 Millionen entfielen auf das Bundesinnenministerium für den Ausbau und die Erweiterung von Bundesgrenzschutz, Bundeskriminalamt, Bundesamt für Verfassungsschutz, Bundesnachrichtendienst sowie Zivil- und Katastrophenschutz. Auch die Bundeswehr, das Auswärtige Amt, das Justizministerium und das Entwick-

lungshilfeministerium erhielten zusätzliche Mittel. Zu diesem Anti-Terror-Etat traten die beiden Anti-Terror-Pakete, die
sich unter den Begriffen »Sicherheitspaket I« und »Sicherheitspaket II« einbürgerten. Eine der beiden wichtigsten
Gesetzesänderungen des ersten Pakets sah vor, dass das Re-
ligionsprivileg aus dem deutschen Vereinsrecht gestrichen
wurde. Religionsgemeinschaften und Weltanschauungsver-
einigungen waren vor diesem Zeitpunkt nicht unter das
1964 beschlossene Vereinsgesetz gefallen und konnten damit nicht, wie andere Vereine, nach dem Vereinsrecht vom
Innenministerium verboten werden. Mit der Streichung
von § 2 Abs. 2 Nr. 3 fielen folgende Vereinigungen unter
das allgemeine Vereinsrecht: fundamentalistisch-islamische
Vereinigungen, die der freiheitlich-demokratischen Grund-
ordnung der Bundesrepublik gegenüber feindlich gesinnt
sind und zur Durchsetzung ihrer radikalen Ziele auch Gewalt anwenden, Vereinigungen mit politischen und ökonomischen Zielen, die für sich den Status einer religiösen oder
weltanschaulichen Vereinigung reklamieren, sowie Sekten,
die im Ausland mit Tötungsdelikten und Massenselbstmor-
den in Erscheinung getreten sind.[8] Die Zielrichtung war
klar: Es konnten nun sämtliche Organisationen verboten
werden, die unter dem Deckmantel einer religiösen Gemeinschaft zu Gewaltakten aufriefen oder gar Terroranschläge
planten. Nach dieser Gesetzesänderung wurden 20 islamistische Vereinigungen in Deutschland verboten, Bundesgrenzschutz und Landespolizei führten mehr als 200 Razzien
durch.

Die zweite grundlegende Änderung innerhalb des ersten
Anti-Terror-Pakets war, dass ein neuer Paragraf in das Strafgesetzbuch eingeführt wurde, mit weit reichenden Folgen:
der § 129 b. Er bezog sich auf kriminelle und terroristische

Vereinigungen im Ausland. Der ursprüngliche Paragraf 129 stellte die Bildung einer kriminellen Vereinigung unter Strafe. 1976 – ein Jahr vor dem Höhepunkt des RAF-Terrorismus im »Deutschen Herbst« – wurde § 129 um den Zusatz a erweitert: Strafbar war nun die Mitgliedschaft in einer terroristischen Vereinigung. Beide Paragrafen griffen jedoch nur dann, wenn diese kriminellen oder terroristischen Organisationen ihre Strukturen zumindest teilweise in der Bundesrepublik hatten.[9] Die entscheidende Neuerung 2001 bedeutete, dass Bildung und Mitgliedschaft in einer terroristischen Vereinigung auch dann eine Straftat bildeten, wenn sich diese im Ausland befand. Hier wurde somit nicht nur eine Lücke geschlossen, vielmehr schuf der Zusatz erst die Grundlage dafür, dass sich Deutschland weltweit am Kampf gegen den Terror und an der Prävention von Terroranschlägen beteiligen konnte.[10]

Das Sicherheitspaket II hieß in Wahrheit »Gesetz zur Bekämpfung des internationalen Terrorismus« oder, vereinfacht, Terrorismusbekämpfungsgesetz und trat am 1. Januar 2002 mit insgesamt 17 Einzelgesetzen und fünf Verordnungen in Kraft. Mit diesem Paket sollte präventiv die innere Sicherheit in Deutschland gewährleistet werden. Es umfasste vier Kernbereiche: mehr Kompetenzen für den Verfassungsschutz, die Einführung biometrischer Merkmale in Pässen und Personalausweisen, eine Ausweitung von Sicherheitsüberprüfungen, schließlich zahlreiche Änderungen im Ausländer- und Asylverfahrensrecht. Im Einzelnen bedeutete dies, knapp zusammengefasst, Folgendes: Das Bundesamt für Verfassungsschutz erhielt das Recht, Bestrebungen zu beobachten, die sich gegen den Gedanken der Völkerverständigung oder gegen das friedliche Zusammenleben der Völker richteten. Darüber hinaus wurde ihm eingeräumt, bei Banken, Kreditinstituten sowie bei Luftfahrt- und Tele-kommunikationsunternehmen Informationen über ver-dächtige Personen oder Organisationen einzuholen, all dies unter Geheimhaltung und ohne konkreten Verdacht, was eine Einschränkung des Grundrechts des Brief-, Post- und Fernmeldegeheimnisses darstellte.[11] Ausgeweitet wurden zudem die Kompetenzen des Bundeskriminalamts, und der Bundesgrenzschutz, der zum 1. Juli 2005 Bundespolizei heißen sollte, erhielt das Recht, Personen zu überprüfen. Schließlich ermöglichte es das Sicherheitspaket II, bewaff-nete Flugbegleiter des Bundesgrenzschutzes an Bord von Flugzeugen einzusetzen. Um Fälschungen und den Miss-brauch von Ausweispapieren zu unterbinden, wurden in Pässen und Personalausweisen biometrische Merkmale zum Gesicht, und zwar in verschlüsselter Form auf einem Chip, hinzugefügt. Das »Sicherheitsüberprüfungsgesetz« weitete den Kreis jener Personen aus, die sich aufgrund ihrer Tätig-keit einer Überprüfung unterziehen mussten, es betraf nun sämtliche Mitarbeiter in öffentlichen und nichtöffentlichen Einrichtungen, »die für das Funktionieren des Gemeinwe-sens unverzichtbar sind und deren Beeinträchtigung erheb-liche Unruhe in großen Teilen der Bevölkerung und somit Gefahren für die öffentliche Sicherheit und Ordnung ent-stehen lassen würden«, wie es im Gesetz hieß.[12]

Weiterhin traten Änderungen im Ausländer- und Asyl-verfahrensrecht in Kraft: Die Abschiebung von Personen, die erkennbar gegen die freiheitlich-demokratische Grund-ordnung der Bundesrepublik Deutschland verstoßen oder die in begründetem Verdacht stehen, eine terroristische Ver-einigung zu unterstützen, wurde erheblich vereinfacht und der Abschiebeschutz für anerkannte politische Flüchtlinge bedeutend gelockert. In den deutschen Konsulaten sollten

Sicherheitsbefragungen der Visa-Antragsteller vorgenommen werden und bei Verdacht waren Visaanträge abzulehnen. Darüber hinaus wurden die Konsulate angewiesen, von Antragstellern Passfotos zu machen und Fingerabdrücke zu nehmen, um eine möglichst lückenlose Identifizierung sicherzustellen. Das Bundesamt für Anerkennung ausländischer Flüchtlinge sollte Sprachaufzeichnungen anfertigen, um die Herkunftsländer der Flüchtlinge zu ermitteln, denn viele konnten keine Papiere vorlegen. Eine Änderung im Ausländerzentralregistergesetz vereinfachte den Zugriff deutscher Sicherheitsbehörden auf die Daten von Ausländern.[13]

Die Geschwindigkeit, mit der diese Anti-Terror-Gesetze verabschiedet wurden, war extrem hoch, denn im Zentrum der politischen Entscheidungen stand nicht die Frage des »Ob«, sondern lediglich die Frage des »Wie« und des »Wie schnell«.

Überall, wo der demokratische Rechtsstaat auf die Herausforderungen des internationalen Terrorismus reagierte, standen die Maßnahmen in der Kritik, nirgendwo in den westlichen Gesellschaften jedoch so massiv wie in Deutschland, was natürlich mit den historischen Erfahrungen mit zwei totalitären Regimes und deren Repressionsapparaten zu tun hatte. Namentlich Burkhard Hirsch, seit Langem das rechtsstaatliche Gewissen der FDP, und der Datenschutzexperte Thilo Weichert traten mit ihrer Kritik hervor.[14] Sie hielten die verabschiedeten Gesetze nicht nur für gefährlich, weil sie die bürgerlichen Freiheitsrechte einschränkten – sie bescheinigten ihnen einen »Abschied vom Grundgesetz« –, sondern sie waren in ihren Augen auch vollkommen sinnlos. Keine einzige der in den Gesetzesentwürfen vorgesehenen Maßnahmen wäre geeignet gewesen, das Attentat auf

New York zu verhindern.[15] Die Frage, warum Terroristen so handeln, wie sie handeln, gehe in der Eile und der geschürten Panik vollständig unter.

Merkten die Bürgerinnen und Bürger überhaupt, dass freiheitliche Grundrechte – die dem Parlamentarischen Rat 1948 als Antwort auf die NS-Diktatur so wichtig waren – eingeschränkt wurden? War die Geschwindigkeit, mit denen die Maßnahmen auf den Weg gebracht wurden, zwar notwendig angesichts der als akut wahrgenommen Bedrohung, doch blieb damit nicht die Aufklärung über die einzelnen Maßnahmen auf der Strecke? Über den konkreten Inhalt der Sicherheitsgesetze dürfte bei einem großen Teil der Bevölkerung Unkenntnis geherrscht haben. Wurde ein Klima der Angst geschaffen? Standen ausländische Menschen, besonders jene muslimischen Glaubens, mit einem Mal unter Generalverdacht? Solche Fragen von Bürgerrechtsorganisationen waren nicht so einfach von der Hand zu weisen. Die Schaffung eines neuen Typs des »verdächtigen Ausländers«, verhaltensauffällig, in unklaren Arbeitsverhältnissen, oft auf Reisen oder sonst abwesend, konnte die Grundlage dafür bilden, dass nicht näher bekannte Muslime willkürlich verdächtigt oder stigmatisiert wurden. Der Islam würde seine ursprüngliche Bedeutung als Weltreligion verlieren und von vielen Menschen nur noch als ausschließlich gewalttätige, menschenverachtende, fundamentalistisch-radikale Ideologie wahrgenommen werden, so mahnten Kritiker. Außerdem befürchtete man eine Radikalisierung der deutschen Bevölkerung und einen Zuwachs an rechtsextremistischen und fremdenfeindlichen Organisationen.[16] Amnesty International bereiteten datenschutzrechtliche Aspekte Sorgen: Es sei nicht gewährleistet, dass Daten von politisch Verfolgten nicht in die Hände der Verfolgerstaaten gelangten.[17]

Dass sich der Rechtsstaat zum Präventionsstaat entwickeln würde, war ein weitverbreiteter Einwand, welcher die logistische Verzahnung der Sicherheitsbehörden ins Visier nahm, wie sie das Sicherheitspaket II vorsah. Die föderative Organisationsstruktur der Sicherheitsbehörden und die strikte Trennung von Geheimdiensten und Polizei gehörten zu den elementaren Prinzipien der Gewaltenteilung und stellten ein wesentliches Mittel grundgesetzlichen Freiheitsschutzes dar. Aus ihrer Erfahrung mit dem Nationalsozialismus hatten die westlichen Siegermächte des Zweiten Weltkrieges diese Form der sicherheitsbehördlichen Gewaltenteilung 1948 zur Auflage für den Parlamentarischen Rat gemacht, um Machtmissbrauch oder die Schaffung einer zentralen Behörde für innere Sicherheit, wie es das NS-Reichssicherheitshauptamt gewesen war, von vornherein zu unterbinden. Wurde nun angesichts von 9/11 die Axt an dieses Prinzip gelegt? Galt fortan jeder Bürger als gefährlich und als potenzielle Bedrohung? Die Präsidentin des Bundesverfassungsgerichts, Jutta Limbach, zweifelte wie viele andere an der Verhältnismäßigkeit der Gesetze und forderte Regierung und Gesellschaft dazu auf, Freiheitsrechte zu bewahren.[18] Wie immer in solchen Fällen handelte es sich um eine Gratwanderung.

Innenminister Schily wollte einen besseren Informationsaustausch zwischen den Behörden, denn die deutschen Sicherheitsbehörden waren dafür bekannt, dass sie langsam arbeiteten und sich voneinander abschotteten. Den Vorschlag der CDU/CSU, ein »Bundessicherheitsamt« – vergleichbar dem Heimatschutzministerium in den USA – einzurichten, lehnte die rot-grüne Koalition ab. Waren Freiheit und Sicherheit nicht die zwei Seiten ein und derselben Medaille? Menschen, die in Furcht vor und in Bedrohung durch Kriminalität, Gewalt und Terrorismus leben müssen, könnten ihre Freiheitsrechte nicht ausschöpfen. Deshalb erscheint es als eine der bedeutendsten Aufgaben des Staates, die Sicherheit und den Frieden seiner Bürger zu gewährleisten.

Die Frage nach der aktiven Verpflichtung des Staates, seine Bürger vor aller Art innerer Bedrohung zu schützen, ist schon lange ein Gegenstand kontroverser rechtswissenschaftlicher Debatten gewesen. Im Gegensatz zur französischen Erklärung der Menschen- und Bürgerrechte oder der Grundrechte-Charta der Vereinten Nationen enthält das bundesdeutsche Grundgesetz kein ausdrückliches Recht auf Sicherheit. Dennoch, abgeleitet aus dem Verfassungstext wie aus dem Gesamtsinn des Grundgesetzes, herrscht ein allgemeiner Konsens: Bürger verfügen nicht nur über negative Abwehrrechte gegen staatliche Willkür, sondern der Staat habe seine Bürger auch zu schützen. Es gebe also nicht nur ein »Übermaßverbot« an staatlichen Eingriffen in die Freiheitsrechte der Bürger, sondern ebenso ein »Untermaßverbot«, was bedeutet, dass der Staat als Inhaber des Gewaltmonopols verpflichtet ist, gesetzliche und administrative Maßnahmen zu ergreifen, um Freiheit und Sicherheit aufrechtzuerhalten.[19]

Die Anschläge von 2004 bis 2018 forderten viele Hunderte Menschenleben, noch nie hatte Europa eine solche Terrorwelle erlebt. Von Madrid, London, Paris, Brüssel, Moskau, Kopenhagen, Stockholm, Manchester, Nizza, Barcelona bis nach Berlin zog sich die Blutspur. Die fürchterlichsten Anschläge bezeugen das Drama. Am Morgen des 7. Juli 2005 ereigneten sich – wie knapp eineinhalb Jahre zuvor in der spanischen Hauptstadt, wo 191 Menschen starben und über 1500 verletzt wurden – mitten im Berufsverkehr drei Explosionen in der Londoner U-Bahn. Islamistische Bombenträger – sogenannte »Rucksackbomber« – zündeten ihren Sprengstoff in den Zügen, eine weitere Explosion traf einen Doppeldeckerbus. Der schwerste Anschlag fand in der Piccadilly Line statt, in einem Tunnel, was die Rettungsarbeiten erschwerte; allein hier wurden 28 Menschen getötet, insgesamt belief sich die Zahl der Opfer auf 52, hinzu kamen die vier Selbstmordattentäter. Über 700 Menschen wurden teilweise schwer verletzt. Drei der vier Attentäter waren Briten pakistanischer Herkunft. In einem Bekennervideo kündigten sie weitere Anschläge an und begründeten dies mit den britischen Militäreinsätzen in Afghanistan und im Irak. Zwei Wochen später schlugen nur durch einen Zufall weitere Bombenanschläge in der Londoner U-Bahn fehl; die Sprengsätze zündeten nicht. Bei einer koordinierten Anschlagserie am Stade de France – in dem gerade ein Fußballspiel zwischen Frankreich und Deutschland stattfand –, auf mehrere Restaurants und in dem Musikklub Bataclan töteten IS-Anhänger am 13. November 2015 130 Menschen, Hunderte wurden verletzt. In Brüssel töteten Bomben im März 2016 32 Menschen, in Nizza raste am 14. Juli 2016, dem französischen Nationalfeiertag, ein Attentäter mit einem LKW in die Menge und riss 86 Menschen in den Tod. Die deutsche Hauptstadt war am 19. Dezember 2016 Ziel eines Terroranschlags, bei dem auf einem Weihnachtsmarkt 13 Menschen getötet wurden.

Es ging nicht allein um die physischen Folgen der Gewaltanwendung, vielmehr um die psychologischen Effekte, die die Anschläge evozierten: Angst und Schrecken sollten zum permanenten Lebensgefühl der Menschen werden. Einer Umfrage des Meinungsforschungsinstituts Forsa für den Nachrichtensender N24 zufolge gingen im Jahr 2004 54 Prozent der Bundesbürger von einer ebenso hohen Terrorgefahr in Deutschland aus wie in anderen europäischen

Ländern. 43 Prozent waren dagegen der Meinung, die Gefahr von Attentaten sei in Deutschland geringer, weil die Bundeswehr nicht am Irakkrieg beteiligt war.[20] Wegen einer Anschlagsdrohung musste Bundespräsident Johannes Rau Ende März 2004 seine Afrikareise abbrechen – ein bis dahin beispielloser Vorgang. Die Drohung bezog sich auf den geplanten Besuch Raus in Dschibuti. Dort wollte er nach Aufenthalten in Nigeria und Tansania zum Abschluss seiner Reise das deutsche Marinekontingent besuchen, das im Indischen Ozean als Teil des Anti-Terror- Einsatzes »Enduring Freedom« stationiert war. Bereits während der gesamten Reise Raus hatte es Warnungen vor Terroranschlägen gegeben, doch erst zuletzt war ganz konkret ein »Staatsoberhaupt« als Anschlagsziel genannt worden, und Rau war zu diesem Zeitpunkt das einzige westliche Staatsoberhaupt, das sich in dieser Region aufhielt.

Bereits einen Tag nach den Anschlägen von London 2005 verschärfte Deutschland seine Sicherheitsgesetze. Der Bundesrat billigte die schon länger vorbereitete Einführung des sogenannten »elektronischen Passes«, der mit einem Chip versehen ist. Während SPD-Innenexperten, aber auch FDP-Politiker vor »Aktionismus« warnten, sprach sich Bayerns Ministerpräsident Edmund Stoiber (CSU) dafür aus, mit Blick auf Großereignisse wie die Fußballweltmeisterschaft, die im Jahr 2006 in Deutschland ausgetragen werden sollte, den Einsatz der Bundeswehr im Inland zu ermöglichen und das Grundgesetz dementsprechend zu ändern. In zahlreichen westlichen Demokratien sei es selbstverständlich, in besonderen Situationen die Armee einzusetzen. Vor der anstehenden Bundestagswahl im September 2005 schlug die Union einmal mehr ein gemeinsames Lage- und Analysezentrum sowie gemeinsame Anti-Terror-Dateien für eine enge Zusammenarbeit von Polizei und Nachrichtendiensten vor. Außerdem forderte sie schärfere Sicherungsmaßnahmen für terrorverdächtige Ausländer, eine Visa-Warndatei, um Deutschland vor der Einreise gefährlicher Ausländer zu schützen, sowie eine Ausweitung der Videoüberwachung.

Die Furcht der Menschen vor Terroranschlägen in Deutschland blieb anhaltend sehr hoch. In einer Studie des Instituts für Demoskopie Allensbach wurde 2005/06 gefragt: »Glauben Sie, dass man den islamischen Terrorismus in den nächsten Jahren in den Griff bekommen wird, oder glauben Sie das nicht?« 84 Prozent der über 16-Jährigen glaubten dies nicht, nur sieben Prozent vertrauten darauf, der Rest zeigte sich unentschieden.[21] Seit 2001 fürchtete mehr als jeder zweite Bundesbürger einen Terroranschlag in Deutschland, und durchschnittlich etwa 40 Prozent der Menschen meinten, es müsse mehr zur Terrorbekämpfung im Inneren getan werden, während durchschnittlich etwa 30 Prozent der Ansicht waren, die Sicherheitsvorkehrungen reichten aus.[22] Im Jahr 2016 schließlich stand der Terrorismus bei den Deutschen an der Spitze der wahrgenommenen Bedrohungen und hatte die bisherigen Sorgen wie Geldentwertung, Naturkatastrophen oder Pflegeprobleme im Alter überholt.[23]

War Deutschland ein Sonderfall? Wie reagierten andere europäische Länder auf die Attacken? Großbritannien verfügte bereits vor den Anschlägen in den USA über weitaus breitere Anti-Terror-Gesetze als alle anderen europäischen Staaten, und in seinen Maßnahmen nach dem 11. September übertraf es seine europäischen Nachbarn ebenfalls erheblich. Begründet wurde die Gesetzgebung damit, dass sich das Land in einem Notstand befinde und dass die Bedrohung durch Terroranschläge dringend eingedämmt werden müsse. Die am stärksten umstrittene Gesetzesinitiative hatte weitreichende Wirkungen: Der Innenminister erhielt das Recht, Ausländer, die des Terrorismus verdächtig waren und nicht ausgewiesen werden konnten, ohne Gerichtsverfahren zu inhaftieren und in Gewahrsam zu belassen. Premierminister Tony Blair rechtfertigte dies mit der Bemerkung, es sei in der Situation nach den Anschlägen äußerst fatal, auch nur einen einzigen Terroristen ungestraft laufen zu lassen. Als weitere Maßnahmen wurden die Beobachtung finanzieller Transaktionen Verdächtiger, die Speicherung von Internet- und Mobilfunkdaten sowie der Daten von Reisenden und die engere Zusammenarbeit zwischen Polizei und Geheimdiensten durchgesetzt. Vor allem gegen die Festnahme verdächtiger Ausländer ohne Gerichtsurteil regte sich im In- und Ausland massiver Protest, Amnesty International und zahlreiche andere Menschenrechtsorganisationen warfen Großbritannien die Verletzung der Magna Charta und der Europäischen Menschenrechtskonvention vor.

Frankreich, Italien, Spanien und Portugal reagierten ebenfalls umfassend auf die Terrorakte, wobei sich die Maßnahmen ähnelten. Erweitert wurden im Wesentlichen die Befugnisse, persönliche Daten zu speichern, Gespräche abzuhören sowie Wohnungen, Büros und Computer zu durchsuchen, ohne dass die so Überwachten davon unterrichtet werden mussten. In Frankreich wurde nach den Anschlägen, wie zuletzt 2016 in Nizza, der Ausnahmezustand verhängt und über viele Monate hinweg immer wieder verlängert. In unterschiedlicher Intensität kam es zu einer Zusammenarbeit von Polizeistellen und Geheimdiensten.

Im Gegensatz zu den USA und Großbritannien erfolgte die Bekämpfung des Terrorismus in (Kontinental-)Europa und in Deutschland in erster Linie auf zivil-juristischer und nicht auf militärischer Basis. Es gab ja weniger ein Defizit bei der Überwachung, als vielmehr ein Problem bei der Erkennung von potenziellen Terroristen. Und, so konnte man fragen, spielte die Verschärfung des Strafrechts nicht den Dschihadisten in die Hände, die ja gerade den Rechtsstaat und die Demokratie erschüttern wollten? Musste man nicht die Ideologie der Islamisten bekämpfen und zu mehr Präventionsmaßnahmen greifen? Was auch immer man sich unter einer Terrorismusbekämpfung vorstellte – eines war klar: Es zeigte sich, dass offene Gesellschaften wie die europäischen gegenüber terroristischen Angriffen sehr verwundbar sind.

Die Europäische Union veränderte in dieser Zeit, für viele Bürgerinnen und Bürger gar nicht sichtbar, ihre Gestalt. Zu den klassischen Aufgaben eines Nationalstaates gehört es, die Sicherheit seiner Bürger zu gewährleisten. Angesichts der internationalen Vernetzung des Terrorismus und der organisierten Kriminalität konnte er dies aber gar nicht mehr allein schaffen. Die Fortschreibung und Modifizierung der europäischen Verträge von Maastricht (1992), Amsterdam (1997) und Lissabon (2007) waren auch eine Reaktion der Mitgliedstaaten auf die internationale Dimension des islamistisch ausgerichteten Terrorismus. In Fragen der »inneren Sicherheit« kam es auf europäischer Ebene zu deutlich mehr Kooperationen als in der Vergangenheit. Dadurch veränderte sich die Qualität der Staatlichkeit in diesem zentralen Bereich, ja man kann von einem rasch fortschreitenden Prozess der Europäisierung sprechen. Dabei ist nicht nur an Europol zu denken. Es fing damit an, dass es galt, die Außengrenzen der EU besser zu schützen, und reichte über die Überwachung von Kapitalströmen und das Einfrieren von Konten bis hin zu einem europäischen Datenspeichersystem und der EU-weiten Übermittlung von Informationen

zwischen Polizei- und Strafverfolgungsbehörden. Außerdem wurde 2012 ein Abkommen zwischen der EU und den
USA über den Flugdatenaustausch geschlossen. Eine Rückkehr in die Kleinstaaterei oder Abschottung im nationalen
Schneckenhaus konnte kein geeignetes Rezept sein, um die
islamistische Bedrohung zu bekämpfen.

Für den bundesdeutschen Rechtsstaat bedeuteten die
monströsen Terroranschläge von 9/11 einen externen Schock.
Man war zwar seit den 1970er Jahren an Terrorismus ge-
wöhnt, doch markierten diese Anschläge den Umschwung
von einem primär binnenstaatlich organisierten Terrorismus der RAF-Zeit hin zu einem trans- und international
organisierten Terrorismus. Anders als die Vereinigten Staaten von Amerika interpretierten die Bundesregierungen
Terrorismus weiterhin als einen kriminellen Akt und hielten sich von der amerikanischen Definition als kriegerische
Handlung fern. Neuartig waren die globale Vernetzung des
Terrorismus, bei der nur eine transnationale Terrorismusbekämpfung über Grenzen und Bündnisse hinweg wirksam
sein konnte, und der starke Einfluss internationaler Faktoren auf die deutsche Außen- und Sicherheitspolitik. Niemals
zuvor bildeten Außenpolitik und innere Angelegenheiten
der nationalen Sicherheit eine derart feste Einheit. Die Bundesrepublik Deutschland war auch auf diesem Gebiet in
die globalisierte Welt hineinkatapultiert worden. Ein völlig
eigenständiger nationaler Weg der Terrorismusbekämpfung
gehörte einer längst vergangenen Zeit an.

6.

CRASHED

Weltfinanzkrise und Erschütterung der
Europäischen Währungsunion

Am 1. Januar 1999 wurde der Euro eingeführt und damit
zur Landeswährung für über 300 Millionen Menschen in
Europa. Dies war ein Sieben-Meilen-Schritt in der europäischen Einigung, und niemand vermutete damals, dass die
Währung ein Jahrzehnt später wieder auf dem Prüfstand stehen würde. In den ersten drei Jahren war der Euro eine un-
sichtbare Währung, die nur für Kontoführungszwecke, zum
Beispiel bei elektronischen Zahlungen, Verwendung fand.
Das Euro-Bargeld kam erst am 1. Januar 2002 und ersetzte
zu unwiderruflich festgelegten Umrechnungskursen nationale Währungen wie den belgischen Franc, die Deutsche
Mark oder die italienische Lira. Die Euro-Banknoten und
-Münzen sind in 19 der – noch – 28 Mitgliedstaaten der Europäischen Union (einschließlich der überseeischen Depar-
tements, Hoheitsgebiete und Inseln, die entweder Bestandteil der Länder des Euro-Raums oder mit diesen assoziiert
sind) gesetzliches Zahlungsmittel. Diese 19 Länder bilden
das Euro-Währungsgebiet. Die Kleinstaaten Monaco, San
Marino und Vatikanstadt nutzen auf der Grundlage einer
formellen Vereinbarung mit der Europäischen Union ebenfalls den Euro. Auch Andorra, Montenegro und der Kosovo

verwenden die einheitliche Währung, allerdings ohne formelle Vereinbarung. Das offizielle Euro-Symbol (€) basiert
auf dem griechischen Buchstaben Epsilon (ε), in Anlehnung
an die Wiege der europäischen Zivilisation. Gleichzeitig ist
das »E« der Anfangsbuchstabe des Wortes »Europa«. Die
beiden parallel verlaufenden horizontalen Linien sollen die
Stabilität der Währung symbolisieren. Das 50 Meter hohe
Euro-Denkmal am Fuß des Gebäudes der Europäischen
Zentralbank in Frankfurt am Main wurde offiziell im Rahmen der Feierlichkeiten zur Einführung des Euro am 1. Januar 2002 eingeweiht.

Eine Währungsunion zu schaffen war ein Projekt, mit
dem sich die Gemeinschaft seit dem Gipfel von Den Haag
im Jahr 1969 wiederholt befasst hatte. Nach dem Scheitern
des Werner-Plans zur Währungsunion von 1970 kam es zwar
1978 zur Errichtung eines Europäischen Währungssystems
(EWS), mit dessen Hilfe die Wechselkurse stabilisiert und
eine gemeinsame Buchwährung (ECU) eingeführt wurden.[1]
Eine Einheitswährung war damals noch unmöglich. Besonders Frankreich verfolgte stets das Ziel einer Währungsunion, um der geld- und währungspolitischen Dominanz
der Deutschen Bundesbank in Westeuropa etwas entgegen-
zusetzen. Für die Deutschen war die D-Mark das nationale
Identitätssymbol, von dem sie sich unter keinen Umständen verabschieden wollten. Selbst noch zu Zeiten der Revolution in der DDR und im Vorfeld der Wiedervereinigung
war die Rede vom DM-Nationalismus in Umlauf. Kanzler
Helmut Kohl, der wusste, wie skeptisch die Europäer auf die
deutsche Wiedervereinigung blickten, war als guter Europäer bereit, die D-Mark zu überwinden.[2] 1989 einigten sich
die Staaten der Gemeinschaft auf die Ergebnisse eines Berichts von Jacques Delors, des Präsidenten der Europäischen

Kommission und einflussreichsten Europapolitikers seiner
Zeit, der die Schaffung einer wie auch immer gearteten
Währungsunion in drei Stufen vorsah. Der Beginn der ers-
ten Stufe wurde auf den 1. Juli 1990 festgelegt, aber beschleu-
nigt wurde die Währungsunion erst durch den politischen
Umbruch in Ostmitteleuropa.

Der Vertrag von Maastricht 1991 hielt die Konvergenz-
kriterien fest: die Stabilität der öffentlichen Haushalte, das
Preisniveau sowie die Wechselkurse gegenüber den übrigen EU-Ländern und den langfristigen Nominalzinssatz.
Auf Betreiben des deutschen Finanzministers Theo Waigel
wurde der Stabilitäts- und Wachstumspakt in Dublin 1996
auch über den Zeitpunkt des Euro-Beitritts hinaus festge-
schrieben. Das erlaubte den Euro-Ländern seither eine ma-
ximale jährliche Neuverschuldung von drei Prozent und
einen Gesamtschuldenstand von höchstens 60 Prozent ihres Bruttoinlandsprodukts. Jedenfalls war das die Theorie, in
der Praxis aber wurde, wie sich zeigen sollte, oft mit falschen
Zahlen hantiert.

Die Weltfinanzkrise seit 2008 wurde für die Europäische
Währungsunion zu einer bitteren Stunde der Wahrheit und
stellte sie vor die größten Probleme seit dem Zusammenbruch des Kommunismus, denn sie deckte schonungslos
alte Schwächen und Strukturfehler auf. Die Krise kam zu
einem Zeitpunkt, da die Industrieländer über zwei Deka-
den neoliberaler Attacken auf den Staat hinter sich hatten.
Seit Mitte der 1990er Jahre herrschte ein Neo- oder Radi-
kalliberalismus ohne Vorbild.[3] In vielen Ländern wurde im
Namen der Deregulierung der global verflochtenen Wirt-
schafts- und Finanzwelt freie Hand gelassen sowie staatliche
Aktivität zurückgefahren. Steuersenkungen standen ganz
oben auf der Agenda, die zu erwartenden Einkommensaus-

fälle des Staates sollten durch Kürzungen bei den Sozialausgaben ausgeglichen werden.

Zugleich brach an den Börsen eine beispiellose Goldgräberstimmung aus, auch in Deutschland. Gigantische und bis
dahin undenkbare Privatisierungswellen rollten an, sie lagen
ganz im Trend der Zeit. Der Börsengang der Deutschen Tele-
kom 1996 hatte eine ganze Nation in einen Aktienrausch versetzt. Die Deutschen waren begeistert – doch dann kam der
Crash.[4] Nach allen Regeln der Kunst waren die Deutschen,
bislang ein Volk von Aktienmuffeln, »heiß« gemacht worden.
Niemals zuvor in der deutschen Geschichte hatte es einen
solchen steilen Anstieg bei der Zahl der Aktionäre gegeben:
Im Jahr 2000 betrug die Zunahme 3,6 Millionen, was einem
Wachstum von sage und schreibe 43,7 Prozent entsprach. Es
grassierte nicht nur ein Internet-Hype, sondern die T-Aktie
galt als »Volksaktie« für jedermann, die zweistellige Renditen in kürzester Zeit versprach. Ihr Erstausgabepreis betrug
umgerechnet 14,47 Euro, eine zweite Tranche Mitte Mai 1999
erfolgte zum Ausgabepreis von 39,50 Euro, eine dritte im
Jahr 2000 zum Stückpreis von 63,50 Euro. Die durch Wer-
bekampagnen mit bekannten Fernsehstars angeheizte Bör-
seneuphorie erreichte ihren Höhepunkt, als die T-Aktie auf
über 100 Euro hochschoss. Dieser beispiellosen Übertreibung
folgte eine ebenso beispiellose Kapitalvernichtung – im Juni
2002 notierte die Aktie bei 8,14 Euro. Schlimmer hätte der
Misserfolg, einen lahmenden Staatsbetrieb in einen »Global
Player« zu verwandeln, kaum bekundet werden können.

Einer der wenigen Politiker, der gegen die herrschende
neoliberale Lehre antrat, den schrankenlosen Finanzmarkt
regulieren wollte und nicht blind auf Angebots-, sondern
auf staatliche Nachfragepolitik sowie Umverteilung setzte,
war der erste Finanzminister unter Rot-Grün, Oskar Lafon-

taine (SPD). Allerdings war der »Zeitgeist« bei seinem Amtsantritt Ende 1998 komplett gegen ihn, und so warf er nach
nur 136 Tagen resigniert das Handtuch.[5] Die nachfolgende
Geschichte hat viele seiner Ansichten rehabilitiert. Doch
1998/99 agierte er unglücklich und ungeschickt als einsamer
Rufer gegenüber einer sich an sich selbst berauschenden
Ökonomie. Eine Industrienation wie die Bundesrepublik
Deutschland konnte nicht gegen den Rest der Welt, vor allem nicht gegen die USA, eine Politik der Nachfrageorien-
tierung betreiben. Undiplomatisch gegen Wände zu rennen,
von denen man glaubte, sie dürften da gar nicht stehen,
brachte die anderen nur gegen einen auf.

Der Geist der Zeit lief nicht in die Richtung, der Politik irgendwelche Interventionsmöglichkeiten gegenüber
den Finanzmärkten einzuräumen. Diese würden sich, so
die vorherrschende Meinung, am besten selbst regulieren.
Deutliche Rufe nach Regeln und staatlicher Steuerung sind
viel jüngeren Datums; so gesehen kann sich Oskar Lafontaine durchaus als Vordenker bezeichnen. In den Jahren der
»Marktrevolution« wollte hingegen niemand auf ihn hören.
Es herrschte die Mentalität vor, dass an den Börsen alles
machbar sei und nur Minderbemittelte oder Gestrige nicht
die Chance ergriffen, ihr Geld schnell zu vermehren.

Anfang März 1997 startete der »Neue Markt« als neues
Segment der Deutschen Börse, der ab Juli 1999 als Nemax 50
die nach Marktkapitalisierung und Börsenwert 50 größten
Titel führte. Im Zuge der Euphorie um die New Economy
war er der amerikanischen Technologiebörse Nasdaq nach-
empfunden und listete junge Unternehmen sogenannter
»Zukunftsbranchen« wie Informationstechnik, Multime-
dia, Biotechnik und Telekommunikation auf, die durch Bör-
sengänge an Eigenkapital gelangen sollten. Einen solchen

schwindelerregenden Aufstieg hatte die deutsche Börsenwelt noch nie zuvor gesehen, bis Ende 1997 stieg der Kurs
des Index' um fast hundert Prozent, 1998 gar um 174,8 Prozent. Drei Jahre nach der Einführung, im März 2000, sollte
der Nemax sein Allzeithoch erreichen, bevor nach dem rasanten Aufstieg eine noch rasantere Talfahrt einsetzte und
er im Frühjahr 2003 komplett eingestellt und vom TecDax
abgelöst werden sollte.

Als der Neue Markt startete, kamen viele günstige Gele-
genheiten zusammen: Die neuen Technologien begannen,
sich massentauglich zu verbreiten, mit dem Internet schien
ein gänzlich neuer globaler Handel möglich, und das neue
Segment enttäuschte weder die Unternehmen noch die
Anleger. Innerhalb weniger Jahre sollte sich der Börsenwert vieler kleiner und kleinster Unternehmen verzwanzig-
fachen – ohne dass reale Werte dahinter zu sehen waren.
Kleinste Internetfirmen verzeichneten mehr Börsenwert
als große »Blue Chips« wie etwa Volkswagen oder Siemens.
Börsengurus und Börsen-Insider-Briefe trieben mit ihren
Kaufempfehlungen für Lieschen Müller und Otto Normal-
verbraucher – »Unbeirrt nachkaufen« lautete einer der Lieb-
lingssätze – die Kurse ins Extreme. Viele ließen sich blenden
vom scheinbar endlosen Aufstieg, und als die Kurse nachga-
ben, verkauften Privatanleger nicht. Sie redeten sich – in der
Sprache, die sie mittlerweile auswendig konnten – ein, es
handele sich um eine kleine Kurskorrektur, doch der generelle Aufwärtstrend sei intakt. Es entwickelte sich nicht nur
eine Blase (Dotcom-Blase), sondern der Hype führte auch
zu unzähligen Gaunereien und kriminellen Vergehen: Bi-
lanzfälschungen, Untreue, Insiderhandel, Kursbetrug und
Gründungsschwindel. Doch diese Entwicklung wurde erst
um 2001/02 herum in vollem Umfang sichtbar, als die Ab-

wärtsbewegung bereits eingesetzt hatte. 1998/99 hingegen herrschte noch eine heile Börsenwelt.[6]

Auch die Lösung der Asienkrise wog die internationalen Akteure in trügerischer Sicherheit. Die schwere Finanz- und Wirtschaftskrise, die 1997 und 1998 die sogenannten »Tiger- staaten« wie Indonesien, Südkorea, Thailand und Malaysia ergriff – während die Volksrepublik China und Taiwan un- berührt blieben –, verwies zwar darauf, welch schwerwie- gende Folgen finanzpolitische Fehlentwicklungen zeitigen konnten. Doch damit, dass diese Krise vor allem von Alan Greenspan, der in den Jahren 1987 bis 2006 der US-Noten- bank Federal Reserve (Fed) vorstand, dadurch gelöst wurde, dass er die Liquidität erhöhte und Dollars in die Märkte pumpte, schien ein Muster für alle Zeit gefunden zu sein: Expansive Geldpolitik und Deregulierung würden zu einer raschen Erholung führen. Bald jedoch begann man zu ah- nen, dass in dieser Politik langfristige Ursachen späterer Fi- nanz- und Wirtschaftskrisen zu suchen waren. Der Kredit- boom in Asien hatte sich zu einer Kreditblase entwickelt, da dort heimische Banken langfristige Kredite mithilfe von kurzfristig aufgenommenem Geld finanzierten. Außerdem koppelten sie die heimischen Währungen an den Dollar, doch als dieser gegenüber dem japanischen Yen und den europäischen Währungen an Wert gewann, verschlechterte sich die internationale Wettbewerbsfähigkeit der betroffe- nen Länder dramatisch. Da jedoch die USA und Europa nur geringfügig ihre Waren in die betroffenen Länder exportier- ten, China nicht in den Strudel der Krise geriet und darüber hinaus der Internationale Währungsfonds den betroffenen Ländern Strukturprogramme verordnete, klang die Krise bald ab, und es setzte eine Erholung ein.[7] Wer mochte da noch ein Menetekel erkennen?

Dabei waren, das konnte niemand, der nur einigermaßen genau hinschaute, übersehen, die Globalisierungsgewinne unfair verteilt, nicht nur weltweit, sondern auch innerhalb der Gesellschaften. Wenn der Vorstandsvorsitzende der Deutschen Bank, Josef Ackermann, eine 25-prozentige Rendite für machbar hielt, muss man sich im Nachhinein wundern, dass er nicht ausgelacht wurde. Risikofreie Renditen lagen bei etwa drei Prozent. Wie wollte man 25 Prozent ohne unkalkulierbare Zusatzrisiken schaffen? Auch in Deutschland nahmen die Ungleichheit und die politische Desintegration zu.[8] So konnte es Populisten gelingen, das Nationale gegen das Globale – das bedrohlich schien und Abstiegsängste hervorrief – zu wenden, und tatsächlich gelang der Aufstieg der Rechtspopulisten durch die Finanzkrise 2008. Als Bundeskanzlerin Angela Merkel und ihr Finanzminister Peer Steinbrück (SPD) im Herbst 2008 vor die Kameras traten, mussten sie zugeben, dass sie überhaupt keine Ahnung davon hatten, welcher finanzpolitische Tsunami sich gerade aufbaute.

Begonnen hatte alles mit dem Platzen der Immobilienblase in den USA und dem Zusammenbruch der Investmentbank Lehman Brothers am 15. September 2008. Dieses Datum markierte den Beginn der größten Wirtschaftskrise seit der »Großen Depression« der 1930er Jahre. Banken, die hemmungslos und hochriskant spekuliert hatten, gingen Pleite, die Weltwirtschaft brach massiv ein und die Arbeitslosenzahlen schnellten in die Höhe. Dagegen waren der Börsencrash von 1987 und der von 2002, was die Entwicklung der Aktienkurse anbelangte, Bagatellen gewesen.

Seit längerer Zeit hatte die amerikanische Notenbank viel Geld in den Markt hineingepumpt, wodurch das Zinsniveau dauerhaft tief blieb. Als jedoch die amerikanischen Leitzinsen wieder anstiegen, verteuerten sich die Häuserpreise, und viele Menschen konnten sich die Raten für ihr Haus nicht mehr leisten, was in den meisten Fällen zur Zwangsversteigerung der Gebäude führte. Investmentbanken übertrugen die Hypotheken an Zweckgesellschaften, die daraus handelbare Wertpapiere kreierten, etwa den Credit Default Swap (CDS), und ein weltweiter Aufkauf und schwunghafter Handel dieser ebenso komplizierten wie hochriskanten Kredit-Derivate führte dazu, dass keine Bank mehr richtig wusste, welche Papiere sich in ihren Büchern befanden. Die internationalen Ratingagenturen bewerteten diese Papiere ihrerseits lange Zeit hoch, wodurch der Handel weiter angeheizt wurde. Als nun die Häuserpreise fielen, mussten die Käufer der kreditversicherten Hypotheken Abschreibungen in Milliardenhöhe vornehmen. Lehman Brothers war einer der großen Spieler im CDS-Markt, dessen Volumen auf über 60 Milliarden Dollar geschätzt wurde. Mit dem Bankrott waren die Kreditausfallversicherungen wertlos.

Dieser Umstand wirkte wie ein Brandbeschleuniger für die Finanzkrise: Plötzlich misstrauten sich alle Mitspieler an den Finanzmärkten gegenseitig. Die Banken waren so verunsichert, dass sie sich untereinander kein Geld mehr liehen – der internationale Bankensektor stand kurz vor dem Kollaps.[9] Die amerikanische Regierung griff der Finanzbranche daraufhin massiv unter die Arme, um weitere Insolvenzen wie die von Lehman Brothers zu verhindern. Wegen der globalen Verflechtung der Banken erreichte die Krise zahlreiche Länder, so wurden auch in Europa »systemrelevante« Großbanken mit Steuermitteln gerettet. Es kündigte sich die größte Rezession seit dem Zweiten Weltkrieg an.

In Europa ging diese Finanzkrise rasch in eine europäische Währungskrise und eine Staatsschuldenkrise über. Im-

mer mehr Euro-Länder gerieten an den Rand ihrer Liquidität und waren auf Bürgschaften anderer Staaten angewiesen.
Allen gegenseitigen Solidaritätsbekundungen zum Trotz of-
fenbarten sich nationale Egoismen und Antagonismen, die
den Zusammenhalt innerhalb der gesamten EU erschütter-
ten. Die strukturellen Fehler, die bei der Einführung der gemeinsamen Währung gemacht worden waren, wirkten sich
nun ziemlich katastrophal aus.

Die monetäre Einheit war in Europa eingeführt worden, ohne dass die Staaten der Währungsunion auch eine
Fiskalunion eingegangen wären, ganz zu schweigen von
der fehlenden Vollendung der politischen Union. In der
Euro-Zone trafen Länder mit sehr unterschiedlichen politischen Kulturen und Staatsverständnissen aufeinander: Auf
der einen Seite standen solche mit traditionell hoher Haushaltsdisziplin, insbesondere Deutschland, auf der anderen
Seite Länder mit traditionell niedriger Haushaltsdisziplin,
etwa Italien. Dieser Vielfalt wurden die einheitlichen Leitzinsen der Europäischen Zentralbank nicht gerecht. Vor
allem die südlichen Länder lebten mit den vorherrschen-
den niedrigen Zinsen über ihren Verhältnissen. Export-
starke Staaten wie Deutschland waren die Nutznießer: Sie
konnten ihre Ausfuhren in die wirtschaftlich schwächeren
Staaten steigern und diesen war es gleichzeitig möglich, die
Importe mit billigen Krediten zu finanzieren. Hinzu kam,
dass einige Länder, insbesondere Griechenland, bei der Aufnahme in den Euro-Raum wissentlich falsche Zahlen nach
Brüssel gemeldet hatten, um diesem »Klub« beitreten zu
können. Es handelte sich dabei um nichts anderes als eine
Täuschung.

So wurde erst 2009 bekannt, dass sich die griechische
Staatsschuld in Wahrheit auf 130 Prozent des Bruttoinlands-

produkts belief; sie lag damit mehr als doppelt so hoch, wie
es der europäische Richtwert von 60 Prozent vorsah. Jahrelang hatte Griechenland die Misere seiner Staatsfinanzen
verschleiert, doch bei genauem Hinsehen hätte dies eigentlich niemandem verborgen bleiben dürfen. Man hatte aus
politischen Gründen einfach die Augen verschlossen – Griechenland als angebliche »Wiege der europäischen Demokratie« sollte unbedingt von Anfang an dabei sein.[10] Abgesehen
davon hatten auch die großen Länder wie Deutschland und
Frankreich in den letzten Jahren die Stabilitätskriterien »gerissen«, wodurch es mit ihrer Glaubwürdigkeit nicht mehr
weit her war. Noch im September 2001 hatte der deutsche
Finanzminister Hans Eichel (SPD) beteuert, Deutschland
werde den Stabilitätspakt auf Punkt und Komma einhalten.
»Da müsste schon der Himmel einstürzen«, hatte er getönt.
Doch kurz darauf hatten sich ausgerechnet die deutschen
Staatsfinanzen zum Sorgenfall für die Brüsseler EU-Kommission entwickelt. In deren Schätzungen war Deutschland
nach den Maastricht-Kriterien sogar als Schlusslicht in der
Euro-Zone positioniert worden. Nur eineinhalb Jahre nach
der Einführung des Euro hatte Deutschland gegen den Sta-
bilitäts- und Wachstumspakt verstoßen und es war ihm ein
»Blauer Brief« aus Brüssel angedroht worden.[11]
   Warum sollten da die kleinen Länder zurückstecken,
wenn schon der ständig erhobene deutsche Zeigefinger un-
glaubwürdig war? Doch anders als im Falle Deutschlands
wurde die Lage bei ihnen binnen Kurzem nervenaufrei-
bend. Die großen internationalen Ratingagenturen stuften
die Kreditwürdigkeit Griechenlands innerhalb kürzester
Zeit auf »Schrottniveau« herab, das Land war nahezu handlungsunfähig. Rasch entspann sich eine Debatte darüber,
ob die Währungsunion ein Mitgliedsland Bankrott gehen

lassen durfte (womit ein Ausscheiden aus der Euro-Zone
verbunden gewesen wäre) oder nicht. Die Befürworter argumentierten, so sei ein teilweiser Schuldenschnitt möglich; außerdem werde der Bevölkerung vor Augen geführt,
wie schlimm die selbst verschuldete Lage wirklich sei. Die
Gegner – im Wesentlichen aus Deutschland – führten andere Argumente ins Feld: Ein Schuldenschnitt träfe vor
allem die Gläubiger, im Falle Griechenlands insbesondere
deutsche und französische Banken. Zudem könnte sich ein
Misstrauen der Anleger rasch auf weitere Staaten Europas
ausweiten, eine unbeherrschbare Lawine käme ins Rollen,
die drohe, das gesamte Projekt der Währungsunion unter
sich zu begraben.

Im Mai 2009 verständigten sich EU, Europäische Zentralbank und der Internationale Währungsfonds – die sogenannte »Troika« – auf ein Hilfsprogramm in Form von
Kreditbürgschaften, das ein Volumen von 110 Milliarden
Euro umfasste. Die einzelnen Tranchen des Hilfspakets sollten nur dann ausgezahlt werden, wenn Griechenland die
Forderungen seiner potenziellen Retter erfüllte. Es handelte sich dabei um strenge Sparauflagen, auf welche der
deutsche Finanzminister pochte, und strukturelle Reformen. Schwere politische und soziale Verwerfungen waren
damit vorgezeichnet. Und die »Märkte«, also internationale
Finanzjongleure, die auf Profit aus waren, spekulierten auf
den Zusammenbruch der europäischen Währungsunion
und des Euro, was die Krise immens verschärfte.

Zu allem Unglück meldeten mehrere Länder seit Ende
2009 horrende Haushaltsdefizite: Irland, Portugal und Spanien kämpften mit massiven Rückgängen des Bruttoinlandsprodukts; in Spanien war eine gewaltige Immobilienblase
geplatzt, das Land rutschte in eine tiefe Rezession, und mit

über 20 Prozent verzeichnete es die höchste Arbeitslosigkeit in der gesamten EU. Die Lage war höchst gefährlich. Im Juni 2010 spannte die EU einen provisorischen, auf zwei Jahre angelegten Rettungsschirm auf, bestehend aus dem Europäischen Finanzstabilisierungsmechanismus (EFSM) und der Europäischen Finanzstabilisierungsfazilität (EFSF). Das Geld für die Rettung, also die Kredite, lieh man sich am Kapitalmarkt, wofür die Mitgliedstaaten anteilmäßig hafteten – Deutschland als stärkstes Land mit 20 Prozent. Zusammen mit den Mitteln des IWF in Höhe von 250 Milliarden Euro verfügte man über ein Ausleihvolumen von 750 Milliarden Euro. Das erste Land, welches den Rettungsschirm in Anspruch nahm, war Irland, gefolgt von Portugal.

In dieser Zeit zeichnete sich ab, dass Griechenland ein zweites Hilfspaket benötigen würde, denn seine Wirtschaft war erneut stark geschrumpft. Dieses wurde auf einem Sondergipfel im Juli 2010 in Brüssel beschlossen. Parallel zu sämtlichen Maßnahmen liefen Massenproteste der global agierenden antikapitalistischen »Occupy Wall Street«-Bewegung ab, die beispielsweise im Herbst 2011 in Rom Tausende Menschen auf die Straßen brachte. In allen Krisenländern gab es zum Teil gewalttätige Proteste und Elendsdemonstrationen aufgebrachter Menschen. Ihre Wut war verständlich: Oftmals wurden nun ausgerechnet die Ärmsten für jahrzehntelange Misswirtschaft und Korruption zur Kasse gebeten, während Milliardäre, von denen es beispielsweise im Reedereisektor Griechenlands einige gab, ihre Gelder längst ins Ausland gebracht hatten. So verloren etliche Regierungen das Vertrauen der Bevölkerung. Bei den Neuwahlen in Griechenland vom Mai 2012 konnte sich die linksradikale Syriza unter Alexis Tsipras gegen die etablierten Parteien durchsetzen, und in Italien feierte die von dem Komiker

Beppe Grillo 2008 gegründete »Fünf Sterne«-Bewegung mit einem antieuropäischen Programm große Erfolge.

In Deutschland kam die Sehnsucht nach der guten alten Deutschen Mark wieder auf. Sie wurde zur Triebfeder einer neuen, insbesondere von einer Reihe von Wirtschaftsprofessoren ins Leben gerufenen Partei, der »Alternative für Deutschland«, die sich später, nach dem Ausscheiden vieler ihrer Gründer, ins rechtsextremistische Fahrwasser begab. Auf der einen Seite ging die Angst um, von Griechenland und anderen Krisenstaaten mit in den Abgrund gerissen zu werden, auf der anderen Seite weckten die mit den Rettungsschirmen verbundenen haushaltspolitischen Auflagen schlechte Erinnerungen. Seit der Hyperinflation der 1920er Jahre waren die Deutschen traumatisiert, seither war für sie die Stabilität der Währung und der Finanzen das oberste Gebot.

Die beiden Führungsmächte in Europa, Frankreich und Deutschland, stellte die Euro-Krise vor eine große Belastungsprobe. Denn sie hatten komplett unterschiedliche Vorstellungen davon, wie der Krise zu begegnen sei. Während Frankreich sehr schnell bereit war, Griechenland zu helfen, lehnte Deutschland eine direkte finanzielle Unterstützung zunächst ab. Am 17. März 2010 erklärte Kanzlerin Merkel vor dem Deutschen Bundestag, dass die Stabilität des Euro Priorität habe und stellte klar: »Da ist die schnelle Solidaritätsleistung mit Sicherheit nicht die richtige Antwort, sondern die richtige Antwort heißt, die Sache bei der Wurzel anzupacken und die Probleme vernünftig zu lösen. Deshalb gibt es keine Alternative zu dem griechischen Sparprogramm und weiteren Anstrengungen in den nächsten Jahren.«[12] Die Krise in Griechenland sei nicht durch Spekulanten hervorgerufen worden, vielmehr sei das Land selbst für seine Misere verantwortlich. Hier schwang eine erzieherische Komponente des »Musterknaben« mit, die nicht überall goutiert wurde. Deutschland als der stärksten Wirtschaftsnation Europas komme eine besondere Verantwortung zu, die es auch wahrnehme. Aber in welcher Art und Weise? Gab es nur einen Weg? Deutschland verlangte den Krisenstaaten massive Opfer ab. Strukturreformen mit einem Ende des Spardogmas zu verknüpfen, kam für die führende europäische Wirtschaftsmacht nicht infrage. Auch Bundesbankpräsident Jens Weidmann und der seit 2013 amtierende Finanzminister Wolfang Schäuble (CDU) leisteten energischen Widerstand gegen den amerikanischen Ansatz, die Finanzkrise mit noch mehr Geld zu lösen, was dort, in den USA, die Krise schnell entschärft hatte. Nicolas Sarkozy, Frankreichs Präsident, betonte hingegen viel stärker als die deutschen Politiker die Solidarität mit Griechenland und meinte, der Angriff der Finanzspekulanten gelte gar nicht dem Staat an der Ägäis, sondern ziele direkt auf den Euro als Ganzen. Europa müsse massiv finanziell einspringen. Eine Mehrheit der Deutschen jedoch – glaubte man den Umfragen – lehnte es ab, Griechenland mit deutschen Geldern zu unterstützen, ganz gleich, ob es darum ging, den Euro zu retten.[13] Die größte Volkswirtschaft des Kontinents blickte vor allem auf sich selbst und nicht auf das gesamte Europa.[14]

Der Eindruck vieler Deutscher, man sei der »Zahlmeister« Europas, verdeckte, dass Deutschland die Krise mitverschuldet hatte. Vielen Ökonomen (vor allem außerhalb Deutschlands) war klar, dass neben Reformen in den südlichen Ländern auch die deutschen Außenhandelsüberschüsse reduziert werden mussten; außerdem bedurfte es höherer Löhne und Gehälter in Deutschland, um die Binnennachfrage zu stärken; und schließlich waren Instrumente der Risikoteilung – etwa »Euro-Bonds« – vonnöten. Es war also

nicht allein die Überschuldung der Krisenländer, die die
Situation so dramatisch machte. Der tiefere Grund lag in
der extremen ökonomischen und sozialen Ungleichheit innerhalb der Euro-Zone. Anstatt ein Bündel an Maßnahmen
zu ergreifen, so die vorherrschende Meinung außerhalb
Deutschlands, hätten die Deutschen den Krisenländern eine
Austeritätspolitik aufgezwungen, die von eigenen Interessen
geleitet gewesen sei. Dies rief ein Gefühl der Demütigung
hervor. Deutschland, so der Vorwurf, habe vor allem national-
staatlich gedacht und viel weniger europäisch. Griechenland
wurde vom deutschen Finanzminister zum Sündenbock erkoren. Dabei machte dieses Land lediglich 1,5 Prozent des
Bruttoinlandsprodukts der Euro-Zone aus, also einen sehr
geringen Anteil.[15]

Ein gehässiger Moral-Disput verbreitete sich in Gestalt regelrechter Medienschlachten: Im Süden wähnte man sich
erneut unter einem deutschen Besatzungsregime, und in
Deutschland kursierte das Bild vom »faulen Südländer«.
Griechische Bürger fühlten sich in die Fremdbestimmung
unter den Deutschen im Zweiten Weltkrieg zurückver-
setzt – in der Öffentlichkeit wurde die Kanzlerin, besonders
aber Finanzminister Wolfgang Schäuble immer häufiger in
SS-Uniform oder mit »Hitler-Bärtchen« abgebildet. Griechenland, so wurde suggeriert, war wieder ein von der Führungsnation Europas, also Deutschland, okkupiertes und
seiner Souveränität beraubtes Land.

Auf europäischer Ebene gab es in diesen schwierigen Jah-
ren permanent große Reibereien zwischen den nördlichen
Ländern, angeführt von Deutschland, und den südlichen
Ländern, wobei die Haushaltsdisziplin den entscheidenden
Streitpunkt darstellte. Frankreichs seit Mai 2012 amtieren-
der sozialistischer Präsident François Hollande stellte eine

der wichtigsten Fragen in den Raum: Sollten zur Lösung
des Schuldenproblems »Euro-Bonds« eingeführt, die Schulden also teilweise vergemeinschaftet werden? Im Verbund
mit Finnland und Österreich lehnte dies die deutsche Regierung kategorisch ab. Aufs Neue rückte Griechenland in
den Mittelpunkt, seine Schuldenquote war 2011 auf 170 Prozent des Bruttoinlandsprodukts hochgeschnellt. Die Lage
verbesserte sich auch nach vielen Sparpaketen, die die griechische Regierung ihrer Bevölkerung zumutete und die zu
Armut und Elend führten, nicht wesentlich. Im Dezember
2011 einigten sich die europäischen Staats- und Regierungschefs auf ihrem »Euro-Gipfel« auf den Europäischen Sta-
bilitätsmechanismus (ESM), der Vertrag wurde dann im
Januar 2012 von den Finanzministern beschlossen. Er sah
eine Schuldenbremse vor, und um koordiniert handeln zu
können, wollten sich die europäischen Minister der Finanzen viel häufiger treffen als bisher. Der sozialdemokratische
niederländische Finanzminister Jeroen Dijsselbloem wurde
im Januar 2013 von seinen 17 Kolleginnen und Kollegen zum
Vorsitzenden der Euro-Gruppe gewählt und pochte von diesem Amt aus auf einen harten Sanierungskurs in den Krisenländern, womit er sich dort keine Freunde machte.

Da Großbritannien und Tschechien sich dem Konsens
der anderen 25 Mitgliedstaaten verweigerten, konnte das
ESM-Regelwerk zur Enttäuschung Deutschlands nicht in
den Rang von Gemeinschaftsrecht gehoben werden. Doch
in einem wichtigen Punkt setzte sich der deutsche Finanzminister durch: Nur Staaten, die den Fiskalpakt ratifizierten
(also Sparauflagen erfüllten), konnten Mittel des Europäischen Stabilisierungsmechanismus in Anspruch nehmen.
Allerdings gelang es kurz darauf Paris, Rom und Madrid,
dies wieder aufzulockern.

Zum heimlichen Regierungschef Europas, so könnte
man zugespitzt formulieren, war der Präsident der Europäischen Zentralbank, der Italiener Mario Draghi, aufgestiegen. Er erklärte im Juli 2012 den Euro für »unumkehrbar«
und versprach, alles zu unternehmen, um ihn zu bewahren.[16]
Manche seiner Operationen liefen auf eine indirekte Staats-
finanzierung durch die EZB hinaus. Um die Wirtschaft zu
beleben, senkte man die Zinsen auf Nullniveau. Die Zen-
tralbanken der USA, Großbritanniens und Japans pump-
ten ebenfalls Monat für Monat riesige Mengen Geld in die
Wirtschaft, um eine Depression zu verhindern. Alle einte
ein Ziel: durch eine großzügige Geldpolitik das Wertvollste,
nämlich Zeit, zu gewinnen, damit nötige Reformen greifen
konnten.

Im Jahr 2018 war die Krise noch längst nicht ausgestan-
den. Einigen positiven Entwicklungen standen dramatische
Gefahren gegenüber, die keineswegs gebannt waren. Irland
war das Musterland der Euro-Rettung, konnte nach zwei
Jahren den Rettungsschirm wieder verlassen und vier Prozent Wachstum verzeichnen. Die konservative Regierung
hatte einen rigorosen Sparkurs eingeschlagen, Steuern erhöht und Sozialleistungen gekürzt, das Renteneintrittsal-
ter auf 68 Jahre hochgesetzt und viel in die Infrastruktur
des Landes investiert. Bei den Gläubigern sorgten die Reformen für Vertrauen – doch jeder zwölfte Ire lebte nach
offiziellen Angaben in »konstanter Armut«. Zypern be-
nötigte drei Jahre Zeit und reformierte den Bankensektor
hart; die zweitgrößte Bank des Landes wurde geschlossen.
Zur Rettung der Bank of Cyprus wurden Kontoguthaben
von mehr als 100 000 Euro zwangsweise in Anteile umge-
wandelt. Das traf weniger die steuerflüchtigen Millionäre,
besonders aus Russland, die ihre Guthaben längst aus der

Steueroase abgezogen hatten, als vielmehr den Rest der Bürger. Portugal hatte die Krise noch nicht überwunden, war aber auf einem relativ guten Weg, die Wirtschaft wuchs und die Arbeitslosenquote sank auf zehn Prozent. Deutlich auf Erholungskurs war auch Spanien, das vor allem vom Boom der Tourismusindustrie profitierte, nachdem die Urlauber wegen Terrorgefahr Nordafrika und aus politischen Gründen die Türkei mieden; allerdings blieb der Arbeitsmarkt die Schwachstelle, viele neu geschaffene Stellen waren befristet. Die griechische Situation hatte sich nur marginal verbessert, und wie es weitergehen würde, war noch unklar.

Am größten jedoch war die Gefahr in Italien, denn das Land hatte ein riesiges Problem mit maroden Banken. Rom hatte den höchsten Staatsschuldenberg aller europäischen Nationen angehäuft und wurde von labilen Regierungen geführt, die entweder reformunwillig waren oder bei Abstimmungen zu Reformvorhaben scheiterten, so etwa 2016 die Regierung von Matteo Renzi, der daraufhin vom Amt des Regierungschefs zurücktrat. Eine verhängnisvolle Abhängigkeit zwischen den kriselnden Banken und einem schwächelnden Staat bereitete Anlass zur Sorge, und dass 2018 eine europakritische Regierung in Italien ihr Amt antrat, die den Italienern weitere kostspielige staatliche Wohltaten versprach, machte die Sache noch schwieriger. Vor allem: Ein Land dieser Größe ließe sich nicht mehr mit dem bisherigen Rettungsschirm stabilisieren. Und der Krisenherd Italien lag nicht am Rand der Europäischen Union, sondern in ihrem Herzen: Italien war in den 1950er Jahren Gründungsmitglied des vereinten Europas.

In der deutschen und europäischen Öffentlichkeit und Politik ist die Finanzkrise von 2008 durch die Staatsschuldenkrise in Europa seit 2010 überdeckt worden. Dies war deshalb verhängnisvoll, weil es sich im Wesentlichen um miteinander zusammenhängende Krisen handelte und der geopolitische Kontext beachtet werden muss. Den gemeinsamen Nenner der allgemeinen Krise in der Euro-Zone bildeten nicht die überhöhten öffentlichen Schulden. »Der gemeinsame Nenner war die gefährliche Anfälligkeit eines aufgeblähten Finanzsystems, das allzu sehr auf kurzfristige, marktgestützte Finanzierung angewiesen war.«[17] Anders gesagt: Die Euro-Krise bedeutete ein schweres Nachbeben der Erschütterung des nordatlantischen Finanzsystems von 2008. Dieses hatte sich mit einiger Verzögerung, aber unaufhaltsam durch das Labyrinth des politischen Systems der EU ausgebreitet.

Das Fatale daran ist, dass Europa, gerade im Bankensektor, seine Autonomie zu verlieren droht und zum »Objekt des kapitalistischen Korporatismus« anderer Staaten wie den USA oder China degradiert wird.[18] In der internationalen Finanzwelt scheint Europa bereits aus dem Rennen zu sein – und ihr bisheriges Glanzstück, die Londoner City, verblasst angesichts des Brexit. Die fünf größten Banken der Welt waren im Jahr 2019 in chinesischer Hand. Die 1870 gegründete Deutsche Bank, einstmals Stolz der Nation und größte Bank der Welt, rangierte auf Platz 16, mit weiterhin stark fallender Tendenz. Nimmt man allein den Börsenwert, so rutschte die Deutsche Bank seit 2015, als sie schon tief gefallen und auf Platz 41 zu finden war, immer weiter ab und war zeitweise nicht einmal mehr unter den wertvollsten hundert Banken der Welt zu finden.[19] Sie war nur noch ein Schatten ihrer selbst, gebeutelt von zahlreichen selbst verschuldeten Skandalen. Auch der zweitgrößten deutschen Privatbank, der Commerzbank, ging es wegen angehäufter fauler Kredite so schlecht, dass sie in der Finanzkrise teilverstaatlicht werden musste, um zu überleben. Diese erste tiefe wirtschaftliche und finanzielle Krise eines globalen Zeitalters ist noch lange nicht zu Ende. Aber schon jetzt zeigt sich, dass sie die Welt umfassend neu ordnen wird.

7.

»WIR SCHAFFEN DAS«

Die Flüchtlingskrise

Das 20. Jahrhundert war ein Zeitalter der gewaltsamen Vertreibung von Menschen aus ihrer Heimat, von Flucht und Entwurzelung. Es begann nach dem Ersten Weltkrieg und setzte sich über Massendeportationen, Emigrationswellen und Zwangsarbeit, ausgelöst durch das Stalin- und das Hitlerregime fort. Flucht und Elendsmigration hat es zu unterschiedlichen Zeiten in der ganzen Welt gegeben, so etwa in den 1970er Jahren, als eine riesige Fluchtwelle der »Boatpeople« in Asien anhob.[1] Seit den Massenvertreibungen und Deportationen während und unmittelbar nach dem Zweiten Weltkrieg – von denen vor allem zwölf Millionen deutsche Flüchtlinge und Vertriebene betroffen waren – war Europa von keiner Zwangsmigration vergleichbaren Ausmaßes heimgesucht worden wie in den 1990er Jahren. Als Jugoslawien zerfiel und auf dem Balkan Kriege geführt wurden, setzten massive Vertreibungen und ethnische Säuberungen ein.[2] Fünf Millionen Menschen waren von diesem neuen nationalistischen Wahn betroffen.

Seit der Jahrtausendwende versuchten Jahr für Jahr Tausende von afrikanischen Elendsflüchtlingen nach Europa zu gelangen. Bilder von Leichen, die an spanischen Stränden des Festlandes oder auf den Kanarischen Inseln angespült wurden, gingen regelmäßig um die Welt. Dann kam – als Folge des Irakkrieges der Amerikaner und ihrer Verbündeten – der Bürgerkrieg in Syrien hinzu und setzte Hunderttausende vor dem Krieg flüchtende und Hilfe suchende Menschen in Bewegung. Durften die Europäer sie umstandslos zurückweisen, um ihren eigenen Wohlstandsraum zu schützen, den sie über 150 Jahre lang auf Kosten des globalen Südens, besonders Afrikas, errichtet hatten? Hat Europa die Menschenrechte verraten oder mussten die Staaten des Kontinents darauf achten, die eigene Bevölkerung nicht zu überfordern? An welchem Punkt musste fast zwangsläufig die Moral mit pragmatischer Politik kollidieren?

Der gescheiterte »Arabische Frühling« in den Jahren nach 2010 zog in einigen Ländern Nordafrikas einen Staatsverfall nach sich, besonders augenfällig in Libyen. Dort organisierten sich kriminelle Schlepperbanden, die aus der Not der Menschen Profit schlugen und Tausende von Flüchtlingen vor allem auf die nahe gelegene italienische Insel Lampedusa brachten. Diese große Zahl überforderte die Behörden der kleinen Insel, aber auch jene Siziliens, und führte zu menschenunwürdigen Situationen. Ganz Europa schien sich darauf zu verlassen, dass Italien die Sache mit den Flüchtlingen schon regeln werde, zumal es in Libyen zwischen 1911 und 1947 als Kolonialmacht geherrscht hatte. Allein in den ersten sechs Monaten des Jahres 2013 waren 3648 Menschen in Lampedusa – wo nur 5000 Menschen wohnen – gestrandet. Wie viele Personen bei diesen Tragödien des Menschenhandels im Mittelmeer ertrunken waren, lässt sich nicht mehr feststellen. Der Migrationsausschuss der Parlamentarischen Versammlung des Europarates, dem 47 europäische Staaten angehörten, hatte in einem Berichtsentwurf die Regierung in Rom aufgefordert, sie möge sicherstellen, dass Menschen, die illegal nach Italien einwanderten, nicht in andere Europaratsländer weiterziehen könnten.[3]

Hintergrund dieses Ansinnens war, dass laut EU-Verordnung (»Dublin 2«) derjenige EU-Staat, auf dessen Territorium ein Flüchtling zuerst seinen Fuß setzt, zu klären hat, ob dieser asylberichtigt ist oder nicht. Mehr als 90 Prozent der Flüchtlinge betraten in Italien oder Griechenland europäischen Boden. Beide Länder fühlten sich mit ihren Problemen allein gelassen. Doch das, was in den kommenden zwei Jahren seit 2015 infolge des verheerenden Bürgerkrieges in Syrien auf die Europäer und die Deutschen zukam, stellte alles in den Schatten und setzte Europa seiner bisher dramatischsten inneren Zerreißprobe aus.

Man muss sich zunächst die weltweiten Zahlen vor Augen führen, um die Dimensionen überhaupt ermessen zu können. Ende 2016 gab es weltweit 65,6 Millionen Zwangsmigranten, davon 22,5 Millionen Flüchtlinge, die über unmittelbare Staatsgrenzen und oft über Kontinente hinweg unterwegs waren. 40,3 Millionen Menschen konnten als Binnenvertriebene bezeichnet werden; sie flohen innerhalb der Staatsgrenzen. 2,8 Millionen Menschen galten aus politischen, religiösen und weiteren Gründen als Asylsuchende. Hinzu kamen Millionen von Menschen, die aufgrund des Klimawandels ihre Heimat verloren hatten. Zwischen 2012 und 2016 stieg die Zahl der Flüchtlinge, Binnenvertriebenen und Asylsuchenden um 45 Prozent an. Mehr als die Hälfte aller Flüchtlinge stammte 2016 aus nur drei Ländern: Syrien, Afghanistan und dem Südsudan.[4] Die Flüchtlingssituationen dauerten zudem immer länger an; unzählige Flüchtlinge lebten jahrelang in Lagern, weil keine Lösungen gefunden wurden. Doch im Sommer 2015 machten sich Hunderttausende von Syrien aus über die Türkei und die

»Balkanroute« auf den Weg nach Europa, insbesondere nach Deutschland. Es spielten sich menschliche Tragödien ab, die unermesslich waren.

Am 25. August 2015 setzte Deutschland zur Überraschung seiner europäischen Partner das Dublin-Verfahren für Syrer aus. Dies bedeutete, dass Flüchtlinge nicht mehr in das Land zurückgeschickt wurden, in dem sie zuerst EU-Boden betreten hatten. Am 4. September entschieden Deutschland und Österreich, Tausende von Flüchtlingen und Migranten aufzunehmen, die sich, häufig völlig erschöpft, bis nach Ungarn, wo sie unerwünscht waren, hatten durchschlagen können. Immer mehr Menschen, die Zahl ging in die Millionen, hatten sich auf die Flucht begeben. Am 9. März 2016 schloss nach Slowenien, Kroatien und Serbien auch Mazedonien seine Grenze für Flüchtlinge, womit die sogenannte »Westbalkanroute« faktisch geschlossen war und wieder mehr Menschen mit kleinen, oft seeuntauglichen Booten etwa auf die griechische Insel Lesbos flüchteten. Bis dahin waren über eine Million Menschen nach Deutschland und Österreich gekommen. Am 18. März 2016 einigten sich die EU und die Türkei darauf, Migranten, die illegal in Griechenland ankamen, in die Türkei zurückzuschicken. Im Gegenzug sollte für jeden zurückgeschickten syrischen Flüchtling ein anderer Syrer legal und direkt von der Türkei aus in die EU gelangen.

Deutschland bildete in seiner Flüchtlingspolitik einen Sonderweg aus, der bei den meisten europäischen Partnern auf energischen Widerspruch und Argwohn stieß. Bilder von angeschwemmten Kinderleichen auf griechischen Inseln oder der Fund von 71 Leichen in einem Schlepper-Lkw Ende August 2015 an der Grenze zu Österreich beförderten in der Bundesrepublik eine moralische Politik, die in der deutschen Gesellschaft zunächst großen Widerhall fand. Bundeskanzlerin Angela Merkel sah sich nach eigenen Worten vor der größten Herausforderung ihrer gesamten Amtszeit. »Wir schaffen das«, lautete ihr zentraler Leitsatz am 31. August 2015,[5] mit dem sie zwei Festlegungen der Bundesregierung und ihr Handeln begründete. Erstens: Für Syrer wurde das Asylverfahren grundsätzlich in Deutschland eingeleitet, auch wenn sie fast immer über andere Staaten in die EU eingereist waren. Rechtlich war dies möglich, es sollte die Verfahren beschleunigen. Allerdings verstanden nicht wenige dies als eine »Einladung«, nach Deutschland zu kommen; immer mehr Menschen drängten in die Bundesrepublik, schließlich über eine Million. Zweitens: An der Grenze zu Österreich wurde wieder kontrolliert, doch ließen die Beamten jeden hinein, der um Schutz bat.

Diese deutschen Festlegungen waren allerdings ohne europäische Absprachen erfolgt, weshalb heftige Kritik aufkam. Deutschland, so lautete der Vorwurf, habe mit seinem Vorgehen die unkontrollierte Einwanderung völlig unbedacht befördert und damit die umliegenden Länder ohne Konsultationen in Mitleidenschaft gezogen. Diese Sicht war nicht gänzlich unbegründet, doch die Bundesregierung wollte mit der Aufnahme der Flüchtlinge auch Zeit für die Aushandlung einer gesamteuropäischen Lösung gewinnen. Im Nachhinein musste man sagen: Dies schlug komplett fehl.

Die Flüchtlingskrise entzweite Europa zutiefst. Besonders die östlichen »V4-Staaten«, die sich in der Visegrád-Gruppe zusammengeschlossen hatten – Polen, Ungarn, die Slowakei und Tschechien –, lehnten das deutsche Vorgehen und auch die von der EU hinterhergeschobenen Quoten für die Verteilung von Flüchtlingen ab und verlangten stattdessen eine strenge Kontrolle der EU-Außengrenzen,[6] da durch die deutschen Entscheidungen, so argumentierten sie, eine Sogwirkung entstanden sei, die noch mehr Menschen zur Flucht nach Europa veranlasst habe. Für Ungarns Regierungschef Viktor Orbán war die Flüchtlingskrise zudem keine humanitäre Frage, sondern Teil seines machtpolitischen Spiels. »Wir wollen Ungarn als Ungarn erhalten«, lautete seine Parole, deren Symbol die Errichtung eines Zauns an der ungarisch-serbischen Grenze war. Dass ausgerechnet Ungarn, wo 1989 der Zaun des Eisernen Vorhangs zuerst geöffnet worden war, einen neuen Zaun errichtete, kann als Ironie der Geschichte erscheinen. Im Europäischen Parlament gab Orbán die Erklärung ab, die Flüchtlingslage sei »kein europäisches, sondern ein deutsches Problem«.[7]

Egal, wie man im Einzelnen zu diesen Herausforderungen stand – grundsätzlich entzogen sich die Visegrád-Länder der europäischen Verpflichtung zur Solidarität. Sie signalisierten, dass sie von der EU und ihrer Politik nur dann etwas wissen wollten, wenn es ihnen Vorteile, vor allem in Form von Geld, brachte. Dass Europa als größter Handelsraum der Welt nach außen hin offen bleiben müsse, stieß auch bei vielen Polen auf Widerspruch. Aus den Reihen der rechtsnationalen Partei PiS (»Recht und Gerechtigkeit«) hörte man, der polnische Steuerzahler dürfe nicht für die Folgen der ehemaligen Kolonialpolitik einiger europäischer Mächte aufkommen müssen. Allerdings argumentierten Politiker wie die vormalige Premierministerin Ewa Kopacz durchaus dafür, Flüchtlinge aufzunehmen; das sei ein »Test für den Anstand«. 80 Prozent der Slowaken sprachen sich strikt gegen die Aufnahme von Flüchtlingen aus, die höchste Ablehnungsrate in ganz Europa. Die Erfahrung von Völkern, die seit Langem Menschen anderer Länder bei sich aufnahmen (und vom Zuzug profitierten), fehlte diesen postdiktatorischen Ländern komplett. Zu dieser Unerfahrenheit kam noch hinzu, dass in den Medien Muslime mit Terroristen gleichgesetzt wurden.

Als die Innenminister der EU-Staaten am 22. September 2015 mehrheitlich eine Quote für die Verteilung von 120 000 Flüchtlingen beschlossen, stimmten die Slowaken mit den Tschechen, den Ungarn und den Rumänen dagegen, sprachen von einem deutschen »Diktat« und kündigten eine Klage beim Europäischen Gerichtshof an.[8] Und damit die bereits ins Land gekommenen ungeliebten Flüchtlinge Tschechien rasch wieder verließen, wurden im Oktober 2015 im tschechisch-deutschen Grenzgebiet Verkehrsschilder in Richtung Sachsen mit dem arabischen Schriftzeichen für »Deutschland« ergänzt. Zahlen machen die ungleiche Verteilung der Flüchtlinge deutlich. Die Anzahl der erstmaligen Asylbewerber je eine Million Einwohner betrug im Jahr 2017 in Griechenland 5295, in Polen und Slowenien hingegen, die die Schlusslichter bildeten, nur 79 bzw. 27.[9]

Menschen, die von Krieg und Gewalt betroffen waren, galt es zu helfen. Oft genug in den vergangenen hundert Jahren des Zeitalters der Weltkriege hatten die Menschen des Kontinents der Gewalt – nämlich Europa – darauf gehofft, anderswo auf der Welt Zuflucht und Frieden zu finden. Dass dieses starke Signal der Humanität nun von Europa ausging, war nicht nur historische Gerechtigkeit, es entsprach den europäischen Werten, und es wurzelte auch im Christentum. Dafür musste sich nicht eine »Willkommenskultur« wie in Deutschland ausbreiten – diese war auch ein Stück weit »blauäugig«. Deutschland allein konnte die Welt nicht retten, und auch Europa konnte das nicht. Doch bemerkenswert war, wie in etlichen europäischen Ländern die Zivilgesellschaft aktiv wurde und sich wie kaum je zuvor in der eu-

ropäischen Nachkriegsgeschichte enorme Hilfsbereitschaft
entwickelte. Dabei stachen die Schweden besonders heraus.
Im Jahr 2015 waren 163 000 Flüchtlinge ins Land gekommen,
Schweden war gemessen an der Bevölkerungszahl das Land
mit der größten Aufnahmebereitschaft in Europa, bevor, wie
überall in der EU, ab 2016 die Asylgesetze verschärft wurden.
Anders war die Lage in Großbritannien; dort baute man am
Ärmelkanal seit September 2016 eine Art Mauer gegen die
Flüchtlinge, die aus Frankreich auf die Insel gelangen woll-
ten; auch Finnland versuchte sich abzuschotten.[10] Aber jede
Barriere, die im Norden errichtet wurde, wälzte die Bürde
unvermeidbar auf den Süden Europas ab.

Die europäischen Bürger beurteilten die Flüchtlingslage
unterschiedlich. Sieben befragte EU-Völker des Westens ließen sich 2016 in drei Gruppen einteilen: Erstens die beken-
nenden »Gutmenschen« (nicht im pejorativen Sinn zu verstehen), das waren vor allem Deutsche und Italiener, von
denen jeweils mehr als drei Viertel »ja« zur Aufnahme und
Verteilung von Flüchtlingen sagten. Ihnen gegenüber standen, zweitens, die Ausgrenzer. Weniger als die Hälfte aller
Briten (44 Prozent), Franzosen (46 Prozent) und Niederlän-
der (48 Prozent) befürworteten es, am Mittelmeer gestran-
dete Flüchtlinge bei sich zu begrüßen; die Mehrheit lehnte
dies ab. Dazwischen standen die gutwilligen Zauderer, die
Spanier (67 Prozent) und die Dänen (57 Prozent). Weder der
nationale Reichtum noch die Geografie allein bestimmten
also die Unterschiede in – man muss es so sagen – Westeuropas Gesinnung (und nicht Osteuropas), entscheidend waren das Gewissen und vielleicht auch historische Erfahrungen. Deutschland war im Grunde genommen exemplarisch:
In den meisten Ländern waren es praktizierende Christen
sowie, neben der ganz jungen Generation, Menschen über

65 Jahre, von denen sich überdurchschnittlich viele im Sinne der Nächstenliebe in die Pflicht genommen sahen. Am größten waren die Unterschiede zwischen den politischen Lagern. Anhänger konservativer und rechter Parteien blickten deutlich skeptischer auf die Flüchtlinge als traditionelle Wähler der Linken.[11] Und in allen Ländern Europas konnten rechtspopulistische und fremdenfeindliche Parteien Gewinn aus der Krise schlagen und bei Wahlen deutliche Erfolge erzielen. Sie fachten die Ängste der Menschen an und bei ihnen wurden »Flucht«, »Asyl« und »Einwanderung« zu jenen Reizwörtern, die sich leicht mit Begriffen wie »Chaos«, »Schmarotzer« und »Invasion« verbinden ließen.

Hat die Flüchtlingskrise Europa nicht nur entzweit, sondern darüber hinaus in einen moralischen Konkurs mit politischen Folgen getrieben? Das wäre ein hartes Urteil gegenüber einer Geschichte, die noch nicht abgeschlossen ist. Der Europäische Rat stellte im Februar 2017 erneut klar, dass die Begrenzung der Migration Vorrang habe.[12] In einem Maßnahmenpaket, das verabschiedet wurde, setzte die EU mit der Operation SOPHIA auf eine Stärkung der libyschen Küstenwache, die kriminelle Schleusernetzwerke zerschlagen sollte. Für den Süden Libyens sollten Ausrüstung und Gelder zur Verfügung gestellt werden, damit dort der Fluchtweg aus Eritrea geschlossen werde. Libyen war allerdings kein funktionierender Staat, sondern befand sich großenteils in den Händen von Milizen, die höchst unzuverlässige Partner darstellten.

Im Mittelmeer wollte die EU ihre Grenzsicherung FRONTEX mit Militärschiffen ausbauen; das Engagement von Nichtregierungsorganisationen, die in den zurückliegenden Jahren Tausende von Rettungseinsätzen absolviert und Menschen vor dem Tod durch Ertrinken bewahrt hatten, wurde verboten oder eingeschränkt. An sogenannten »Hotspots«, also Brennpunkten wie den griechischen Inseln Samos, Lesbos und Chios sowie auf Sizilien waren zuvor schon Erstaufnahme- und Registrierungszentren eingerichtet worden, um »illegale« Migranten möglichst schnell wieder abzuschieben. Mit afrikanischen Transitländern wie Niger und Tschad, über die Flüchtlinge an die Küste gelangten, schloss die EU »Migrationspartnerschaften« – ein ziemlich euphemistischer Begriff, denn die Sicherheitskräfte dieser Länder sollten Menschen am Durchkommen hindern und sie gegebenenfalls internieren. Das Flüchtlingsabkommen mit der Türkei führten die Europäer trotz aller Schwierigkeiten mit der Regierung des Landes fort. Zudem erstellte die EU eine umstrittene Liste mit »sicheren Drittstaaten«, in die Migranten mithilfe von Rücknahmeabkommen zurückgeschickt werden konnten.

Dies alles waren Notbehelfe, mit denen sich die EU abzuschotten versuchte und für die sie viel Geld ausgab, damit andere das schmutzige Geschäft erledigten. Solange die Fluchtursachen in Afrika nicht wirkungsvoll bekämpft worden sind, was viel Zeit und Geld beansprucht, und solange es keine stärkere Vergemeinschaftung der europäischen Asylpolitik gibt, was angesichts der Zerstrittenheit als fast unmöglich erscheint, ist jede politische Freude über den Rückgang von Flüchtlingszahlen zynisch. Denn wer zählt die im Mittelmeer, dem größten Friedhof Europas, Ertrunkenen? Und wer kümmert sich um jene Menschen, die in nordafrikanischen »Lagern des Grauens«, wie die UN-Flüchtlingsorganisation die menschenunwürdigen Internierungslager genannt hat,[13] zurückbleiben?

Deutschlands Rolle in dieser Flüchtlingskrise war äußerst umstritten, im Inneren wie im Äußeren. In Deutschland selbst gab es seit 2015 über drei Jahre hinweg trotz internationaler Konvulsionen keine andere Debatte, die die Menschen mehr erregte. Es war das Topthema in Politik und Medien. Im Sommer und Herbst 2015 war nichts weniger als der Triumph der Bürgertugenden zu verzeichnen. Mehrere Millionen Helfer – Schätzungen schwankten zwischen 6 und 20 Millionen – nahmen sich der Geflüchteten an. Es war praktizierte Solidarität, ein Gemeinschaftsprojekt, getragen von Humanität und Moral. In Deutschland waren 2015 insgesamt 890 000 Asylbegehrende eingetroffen; ein Jahr zuvor waren es nur 173 000 gewesen. Kein anderes Land in Europa kannte ein individuelles Grundrecht auf Asyl.

Der Kontrollverlust über die nationalen Grenzen war aus Sicht der Regierungskritiker hingegen nichts weniger als pures Staatsversagen. Im Februar 2016 wurde die Auffassung verbreitet, dass Bundeskanzlerin Merkel im Sommer 2015 Recht, Gesetz und Verfassung gebrochen und das Land durch die unkontrollierte Grenzöffnung einer »Herrschaft des Unrechts« unterworfen habe. Horst Seehofer, der bayerische Ministerpräsident, war der Erste, der dieses Verdikt verbreitete. Er berief sich dabei auf einige bekannte konservative Staatsrechtler wie Udo di Fabio. Dieser Anwurf war ungeheuerlich, denn die Vorstellung, »im Deutschland des 21. Jahrhunderts habe das Unrecht die Herrschaft übernommen, bringt einen gewaltigen historischen Resonanzboden zum Schwingen«.[14] Wer dachte da nicht an den Unrechtsstaat des NS-Regimes, wer nicht an die hitzige Debatte, ob die DDR ein Unrechtsstaat gewesen sei? Und nun die Bundesrepublik? Der 70. Jahrestag des Grundgesetzes stand vor der Tür. Und jetzt also sei die noble Verfassung von 1949 gebrochen worden, die unkontrollierte Einreise sei mit dem Grundgesetz nicht vereinbar gewesen und die Bundesregierung verletze ihre Verfassungspflichten. Der amtierende Präsident des Bundesverfassungsgerichtes, Andreas Voßkuhle, widerlegte das Konstrukt nach allen Regeln des modernen Verfassungsverständnisses. Die Vorstellung, dass Staatlichkeit sich vor allem über die Grenzen und ein Staatsvolk definiere, sei »neunzehntes Jahrhundert«.[15] Auch Staatsrechtler, die sich zuvor mit steilen Thesen profiliert hatten, wie di Fabio, fühlten sich missverstanden. Doch der Vorwurf des Rechtsbruchs in der Flüchtlingspolitik stand im Raum und entwickelte sich zu einem der wirkungsmächtigsten politischen Mythen der jüngsten Vergangenheit. Für die AfD war dies ein unverhofftes und willkommenes Geschenk. Aus dem angeblichen »grenzenlosen Rechtsbruch«, wie es von ihr landauf, landab verbreitet wurde, schöpfte sie lebensnotwendige politische Kraft.

Nach einer Phase großer Hilfsbereitschaft endete so die Willkommenskultur und machte oftmals dem Negativen, Konflikthaften, Katastrophischen und Sensationellen Platz. Migration wurde häufig mit Exotik oder Kriminalität verknüpft, Flüchtlinge galten als Problem, Asylsuchende als »Wirtschaftsflüchtlinge«, »Schmarotzer« oder »Parasiten«. Es ging offenbar nur um Missbrauch des Asylrechts, nicht um die Rettung von Leben oder um die Menschenrechte. Der Grundtenor lautete, die Aufnahmekapazitäten Deutschlands seien erschöpft, »das Boot ist voll«, und hinter der dunklen, anonymen »Masse« verschwanden die individuellen Menschen, die ja zumeist nicht aus purer Freude ihre Heimat verließen. Wer tut das schon? Die mediale und politische Debatte hat das wenig geschert. Was viele zusammenmischten, unterschieden kluge Beobachter: Das Problem der Bürgerkriegsflüchtlinge stellte ein gesamteuropäisches Problem dar; Migranten aus dem Westbalkan und der

Maghrebregion, die sich zeitweilig unter die Bürgerkriegsflüchtlinge gemischt hatten und die auf Deutschlands Sozialsystem abzielten, waren ein speziell deutsches Problem,
durch das einige EU-Länder ohne eigenes Zutun in Mitleidenschaft gezogen wurden.[16]

»Chaos«, »Flut«, »Strom«, »Marsch« und »Invasion« –
durch solche Sprachbilder wurden Bedrohungen einer
»Überflutung« und eines Staatsnotstandes imaginiert, dem
nur durch Eindämmung oder Abwehr beizukommen sei.[17]
Deutschland befand sich im Ausnahmezustand und die an-
fängliche Empathie mit den Geflüchteten, die »Willkom-
menseuphorie«, wendete sich von diesem Extrem in das
andere. Bald wurden nur noch »Flüchtlingskriminalität«
und Terroranschläge wahrgenommen. Eine weitverbreitete
gesellschaftliche Unsicherheit kam darin ebenso zum Ausdruck wie vor allem eine Bedrohung der nationalen Identität infolge einer unheimlichen Globalisierung. Kanzlerin
Merkels Satz »Wir schaffen das« avancierte in rechten und
rechtsextremen Kreisen zur meist gehassten Parole. Und ein
Foto, das im September 2015 in Berlin-Spandau entstand,
wurde in diesen Kreisen zur meist gehassten Ikonografie
einer offenbar das eigene Land und die eigene Bevölkerung
vergessenden Regierungschefin. Es zeigt einen kurz zuvor
aus dem Irak geflüchteten Jesiden, der zusammen mit Merkel ein spontanes Selfie macht.

Die Ängste der Bürger vor den Fremden und den Ausländern mussten ernst genommen werden, und weil man das
zu wenig tat, schwoll der rechte politische Rand in Gestalt
der nationalistischen »Alternative für Deutschland« und di-
versen Bewegungen wie Pegida an. Allerdings standen diese
durchaus nachvollziehbaren Ängste in keinem Verhältnis
zu den Ängsten der Menschen, die die Fahrt über das Mit-

telmeer wagten, immer mit dem Risiko, von diesem verschluckt zu werden, also zu sterben. Konzeptionell ging es in der deutschen Innenpolitik drunter und drüber, unzählige populistische Konzepte (ohne inhaltliche Konkretisierungen) und Begriffe schwirrten durch den Raum: »Obergrenze«, »Höchstzahl«, »Kontingent«, »Richtgröße« und viele mehr. Immer drehte es sich dabei um die Frage, wie ein Zustrom an Menschen begrenzt werden konnte, die meist ohne Erlaubnis nach Deutschland einreisten. Die bayerische Landesregierung wurde eigenständig aktiv und schloss ihre Grenze zu Österreich.

Forderungen nach einem Einwanderungsgesetz kamen von vielen Seiten, zerschellten jedoch an den politischen Differenzen in der Zuwanderungspolitik zwischen den Regierungsparteien CDU und CSU sowie SPD. Arbeitgeberverbände wollten bestehende Regelungen entbürokratisieren, liberalisieren und vereinfachen, um Geflüchteten den Zugang zum deutschen Arbeitsmarkt zu erleichtern. Als Reaktion auf Terroranschläge in Deutschland und ganz Europa verschärfte die Koalition die Asylgesetzgebung und erweiterte die Kompetenzen des Bundesamtes für Migration und Flüchtlinge (BAMF). Asylsuchende ohne Bleibeperspektive mussten bis zu zwei Jahre in einer Erstaufnahmeeinrichtung bleiben. Bei Asylbewerbern mit negativem Bescheid konnte eine Überwachung ihres Aufenthaltsortes angeordnet und Dschihadisten mit doppelter Staatsbürgerschaft durfte der deutsche Pass entzogen werden.

Auf europäischer Ebene geriet Deutschland ins Kreuzfeuer der Kritik, es dominierte weniger Bewunderung als vielmehr Unverständnis. Deutschland verhalte sich, so der britische Zeithistoriker Anthony Glees, wie ein »Hippie-Staat«, der sich ausschließlich von Gefühlen leiten lasse.[18]

Die Bundesrepublik sah sich seit dem Sommer 2015 in einer Weise isoliert, wie dies in ihrer Geschichte kaum jemals der Fall gewesen war. Durchaus beispielhaft dafür war der Kommentar in der tschechischen Zeitung *Lidove noviny*: »Deutschland nötigt alle anderen, wozu auch immer es ihm passt. Es hat die Regeln des Stabilitätspakts verletzt, wonach man anderen Euro-Ländern nicht hilft, nur um eigene Banken zu retten. Es drückte anderen einen verbindlichen Anteil alternativer Energiequellen auf, obwohl die gar nicht die Bedingungen dafür haben. Es erklärte einseitig die Abschaltung seiner AKW, ohne nach den Konsequenzen für andere zu fragen (…). Jetzt fordert es, dass die Länder Flüchtlinge aufnehmen sollen, ohne Rücksicht auf die Regeln. Dabei ist überhaupt nicht klar, wie sich Deutschland die Verteilung der Migranten im Rahmen der EU-28 vorstellt. (…) Wenn die Flüchtlinge die Lager in Tschechien oder Polen verlassen, gehen sie am Ende ja doch nach Deutschland.«[19]

Jenseits solcher Generalabrechnungen ergab sich tatsächlich ein europäisches Paradox. Um Vermittlung zwischen den nahezu unversöhnlichen Positionen bemüht, hob EU-Ratspräsident Donald Tusk aus Polen einerseits hervor, dass die sogenannte »Balkanroute« für illegale Migranten geschlossen werde, andererseits aber Europa als größter Handelsraum der Welt offen bleiben müsse. Abschottung sei weder ein nationales noch ein europäisches Ziel, doch eine Stärkung der Außengrenzen sei eine Voraussetzung für die Zukunft der Europäischen Union.[20] Es ging mithin um eine Politik des gleichzeitigen Begrenzens und Entgrenzens, um ein Arrangement von Grenzen und Strömen innerhalb Europas, das die Wirtschaftskraft der EU global ebenso stärken sollte wie ein Empfinden der Zusammengehörigkeit aller EU-Bürger. Letzteres, so der mehr oder weniger ausgesprochene Vorwurf, war durch den Alleingang der Deutschen aufs Spiel gesetzt worden.

Soll die Europäische Union die Ärmsten der Welt zurückweisen, um den eigenen Wohlstand zu schützen? Können einzelne europäische Länder oder die EU als Ganze die Welt retten? Letzteres gewiss nicht. Im Zeitalter der Globalisierung floss das Kapital immer dorthin, wo die meisten Profite lockten. Die Verfolgten und Habenichtse der Welt zog es dorthin, wo sie sich ein besseres Leben versprachen. Wenn Deutschland ein armes Land wäre, würde es nicht so viele Flüchtlinge anziehen. Wenn es als reiches Land an der Peripherie der Europäischen Union liegen würde, könnten Immigranten direkt einreisen. Da Deutschland aber reich ist und in der Mitte Europas liegt, beeinflusste sein Umgang mit der Flüchtlingskrise alle zwischen den europäischen Außen- und den deutschen Nationalgrenzen liegenden Staaten. Aus zwei Frontstaaten des Kalten Krieges, der BRD und der DDR, ist Deutschland seit 1990 zu einer Macht in der Mitte Europas geworden. Damit war zweierlei verbunden: erhöhter Einfluss und gesteigerte Verantwortung.

Ist Deutschland dieser Verantwortung gerecht geworden? Oder hat sich in der Flüchtlingskrise ein »deutsches Moralmonopol« bemerkbar gemacht? Und hat sich das Land mit seiner Sondermoral, die sich aus einem schlechten Gewissen angesichts seiner Vergangenheit ausbildete, selbst isoliert? Wollte Deutschland endlich einmal ein positives Vorbild für andere sein, eine Art »moralische Leitnation Europas«? Als die europäischen Partner diesem Weg nicht folgten, wurde ihnen fehlende Solidarität vorgehalten. Womöglich führt solche psychohistorische Kritik in die Irre.[21] Denn derartige Versuche, Moral und Politik zu versöhnen, hatte es ja immer wieder einmal gegeben, etwa bei Willy Brandts Neuer Ostpolitik. Die Zeiten waren damals natürlich andere und die Themen auch. Doch das grundsätzliche Problem bestand hier wie da. Migration und Flucht sind die andere Seite der Globalisierung – an diesem Thema wird sich erweisen, wie es um europäische Werte bestellt ist und ob es sich nicht doch lohnt, Politik und Moral zusammen zu denken und danach zu handeln. Ist es nicht notwendig, das Eigene und das Fremde zu versöhnen, so schwierig es auch sein mag?[22]

8.

DIE ZUKUNFT DES PLANETEN

Industrienation und Klimawandel

Das 21. Jahrhundert erhält sein Gepräge durch große, die Zukunft der Menschheit betreffende Fragen – und vor allen anderen steht der Klimawandel. Auf diesem Gebiet befindet sich Europa, der Kontinent, von dem aus sich die Industrielle Revolution vor über 200 Jahren in die ganze Welt verbreitete, und besonders die mächtigste Industrienation, Deutschland, in globaler Verantwortung. Der Klimawandel gilt als das wichtigste Umweltproblem der Gegenwart und Zukunft. Im Unterschied zu vielen anderen Herausforderungen ist seine Besonderheit, dass er sich über einen langen Zeitraum vollzieht, in seinen Auswirkungen nicht auf das regionale Umfeld der Hauptverursacher begrenzt bleibt und nur durch globales Handeln bewältigt werden kann. Klimaänderungen gab es immer schon, neu ist jedoch, dass *diese* Veränderung durch vom Menschen erzeugte Treibhausgase verursacht wird, die im industriellen Prozess und allgemein im Lebensalltag von Industriegesellschaften entstehen. Extremwetterlagen, Dürren und Unwetter, der Anstieg des Meeresspiegels durch das Abschmelzen der Polkappen sind untrügliche Anzeichen – und die Prognose der führenden Klimaexperten lautet: Wenn die Industrie- und Schwellenländer ihren Treibhausgasausstoß nicht drastisch

senken, könnte die Durchschnittstemperatur des blauen
Planeten bis zum Ende des Jahrhunderts um weitere vier
Grad steigen.[1]

Man kann sich heute bereits die verheerenden Folgen ausmalen. Am intensivsten betroffen wären jene Länder, die in
der Vergangenheit am wenigsten zum Klimawandel beigetragen haben, ihre »Verwundbarkeit« ist am größten. Einige
Länder, wie jene um die Atolle im Pazifik, werden schlicht
untergehen; manche haben bereits mit der Evakuierung
von Inseln begonnen. Anderen Ländern wird es an sauberem Trinkwasser mangeln, etliche müssen mit unfruchtbar
werdenden Böden zurechtkommen, wieder andere mit ständigen Überschwemmungen. Viele Menschen sitzen in der
Falle. Da Fortgehen eine von vielen Strategien ist, sich dem
Klimawandel anzupassen, wird die Zahl der Flüchtlinge
enorm zunehmen. Doch ein gültiger globaler Vertrag zu
Umweltmigration ist in weiter Ferne, und ob Umweltflücht-
linge, die von Zwangsmigration betroffen sind, einen Status
im Asylrecht erhalten sollen, ist hochumstritten.

Der Kampf gegen den Klimawandel gehört zu den zentralen Themen der EU-Energiepolitik und entwickelt die
seit über einem Vierteljahrhundert verfolgte internationale
Klimapolitik fort.[2] 1992 hatte die UN-Generalversammlung
eine Klimarahmenkonvention beschlossen, die als »Grundgesetz« der internationalen Klimapolitik gelten kann.
Deutschlands Rolle ist durchaus zwiespältig. Das Land ist
einer der großen Verursacher des Klimawandels, es wurde
um die Jahrtausendwende zum Vorbild und Vorreiter des
Klimaschutzes, verfehlte am Ende der Regierungszeit von
Angela Merkel jedoch massiv seine Ziele und fiel international stark zurück. Bereits 1990 war die interministerielle
Arbeitsgruppe »CO_2-Reduktion« ins Leben gerufen worden,

die ein Minderungsziel von 25 Prozent bis 2005 angestrebt hatte. Unter der rot-grünen Bundesregierung galt der Klimaschutz neben dem Ausstieg aus der Atomenergie als wichtigstes Projekt einer »ökologischen Erneuerung«.[3]

Deutschland hat als erstes großes Industrieland den Ausstieg aus einer Energieform per Gesetz beschlossen. Die Kernkraftwerke erhielten im Atomkonsens des Jahres 2000 Kontingente für die Stromerzeugung, die 32 Jahre ausreichten, und Strommengen durften von älteren auf jüngere Meiler übertragen werden. Vorgesehen war, dass das letzte Kernkraftwerk 2021 vom Netz gehen sollte, allerdings ließ sich dies infolge von Stillständen oder anderen Unwägbarkeiten nicht genau prognostizieren. Um den Rechtsfrieden zu wahren und zu verhindern, dass die Stromkonzerne vor Gericht zogen, wurde die Vereinbarung im Konsens mit den Stromkonzernen getroffen.

In der nachfolgenden Großen Koalition zwischen Union und SPD seit 2005 war ein atompolitischer Stillstand zu verzeichnen. Nach dem neuerlichen Regierungswechsel einigten sich Union und FDP, die den rot-grünen Atomkonsens erbittert bekämpft hatten, 2010 darauf, die Laufzeiten deutscher Kernkraftwerke auf 40 bis 46 Jahre zu verlängern. Sie bezeichneten die Kernkraft als »Brückentechnologie«, auf die – um den Ausstoß von Kohlendioxid zu reduzieren – nicht verzichtet werden könne, bis am anderen Ufer die erneuerbaren Energien voll ausgebaut seien. Allerdings wurde die Kritik an den erneuerbaren Energien, die Rot-Grün massiv gefördert hatte, immer lauter, und eine weitere Förderung stand auf der Kippe. Nicht nur gegenüber den Umweltverbänden, die lautstark protestierten, sondern überraschenderweise auch gegenüber den Energiekonzernen ging die schwarz-gelbe Regierung auf Konfrontations-

kurs. Mit einer Brennelementesteuer sollten die Zusatzge-
winne, die den Unternehmen durch die längeren Laufzeiten
der AKWs entstanden, abgeschöpft werden. Ein wesentlicher Aspekt des Atomkonsenses von 2000 wurde jedoch
nicht angetastet: das Neubauverbot von Atomkraftwerken.
Eine gesellschaftliche Akzeptanz für den Neubau von Anlagen in Deutschland hätte es nicht gegeben.

Dann kam die plötzliche Wende: Unter dem Eindruck
der Reaktorkatastrophe im Frühjahr 2011 im japanischen
Fukushima, die als Super-GAU, also als Atomunfall der
Höchststufe 7 und damit als ebenso verheerend wie Tschernobyl 1986 eingestuft wurde, kehrten Union und FDP nur
ein Jahr später wieder zur rot-grünen Formel zurück: Die
Laufzeiten der AKWs sollten sich an festgelegten Reststrom-
mengen orientieren und im Höchstfall 32 Jahre betragen.
Eine beliebige Umschichtung war nicht mehr möglich,
weshalb spätestens Ende 2022 der letzte deutsche Kernre-
aktor abgeschaltet werden soll. Dabei soll sich der Ausstieg
in drei Etappen vollziehen: Nachdem die ersten sieben ältesten Atomkraftwerke sowie das störanfällige Kraftwerk
Krümmel sofort abgeschaltet wurden, sollen bis Ende 2021
die nächsten sechs und ein Jahr darauf die neuesten Anlagen vom Netz gehen. Als einziges Land weltweit reagierte
Deutschland nach dem Desaster von Fukushima innerhalb
kürzester Zeit mit dem Atomausstieg und setzte mit dem
Jahr 2022 eine klare »Deadline«. Verhandlungen mit den
Energiekonzernen gab es, anders als 2000, dieses Mal nicht.
Die Energiewende wurde politisch besiegelt, ein Konsens
oder Kompromiss gar nicht gesucht.

Das Herzstück der rot-grünen Energiepolitik, mit dem
Deutschland zum Vorbild globaler Klimapolitik avancierte,
bildete das Erneuerbare-Energien-Gesetz (EEG) vom April

2000. Nur dieses erfüllte den Atomkonsens mit Leben. Es ersetzte das seit 1991 geltende »Gesetz über die Einspeisung von Strom aus erneuerbaren Energien in das öffentliche Netz«, kurz Stromeinspeisungsgesetz. Die »Einspeisung« hob der Gesetzgeber seinerzeit hervor, da Strom aus erneuerbaren Energien mit Ausnahme der Wasserkraft nur von kleinen Unternehmen erzeugt wurde, denen die großen Stromerzeuger den Zugang zu ihrem Verbundnetz bis dahin verweigert oder stark erschwert hatten. Dieser Vorläufer des EEG stand zwar unter dem Eindruck des Schocks, den die Reaktorkatastrophe von Tschernobyl 1986 verursacht hatte, doch waren die Probleme des Klimawandels noch nicht in der Mitte der Gesellschaft angekommen. Das neue EEG verpflichtete dagegen die Netzbetreiber, nicht nur die Anlagen zur Erzeugung erneuerbarer Energien an ihr Netz anzuschließen, sondern diesen Strom vorrangig anzunehmen und zu vergüten.

Da die etablierte Stromwirtschaft nicht mehr als Vergütungsempfängerin ausgeschlossen wurde, gaben die Unternehmen ihren Widerstand gegen die erneuerbaren Energien nach und nach auf. Überdies bezog man nun auch die geothermisch erzeugte Energie mit ein, und so umschloss das Gesetz die Wind- und Sonnenenergie, Biomasse wie Holz, Gras und Gülle sowie Erdwärme. Rot-Grün löste damit einen Boom im Bereich der erneuerbaren Energien aus, den selbst optimistische Prognosen in diesem Umfang nicht erwartet hatten. Besonders auf dem Gebiet der Fotovoltaik herrschte Goldgräberstimmung. Dank staatlicher Förderung und verbesserter Technologien rentierte sich die Energieausbeute von Solarstrom. So installierten die Deutschen allein im Jahr 2001 auf den Dächern ihrer Häuser Sonnenkollektoren, die umgerechnet 40 000 Ölheizungen ersetzten.[4] Mitte des Jahres überschritt die Anzahl der Windkraftanlagen die Marke von 10 000. Obwohl die allgemeine Konjunktur eher flau war, nahm der Ausbau der Windkraft rasant zu. Allein in den ersten sechs Monaten des Jahres 2001 gingen bundesweit 673 Windturbinen mit einer Gesamtleistung von 821 Megawatt neu ans Netz, rund 50 Prozent mehr als im vergleichbaren Zeitraum des Vorjahres, in dem das Gesetz noch nicht existiert hatte. Bald war Deutschland weltweit führend in der Erzeugung von Strom aus Windenergie, und bis zum Jahr 2011 diente das EEG über 60 Staaten sowie 26 Bundesstaaten oder Provinzen als Modell für ähnliche Regelungen. Deutschland war der bestaunte und nachahmenswerte Meister des Klimaschutzes.

Weitere Maßnahmen flankierten das EEG. Mit der Energieeinsparverordnung (EnEV) führte die Bundesregierung die Wärmeschutz- und Heizanlagenverordnung zusammen. Umweltverbände kritisierten indessen, dass die Regelungen hinter den Potenzialen zurückblieben. In der Modernisierung von Gebäuden und Heizungsanlagen sahen sie die größten Möglichkeiten eines gezielten Klimaschutzes.[5] Gegen die Stimmen der Opposition verabschiedete die Bundesregierung am 25. Januar 2002 das Gesetz zur Kraft-Wärme-Koppelung (KWK), das eine ältere Regelung ersetzte. KWK galt allgemein als effiziente, umweltfreundliche und zudem kostengünstige Energietechnologie. Andere europäische Länder, etwa Dänemark, die Niederlande oder Finnland, wiesen bereits einen Anteil des KWK-Stroms von 35 bis 50 Prozent auf, Deutschland lag bei zehn Prozent.[6]

Am 1. August 2004 trat eine novellierte Fassung des EEG in Kraft. Vorausgegangen war eine Einigung im Vermittlungsausschuss des Deutschen Bundestages, bei der die CDU/CSU eine Reduzierung der Förderung von Windkraftanlagen erreichte. Nicht nur der Union, sondern vielen Menschen vor allem in den südwestdeutschen Mittelgebirgen, besonders im Schwarzwald, missfiel die »Verspargelung der Landschaft«[7], wie sie es nannten, also die zum Teil planlose und nicht von landschaftsarchitektonischen Gesichtspunkten geleitete Aufstellung zahlreicher weithin sichtbarer Windräder. Auch gegen großflächige Solarparks, die in den südlichen Bundesländern errichtet wurden, bildeten sich vereinzelt Bürgerinitiativen. Solarparks mit mehr als einem Megawatt Leistung galten in der Branche als Großanlagen; sie benötigten eine Fläche von rund eineinhalb Fußballfeldern. Allein um das im Zuge des Atomkonsenses abgeschaltete Kernkraftwerk Stade zu ersetzen, so wurde errechnet, müssten über 600 solcher Einrichtungen gebaut werden. Dass in der Bundesrepublik über ein Jahrzehnt hinweg seit 2001 mehr als die Hälfte der erhobenen Ökostrom-Umlage in die Solarenergie floss, obwohl diese nur vergleichsweise wenig Strom lieferte, und demgegenüber die Förderung der Energieeffizienz sowie der Ausbau des Stromnetzes und der Speicherkapazitäten vernachlässigt wurden, war eine berechtigte Kritik.

Bei der Neufassung des EEG 2004 kamen auch Anpassungen an neue Richtlinien der Europäischen Union zum Tragen, außerdem wurde die Höhe der Fördersätze geregelt und die juristische Stellung der Betreiber zur Erzeugung erneuerbarer Energien gegenüber den örtlichen Netzbetreibern verbessert. Ziel war es, den Anteil des Ökostroms in Deutschland, der bis dahin bei etwas mehr als sechs Prozent lag, bis 2020 auf mindestens 20 Prozent zu steigern; später erhöhte man die Zielvorgabe auf 35 Prozent.

Trotz solcher beeindruckenden Vorgaben und Zahlen wird man vorsichtig sein müssen, bis zu diesem Zeitpunkt unter Rot-Grün alles zu positiv zu sehen. Hier schwangen Wertungen des amerikanischen Ökonomen Jeremy Rifkin mit, der die globale Energiewende als eine Art dritte industrielle Revolution bezeichnete.[8] Dieser Umbruch werde einen ähnlich tief greifenden ökonomischen und gesellschaftlichen Wandel auslösen wie die Industrielle Revolution Mitte des 18. Jahrhunderts, als durch den Abbau von Kohle neue technologische Erfindungen erst möglich wurden. Zu Beginn des 20. Jahrhunderts löste die Elektrifizierung eine neue Welle der Industrialisierung aus. Innerhalb eines sehr kurzen Zeitraums von etwa 150 Jahren verbrauchte die Menschheit den größten Teil der fossilen Energieträger, die über Jahrmillionen entstanden sind. Erst die Zukunft wird erweisen, bis zu welchem Ausmaß eine Energieversorgung aus erneuerbaren Energien gelingen kann.

Der Weltgipfel für nachhaltige Entwicklung im Jahr 2002 in Johannesburg und die Konferenz »Renewables 2004«, die in Bonn stattfand, bildeten den Hintergrund für die Euphorie. Rund 40 000 Delegierte von Regierungen, der Wirtschaft, Nichtregierungsorganisationen (NGOs) und Kommunen aus 180 Ländern der Erde nahmen vom 26. August bis zum 4. September 2002 an dem bis dahin größten Gipfel aller Zeiten teil, über 100 Staats- und Regierungschefs kamen zumindest zu einer kurzen Visite nach Südafrika. Er übertraf sogar die Weltkonferenz für Umwelt und Entwicklung von 1992 in Rio de Janeiro, die den Auftrag zur Erarbeitung nationaler Nachhaltigkeitsstrategien an die Staaten erteilt hatte. In Johannesburg ging es darum, die in Rio eingegangenen Verpflichtungen zu bekräftigen und die viel gefeierte Konferenz in der brasilianischen Küstenstadt wiederzubeleben.

Die Bestandsaufnahme über den Zustand der Erde fiel allerdings schlecht aus. Der Bericht zur Lage der Welt, den das Worldwatch Institute in Washington jährlich veröffentlichte, dokumentierte, wie es im Jahr 2002 um den »Patienten Erde« bestellt war. Viel Gutes konnten die Autoren nicht vermelden. Beispielsweise hatte mehr als eine Milliarde Menschen keinen Zugang zu sauberem Trinkwasser, und bis zu 30 000 Menschen starben täglich an Krankheiten, die durch verunreinigtes Wasser ausgelöst oder übertragen wurden.[9] In erster Linie sollten in Johannesburg konkrete Maßnahmen zur Umsetzung von Nachhaltigkeitspolitik beschlossen werden. Die Konferenz krankte jedoch daran, dass die USA und die OPEC-Länder eine Blockaderolle einnahmen. Man konnte sich nicht auf ein quantifiziertes Ziel für erneuerbare Energien einigen – der Vorschlag von 15 Prozent bis 2010 erschien den Blockadeländern als viel zu hoch. Allerdings gelang es der EU auf deutsche Initiative hin, gemeinsam mit weiteren 80 Staaten eine Erklärung zu formulieren, die feste Zeitpläne zur Erhöhung der Nutzung von erneuerbaren Energien ankündigte. So nahm Deutschland auf dem Feld des internationalen Klimaschutzes einmal mehr eine Vorreiterrolle ein. Auch der Gedanke, dass die Entwicklungsländer die umweltschädliche Stufe, auf der endliche Energien wie Öl oder Kohle verbrannt werden, überspringen und auf dem Weg ins Solarzeitalter vorangehen sollten, war apart – aber nur mit viel finanziellem Aufwand zu realisieren.

Deutschland strebte auf dem Gebiet des Klimaschutzes eine Pionierrendite an. Alles konnte nur gelingen, indem im europäischen Verbund den skeptischen Ländern Kanada, Japan und Russland das, was diese schon seit Langem verlangten, präsentiert wurde: das Angebot, deren Wälder und landwirtschaftliche Nutzflächen als Kohlendioxidspeicher anzuerkennen. Doch die USA unter George W. Bush waren nicht bereit, den ambitionierten Einstieg in die globale Umweltpolitik mitzutragen, was sie in die Isolation führte. Bereits im April 2001, nach nur 60 Tagen im Amt, stieg die US-Administration aus dem Kyoto-Protokoll von 1997 aus, während die Europäer zäh für seine Umsetzung kämpften. Obwohl die Amerikaner genug Reichtum und Technologien besaßen, um den Kohlendioxid-Ausstoß zu mindern, waren die Emissionen in den USA von 1990 bis 2000 um 18 Prozent gestiegen, während Europa sein Reduktionsziel um etwa vier Prozent erreichte. Auf den ersten Blick erwiesen sich dabei die Deutschen als Musterschüler: Ihr Ausstoß an Treibhausemissionen verringerte sich um über 15 Prozent, was jedoch mit dem Niedergang der ostdeutschen Wirtschaft zu tun hatte, die ihren Energiebedarf zu fast zwei Dritteln durch Braunkohle gedeckt hatte. Dies war der »Mauerfallprofit«. China wartete mit dem besonders ehrgeizigen Ziel auf, seine Stromversorgung aus Wasserkraft, Wind- und Solarenergie sowie Biomasse bis 2020 auf 20 Prozent zu steigern. Chinas Fördergesetz orientierte sich dabei am deutschen Erneuerbare-Energien-Gesetz.

Auffallend war, dass sich die deutsche klimapolitische Rhetorik von Grund auf wandelte. Man betonte zwar weiterhin die prinzipielle moralische Pflicht jener Länder, von denen vor mehr als zwei Jahrhunderten die Industrielle Revolution ausging. Jedoch schoben sich trotz der großen Ambitionen auch in der deutschen Debatte immer stärker die wirtschaftlichen Aspekte in den Vordergrund. In einigen Bereichen erneuerbarer Energietechniken – etwa bei Windenergie und Fotovoltaik – war die Bundesrepublik zum Weltmarktführer aufgestiegen. Die Marke »Renewable made in Germany« boomte, wie die in der ehemaligen Bundeshauptstadt Bonn abgehaltene Konferenz »Renewables 2004« verdeutlichte.[10]

Es war ja nicht so, als ginge der Klimawandel an Deutschland vorbei. 2002 ereignete sich die größte Naturkatastrophe, die die Bundesrepublik jemals erlebt hatte. Das Hochwasser an der Elbe und ihren Nebenflüssen erreichte ein noch nie dagewesenes Ausmaß, seit dem 7. August regnete es scheinbar ohne Pause in Ostdeutschland, Österreich, Norditalien und in einigen Balkanländern. Meteorologen meldeten die heftigsten Regenfälle seit der Wetteraufzeichnung 1896. Die Wetterlage verschärfte die Naturkatastrophe von Tag zu Tag. In Pirna und Heidenau begann Mitte August die größte Evakuierung in der Nachkriegsgeschichte der Bundesrepublik; 30 000 Menschen wurden ausquartiert. In Dresden, wo die historischen Gebäude erst in den Jahren zuvor restauriert worden waren, gaben Helfer den Kampf auf, die Semperoper und den Zwinger vor den Fluten zu schützen. Mit 9,10 Metern lag der Pegel der Elbe weit über dem historischen Höchstwert von 8,77 Metern aus dem Jahr 1845, und der Scheitelwert war noch nicht erreicht. Verteidigungsminister Peter Struck (SPD) entsandte Soldaten in die Krisenregionen, die dabei halfen, ganze Kleinstädte zu evakuieren und Deiche zu bauen. Die Bundeswehr leistete in den überschwemmten Gebieten an Elbe und Mulde den größten Einsatz ihrer Geschichte, über 20 000 Soldaten bekämpften die Flutkatastrophe, retteten Menschen von Hausdächern und leisteten erste Hilfe, womit weit mehr Truppenteile mobilisiert worden waren als fünf Jahre zuvor bei der Oderflut. Damals waren sie in einer Region zum Einsatz gekommen, dieses Mal in 30.

16 Jahre später, 2018, folgte der »Jahrhundertsommer«, die große Dürre. Monatelang fiel kein Regen, 70 Prozent der Fläche Deutschlands war von extremer Trockenheit betroffen, die Pegel der Flüsse sanken auf einen historischen Tiefstand, und bei der Lebensader Deutschlands, dem Rhein, war der Wasserstand so niedrig, dass große Teile der Schifffahrt, die das Land mit Gütern und Rohstoffen versorgten, eingestellt werden mussten. Im Bodensee, der ebenfalls unter Wasserarmut litt, entstand eine neue Insel, rund 200 Meter lang und 50 Meter breit. Die Ufer sahen aus wie das norddeutsche Wattenmeer bei Ebbe – so weit ragten sie in den größten See Deutschlands hinein. Es war das wärmste Jahr in Deutschland seit dem Beginn der Wetteraufzeichnungen 1881 – insgesamt fielen acht der neun wärmsten Jahre in das gerade erst beginnende 21. Jahrhundert. Der Klimawandel hatte und hat auch Deutschland fest im Griff.

Das Konzept zur Energiewende, das in Deutschland seit 2010 galt, hatte ein ambitiöses Ziel: Bis 2035 sollten die erneuerbaren Energien 65 Prozent des Energieverbrauchs decken und bis 2050 zum absoluten Hauptenergieträger (über 80 Prozent) werden. Im Jahr 2018 erzeugte Deutschland erstmals mehr als 40 Prozent des Stroms mit erneuerbaren Energien. An erster Stelle stand dabei die Windkraft, gefolgt von Solar und Biomasse. Doch nach wie vor war die Braunkohle der Stromlieferant Nummer eins, und zusammen mit den beiden weiteren fossilen Energien Steinkohle und Erdgas machten sie immer noch 45 Prozent der Stromerzeugung aus. Die Atomkraft schlug nur noch mit etwa 15 Prozent zu Buche. Viele Probleme für die Zukunft waren noch ungelöst. Abgesehen davon, dass der Ausbau nicht schnell genug ging, um das gesteckte Ziel zu erreichen, lauteten die beiden wichtigsten Fragen: Was geschieht in »Dunkelflauten«,

also in Zeiten mit wenig Wind und zugleich wenig Sonnenschein? Wie können Speicherkapazitäten geschaffen werden, um den volatil eingespeisten Strom aus erneuerbaren
Energien zu nutzen?

Ebenso enthielt das Energiewendekonzept ganz konkrete
Vorgaben zur Emissionsminderung gegenüber 1990: Danach sollten bis 2030 pro Jahr 55 Prozent und bis 2050 bis
zu 95 Prozent weniger Treibhausgase als 1990 ausgestoßen
werden. Auf internationaler Bühne präsentierten sich die
Bundeskanzlerin und ihre Minister als Kämpferinnen gegen die Erderwärmung. Doch Deutschland selbst verfehlte
nun seine Klimaziele.[11] Vier Faktoren gaben dafür den Ausschlag. Deutsche Autos wurden größer und schwerer, und
die Bundesregierung verhinderte auf europäischer Ebene
strengere Vorgaben beim Spritverbrauch, also auch beim
CO_2-Ausstoß. Die deutschen Braunkohleanlagen waren extrem schmutzig, schienen jedoch nach dem Atomausstieg
notwendig, um eine nationale Energiesicherung zu gewährleisten. Dies war die Folge des deutschen Sonderweges: Um
den Klimawandel einzudämmen, stand überall in Europa,
außer in Deutschland, die Kernkraft wieder hoch im Kurs.
Was hinzu trat: Die deutsche Landwirtschaft wurde auf Export getrimmt, vor allem Chinesen liebten deutsche Milch;
Kühe stoßen jedoch das Treibhausgas Methan aus, das in
ihren Mägen bei der Verdauung entsteht. Zuletzt wirkte
sich ein internationaler Aspekt aus: Die Bundesregierung
förderte den Import von Palmöl, allerdings verdrängten die
Plantagen der Pflanzen, aus denen dieser Saft für alle möglichen Nutzungen, auch für den Antrieb von Verbrennungs-
motoren, gewonnen wird, den Regenwald.

Die Energiewende war das größte politische Projekt seit
der Wiedervereinigung. Zum Selbstbild der Deutschen ge-

hörte es, in dieser Frage weltweit Vorreiter zu sein, und jahrelang galt diese deutsche Vorreiterrolle im Umweltschutz als unumstößliche Gewissheit. Darauf war man stolz. Dieses Gefühl hätte die Politik nutzen können, denn kostenneutral war nichts zu erreichen. Ein kleines Beispiel zeigt jedoch, dass sich hinter diesem Stolz auch die Geschichte eines Selbstbetruges verbarg: In den 1990er Jahren hatte Umweltminister Klaus Töpfer (CDU) die Mülltrennung eingeführt, seither wuchs die Menge an Plastikverpackungen immens an. Im Jahr 2016 fielen in Deutschland pro Einwohner durchschnittlich 36,62 Kilogramm Plastikverpackungsabfall an; die Bundesrepublik hatte damit – nach Irland und Estland – den dritthöchsten Wert in der EU.[12]

Deutschland entfernte sich immer weiter von den selbstgesteckten Zielen. Zum Jahresende 2018 waren von den wichtigen Stromleitungsbauprojekten von Nord nach Süd nur 23,4 Prozent realisiert, 60,5 Prozent steckten im Planungsverfahren und bei 16,1 Prozent hatte ein solches noch nicht einmal begonnen. Das Pionierland der Energiewende hatte seinen Elan verloren, andere europäische Nachbarn waren weiter, selbst die USA holten auf, von China ganz zu schweigen. Gegenwärtig liegt Deutschland – was den Anteil erneuerbarer Energien am gesamten Energieverbrauch anbelangt – mit 15,5 Prozent in Europa auf Platz 16, noch unter dem EU-Durchschnitt von 17,5 Prozent. Schweden führt die Liste mit 54,5 Prozent an, gefolgt von Finnland, Lettland, Dänemark und Österreich, die alle bei weit über 30 Prozent liegen. Auch Italien, Spanien und Frankreich liegen vor Deutschland. Die Spitzenrolle ist verloren gegangen. Auch was landwirtschaftliche Ökoprodukte, den Ausstoß von Treibhausgasen und die Flächenversiegelung anbelangt, liegt Deutschland im unteren Mittelfeld, während Frankreich sich zu einer »grünen« Republik wandelt.[13] Allerdings setzt Paris dabei, anders als Berlin, weiterhin auf die Atomkraft, um so den CO_2-Ausstoß zu reduzieren.

Bei den Meereswindparks verfehlte Deutschland seine Ziele in großem Stil und auch die energetische Sanierung von Wohngebäuden kam nicht voran. Von den insgesamt 19 Millionen Wohngebäuden in Deutschland waren 2018 nur vier Millionen energetisch saniert. Statt konsequent in Zukunftsfelder wie moderne Stromnetze zu investieren, steckten die Regierungen 200 Milliarden Euro in den Steinkohlebergbau. Rücksicht auf die Industrie und alte Arbeitsplätze verhinderten eine Energiewende aus einem Guss. Ob ein anderer Weg funktioniert hätte, darf man durchaus bezweifeln. Doch so standen sich in Deutschland nach dem weltweit beispiellosen Ausstieg aus der Atomkraft ein neues, sauberes System aus Wind und Solar und ein altes, schmutziges aus Kohle gleichberechtigt gegenüber. Offenbar war die gleichzeitig zu bewältigende Doppelaufgabe, Ausstieg aus der Atomenergie und Einstieg in erneuerbare Energien, einfach zu groß.

Ob die internationalen Verpflichtungen längerfristig eingehalten werden, ist zweifelhaft. Im japanischen Kyoto hatten sich 1997 die Industrieländer zu einer Reduktion der Treibhausgase verpflichtet. In der ersten Dekade hatte die EU ihre Kyoto-Verpflichtung (8 Prozent) erfüllt: Bis 2007 betrug der Rückgang der Emissionen der EU-15-Staaten 4,3 Prozent gegenüber 1990. Die damals 27 EU-Mitgliedstaaten haben ihre Emissionen bis 2007 sogar um 9,3 Prozent gesenkt – und dies bei stetig steigendem Wirtschaftswachstum. Damit wird deutlich, dass eine Entkopplung von Wachstum und Emissionen durchaus möglich ist. Im Vergleich dazu sind die Gesamtemissionen aller Industriestaaten mit Kyoto-Verpflichtungen zwischen 1990 und 2007 lediglich um 3,9 Prozent gesunken. Weltweit zeigte der Emissionstrend zudem in eine ganz andere Richtung: Bis 2006 stieg der globale Treibhausgasausstoß um rund 24 Prozent gegenüber 1990 an. Dafür verantwortlich sind neben großen Industrieländern wie den USA insbesondere die wirtschaftlich rasch wachsenden Schwellenländer wie China und Indien. Sie verweisen darauf, dass die Industrieländer historisch für den größten Teil der Emissionen verantwortlich sind und selbst heutzutage noch einen höheren Pro-Kopf-Ausstoß verzeichnen als ihre eigenen bevölkerungsreichen Länder.

Mehrere Konferenzen, etwa die im Dezember 2009 in Kopenhagen, brachten keinen Durchbruch. Erst der im Dezember 2015 in Paris beschlossene Weltklimavertrag, der das Kyoto-Protokoll ablöste, war ein Lichtblick. Das Pariser Übereinkommen schien ein großer Erfolg zu sein. Völkerrechtlich verbindlich wurde es im November 2016, nachdem die Mindestanforderungen für eine Ratifizierung erfüllt waren: Es mussten mehr als 55 der insgesamt 195 Unterzeichnerländer zustimmen, die zusammen für mehr als 55 Prozent des weltweiten Kohlendioxidausstoßes verantwortlich sind. Den Ausschlag gab Anfang Oktober das positive Votum des EU-Parlaments. 195 Mitgliedstaaten der UN einigten sich auf eine Klimarahmenkonvention mit dem Ziel, den globalen Temperaturanstieg zu begrenzen. Dieser soll bis zum Ende des Jahrhunderts deutlich weniger als zwei Grad gegenüber dem Niveau der vorindustriellen Zeit betragen. Das bedeutet, dass sich der weltweite Ausstoß von Treibhausgasen gegenüber dem Jahr 1990 halbieren muss. Den weitaus größten Anteil davon haben die Industrieländer zu leisten. Außerdem wollen die Industrieländer jährlich hundert Millionen Dollar in einen Klimafonds einzahlen, mit dem

Entwicklungsländer dabei unterstützt werden, ihre Energieversorgung umzubauen und Schäden zu beseitigen, die aus klimabedingten Naturkatastrophen resultieren.

Nie zuvor hatten sich so viele Staaten der Erde auf ein gemeinsames Programm verständigt. Doch der Rückschlag folgte auf den Fuß: Im Juni 2017 gab der neue US-Präsident, Donald Trump, der die Realität des Klimawandels bezweifelt, bekannt, die USA würden von dem Pariser Übereinkommen zurücktreten. Der Vertrag sei unfair gegenüber seinem Land und schade der amerikanischen Industrie. Weder Proteste in aller Welt noch solche in den Vereinigten Staaten selbst konnten den Präsidenten eines Besseren belehren.

Forscher haben berechnet, wie die Welt aussehen würde, wenn sie sich im Ganzen so verhielte wie einzelne Länder sich verhalten. Um mehr als fünf Grad würde sich die Erde erwärmen, wenn sich alle Länder so verhielten wie China oder Argentinien, Kanada, die Türkei und viele Staaten der ehemaligen Sowjetunion. Würden alle Japan nacheifern, wären es 4,3 Grad, bei den USA wären es 4 Grad und bei Polen 3,7 Grad. Die Europäische Union als Vorbild würde für die Erde eine Erwärmung von insgesamt 3,2 Grad bedeuten. Selbst wenn sich alle so verhielten wie der ehemalige »Musterknabe« Deutschland, würde sich die Erde um 3 Grad erwärmen. Viel besser schnitten Indien (2,6 Grad), die Schweiz (1,6 Grad) und Länder wie Costa Rica, Guatemala, Pakistan, einige afrikanische Staaten und die Philippinen ab – würden alle sie nachahmen, würde sich der Planet nur um 1,2 Grad erwärmen.

Was bedeutet das? Bei 4 Grad Erwärmung im Vergleich zum Beginn der Industrialisierung würden nicht nur Hitzewellen häufiger und heftiger werden; drei Viertel der Menschheit könnten an 20 oder mehr Tagen im Jahr lebens-

gefährlichen Temperaturen ausgesetzt sein; und die Hälfte
der in den artenreichsten Gebieten der Welt lebenden Tier-
und Pflanzenspezies wären vom Aussterben bedroht. Bei
den Werten, die Deutschland vorzuweisen hat, sieht es nicht
viel besser aus: In bisher gemäßigten Regionen wären die
Nutzpflanzen beeinträchtigt, auch viele Fischarten würden
dort verschwinden; mehr als zwei Fünftel der Himalaya-
Gletscher drohen verloren zu gehen, was für etwa 800 Millionen Menschen Wasserknappheit bedeuten würde; das
Meereis würde so stark abschmelzen, dass viele Monate im
Jahr der Arktische Ozean eisfrei wäre. Selbst wenn die Temperaturen im globalen Durchschnitt nur um 1,5 Grad steigen würden, käme es zur Schädigung von neun von zehn
Korallenriffen, und die Überflutung infolge des Meeresspie-
gelanstiegs würde dauerhaft den Siedlungsraum von über
50 Millionen Menschen betreffen.[14]

So gesehen erscheint alles ziemlich düster und aussichts-
los. Können Umweltprobleme dadurch gelöst werden, dass
der Einzelne zurücksteckt? Oder ist der Mensch einfach zu
egoistisch, weil er nicht weiß, ob andere genauso moralisch
handeln? Möchte er im Zweifelsfall nicht riskieren, schlechter dazustehen? Etliche Menschen wollen Vorbild sein –
aber kann sich ein Staat darauf verlassen? Und wie sieht es
mit den sozialen Konsequenzen aus? Sollen sich nur noch
Wohlhabende Sprit oder abstrus teures Mineralwasser aus
entfernten Bergregionen leisten können? Diese Frage stellt
sich überall – vom unter der rot-grünen Bundesregierung
eingeführten Dosenpfand bis zu den Fahrverboten von Die-
sel-Kraftfahrzeugen und dem Verbot von Einwegverpackun-
gen aus Plastik. Um die Grenzwerte der Schadstoffbelastung
einzuhalten, verhängten mehrere deutsche Städte wie Stuttgart, Hamburg, Darmstadt und München ab 2018 Fahrver-

bote für (zunächst ältere) Dieselfahrzeuge. Die schlechte innerstädtische Luft rief die Verwaltungen auf den Plan, um die Einwohner zu schützen. Zugleich förderte dies den Unmut jener, die auf ihr Fahrzeug angewiesen waren, weil der öffentliche Nahverkehr in einem miserablen Zustand war. Gerichte mussten sich mit dem Thema befassen. Die EU beschloss im Dezember 2018 zudem ein ab 2021 geltendes Verbot von Wegwerfprodukten aus Kunststoff, wie Plastikteller und Trinkhalme. Dieses soll dazu beitragen, die Unmengen von schwer abbaubarem Plastikmüll in der Umwelt und in den Weltmeeren – dort bestehen 80 Prozent des Mülls aus Plastik – einzudämmen. Doch kann sich jeder die Alternativen leisten?

Auf die neu entstandene »Fridays for Future«-Bewegung reagierten weite Teile der traditionellen Politik hilflos bis herablassend. Angestoßen durch die damals 15-jährige schwedische Klimaaktivistin Greta Thunberg hatte sich 2018/19 eine weltweit aktive Bewegung von Schülerinnen und Schülern sowie jungen Menschen allgemein entwickelt. Als Leidtragende des Klimawandels, den ihnen die vorhergehenden Generationen hinterlassen, organisierten sich auch in Deutschland mit großem Erfolg junge Menschen, die freitags den Schulbesuch aussetzten, um für den Klimaschutz zu demonstrieren. Eine solche globale »Jugendbewegung« hatte es seit 1968 nicht mehr gegeben, und die Ernsthaftigkeit der Ziele, die auf wissenschaftlichen Expertisen fußten, war nicht zu bestreiten.

Alles an diesem Megathema bleibt schwierig und unwägbar. Ob das Bündel an Maßnahmen, das die Bundesregierung im September 2019 als »Klimapaket« verabschiedet hat, dafür ausreicht, muss bezweifelt werden. Klimaschutz ist für Demokratien ein schwieriges Feld – auch in folgender Hinsicht: Wenn man den Klimawandel nicht schlicht leugnet oder wie der amerikanische Präsident Donald Trump der Ansicht ist, »das Konzept der Erderwärmung« sei von den Chinesen geschaffen worden, »um die amerikanische Produktion wettbewerbsunfähig zu machen«,[15] und wenn man nicht allein auf zukünftige technologische Innovationen vertraut, dann ist der Klimaschutz immer noch ein »demokratietheoretisches« Problem. Autoritäre Regime können Klimaschutzziele leicht verordnen und umsetzen. Doch demokratische Systeme tun sich schwerer damit. Klimaschutzmaßnahmen können eine demokratieschädliche Wirkung entfalten, da Demokratien durch »ihre Praktiken des ›Auf die lange Bank Schiebens‹ und ›Kompromisse Schließens‹ zu schwach sind, um ein dringendes Menschheitsproblem zu lösen«.[16] Manche glauben, dem Teufel Klimawandel nur mit dem Beelzebub Ökodiktatur beikommen zu können. Es wird für große Demokratien wie die Bundesrepublik Deutschland deshalb darum gehen, dem Klimawandel mit einem vielgestaltigen politischen und ökonomischen Set von Anreizen und Verboten zu begegnen, sodass ein gesellschaftlicher Lernprozess in Gang kommt, der diese gewaltige Menschheitsaufgabe demokratieverträglich macht.

9.

EIN KOMPLIZIERTER KONTINENT

Europa am Scheideweg

Es ist gegenwärtig ein geflügeltes Wort – die Krise Europas. Aber befand sich Europa nicht permanent in irgendeiner Krise? Nirgendwo sonst auf der Welt sind vor allem im 19. und in der ersten Hälfte des 20. Jahrhunderts die Nationalismen mit solch tödlicher Wucht aufeinandergeprallt und haben einen ganzen Kontinent in Schutt und Asche gelegt. Wie auch immer sich die Situation gestaltete, schlimmer als vor 1945 konnte es nicht werden, und bisher hat jede »Krise Europas«, und davon gab es seit den 1950er Jahren zahlreiche, zu einer neuen, zukunftsweisenden Dynamik geführt, die das »Projekt Europa« nach vorn brachte. Europa war immer ein Geschichtsraum, der sich sozial, ökonomisch und politisch veränderte, ohne dass seine Grenzen jemals eindeutig bestimmbar gewesen wären. Am Übergang vom 20. zum 21. Jahrhundert war Europa so dramatischen Veränderungen unterworfen wie sonst kein anderer Teil der Welt. Dabei überschneiden sich drei verschiedene »Europas«: das Europa des Friedensraums als Erbe zweier Weltkriege, das Europa der sozialen Rechte und der Menschenrechte als Erbe von 1968 sowie das Europa der (Wieder-)Vereinigung als Erbe des Endes des Kalten Krieges. In sämtlichen Lebensbereichen vollzog sich um die Jahrhundertwende herum ein revolutionärer Wandel, im Osten des Kontinents stärker als im Westen. Und an der Schnittstellte befand sich mit der Vereinigung von BRD und DDR das neue Deutschland.

Ob dieses Deutschland, der ökonomische Riese und das mit Abstand bevölkerungsreichste Land, das Herz Europas war oder sein sollte und die politische Führung zu übernehmen hatte, oder ob es sich wegen seiner Vergangenheit klein machen musste, um den Rest des Kontinents nicht zu erniedrigen – daran schieden und scheiden sich die Geister.[1] 1989 hatte es sehr gut ausgesehen für Europa. Als die Blockkonfrontation zu Ende war, glaubten nicht wenige, Europa werde wieder zur Weltmacht aufsteigen. Doch dieser Traum einer globalen Supermacht platzte. Der Kontinent war viel zu zerstritten. Und wer eine deutsche Führungsrolle wünschte, musste all jene überzeugen, die eine neue deutsche Dominanz witterten. Dieses Dilemma zu lösen, war, letzten Endes aus vergangenheitspolitischen Gründen, ein Ding der Unmöglichkeit.

Der Untergang des Kommunismus, das Ende der Zweiteilung der Welt und des Kalten Krieges sowie die Revolution der Staatenwelt führten zu einer Rückkehr und Verwandlung Europas von historischem Ausmaß – innerhalb eines nur sehr kurzen Zeitraums. Die Dynamik der Umbruchsereignisse veränderte den Kontinent grundlegend. Noch in den 1980er und frühen 1990er Jahren war eine beschleunigte Integration und Demokratisierung (West-)Europas festzustellen, doch dann tauchten neue Konflikte auf: Der Krieg kehrte nach Europa zurück, und Bezugsräume der Welt verschoben sich infolge des Anschlags von 9/11. Europa wurde größer, es erweiterte sich erheblich. 2004 kamen zu den bisher 15 mit einem Schlag zehn neue Länder hinzu, doch auf die Frage, wer zu Europa gehören darf, oder sollte, und wer

nicht, fand man keine endgültige Antwort, insbesondere
was die Türkei betraf. Auf einer höheren Ebene kam zudem
das Problem auf, in welchem Verhältnis Erweiterung und
Vertiefung Europas zueinander standen. Die Einführung
des Euro als gemeinsame Währung bedeutete nicht nur ein
neues Zahlungsmittel, sondern man empfand sie als Symbol europäischer Zuversicht und Gemeinsamkeit. Darüber
hinaus stand die Debatte über eine europäische Verfassung
im Raum. Auf welches Ziel, auf welche »Finalität« strebte
Europa hin, und wie sollte die Gemeinschaft am Ende der
Entwicklung aussehen? Trotz allem war Europa in dieser
spannungsreichen Zeit – einer Zeit der Verdichtung – viel
mehr als nur Krise. Europa wuchs zusammen und gewann
offenbar, so jedenfalls die Sicht von außen, unablässig an
Einfluss. Europa war ein Versprechen auf eine bessere Zukunft. Hier wurde versucht, ein neues Kapitel in der Erfolgsgeschichte des europäischen Einigungswerks nach dem
Zweiten Weltkrieg zu schreiben.

Historisch gesehen entwickelte sich »Europa«, seit es dieses Projekt gab, immer in Wellenbewegungen.[2] Und so war
auch vieles, was an der Wende zum 21. Jahrhundert einer
Lösung zutrieb, lange Zeit liegen geblieben, hinausgezögert
oder nur in Bezug auf den westeuropäischen Raum gedacht
worden. Nun musste es den neuen Realitäten angepasst
werden. Nach der Krisenzeit der 1970er Jahre hatte die europäische Integration zu Beginn der 1980er Jahre, begüns-
tigt durch eine unerwartet positive wirtschaftliche Gesamt-
entwicklung, neue Fahrt aufgenommen. Niemand sprach
mehr von »Eurosklerose«, einer europäischen Lähmung, wie
noch in den 1970ern, vielmehr war eine neue Kraft, ein lange
nicht mehr gekannter Schwung zu spüren. Europa wurde
zu einem dynamischen Kontinent. In die 1980er Jahre fiel

zudem die zweite Erweiterungsrunde, die Süderweiterung
(1981 Griechenland, 1986 Spanien und Portugal). Diese trug
maßgeblich zur Stabilisierung der jungen Demokratien bei
und hatte Vorbildcharakter für die spätere Osterweiterung.
Sie verstärkte, wie jene, zwar die regionalen und strukturellen Unterschiede innerhalb der Gemeinschaft, fügte Europa
aber vor allem in Gestalt der beiden Länder der iberischen
Halbinsel auch verlässliche Partner hinzu. Anlässlich des
30. Jahrestags der Römischen Verträge trat am 1. Juli 1987 die
Einheitliche Europäische Akte in Kraft, die die Dauerkrise
der Europäischen Gemeinschaft beendete. Sie hatte einen
gemeinsamen Markt und offene Binnengrenzen im Visier.
Europäische Symbole wie Flagge, Hymne, Europatag und
Pass wurden bald darauf eingeführt. Und das Europäische
Parlament erhielt neue Befugnisse – die Legislative erfuhr
eine Stärkung. In etlichen Bereichen wurden qualifizierte
Mehrheitsentscheidungen üblich. Eine politische Union
mit erweiterten politischen und sozialen Zuständigkeiten sollte geschaffen werden. Es war der größte Schritt für
Europa seit 1957 und vor dem Vertrag von Maastricht 1991.
Die Akte versuchte, Europa seinen Bürgern näher zu bringen – endlich hatten Elan und Leidenschaft wieder Schwäche und Trägheit abgelöst.

Diese beschleunigte Integration im Westen stieß 1989/90
auf die unerwartete Revolution im Osten. Die Zäsur von
1989 war so tief wie die von 1789, als das Zeitalter der Französischen Revolution begann. Innerhalb weniger Monate
verschwanden kommunistische Diktaturen vom Erdboden,
scheinbar unerschütterliche Machtstrukturen brachen zusammen wie morsches Gebälk.[3] Mit dem Untergang des
Kommunismus versank auch die globale Machtstruktur des
Kalten Krieges: das bipolare internationale System. Für Eu-

ropa erwuchsen daraus gänzlich unverhoffte Chancen und riesige Herausforderungen gleichermaßen.

Dieses politische Erdbeben hatte sich nicht angekündigt, und so war die EG am Ende der 1980er Jahre mit der Vollendung des Binnenmarktes und den Vorarbeiten zur Wirtschafts- und Währungsunion befasst. Europa war auf sich selbst – und das hieß seinerzeit: auf den Westen – bezogen, als sich die weltpolitische Lage mit dem Fall der Berliner Mauer grundlegend veränderte. Die Revolutionen von unten verbanden sich mit einer Revolution der Staatenwelt. Nichts war mehr so wie zuvor. Mit der Auflösung des Ostblocks kamen kurz-, mittel- und langfristig vollkommen neue Herausforderungen auf die Europäische Gemeinschaft zu, für die es keine vorgegebenen Muster gab. Und mit der deutschen Wiedervereinigung stand die Gemeinschaft erstmals vor der Aufgabe, ihren Geltungsbereich auf einen ehemals sozialistischen Staat auszuweiten. Dieser in kürzester Zeit vollzogene Schritt wirkte ebenso wie die rasche Heranführung der postdiktatorischen ostmitteleuropäischen Staaten an Europa als starker Impuls zur Vertiefung der gemeinschaftlichen Zusammenarbeit. Die Europäer standen vor der unverhofften Möglichkeit, die Einheit des Kontinents neu zu gestalten.

Wie das neue Europa institutionell ausgestaltet sein sollte, blieb eine Zeit lang umstritten, doch dann einigte man sich auf das unter luxemburgischer Ratspräsidentschaft ausgearbeitete, aus drei Säulen bestehende Tempelmodell, in dem supranationale und intergouvernementale Elemente vereint waren. Während die erste Säule der Gemeinschaftsaufgaben im Kompetenzbereich der Kommission lag, fielen die zweite und die dritte Säule in den Aufgabenbereich der nationalstaatlichen Regierungen. Hierzu gehörte auch die Zusammenarbeit im Bereich der Gemeinsamen Außen- und Sicherheitspolitik sowie der polizeilich-justiziellen Kooperation.

Das Städtchen Maastricht ist sodann zum Synonym für die größte Veränderung Europas seit den 1950er Jahren geworden. Dort wurde im Dezember 1991 ein Vertragswerk beschlossen und am 7. Februar 1992 von den Außenministern unterzeichnet. Der Maastrichter Vertrag war ein Meilenstein. Er sah eine Währungsunion bis spätestens 1999 vor, projektierte eine Gemeinsame Außen- und Sicherheitspolitik sowie die Zusammenarbeit im Bereich von Polizei und Justiz, überführte eine bedeutende Zahl neuer Aufgaben in den Kompetenzbereich der Union und stärkte die demokratische Legitimation der europäischen Institutionen. Wie stets, so herrschte auch hier nicht nur eitel Sonnenschein. Immer war eine Vertiefung Europas den jeweiligen nationalen Kräften ein Dorn im Auge. Es entstand ein breites Anti-Maastricht-Lager. Die teils populistische und in der Sache unzutreffende, böswillige Kritik, die den Gemeinschaftsinstitutionen in der Folgezeit entgegenschlug, führte zu einer Krise, wie sie die Gemeinschaft seit dem Scheitern der Europäischen Verteidigungsgemeinschaft in den 1950er Jahren nicht mehr erlebt hatte. Nicht mehr nur der Vertrag an sich stand im Kreuzfeuer der Kritik, sondern die weitere Integration als Ganzes. Wieder einmal zeigte sich, was so oft europäische Politik ausmachte: dass in ihrem Vollzug nichts jemals definitiv entschieden ist. Aus dem Meilenstein drohte ein Flop zu werden.

Das vom französischen Präsidenten ursprünglich zur Befriedung der Diskussionen angesetzte Referendum in Frankreich endete mit nur 51 Prozent Ja-Stimmen. Es konnte nicht dazu beitragen, die Vertrauenskrise zu überwinden – im

Gegenteil. In Großbritannien drohte die Spaltung des Re-
gierungslagers, und nur mit großem Geschick und geziel-
tem Druck auf die Abgeordneten konnte der Vertrag von
Maastricht 1993 auf der Insel ratifiziert werden. Auch in
Deutschland bedurfte es erst eines Verfassungsgerichtsur-
teils, bevor die Ratifizierung durch die parlamentarischen
Gremien vollzogen wurde. Als am 1. November 1993 das
Vertragswerk schließlich in Kraft treten konnte, war nicht
nur die Euphorie über das Ende des Ost-West-Konflikts verflogen, sondern auch in vielerlei Hinsicht der Höhenflug
beendet, der noch zu Beginn des Jahrzehnts die weitere europäische Integration erfasst hatte.

Zwischen 1991 und 1996 schloss die EG/EU mit zehn Staaten des ehemaligen Ostblocks (Polen, Ungarn, Tschechische
Republik, Slowakei, Bulgarien, Rumänien, Estland, Lettland,
Slowenien, Litauen) Assoziierungsverträge ab. Diese Euro-
pa-Abkommen enthielten eine spätere Beitrittsoption. Auf
dem Gipfel von Kopenhagen im Juni 1993 legten die Staats-
und Regierungschefs ein Prozedere fest. Den Kandidaten
sollte der Beitritt offenstehen, sobald die jungen Demokratien in der Lage dazu seien, die mit ihrer Mitgliedschaft
verbundenen Verpflichtungen einzuhalten. Gleichzeitig
wurden Kriterien benannt, welche die künftigen Mitglieder vor den Beitrittsverhandlungen erfüllen mussten. »Als
Voraussetzung für die Mitgliedschaft«, so hieß es in den Kopenhagener Kriterien, »muss der Beitrittskandidat eine in-
stitutionelle Stabilität als Garantie für demokratische und
rechtsstaatliche Ordnung, für die Wahrung der Menschenrechte sowie die Achtung und den Schutz von Minderheiten
verwirklicht haben; sie erfordert ferner eine funktionsfähige
Marktwirtschaft sowie die Fähigkeit, dem Wettbewerbs
druck und den Marktkräften innerhalb der Union standzu-

halten. Die Mitgliedschaft setzt außerdem voraus, dass die einzelnen Beitrittskandidaten die aus einer Mitgliedschaft erwachsenden Verpflichtungen übernehmen und sich auch die Ziele der politischen Union sowie der Wirtschafts- und Währungsunion zu eigen machen können.«[4]

Alle zehn assoziierten Länder stellten im Zeitraum von zwei Jahren Beitrittsgesuche. Bereits 1987 hatte die Türkei ein solches Gesuch gestellt, Malta und Zypern waren 1990 gefolgt. 1997 und 1999 bescheinigte die Kommission allen Ländern die Erfüllung der Kopenhagener Kriterien – nur der Türkei nicht. Ihr billigte man aufgrund der unzureichenden politischen Qualifikation lediglich den Status eines Beitrittskandidaten zu. Am 16. April 2003 wurden in der antiken Agora von Athen die Beitrittsverträge mit den Staaten Estland, Lettland, Litauen, Malta, Polen, Slowakei, Slowenien, Tschechische Republik, Ungarn und Zypern feierlich unterzeichnet, und zum 1. Mai 2004 traten sie der Union bei, die mit einem Schlag von 15 auf 25 Mitglieder wuchs. Am 1. Januar 2007 folgten Rumänien und Bulgarien, Kroatien 2013. Seither verfügte die Europäische Union über 28 Mitgliedsländer. Dies war, man muss es sich vor Augen halten, eine enorme Ausdehnung, fast eine Verdoppelung, innerhalb kürzester Zeit.

Es war die deutsche Regierung, die gegen französische Bedenken auf die Osterweiterung drängte. Deutschland grenzt unmittelbar an den postkommunistischen Raum. Durch die Erweiterung der EU-Staatengemeinschaft erhoffte man sich ein stabiles Rechtssystem und geordnete Wirtschaftsstrukturen, wodurch die jungen Demokratien gefestigt werden konnten. Dass deutsche Unternehmen wirtschaftliche Vorteile aus der Erweiterung ziehen würden, war ein weiterer wichtiger Beweggrund. Schließlich waren es jedoch nicht nur der Stabilitätsexport und wirtschaftliche Faktoren, die für eine Osterweiterung sprachen, sondern ebenso historische Verantwortung und moralische Verpflichtungen, die aus dem Zweiten Weltkrieg resultierten und sämtliche Bundesregierungen in die Rolle eines Anwalts für die mittel- und osteuropäischen Staaten versetzten. Allerdings hinderte dies die Regierung Schröder nicht daran, etwa bei der Arbeitnehmerfreizügigkeit gegenüber den östlichen Staaten harte Einschränkungen und lange Übergangsfristen (sieben Jahre) durchzusetzen, um den nationalen Arbeitsmarkt vor »Billiglöhnern« zu schützen.[5]

Für viele Osteuropäer war Berlin die Hoffnung. Besonders Politiker aus Polen und Ungarn wiesen gern auf die Schlüsselrolle der deutschen Hauptstadt hin. Einem gängigen Bonmot zufolge war Berlin der einzige Ort, an dem man den Westen erleben konnte, ohne den Osten ganz zu verlassen.[6] Noch im Jahr 2000 sah nur die Hälfte aller Deutschen Vorteile im Zusammenwachsen der EU, die andere Hälfte fürchtete gravierende Nachteile; erst 2001 neigte sich die Waage, 61 Prozent waren nun positiv gestimmt.[7]

Viele Westeuropäer betrachteten das deutsche Faible für den Osten durchaus skeptisch, nicht selten kam Argwohn auf, wie schon bei der Neuen Ostpolitik Willy Brandts. Vom traditionellen, ja Jahrhunderte alten »Ostdrang« der Deutschen war die Rede – und das Ergebnis würde Deutschlands Stellung als Zentralmacht Europas stärken. Mag sein, dass solche Gedanken in den Köpfen deutscher Politiker mitschwangen; aber sie waren bei der Verpflichtung, den osteuropäischen Staaten einen Weg nach Europa zu ebnen, nicht dominant. Dadurch veränderte sich auch die missliche geopolitische Lage Ostmitteleuropas. »Im Gegensatz zur Zwischenkriegszeit und den ersten Jahren nach dem Zweiten

Weltkrieg bildete dieser Teil Europas keine Pufferzone zwischen West und Ost mehr.«[8]

In der Agenda 2000, die unter deutscher Ratspräsidentschaft von der EU verabschiedet worden war, hatte man das Finanzvolumen für den Erweiterungsprozess bis 2006 festgelegt. Knapp 80 Milliarden Euro waren für Strukturförderungen jeglicher Art in den osteuropäischen Staaten vorgesehen. Zum Vergleich führte die Bundesregierung gern den Marshall-Plan für das kriegszerstörte Europa nach 1945 an, der sich, freilich in vollkommen anderen Zeiten, auf 13 Milliarden US-Dollar belaufen habe. Die vor einer Erweiterung erforderlichen institutionellen Reformen waren, nachdem man auf dem Amsterdamer Gipfel 1997 noch keine Lösung gefunden hatte, im Dezember 2000 in Nizza beschlossen worden und sollten zum 1. Februar 2003 in Kraft treten.

Nizza war ein Gipfel, der zutiefst vom deutsch-französischen Streit geprägt war, was Europa nicht guttat. Neben der Entscheidung über eine neue Struktur der EU-Kommission ging es in Nizza in erster Linie um eine Neuberechnung der Stimmen im Rat. Die Bundesregierung forderte eine stärkere Berücksichtigung der Bevölkerungsgröße Deutschlands. Damit die EU handlungsfähig bliebe, wollte sie zudem eine Ausweitung der qualifizierten Mehrheitsentscheide. Der Hintergrund war einfach zu verstehen: Wenn die Union mit der Osterweiterung erheblich anwuchs, war das Prinzip der Einstimmigkeit praktisch nicht mehr möglich. Seit Nizza gab es eine stärkere Stimmenspreizung zwischen großen und kleinen Ländern als zuvor; auch die Stimmenverteilung im europäischen Parlament war stärker proportional zugeschnitten worden. Zusätzlich konnte ein Mitgliedstaat beantragen, dass überprüft wird, ob die erwähnte qualifizierte Mehrheit mindestens 62 Prozent der Gesamtbevölkerung der Union repräsentierte – war dies nicht der Fall, galt die Mehrheit als nicht erreicht.[9] Mit Blick auf die neue Stimmengewichtung hatte sich Gastgeber Jacques Chirac mit dem spanischen Ministerpräsidenten José María Aznar auf Kosten Deutschlands verständigt. Damit nicht genug: Aufgrund seines Verhaltens, den kleineren Ländern »Angebote« zu unterbreiten, um französische Interessen – wiederum vor allem die Bewahrung der Gleichrangigkeit mit Deutschland – durchzusetzen, kam Nizza dem deutschen Außenminister wie ein »großer Bazar« vor.[10] Der Historiker Tony Judt spricht von einem »peinlichen Kuhhandel«, den die Franzosen initiierten.[11] Zwar wurde, worauf Frankreich pochte, am Ende die deutsch-französische Parität formal erhalten (trotz eines Bevölkerungsunterschieds zwischen Frankreich und Deutschland von 20 Millionen Menschen), doch durch die fakultative doppelte Mehrheit koppelte sich Deutschland von den anderen großen Ländern ab.

War Deutschland also ein »ehrlicher Makler« oder eine »sanfte Führungsmacht«, der es vor allem darum ging, den Konsens unter den europäischen Partnern herzustellen? Das von Helmut Kohl bis 1998 regierte Deutschland nahmen die meisten als zurückhaltende, wohlwollende Macht wahr. Kohl, »Ehrenbürger Europas«, wurde nach seinem Tode 2017 ein europäischer Trauerakt zuteil. Dieser Staatsakt ohne Staat der Europäischen Union schuf einen europäischen Moment, so wie fünf Jahre zuvor, als die EU mitten in ihrer schärfsten Krise mit dem Friedensnobelpreis ausgezeichnet worden war.

Bei den nachfolgenden Bundesregierungen, besonders bei Rot-Grün zwischen 1998 und 2005, war man sich, wenn man von außen auf Deutschland blickte, über den europäischen Impuls nicht mehr ganz so sicher. Die mit neuem Selbstbewusstsein auftretende Regierung Gerhard Schröder vertrat erstmals offen nationale Interessen, die nicht mit gemeinschaftlichen Zielen übereinstimmen mussten und auch gegen europäische Partner durchgesetzt wurden. Außerdem spaltete das deutsche (und französische) Nein zum Irakkrieg 2003 Europa, vor allem osteuropäische Staaten empfanden es als unsolidarisches Ausscheiden aus der Bündnisloyalität. An den Bundesregierungen von Angela Merkel kritisierten europäische Partner die recht passive Haltung bezüglich der Sicherheitspolitik sowie das Agieren in der Schulden- und Flüchtlingskrise. Weit verbreitet war die Einschätzung, die deutsche ökonomische Stärke sei für die jeweils eigene nationale Schwäche verantwortlich und Deutschland lebe mit seiner Wirtschaftspolitik – vor allem durch die deutschen Außenhandelsüberschüsse – auf Kosten seiner schwächeren europäischen Partner.[12]

Tatsächlich war Merkels Ziel weniger, die EU enger zusammenzuführen, wie es Kohl getan hatte, sondern ihre Priorität galt der deutschen Wirtschaftskraft. Deutschland war immer schnell dabei, sich über die Fehler der anderen schulmeisterlich zu beugen, doch oftmals spielte dabei Selbstgerechtigkeit hinein. In der Zeit vor 1989 hatte die Bundesrepublik stets im »Namen Europas«[13] ihre eigenen nationalen Interessen verfochten; dieses verdeckte Spiel hat sich mittlerweile geändert. Kein anderes Land ist mehr auf den Zusammenhalt der EU angewiesen als Deutschland – wirtschaftlich als Exportnation, außenpolitisch als Land mit vielen Nachbarn. Was diese Nachbarn denken und wie sie handeln, ist von vitalem deutschen Belang. Sämtliche Bundesregierungen pochten streng auf die Einhaltung von Regeln – doch wenn es im nationalen deutschen Interesse war, ignorierten sie diese ein ums andere Mal. Das betraf in wirtschaftlich schwierigen Zeiten wie um die 2000er Jahre die Defizitgrenzen, das betraf immer wieder strengere Grenzwerte beim CO_2-Ausstoß von Autos (sämtliche Bundesregierungen schützten die deutschen Hersteller von großen Luxuswagen), das betraf die hohen Exportüberschüsse, die Jahr für Jahr von der EU-Kommission gerügt wurden, weil sie riesige Asymmetrien in der Euro-Zone schufen und zulasten der Partner gingen. In der Flüchtlingskrise und beim Klimaschutz kam moralischer Hochmut dazu. Kaum ein anders Land geriet häufiger mit dem europäischen Regelwerk in Konflikt als Deutschland. Im Jahr 2016 beispielsweise führte die Europäische Kommission 91 sogenannte »Vertragsverletzungsverfahren«, weil die Bundesregierung im Verdacht stand, gegen europäisches Recht zu verstoßen. Gegen Italien gab es 70 Verfahren, gegen Dänemark 34. Man darf sich nicht wundern, wenn Deutschland in Krisenzeiten bei manchen Partnern als ziemlich rücksichtslose Macht erschien, die zumindest gemischte Gefühle hervorrief.

Einer der ersten deutschen Politiker, der sich um die Jahrtausendwende über die Zukunft der Europäischen Union Gedanken machte und dabei den Begriff der »Föderation der Nationalstaaten« aufgriff, war Außenminister Joschka Fischer. Am 12. Mai 2000 hielt Fischer an der Humboldt-Universität zu Berlin eine weithin beachtete Rede, die er mit der Überschrift versah: »Vom Staatenbund zur Föderation – Gedanken über die Finalität der europäischen Integration«.[14] Fischer schlug ein Stufenmodell vor, welches von der Prämisse ausging, dass die Vollendung der politischen Integration Europas nicht gegen die bereits vorhandenen nationalen Institutionen und Traditionen gelingen könne, sondern nur mit ihnen: »Nur wenn die europäische Integration die Nationalstaaten in eine solche Föderation mitnimmt, wenn deren Institutionen nicht entwertet oder gar verschwinden werden, wird ein solches Projekt trotz aller gegenwärtigen Schwierigkeiten machbar sein.«

Man durfte an dieser Stelle von Fischers Europa-Idee freilich die Frage stellen, ob dieser Gedanke bei derart zahlreichen Institutionen unterschiedlichster Traditionen, wie es sie in den europäischen Nationen gab, nicht darauf hinauslief, die Quadratur des Kreises zu suchen. Jedenfalls war das nun skizzierte Modell, das es vielen recht machen wollte, den europäischen Dilemmata geschuldet. Die konkreten Schritte, die der deutsche Außenminister entwarf, klangen daher nicht für alle europäischen Ohren gleichermaßen überzeugend: Ein Kerneuropa, eine Avantgarde möge vorausgehen, wenn die anderen nicht mitzögen. Ein ähnliches Modell hatten bereits 1994 die beiden konservativen Politiker Karl Lamers und Wolfgang Schäuble, beide CDU, vorgeschlagen. Sie hatten seinerzeit eines der wenigen visionären europäischen Konzepte entworfen – die Idee eines Europas der konzentrischen Kreise, dessen Kern Deutschland und Frankreich bilden sollten. Deutschland, das sich sämtlichen hegemonialen Bestrebungen für immer entsagte, sollte als »ruhige Mitte Europas« wirken.[15] Jenen anderen wiederum, die nicht zum Kern gehörten, so nun Fischer, müsse die Möglichkeit der fallweisen Mitarbeit gegeben werden. So gelangte man freilich rasch zu einer recht variablen, um nicht zu sagen unübersichtlichen Geometrie. Am Ende stünde ein europäischer Verfassungsvertrag, auf welchen sich das Kerneuropa schon verpflichtet hatte. Das Gravitationszentrum müsste mithin »die Lokomotive für die Vollendung der politischen Integration sein und bereits alle Elemente der späteren Föderation umfassen«.[16]

Rudolf Augstein, der Fischers Rede mit größter Skepsis

begegnete und ihm unterstellte, er wolle nur Beifall hei-
schend auf dem Hochseil balancieren, urteilte in einem
Kommentar des *Spiegel*, Fischer sei es gelungen, die ganze
englische Elite gegen sich und Deutschland in Stellung zu
bringen.[17] Doch das galt nicht nur für England. Allein der
französische Außenminister widersprach in moderaten Tö-
nen, ansonsten war die europäische Stimmung vollkommen gegen Fischer, sah man doch in seinen Vorschlägen
die Tendenz Deutschlands, das deutsche föderale Modell
einfach der EU überzustülpen. Für viele war dies ein uner-
träglicher Gedanke.

Wie sehr die deutsch-französische »Motorenrolle« in Europa auf Skepsis stieß, dokumentiert auch das Schicksal des
von einem Konvent um den ehemaligen französischen Präsidenten Valéry Giscard d'Estaing erarbeiteten europäischen
Verfassungsvertrags, der im Juni 2003 vorlag. Der Deutsche
Bundestag votierte am 12. Mai 2005 für ihn, ein Plebiszit
kam in Deutschland verfassungsrechtlich nicht infrage. Als
einige Länder eine Volksabstimmung über den Vertrag an-
beraumten, verstärkten sich die Bedenken. Die Abstimmungen in den beiden Gründungsstaaten der europäischen Ei-
ni-gung nach dem Zweiten Weltkrieg, Frankreich und den
Niederlanden, bestätigten die Befürchtungen: Sie machten
die hehre Idee zunichte und ließen die Verfassungspläne in
den Schubladen verschwinden. Europa müsse eine Denk-
pause einlegen, ließen Staats- und Regierungschefs nach
dem Debakel verlauten. In Frankreich lehnte eine Mehrheit von 54,7 Prozent der Bürgerinnen und Bürger den
Verfassungsvertrag ab, in den Niederlanden waren es sogar
69,3 Prozent. Europaskepsis spielte eine Rolle, ebenso die
Furcht, vom »Bürokratieungeheuer« Brüssel dominiert zu
werden, aber auch die immense Ausdehnung Europas, die

alles unübersichtlicher machte und offenbar noch gar nicht zu einem Ende gekommen war, ließ neue Ängste aufkommen, seine Eigenständigkeit und Selbstbestimmung zu verlieren. In ganz Westeuropa führte die Erweiterung zu europaskeptischen bis europaphoben Bewegungen.

Dergestalt schlecht gerüstet schlitterte die EU in ihre drei fundamentalen Krisen: die Finanz- und Staatsschuldenkrise, die Flüchtlingskrise – beide wurden bereits dargestellt – und den Brexit. Am 23. Juni 2016 erschütterte ein politisches Erdbeben die Europäische Union: 51,8 Prozent der britischen Wähler – das entsprach 37,4 Prozent aller Wahlberechtigten – votierten für einen Ausritt des Vereinigten Königreiches aus der Europäischen Union. Seit der Unterhauswahl 2010 führte der Konservative David Cameron als Premierminister das Land, und nicht nur in seiner Partei nahm die Zahl der EU-Skeptiker beständig zu. Bei der Europawahl 2014 wurde die europafeindliche Partei UKIP mit 27,5 Prozent sogar stärkste Kraft auf der Insel. Cameron hatte seit Jahren Vabanque gespielt: Auf der einen Seite schien er in einer reformierten EU bleiben zu wollen, indem er vorgab, für Großbritannien »das Beste« herauszuholen; auf der anderen Seite schob er bei politischen Entscheidungen immer wieder Brüssel den Schwarzen Peter zu. Im Juni 2015 verabschiedete das britische Parlament ein Gesetz über ein EU-Referendum, dessen Abstimmungsfrage eindeutig war: »Soll das Vereinigte Königreich ein Mitglied der Europäischen Union bleiben oder die Europäische Union verlassen?« Nach den zweijährigen britischen Reformverhandlungen mit der EU, in denen es vor allem darum ging, Großbritannien eine Reihe an Sonderrechten zu gewähren, trat Cameron siegesgewiss und in dem Glauben vor die Kameras, sein burschikoses Auftreten in Brüssel würde die Briten nun mit der EU versöhnen und sie zu einem Verbleib veranlassen. Selten in der britischen Geschichte hat sich ein Regierungschef so sehr getäuscht. Noch am Tag, als das negative Ergebnis des Referendums bekannt gegeben wurde, kündigte David Cameron seinen Rücktritt an und überließ somit den Austrittantrag nach Artikel 50 des EU-Vertrages sowie die Austrittsverhandlungen seiner Nachfolgerin Theresa May. Es war eine Zeitenwende: Erstmals in der Geschichte Europas wurde die Union nicht größer, sondern kleiner, indem das bisher Unvorstellbare, nämlich das Ausscheiden eines Mitglieds, eintrat.

Der britische Beitritt zur Europäischen Wirtschaftsgemeinschaft war erst spät, im Jahr 1973, erfolgt und blieb seither in der Bevölkerung des Vereinigten Königreiches stets umstritten. Die meisten britischen Politiker sahen die europäische Vereinigung eher unter instrumentellen und pragmatischen Gesichtspunkten, weniger als Wertegemeinschaft. Sie legten den Fokus auf den nationalen Nutzen. Es gelang ihnen jedoch nicht, die Union den eigenen Vorstellungen entsprechend zu gestalten. Das britische Verhältnis zur europäischen Integration war deshalb seit jeher von Zurückhaltung und Missverständnissen geprägt. Die Briten waren gegen eine Vertiefung der Union und Großbritannien versagte sich wichtigen Entscheidungen: An der Euro-Zone und am Schengen-Raum nahm man nicht teil. Das Land hatte sich also nie vollends auf Europa eingelassen.

Anders als die Länder auf dem Kontinent fand die Gründungsvision als Friedensmacht auf der Insel keinen besonderen Nachhall, was auch damit zusammenhing, dass Großbritannien aus den beiden Weltkriegen siegreich hervorgegangen war und sich nach dem Zweiten Weltkrieg weiterhin als weltpolitisch bedeutsamer »Global Player«

verstand. Mit der konsensorientierten Art der EU und ihren unsagbar vielen Kompromissen konnten die meisten Briten nichts anfangen, es widersprach ihrem politischen Gefühl zutiefst. So schossen die britischen Medien sich auf den Sündenbock »Brüssel« regelrecht ein. Auch die Furcht vor einem »German Europe« spielte dabei eine nicht zu unterschätzende Rolle. Viele Briten wähnten Deutschland trotz zweier verlorener Weltkriege wieder auf der »Kommandobrücke«. Die ganz Böswilligen sprachen gar von einem »Vierten Reich« und zogen eine Linie von Bismarck über Hitler zu Merkel. Was Hitler mit Gewalt nicht erreicht habe, gelinge nun mit Handel und Geld.[18] Während in Deutschland, Spanien und Schweden im Jahr 2009 rund 60 Prozent der befragten Menschen angaben, die EU-Mitgliedschaft sei gut für ihr Land, und fast alle anderen Staaten ähnlich hohe Zustimmungswerte verzeichneten, waren in Großbritannien lediglich 30 Prozent dieser Meinung. Die Identifikation mit Europa blieb hier immer viel geringer. Die meisten Briten, die älteren allerdings weitaus mehr als die jüngeren, definierten sich fast ausschließlich über ihre nationale Staatsangehörigkeit.

Wie der Brexit bis Ende 2019 oder darüber hinaus ausgestaltet wird und welche langfristigen Folgen er für Europa und Großbritannien haben wird, ist noch nicht vollends absehbar. Grundsätzlich wurde mit dem britischen Votum allerdings das europäische Ordnungsmodell infrage gestellt, und wie man es auch dreht und wendet – der Brexit bleibt ein Rückschritt in der Integration und eine tiefe Scharte in der europäischen Erfolgsgeschichte. Die zweitgrößte Volkswirtschaft der Union und damit der zweitgrößte Nettozahler, scherte nach 44 Jahren aus dem Verbund aus. Aus globaler Perspektive erlitt die EU einen Ansehens- und

Glaubwürdigkeitsverlust. Viele fürchteten, dass damit ein Präzedenzfall geschaffen wäre und mit Blick auf europaskeptische Länder ein Domino-Effekt eintreten würde. Die »balance of power« geriet ins Schwanken, Deutschland und Frankreich erhielten ein noch größeres Gewicht. Insbesondere war die Gefahr der Spaltung innerhalb der Gesellschaften und zwischen den Staaten Europas größer geworden, die Fähigkeit zur Kooperation, so die Furcht, könnte nachlassen und neue Feindseligkeiten könnten sich ausbreiten. Die zum Teil hemmungslosen Beleidigungen, die im britischen Abstimmungskampf gegen die EU und deren Mitglieder, besonders Deutschland, geäußert wurden, waren ja nur ein Zeichen einer grundsätzlichen Tendenz.

Der Europadiskurs um 2016 herum war geprägt von Krise, Stagnation und Selbstzweifeln. Pro-europäische Intellektuelle teilten die Grundstimmung von Ohnmacht und Angst, manche schlugen Alarm. Sie sahen »Europa in der Falle«[19], fragten, »Sind wir noch gute Europäer?«[20] oder »Scheitert Europa?«[21], wähnten »Europa am Abgrund«[22], riefen eine »Europadämmerung«[23] aus oder konstatierten schlicht »Europa kaputt«.[24] Doch allem Alarmismus zum Trotz: Die Europäische Union ist nicht zerbrochen. Immer wieder in der Geschichte der europäischen Integration gab es Fehlschläge, immer wieder einmal ist Europa in den Augen der jeweiligen Zeitgenossen »gescheitert«. Doch die Vergangenheit zeigt, dass dieses Europa stets »konstruktiv gescheitert« ist, seine kurzfristigen Fehlschläge wurden zu Bausteinen seines langfristigen Erfolges. Immer noch hatte Europa in der Summe die größte Ökonomie, den größten Export, die beste Bildung; es hatte Sozialstandards und einen Grad an Verwirklichung der Menschen- und Bürgerrechte, der die Sehnsüchte von Milliarden von Menschen,

die darüber nicht verfügten, bewegte. Anstelle ängstlicher
Lähmung ließen sich nach dem Jahrzehnt der Krise zwischen 2008 und 2018 sogar Reformansätze und Szenarien für
eine gedeihliche europäische Zukunft erkennen.[25] Vor allem
das Konzept eines »Kerneuropa« stand wieder hoch im Kurs.
Werden die Nationalstaaten die Akteure Europas bleiben?
Oder wird sich Europa fester zusammenschließen? Gibt es
vielleicht sogar einen dritten Weg? »Der EU zuzuschauen«,
so beschrieb es ein Beobachter von außen, »ist wie die Entstehung eines Planeten zu beobachten – ein noch unvoll-
endetes Werk auf einer Jahrzehnte währenden Flugbahn.«[26]
    Auffallend und ermutigend waren Umfragen, die ein
angesehenes amerikanisches Meinungsforschungsinstitut
durchführte. Besonders die jüngeren Menschen im Alter
zwischen 18 und 34 Jahren schätzten Europa als ihren Le-
bens- und Erfahrungsraum. Die proeuropäischen Umfrage-
werte bei der jungen Generation lagen meistens um ein
Viertel höher als im Gesamtdurchschnitt, am höchsten mit
79 Prozent in Polen, gefolgt von Ungarn und den Niederlanden. Bei der Frage, ob künftig noch mehr nationale Rechte
auf die europäische Ebene verlagert werden sollten, führten
drei Länder mit über 30 Prozent allgemeiner Zustimmung
die Umfrage an: Frankreich, Spanien und Deutschland. Jeweils etwa ein weiteres Drittel der Menschen aus diesen Ländern meinte, es solle so bleiben, wie es bereits ist, das letzte
Drittel sprach sich für eine Stärkung der nationalen Rechte
aus.
    Die Europawahl vom Mai 2019, im Vorfeld von vielen zur
»Schicksalswahl« stilisiert, ergab keinen eindeutigen Trend
in Europa. Die Wahlergebnisse erklärten sich in jedem Land
aus den nationalen Befindlichkeiten. Das große Problem bestand nach wie vor: Es existierte keine europäische Öffent-

lichkeit. Der Aufstieg der Grünen zur zweitstärksten Partei war in Deutschland einzigartig. In Italien und Polen siegten die Rechtspopulisten. In Spanien gewannen nach längerer Agonie wieder die Sozialdemokraten. Ein Patt zwischen dem rechtsnationalistischen Rassemblement National (bis 2018 Front National) und der liberalen Bewegung des Präsidenten Emmanuel Macron kennzeichnete Frankreich. In Großbritannien deklassierte die aus dem Stehgreif gegründete Brexit-Partei die traditionellen Parteien. Erstmals seit 40 Jahren verloren die Fraktionen der Europäischen Volkspartei und der Sozialdemokraten ihre absolute Mehrheit im Europaparlament; dafür gingen die liberale Gruppe sowie die Parteifamilie der Grünen gestärkt hervor. Dieser Verlust der »großen Koalition« könnte eine neue Dynamik für Europa bewirken. Dass die Wahlbeteiligung zum ersten Mal seit 20 Jahren wieder stieg, war eine positive Nachricht, sie lag europaweit bei 50,5 Prozent. Der Zuwachs der Rechtspopulisten blieb insgesamt begrenzt. Noch einmal behaupten konnten sich die europafreundlichen Parteien. Ihnen obliegt es, den demokratischen Kern Europas zu stärken, die Bürgerinnen und Bürger zu begeistern und den Kampf gegen Europas Zerstörer zu gewinnen.

So bleibt die europäische Frage, bleibt die Zukunft Europas offen,[27] so wie jede Geschichte offenbleibt und von der gegenwärtigen und zukünftigen Generation gestaltet werden muss. Dabei gibt es keine Gesetzmäßigkeit wie etwa in Thomas Manns Jahrhundertroman *Die Buddenbrooks*, nach der die erste Generation gründet, die zweite erhält und die dritte das Erbe verspielt. Es kann auch ganz anders sein.

10.

NEUE WELTEN

Digitalisierung und Big Data

Mitten in Europa, in Mainz, liegt der Geburtsort des Buchdrucks. Johannes Gutenbergs Erfindung von beweglichen Lettern, ab 1450 angewandt, revolutionierte die Kommunikation und die Lebenswelt der Menschen und breitete sich über die ganze Welt aus. Gutenbergs Buchdruck kann mit Fug und Recht als eine der bedeutendsten Erfindungen der Menschheitsgeschichte des letzten Jahrtausends bezeichnet werden.

Mit der rasanten Entwicklung des Internets scheint nun allerdings das Gutenberg-Zeitalter seinem Ende entgegenzugehen.[1] Die neue Art der Informationsverbreitung und Kommunikation beruht auf der Vernetzung von Millionen von Computern. Von vielen wird sie bereits als »Turing-Galaxis« bezeichnet, nach einem der wichtigsten Wegbereiter der Computertechnologie, dem britischen Mathematiker Alan Turing (1912–1954). Der massenhafte Einsatz von Mikrochips sowie die Durchsetzung der siliziumbasierten Halbleitertechnik ab den 1970er Jahren sorgten dafür, dass Computer leistungsfähiger wurden und immer größere Datenmengen speichern und verarbeiten konnten. Zugleich wurden Computer erschwinglicher und durch die Verbreitung grafikfähiger Betriebssysteme konnten ab den 1980er

Jahren auch Laien sehr einfach einen Computer bedienen. So eroberte der Personal Computer in schnellem Tempo die nordamerikanischen und westeuropäischen Büros und Kinderzimmer. Diese PCs waren zudem immer umfassender miteinander vernetzt: 1989 entwickelte eine Forschergruppe um Tim Berners-Lee am CERN in der Nähe von Genf das World Wide Web, mit dem sie zunächst den Austausch unter Wissenschaftlern vereinfachen wollte. Nur vier Jahre später ermöglichten die ersten Webbrowser es einer breiten Öffentlichkeit, dieses globale Hyperlink-System zu nutzen. Das Internet gerierte schnell zum wichtigsten Raum globaler Wissensorganisation und -austauschs: Das Autorenduo Hilbert und López schätzt, dass im Jahr 1993 das Internet lediglich 1 Prozent der Informationsflüsse der weltweiten Telekommunikationsnetze ausmachte. Schon im Jahr 2000 waren es 51 Prozent; im Jahr 2007 97 Prozent.[2]

Im privaten wie im gesellschaftlichen und ökonomischen Bereich griff eine weitreichende Computerisierung um sich, doch mit diesen, aus der massenhaften Verbreitung leicht bedienbarer PCs entstandenen Wandlungsprozessen hat sich die Zeitgeschichte noch kaum beschäftigt.[3] Dabei hat die zunehmende Medialisierung aller Lebensbereiche die Sehgewohnheiten und Zeitrythmen der Menschen verändert und beeinflusst letztlich auch die Art und Weise, wie diese die Welt um sich wahrnehmen und in dieser handeln. Beschleunigung ist die prägende Erfahrung des vernetzten Menschen. Überall steigt das Tempo, im Beruf wie in der Freizeit. Historisch dürften die Ausmaße der Digitalisierung mit jenen der Industriellen Revolution vergleichbar sein, doch betrifft Erstere sämtliche Lebensbereiche und vor allem auch das Wissen.[4] In den ersten fünf Jahrzehnten nach der Erfindung des Buchdrucks durch Gutenberg hatte sich die Menge der Bücher in der Welt ungefähr verdoppelt. Aber die Menge an Daten in der Welt hat sich allein in den zwei Jahrzehnten zwischen 1987 und 2007 verhundertfacht und die rasante Steigerung der Geschwindigkeit ist ungebrochen. Versucht man, den Vergleich von Industrieller und Digitaler Revolution weiterzuspinnen, ließe sich sagen: Die Industrielle Revolution beschreibt den Übergang von der Agrar- zur Industriegesellschaft; die Digitale Revolution beschreibt hingegen den Übergang von einer Industriegesellschaft zu einer Wissens- und Datengesellschaft. Die Industrielle Revolution ersetzte die menschliche Muskelkraft; die Digitale Revolution ersetzt nun Teile des menschlichen Gehirns. Und während es bei der Industriellen Revolution die zunehmend automatisierte Massenproduktion war, die Wertschöpfungsprozesse revolutionierte, Erwerbsbiografien veränderte und gesellschaftliche wie politische Aushandlungskonflikte hervorrief, so ist diese Triebkraft nun eine andere: Big Data.

Mit Big Data werden riesige, mit herkömmlichen Methoden der Datenverarbeitung schwer zu strukturierende Datensätze bezeichnet. Solche Datensätze werden heute in vielen gesellschaftlichen Teilbereichen generiert: Internet und Mobilfunk, Finanzindustrie, Energiewirtschaft, Gesundheitswesen und Verkehr. Es findet sich eine Vielzahl von Quellen, aus denen Big Data stammt, etwa intelligente Agenten, soziale Medien, Kredit- und Kundenkarten, Smart-Metering-Systeme, Assistenzgeräte des täglichen Lebens sowie Überwachungskameras. In der Weltgeschichte existierte bis heute keine Gesellschaft, die über eine solche Fülle an Daten über sich selbst verfügte. Diese neue Quantität und auch Qualität der verfügbaren Daten führte zu »Datengesellschaften«, in die soziale Ungleichheiten und

Machtgefälle eingeschrieben sind.[5] Denn unter Big Data sind nicht nur die Datensätze selbst gefasst, die Bezeichnung ist auch ein Sammelbegriff für Technologien und Strategien, um diese Datensätze zu verarbeiten und nutzbar zu machen – ob für egoistische oder altruistische Zwecke. Chancen und Risiken von Big Data lassen sich deshalb nicht trennen, sondern müssen stets als die beiden Seiten ein und derselben Medaille betrachtet werden – das gilt für alle ihre »Stakeholder«: privatwirtschaftliche Unternehmen, Regierungsorganisationen, Open-Data-Akteure und wissenschaftliche Einrichtungen.

Zusätzliche Brisanz bekommt die Diskussion über die verantwortungsvolle Nutzung von Big Data dadurch, dass hierbei nicht nur der Datenmissbrauch durch Menschen in vorher nicht gekanntem Maß möglich ist, sondern auch autonome Computersysteme sich untereinander vernetzen und Entscheidungen in der Datenverarbeitung fällen. Auch hier gibt es sowohl Chancen, als auch Risiken: Vorteilhaft könnten Anpassungs- und Wandlungsfähigkeit, Ressourceneffizienz und Sicherheit sein, als nachteilig könnte sich erweisen, dass die komplexen Strukturen hochgradig anfällig sind und sich autonome Systeme auch falsch entscheiden können. Informationsethische Fragen müssen sich damit beschäftigen, dass Systeme manipuliert und gehackt werden können, dass Arbeits- und Fachkräfte überflüssig werden, dass bei selbstfahrenden Autos und vernetzten Häusern die Menschen zu gläsernen Bürgerinnen und Bürgern zu werden drohen.

Ob zum Guten oder zum Schlechten: Seit 1990 beeinflussen die Digitalisierung und die Nutzung von Big Data massiv alle gesellschaftlichen Teilbereiche: Arbeit und Wirtschaft, Kommunikation, Politik, Kultur. Überall entstehen

Kontroversen zum verantwortungsvollen Umgang mit Big Data, zu Chancen und Herausforderungen des neuen Informationszeitalters. Wie geht das neue Deutschland mit diesen Entwicklungen um? Welche Fragen stellen sich dem Land in der Mitte Europas? Und welche Antworten hat es bislang gefunden?

Eine der ältesten, mit der Digitalisierung verbundenen Fragen, ist die nach der Zukunft der Arbeit. Jeremy Rifkin prognostizierte bereits 1995 das »Ende der Arbeit« infolge fortschreitender industrieller Automatisierung und Digitalisierung.[6] Alles würde sich grundlegend verändern, die Wirtschaft, die Gesellschaft, allgemein die Art, wie Menschen leben und denken. Womöglich befinden wir uns gegenwärtig in einer Übergangsphase, einer »hybriden« Epoche, an deren Ende alles anders ist.[7]

Nicht eingetreten ist bisher die Prognose Hannah Arendts, wonach der Arbeitsgesellschaft die Arbeit ausgehe. Mit dem Siegeszug der Mikroelektronik seit dem Ende der 1970er Jahre wurde sie in Deutschland intensiv diskutiert. 1982 verknüpften mehr als die Hälfte der befragten Westdeutschen mit dem Stichwort »Technikrevolution« den Gedanken an Arbeitslosigkeit.[8] In der westlich geprägten Moderne ist die Erwerbsarbeit über einen langen Zeitraum hinweg zum Normalfall geworden. Niemand kann sagen, wie der Arbeitsmarkt im Jahr 2050 aussehen wird. Werden Millionen von Menschen »überflüssig«? Wird die Automatisierung und Digitalisierung ganz neue Berufe schaffen? Muss »Arbeit« neu definiert werden?[9] Das Global Institute von McKinsey behauptet, dass bis zu einem Drittel der deutschen Berufstätigen bald eine neue Beschäftigung finden müsse. Wer in Stuttgart-Sindelfingen am neuen Daimler-Werk vorbeifährt, mag diese Ansicht bestätigt sehen. Dort werden Roboter

bald so selbstständig wie nie zuvor Autos bauen: Jedes noch
so kleine Teil wird mit einem Funkchip ausgestattet sein und
vollautomatisch durch die Hallen transportiert werden. Fast
ohne menschliches Zutun werden die Maschinen miteinander kommunizieren und die Arbeit selbsttätig verteilen. Was
die Roboter zusammensetzen, werden zudem vollautomati-
sche Autos sein, womöglich ohne Lenkrad und Pedale. Roboter werden Roboter-Autos montieren. Niemand weiß, wie
viele Arbeiter in der neuen Fabrik noch gebraucht werden
und was Menschen dort überhaupt noch zu tun haben. Man
kann das, was in naher Zukunft realisiert sein wird, Utopie
nennen – oder aber auch Dystopie.

Das Bundesministerium für Arbeit und Soziales (BMAS)
veröffentlichte 2017 ein Weißbuch zu »Arbeiten 4.0«.[10] Im
Mittelpunkt steht darin die Frage, wie sich die Arbeitsgesellschaft entwickeln und welche Handlungschancen es
für Unternehmen, Beschäftigte, Sozialpartner und Politik
geben werde. Im Einzelnen: »Erstens: Wird die Digitalisierung ermöglichen, dass auch in Zukunft möglichst alle
Menschen Arbeit haben? Und wenn ja, unter welchen Voraussetzungen? Zweitens: Wie wirken sich neue Geschäfts-
modelle wie ›digitale Plattformen‹ auf die Arbeit der Zukunft aus? Drittens: Wenn die Sammlung und Nutzung von
Daten immer bedeutsamer wird, wie kann der berechtigte
Anspruch der Beschäftigten auf Datenschutz sichergestellt
werden? Viertens: Wenn in Zukunft Mensch und Maschine
noch enger zusammenarbeiten, auf welche Weise können
Maschinen dabei zur Unterstützung und Befähigung des
Menschen im Arbeitsprozess beitragen? Fünftens: Die Arbeitswelt der Zukunft wird flexibler werden. Aber wie
können Lösungen aussehen, die zeitliche und räumliche
Flexibilität auch für Beschäftigte verbessern? Sechstens:

Wie sieht das moderne Unternehmen der Zukunft aus, das vielleicht nicht mehr in allen Fällen dem Bild des klassischen Unternehmens entspricht, aber dennoch Teilhabe und soziale Sicherheit ermöglicht?«[11] Fragen über Fragen, doch noch kaum Antworten. Für die Gestaltung der digitalen Transformation der Arbeitswelt sei ein Dialog und gesellschaftliche Verständigung darüber nötig, wie der Sozialstaat sowie seine Sicherungssysteme weiterzuentwickeln seien.

Gehen wir auf gesellschaftliche Verhältnisse zu, wie sie bereits in der Antike existiert hatten? Den Griechen blieb damals die Muße, um zu philosophieren und Sport zu treiben, weil es Sklaven gab, die die Arbeit erledigten. Übernehmen diese Sklavenarbeit in Zukunft künstliche, intelligente und digital gesteuerte Maschinen? Wäre dann ein bedingungsloses Grundeinkommen für alle nicht der Königsweg? Es gibt ja viel mehr Arbeit als die Erwerbsarbeit, etwa in Erziehung, Pflege oder sozialem Engagement. Allerdings müssten dafür gewaltige Finanzmassen bewegt werden. Würde der Staat seinen Bürgerinnen und Bürgern ein Grundeinkommen von 1000 Euro im Monat zukommen lassen, wäre jährlich ein Betrag aufzuwenden, der höher läge als das gesamte Steueraufkommen von Bund, Ländern und Gemeinden zusammen. Also doch eher ein Irrweg? Radikale Gedankengänge sehen im Grundeinkommen eine Art Weiterentwicklung der deutschen sozialen Markwirtschaft. Es folge dem Grundsatz, dass wirtschaftliche Effizienz und soziale Gerechtigkeit keine Gegensätze seien. Genauso wie die soziale Marktwirtschaft trenne das Grundeinkommen die beiden Bereiche: Entstehung von Einkommen auf der einen Seite und dessen Verteilung auf der anderen.[12]

Auch die Art, wie die Menschen miteinander kommunizieren und sich (politisch) organisieren, hat sich durch die Digitalisierung grundlegend verändert. Über Jahrhunderte hinweg lag die Organisation der Dienstleistungen im Kommunikationsbereich in den Händen der Post, und der Staat gewährleistet bis heute durch das deutsche Grundgesetz die informationelle Grundversorgung sowie das Postgeheimnis. Diese Idylle ist seit etwa zwei Jahrzehnten durch das Internet massiv bedroht. Internetdienste wie E-Mail-Provider, Facebook oder Twitter, elektronische Kurzmitteilungsdienste oder Skype usw. lösten die traditionellen Dienstleister zu großen Teilen ab. So urteilt ein Experte: »Die faktische Grundversorgung befindet sich heute ohne ›Postgeheimnis‹ per Internet in Regie und unter Kontrolle amerikanischer Internetkonzerne.«[13] Allein in Deutschland verzeichnen Facebook und WhatsApp mehr als zwanzig Millionen Nutzer, die auch ihre Alltagshandlungen über digitale Plattformen wie Google, Apple oder Amazon abwickeln.

Diese »entgrenzte« Kommunikation durch das Internet führt dazu, dass bisherige Gatekeeper gesellschaftlicher Diskurse (politische Institutionen und Leitmedien) herausgefordert und diskursive Outsider gestärkt werden. Das hat erhebliche Auswirkungen auf alle politischen Ordnungen: In den westlichen Demokratien konnte durch die weitgehend schrankenlose Kommunikation in den Sozialen Medien ein bisher stabilisierender demokratischer Konsens von Rechts- und Linkspopulisten infrage gestellt werden; in vielen Autokratien hingegen verloren Regierungen faktisch ihr Kommunikations- und Informationsmonopol, was die jeweiligen Oppositionen stärkte. Gleichzeitig wuchs die Macht globaler Telekommunikationsunternehmen, die in der Moderation ihrer Netzwerke quasi-staatliche Aufgaben übernahmen. Was hat als Meinungsfreiheit zu gelten? Welche Inhalte werden hochgeladen und geteilt, was muss gelöscht werden? Die Regeln des Internet-Diskurses werden von Konzernen festgelegt, sind nicht transparent und die Politik hat darauf noch wenig Zugriff. So vermag die grenzenlose Kommunikationsfreiheit über das Internet beides zu sein: Sie kann das Tor zu mehr Freiheit und Mitsprache öffnen – »oder aber die Büchse der Pandora für den denkbaren Zerfall der Demokratie«.[14]

Wenn in Deutschland und Europa über mögliche Gefahren von Big Data für die Demokratie und Freiheit gesprochen wird, ist häufig von digitalem Datenschutz die Rede. Wie dürfen Daten (ökonomisch) verwertet werden? Und wann überwiegt das individuelle Recht auf informationelle Selbstbestimmung? Dieses Spannungsfeld zwischen Datennutzung und Datenmissbrauch lässt sich an folgendem Beispiel nachvollziehen. Der Vorstandchef des in Deutschland sehr aktiven DAX-Konzerns Wirecard, Markus Braun, beschrieb in einem Interview seine Vision des Bezahldienstleisters im digitalen Zeitalter: »Frage: Sie haben eine ›Strategie 2025‹, darin schildern Sie mit einer fiktiven Kundin namens Julia den Einkauf der Zukunft: Julia wird erfasst, sobald sie sich einem Geschäft nähert; der Laden weiß, dass sie online nach einer grünen Handtasche gesucht hat; also bekommt sie eine angeboten. Im Hintergrund greifen ein dynamisches Pricing, werden individuelle Rabatte errechnet sowie Zusatzgeschäfte bei Finanzierung und Versicherung angeboten – das ist der blanke Horror für Datenschützer. Antwort: Alles, was wir entwickeln, auch diese Vision mit Julia, ist in jeder Form mit dem Datenschutz konform. Datenschutz darf aber keine Ausrede sein, nicht innovativ zu sein. Um in dem Beispiel zu bleiben: In einem Smartphone müssen Sie einen solchen Service ein- und ausschalten können. Ich behaupte aber: die Mehrwerte werden so stark sein, dass sich das durchsetzt.«[15]

Europa ist auf diesem Feld der Digitalisierung gegenüber Amerika nicht der Vorreiter, jedoch aufgrund seiner historischen Erfahrungen mit Diktaturen, mit der Beeinflussung von Massen durch Propaganda und insgesamt der Manipulation von Menschen besonders sensibilisiert. Nirgendwo sonst auf der Welt wird mehr über Datenschutz und digitale Ethik debattiert als hier. Die Fragen nach Haftung, Ethik und zivilrechtlichen Zuständigkeiten bei Unfällen sind schwierig zu lösen.[16] Abgeordnete des EU-Parlaments forderten 2017, eine Behörde für Robotik und Künstliche Intelligenz zu errichten. Millionen von Robotern waren im Einsatz, als computergesteuerte Fahrsysteme, bei der automatisierten Fütterung und dem Melken von Kühen, am menschlichen Körper im Operationssaal. Bald werden sie es auch in der Pflege alter und dementer Menschen sein. Wer haftete, wenn etwas schiefging? Und darüber hinaus: Wie ist es um die Selbstbestimmung und das Persönlichkeitsrecht des Menschen bestellt? Wo beginnt schleichend die Fremdsteuerung und Manipulation, die zu einer totalen Überwachung führen kann? In unzähligen Alltagssituationen geben Bürger ihre Daten preis: Wenn sie beim Lieferservice eine Pizza bestellen, diverse Online-Dienste nutzen oder auf Facebook Informationen versenden. Auch kann es zur Selbstzensur kommen, wenn aus Angst, Informationen könnten in die falschen Hände gelangen, Informationen verschwiegen werden. Der Umgang mit der Ressource Daten warf so für die europäischen Staaten zahlreiche neue rechtliche und ethische Problemstellungen auf, die die informationelle Selbstbestimmung, Haftung und ökonomischen Verwertungssysteme betreffen.

Dabei suchten die Staaten aber auch Wege, diese Verwertungssysteme von Unternehmen auf ihre eigene Verwaltung
zu übertragen, um deren Effizienz zu steigern. Estland entwickelte sich in Europa zum Musterland für E-Gouverne-
ment. Bereits im Jahr 2000 war die papierlose Regierung
umgesetzt worden, zwischen den einzelnen Ministerien
der Regierung werden Dokumente seither nur noch elek-
tronisch übermittelt. Auch in Sachen Partizipation spielte
der elektronische Weg eine bedeutsame Rolle, Bürgerinnen
und Bürger konnten Vorschläge für Gesetze in einem eigens
dafür vorgesehenen Portal diskutieren, darüber abstimmen
und Vorschläge an die Regierung übermitteln. Die Stimm-
abgabe über das Internet war erstmals bei der Kommunal-
wahl 2005 möglich. Nach schweren Cyber-Angriffen auf Estland im Jahr 2007, für die Russland verantwortlich gemacht
wurde, richtete Estland einen Server-Backup in Luxemburg
ein, um so im Krisenfall verlorene Daten wiederherstellen
zu können.[17]

Auch auf lokaler Ebene wurde zunehmend auf digitale
Verwaltung gesetzt. Entstanden sind »Smart citys« als intelli-
gentes, vernetztes und nachhaltiges Städtekonzept, das Zeit,
Kosten und Energie spart, etwa durch ein abgestimmtes Ver-
kehrssystem und eine kluge Vernetzung öffentlicher Daten.
Barcelona, Stockholm und Amsterdam sind hier Vorreiter.
So soll dreierlei erreicht werden: Wachstum durch ein tech-
nologisches Umfeld, Nachhaltigkeit durch effiziente Ener-
gie- und Stoffströme sowie mehr Lebensqualität durch neu-
artige Dienstleistungen.

Mit digitalisiertem Regieren kamen aber auch neue
Machtfragen auf – innerstaatlich wie zwischenstaatlich. Wer
über Daten verfügt und sie auszuwerten weiß, hat einen In-
formationsvorsprung – und damit Macht über andere. In

China wurde das »Social Scoring« beliebt – hier werden Datenschutzbelange weitaus unkritischer gesehen als in Europa. Europäische Datenschützer raufen sich dagegen die Haare und skizzieren Schreckensszenarien eines absoluten digitalen Überwachsungsstaates, einer IT-Diktatur, die nach Weltherrschaft strebe. Doch nur wenige Chinesen finden etwas dabei, alles über sich preiszugeben; es wirkt eine alte Lust, sich mit anderen zu vergleichen.[18]

Deutschland schien weit entfernt von solchen Entwicklungen zu sein – oder unbedacht und naiv. 2019 entspann sich eine Debatte darüber, ob das chinesische Unternehmen Huawei beim kommenden 5G-Netzausbau – dem größten Projekt seit der Versteigerung von UMTS-Lizenzen im Jahr 2000, das dem Staat 100 Milliarden DM in die Kasse gespült hatte[19] – mitwirken dürfe. Mit der 5G-Technik können bis zu 10 000 Megabit pro Sekunde Daten hochgeladen werden, was etwa autonomes Fahren ermöglicht und etliche »Errungenschaften« der Künstlichen Intelligenz (KI) nutzbar macht. Das Potenzial von KI scheint nur vergleichbar mit Erfindungen wie der Elektrizität oder dem Verbrennungsmotor. KI wirf etliche ethische Fragen auf, aber ganz schlicht auch jene: Wer managt künftig den wichtigsten Rohstoff, nämlich Daten? Ähnlich wie beim »Sputnik-Schock« 1957, als es der Sowjetunion und nicht dem angeblich technologisch überlegenen Amerika gelang, einen Satelliten in die Umlaufbahn zu schießen, argumentieren viele, der Westen benötige auch gegenwärtig wieder einen Weckruf, um mehr in Forschung zu investieren und nicht noch weiter in den Rückstand gegenüber der technologischen Supermacht China zu geraten.

Jedenfalls scheint Deutschland mit dem Anbruch des dritten Jahrzehnts im 21. Jahrhundert gegenüber der chinesischen Herausforderung nicht gut gerüstet zu sein. Für die alte »Deutschland AG« ging eine goldene Dekade zu Ende. Nie zuvor gab es so viele Arbeitsplätze, nie zuvor wurde so viel exportiert, niemals seit der Wiedervereinigung lag die Zahl der Arbeitslosen so niedrig. Im März 2019 waren es 2,3 Millionen, was einer Quote von 5,1 Prozent entsprach. Dennoch schien die alte Industrie in einigen Bereichen den Anschluss verpasst zu haben. Während sich Deutschland in den »guten« Jahren auf seinem Erfolg ausruhte, monopolisierten die amerikanischen Tech-Riesen wie Amazon und Google die erste Welle der Digitalisierung. China, das jahrzehntelang lediglich als gigantischer Markt betrachtet worden war, schloss als Wirtschaftsmacht und Investor mit Riesenschritten zur EU und den USA auf. Gerade auf den Zukunftsfeldern der Künstlichen Intelligenz agierte das diktatorische Regime der Volksrepublik dynamisch, während Deutschland und Europa behäbig erschienen. Es mangelte an europäischen Kooperationen. Der lange vorherrschende deutsche Überlegenheitskomplex hatte ein Selbstbild erzeugt, welches mit der Realität kaum noch übereinstimmte.

Neben KI förderte China mit staatlichen Mitteln intensiv Roboter, Satelliten und superschnelle Quantencomputer – was alles auch militärisch nutzbar war. Der digitale Rüstungswettlauf war in vollem Gang. Die USA, Russland, China und Nordkorea unterhielten die weltweit größten Arsenale, Tausende von Männern und Frauen arbeiteten an den betreffenden Konsolen.[20] Sollte man also wirklich an ein chinesisches Unternehmen, Huawei, das laut chinesischer Gesetzgebung verpflichtet war, mit den Nachrichtendiensten der Volksrepublik zusammenzuarbeiten und dem chinesischen Staat Daten offenzulegen, Lizenzen in Deutschland vergeben? Gab das nicht Grund zu der Sorge, dass die chinesische Regierung auf die deutsche Netzinfrastruktur Einfluss nehmen könnte? Hatte die US-Administration, die Druck auf die deutsche Regierung ausübte, nicht Recht mit ihren Bedenken, was den Kauf von Huawei-Technologie anbelangte?

Natürlich könnte alles zum Guten genutzt werden, aber im unübersichtlichen Kommunikationsbereich eben auch dazu, Stimmungen aufzunehmen und zu erzeugen, Märkte und demokratische Wahlen zu manipulieren. Auch auf das Verhältnis zwischen einzelnen Staaten wirken sich die neuen technologischen Möglichkeiten aus: Im Jahr 2014 hatte sich durch umfängliche Dokumente des Whistleblower Edward Snowden herausgestellt, dass die USA die elektronische Kommunikation in Europa abhörten und speicherten, bis hin zum Mobiltelefon hochrangiger Vertreter in europäischen Hauptstädten wie der deutschen Bundeskanzlerin Angela Merkel in Berlin. Die NSA-Affäre enthüllte ein weltweites Netz von Spionagesystemen. Millionen von europäischen Bürgerinnen und Bürger wurden gezielt abgehört und die Daten gespeichert. Die Analyse von Metadaten sollte dabei helfen, so argumentierte die US-Regierung, Terrorverdächtige aufzuspüren. Doch die Spionage zielte auch auf einzelne Unternehmen – politische und wirtschaftliche Interessen vermischten sich.

Durch die Entgrenzung der Staaten im digitalen Zeitalter wird der Kriegszustand im »Cyberwar« verflüssigt und Spionage einfacher und ertragreicher. Nicht nur die intransparente Präsidentschaftswahl in den USA 2016 verdeutlichte dies, sondern auch Hackerattacken auf den Deutschen Bundestag. Künstliche Intelligenz ist das zentrale Thema der Sicherheitsapparate weltweit, doch Europa und insbesondere Deutschland rangieren weit abgeschlagen. Kriege werden nicht mehr erklärt, wenn sie einmal begonnen haben, sie finden bereits täglich statt und werden, so ein ehemaliger russischer Generalstabschef, »nicht mehr von dem gewonnen, der das größte Waffenarsenal hat, sondern von denen, die in der Lage sind, Kommunikation und Informationen zu steuern«.[21]

Dabei ging es auch bei Freund und Feind durcheinander, wie der NSA-Skandal offenlegte. Freunde spioniere man nicht aus, meinte damals Bundeskanzlerin Merkel.[22] Doch in Wahrheit wurden in der Bundesrepublik monatlich eine halbe Milliarde Kommunikationsverbindungen überwacht, worunter die NSA sowohl Telefonate als auch E-Mails, SMS oder Chatbeiträge verstand. Gespeichert wurden die Daten in Fort Meade, dem Hauptquartier der Behörde in der Nähe von Washington. Durch die Enthüllungen des Whistleblowers Snowden wurde das Ausmaß der amerikanischen Überwachung in Deutschland bekannt. Zuvor war lediglich klar gewesen, dass die Bundesrepublik zu den wichtigsten Zielen der NSA zählte. Deutschland wurde ähnlich stark überwacht wie China, der Irak oder Saudi-Arabien. An Spitzentagen spionierte der amerikanische Geheimdienst rund 60 Millionen Telefonverbindungen aus und bis zu 10 Millionen Internetverbindungen. In Deutschland war die NSA so aktiv wie in keinem anderen Land der Europäischen Union, in Frankreich war die Aktivität in der Regel um ein Zehnfaches geringer. Der Dienst interessierte sich dabei vor allem für die Knotenpunkte in Süd- und Westdeutschland. Frankfurt am Main ist der Sitz des weltweit größten Internetknotens der Welt und nahm dementsprechend eine wichtige Position ein. Aus vertraulichen Klassifikationen ging hervor, dass die NSA Deutschland zwar als Partner, doch zugleich auch als Angriffsziel betrachtete. Deutschland gehörte damit zu den »Partnern dritter Klasse«. Ausdrücklich ausge-

nommen von Spionageattacken waren lediglich Kanada,
Großbritannien und Neuseeland, die als »Partner zweiter
Klasse« geführt wurden.[23]

Diese anlasslose massenhafte Überwachung von elektro-
nischer Kommunikation warf grundsätzliche Fragen für die
westliche Wertegemeinschaft auf. Sie bedeutete eine systema-
tische Verletzung der Privatsphäre und einen Eingriff in die
Freiheitsrechte der Bürger. Natürlich gab es keine einfachen
Antworten auf die Frage der richtigen Balance zwischen
Freiheit und Sicherheit, und zwischen Europa und Amerika
gingen die Ansichten darüber erst recht weit auseinander.
Das Trauma des 11. September 2001 wirkte in den USA nach,
und viele Amerikaner waren der Ansicht, Europa solle dank-
bar für die Überwachung sein; sie erinnerten daran, dass die
Terrorzelle ursprünglich von Hamburg aus agiert hatte. Die
europäischen Sicherheitsbehörden und Geheimdienste waren – mit Ausnahme Großbritanniens – tatsächlich gar nicht
in der Lage, globale Terroraktivitäten und kriminelle Netzwerke auch nur annähernd in den Blick zu nehmen. Es fehlten Expertise und Geld, kurz, eine europäische Sicherheits-
union war ohne die Amerikaner überhaupt nicht möglich.
Deshalb bezeichnete EU-Justizkommissarin Viviane Reding
den Ärger Europas über die Datenspionage als »Heuchelei«.[24]

Neben der Spionage stellt die Desinformation auf allen
Kanälen oder die direkte Manipulation demokratischer Prozesse einen weiteren wichtigen Bereich des »Cyber-War« dar.
Cyber-Attacken, die Demokratien gefährden können, lassen
sich in ihrem Erfolg noch steigern, wenn es gelingt, auf die
Kommunikationsdaten der Bürgerinnen und Bürger zuzu-
greifen. Das Spiel mit Wissen und Unwissen, Information
und Desinformation, Unterwanderung und Propaganda
ist uralt. Doch mit der digitalen Revolution wurde alles

undurchdringbarer, subtiler und raffinierter. Es ging ums Ganze: um das Zusammenleben der Menschen, um politische und soziale Systeme, um das Verhältnis zu Maschinen und um die Kontrolle über sie, um Freiheit und Unterdrückung, um Wahrheit und Lüge.

Fürs Erste aber ging es um den Missbrauch von Information und den gezielten Einsatz der Lüge. »Fake News« lassen sich über Social Media rasend schnell verbreiten, doch viel gefährlicher erscheinen Analyse-Softwares, die fünf elementare Eigenschaften des Facebook-Nutzers kombinieren: Offenheit, Gewissenhaftigkeit, Geselligkeit, Verträglichkeit und emotionale Labilität. Mit hoher Sicherheit lassen sich so schon anhand einiger Dutzend »Likes« Aufschlüsse gewinnen über die Hautfarbe, sexuelle Orientierung und politische Einstellung der betreffenden Person. Mit wenigen Hundert »Likes« weiß man mehr über das Verhalten einer Person als der eigene Partner. Mithilfe von solchen »Psychogrammen« können Wahlentscheidungen manipuliert werden. So stand die Firma Cambridge Analytica im Verdacht, mit derartigen Methoden in den amerikanischen Wahlkampf von 2016 eingegriffen zu haben. Wenn nur das gezeigt wird, was den eigenen politischen Einstellungen entspricht, bilden sich »Echokammern«, in denen sich Ansichten der Nutzer ständig bestätigen. Wie sich die politische Kommunikation durch die Digitalisierung verändert hat, macht insbesondere der bei diesen Wahlen als Sieger hervorgegangene amerikanische Präsident Donald Trump vor, der den Kurznachrichtendienst Twitter täglich als Instrument der Regierungsführung nutzt, seinen aktuell mehr als 64 Millionen Followern seine Sicht der Dinge einimpft, quasi eine eigene Welt erschafft und dabei auch vor falschen Informationen nicht zurückschreckt. Davon abgesehen be-

scheren die Tweets aus dem Weißen Haus dem kommerzi-
ellen Kurznachrichtendienst eine unschätzbare Werbewir-
kung – es gibt keine bessere kostenlose Werbung als den
Präsidenten der Vereinigten Staaten von Amerika.

Dass also mit der Digitalisierung grundlegende politische und gesellschaftliche Wandlungsprozesse angebrochen sind, dürfte klar sein. Die Auswirkungen der digitalen
Wissens- und Kommunikationsrevolution sind aber deshalb
so schwer vorherzubestimmen, weil sich große Teile der
Menschheit mehr oder minder freiwillig an ihr beteiligen –
und sei es nur mit den Abermilliarden geposteter Fotos, die
ein gefundenes Fressen für die entsprechenden Programme
darstellen. Die Neigung zum »Herdentrieb« nährt nicht nur
Social-Media-Konzerne wie Facebook, sie droht vielmehr
politische Systeme unter sich zu begraben, besonders die
fragile Demokratie. Die Bürgerinnen und Bürger Europas
tun deshalb gut daran, immer wieder zu fragen, wie man
Freiheit und Souveränität des Individuums – ein Kernge-
danke der Französischen Revolution von 1789, der in die modernen Menschenrechte mündete – vor der Überwachung
durch den Staat oder dem Zugriff großer Konzerne schützen kann.

Zugleich müssen Deutschland und Europa darauf achten,
bei der Gestaltung einer digitalen Zukunft nicht den technologischen und infrastrukturellen Anschluss zu verlieren.
Denn was die Organisation von Wissen anbelangte, so sah
es im Geburtsland Gutenbergs selbst auf dem Gebiet der
Bücher und der Bibliotheken nicht gut aus, weil der Staat
bei der Bücherdigitalisierung sparte. Es ging erschreckend
langsam voran in die neue Zeit.[25] Am EU-Bibliotheksportal
Europeana war Deutschland mit 2,6 Millionen Euro beteiligt. Für die »Deutsche Digitale Bibliothek« stockte die Bun-

desregierung zwar den Betrag auf acht Millionen Euro für mehrere Jahre auf, doch wie viele Bücher konnte man mit diesen Mitteln digitalisieren? Der deutsche Bibliotheksverband rechnete vor, dass man für zehn Millionen Euro etwa 200 000 Titel scannen kann; rechnete man grob um, finanzierte der Bundeszuschuss also gerade einmal die Digitalisierung von 50 000 Titeln im Jahr. Das Versagen des Staates kam Google zupass. Die entstandene Wissenschaftslücke hatte der Konzern als Marklücke erkannt und preschte vor. Binnen sechs Jahren, bis zum Oktober 2010, digitalisierte der amerikanische Konzern 15 Millionen Bücher und bekundete, bis 2020 alle weltweit verfügbaren rund 130 Millionen Bücher digitalisiert zu haben, was natürlich auch urheberrechtliche Probleme aufwarf. Niemand konnte leugnen, dass der kostenlose Zugang (»open access«) zu wissenschaftlichen Publikationen im Prinzip eine gute Sache war. Forschung sollte von Universitätsservern global sichtbar und via Internet »offen« zugänglich gemacht werden. Aber wie war es um die Rechte der Autoren bestellt, um das Urheberrecht, um den Respekt vor der Produktion geistiger Güter, vor der unverwechselbaren Arbeit des Einzelnen?

Deutschland finanzierte die Digitalisierung und damit das Zugänglichmachen des Wissens vollkommen unzureichend. Deshalb arbeiteten große öffentliche Einrichtungen wie die Bayerische Staatsbibliothek sogar mit Google zusammen, während der Bund und die Länder Millionenbeträge in das »Entsäuern« von Büchern steckten – ein Verfahren, das den Zerfall von alten Büchern durch Säurefraß aufhalten sollte. Es erscheint einigermaßen absurd; die tagliche Realität in deutschen Universitätsbibliotheken sah nach wie vor so aus: Mehrere Studierende benötigten ein Buch, zwei Exemplare waren verliehen, das Exemplar in der

Präsenzbibliothek war abhandengekommen. Das Internet wäre das ideale Werkzeug, um Wissen der Öffentlichkeit zugänglich zu machen, aber auch in diesem – angesichts des Ausmaßes der digitalen Revolution – winzigen Bereich hinkte Deutschland hinterher. Ist der Anschluss an die Zeitenwende schon verpasst? Die seit 2018 amtierende Staatsministerin für Digitalisierung, Dorothee Bär (CSU), hatte kaum durchschlagenden Erfolg. In diesem erstmals eingerichteten Amt musste sie vor allem dafür sorgen, dass die rund 500 Ministeriumsmitarbeiter, die sich, auf alle Ressorts der Bundesregierung verteilt, irgendwie mit der Digitalisierung beschäftigten, nicht nebeneinanderher, sondern über die Ressorts hinweg möglichst miteinander arbeiteten. Wie sollte dies je gelingen? Und reicht das?

11.

ANGST UND PESSIMISMUS

Die populistische Revolte

Deutschland war ein rätselhaftes Land geworden. Bis etwa 2005 waren sich viele sicher, dass es mit dem Land vor allem bergab ging, doch seit 2010 erzählten die Zahlen und die Experten eine andere Geschichte, und zwar von einem Land, dem es so gut ging wie noch nie zuvor. Auch den meisten Menschen ging es gut – und doch fühlte es sich nicht so an. Der eigene Wohlstand, so meinte die Mehrheit, sei gewachsen, aber die Sorgen, um die Richtung, in die Deutschland, Europa und vielleicht sogar die ganze Welt drifteten, wuchsen ebenfalls. Allen Umfragen der großen Meinungsforschungsinstitute zufolge nahm die Zufriedenheit zu und hatten sich West und Ost angeglichen: Noch um 1993 herum waren nur rund 23 Prozent der Ostdeutschen und nur 43 Prozent der Westdeutschen »zufrieden«, 2018 lag der Wert bei beiden über 50 Prozent. Insgesamt beurteilten drei Viertel der Deutschen ihre Lage als sehr gut oder gut, sie waren sehr oder einigermaßen zufrieden und blickten optimistisch in die Zukunft. Nur 20 bis 25 Prozent sagten, dass sie unzufrieden seien. Daten des Deutschen Instituts für Wirtschaftsforschung zeigten 2018, dass die Zufriedenheit der Deutschen so hoch war wie seit der Wiedervereinigung 1990 nicht mehr.[1]

Doch warum schlugen sich diese Werte nicht stärker in der allgemeinen Stimmung nieder? Woher rührten die Erregung, die Wut und die Angst in Teilen der Bevölkerung, die einen rechten Populismus nährten? Waren es eben die 20 bis 25 Prozent der Unzufriedenen, die gelernt hatten, sich Gehör zu verschaffen? In Teilen war es sicher so, und doch bleibt die Antwort damit unvollständig. Die Erregung der Deutschen über tatsächliche oder angebliche Missstände im Land war hoch, vor allem die Angst vor zunehmender Gewalt und Verbrechen stieg. Auffallend war jedoch eine Diskrepanz in den Einschätzungen: Auf allen Feldern, von der Umwelt über die Kriminalität, den Zustand der Straßen und Schulen bis hin zur Integration von Zuwanderern kamen die Menschen zu deutlich besseren Einschätzungen ihres eigenen Umfeldes, als wenn sie das gesamte Land beurteilen sollten. Einiges sprach dafür, dass sich die Erregung seit ihrem großen Ausbruch im Gefolge der Flüchtlingskrise 2015 verselbstständigt hatte. Wenn man jeden Tag lesen und hören konnte, wie wütend viele Menschen waren, wie marode die Straßen und wie kriminell offenbar einige Flüchtlinge waren – dann wurden diese abstrakten Eindrücke in das Weltbild übernommen, und so erklärte sich, dass der erlebte Nahbereich vollkommen anders und positiver betrachtet wurde als der abstrakte Fernbereich.

Das Allensbacher Institut hatte auch die »Generation Mitte« untersucht, Menschen zwischen 30 und 59 Jahren. Viele von ihnen erlebten ihren gestiegenen Wohlstand in einem Zwiespalt – man könnte es einen Wohlstand des Unbehagens nennen. Nur jede und jeder Dritte fand, dass die Zeiten »glücklich« seien, und zwei Drittel hielten den gesellschaftlichen Zusammenhalt für schwach. Zwei Wahrnehmungen kamen nicht mehr zusammen: die persönliche, konkrete Zu-

friedenheit einerseits und die Dauerbeschallung von abstrak-
tem Groll, Unbehagen und Erregung andererseits. Die Dia-
gnose lautete: Persönliches Glück in unglücklichen Zeiten.

Schon einmal, als es den Deutschen gut ging, kurz nach
der unverhofften Einheit 1990, hatte sich das Bild jäh ein-
getrübt. Der Vereinigungsrassismus rief auch im Ausland
Besorgnis hervor. Erhob der alte deutsche rechtsextremistische Wahn wieder sein Haupt? Brutale Gewalttaten und regelrechte Hetzjagden auf Ausländer schockierten. Tagelang
schlugen im September 1991 rechtsextreme Jugendliche in
Hoyerswerda vor Ausländerunterkünften Krawall und wurden von erwachsenen Zuschauern dabei angefeuert. Im August 1992 ereignete sich Ähnliches in Rostock-Lichtenhagen.
Die Polizei versagte vollkommen. Trauriger Höhepunkt waren zwei Brandanschläge in Nordrhein-Westfalen, im November 1992 in Mölln und im Mai 1993 in Solingen, bei denen zehn türkische Bürgerinnen und Bürger, darunter fünf
Kinder, getötet wurden.

Mord und Totschlag aus fremdenfeindlichen Motiven
überzog in diesen Jahren die neue Bundesrepublik. Mit dem
Fall der Mauer hatte sich für das rechtsextreme westdeutsche Lager eine neue geografische und soziale Basis in der
Ex-DDR ergeben. Rechtsextremismus war in Ostdeutschland keine neue Erscheinung, wurde jedoch zu SED-Zei-
ten unter dem Deckmantel des Schweigens gehalten. Angst
vor sozialer Deklassierung und Perspektivlosigkeit spielten
den rechtsextremen Organisationen in die Hände, boten
sie doch scheinbar Lösungen an.[2] Im Deutschen Bundestag
verurteilten Politiker die Taten, fügten jedoch zugleich be-
schwichtigend hinzu, Deutschland sei ein ausländerfreund-
liches Land. Selten zogen Redner Kontinuitätslinien wie
Hans-Jochen Vogel (SPD) es tat. Er erinnerte an die frühen

1930er Jahre, in denen die Gewalt gegen »Andere« anschwoll und später zur systematischen Verfolgung und Ausmerzung führte. Vogel mahnte, die Verteidigung der Demokratie ernst zu nehmen.[3] Die Brandstiftung in der KZ-Gedenkstätte Sachsenhausen zwei Tage vor dem jüdischen Neujahrsfest 1992 ließ schlimme Befürchtungen aufkommen. Es gab Gegenreaktionen und Lichterketten zehntausender, vor allem junger Menschen in zahlreichen Großstädten – die Mehrzahl der Deutschen war nicht bereit, solche Schandtaten hinzunehmen. Es sei ein »Overkill der guten Absicht«, kommentierten einige Medien.[4]

Um diese Zeit herum debattierten Intellektuelle über ein »Manifest einer neuen Rechten«, die eine »selbstbewusste Nation« einforderten. Deutschland wurde in diesen Beiträgen als ein seit 1945 besetztes Land beschrieben. Erst 1990 habe diese Besatzung geendet, und Deutschland könne sich seither als Nation entfalten. Damit war natürlich auch das Narrativ von der Befreiung der Deutschen am 8. Mai 1945 obsolet und die berühmte Rede des Bundespräsidenten Richard von Weizsäcker aus dem Jahr 1985 – in der Niederlage 1945 stecke die Befreiung – desavouiert. Den Anfang gesetzt hatte der Dramatiker Botho Strauß mit seinem Essay *Anschwellender Bocksgesang*. Der zeitdiagnostische Anspruch des Textes oszillierte zwischen einem erhabenen Ton und wüster rechtsradikaler Polemik. Mehrere Dutzend Autorinnen und Autoren nahmen ihrerseits Stellung zu Themen wie Nation, Identität und Patriotismus.[5] Sie gaben vor, angebliche Denkverbote zu überwinden, Brandmauern einzureißen und die eingeschliffene deutsche »Diskurs-Apartheid« zu überwinden. Im Ergebnis ergab sich ein ziemlich krudes Gemisch rechtsradikalen Gedankenguts. Von der Leugnung des Holocaust waren manche nicht mehr weit entfernt.

Alles, was im rechten Lager Rang und Namen hatte, von der *Jungen Freiheit* über Journalisten, die ein revisionistisches deutsches Geschichtsbild einforderten, bis hin zu Hans Filbingers rechtskonservativem Studienzentrum Weikersheim, versammelte sich um das Vorhaben »selbstbewusste Nation«. Wenngleich das liberale Feuilleton gemeinsam gegen diese Autorinnen und Autoren auftrat, so war der Glaube, man habe die Kontroverse »gewonnen«, trügerisch. Die Fernwirkungen dieser Identitätsdebatte waren beträchtlich.[6]

Viele konservative Politiker lebten noch immer mit der Fiktion, Deutschland sei kein Einwanderungsland. Da immer mehr Menschen in Deutschland Asyl suchten, hob zwischen 1991 und 1996 eine erregte öffentliche Debatte an, wodurch auch Öl ins Feuer der Unverbesserlichen gegossen wurde. Mit den Balkankriegen im ehemaligen Jugoslawien schnellte die Zahl der Asylsuchenden 1992 auf 439 200 Menschen hoch, und 1994 zählte man in der Bundesrepublik 1,7 Millionen Asylsuchende, von denen nur 267 000 amtlich als asylberechtigt anerkannt wurden.[7] Um den Zustrom zu begrenzen wurde der Artikel 16 des Grundgesetzes, einer seiner vornehmsten Artikel – »Politisch Verfolgte genießen Asylrecht« – am 26. Mai 1993 im Deutschen Bundestag mit 521 gegen 132 Stimmen erweitert. Neu nahm man den Artikel 16a auf. Danach ist das Asylrecht für politisch Verfolgte nach wie vor verbürgt, hinzu kam indes, dass Personen, die über einen EG-Mitgliedstaat oder aus »sicheren Drittstaaten« einreisen, sich nicht mehr auf ihr Asylrecht in Deutschland berufen können; Gleiches gilt für ein »sicheres Herkunftsland«, weil in diesem Falle unterstellt wird, dass keine Verfolgung stattfindet. Bereits ein Jahr, nachdem das Gesetz in Kraft getreten war, sank die Zahl der Asylsuchenden um 66 Prozent.

Die Krise, die um 2015 herum begann, war noch tiefer als die nach der deutschen Wiedervereinigung, und sie erfasste etliche Demokratien des Westens. In der Mitte der Gesellschaft hatte sich Pessimismus ausgebreitet und die Diagnosen verhießen nichts Gutes: Zeitalter des Zorns,[8] Zerbrechen des Westens,[9] Demokratie in Gefahr, so lauteten die Alarmrufe.[10] Die Tendenz der Ausbreitung liberaler Demokratien, die bis um die Jahrtausendwende gewaltig anstieg und 110 Staaten erreichte, war seit einiger Zeit rückläufig. Der Einfluss autoritärer Staaten wie China und Russland nahm dagegen zu. In den westlichen Staaten schwand der politische Konsens, und die Frage nach der Zukunft der liberalen Demokratie wurde immer häufiger gestellt. Einige Beispiele zeugen von diesem Wetterleuchten.

Die Türkei entfernte sich immer weiter von Europa. Im Jahr 2005 hatten die Beitrittsgespräche zwischen der EU und der Türkei begonnen, was innerhalb der europäischen Länder umstritten war. Die Befürworter in Deutschland meinten nach den Anschlägen vom 11. September 2001, es sei dringlich, die Türkei zu einem EU-Mitglied zu machen, um damit zu zeigen, dass der Westen und ein mehrheitlich von Muslimen bewohntes Land keine Gegensätze darstellen müssten. Dazu passte, dass die Türken 2002 erstmals eine Regierung wählten, die von einer damals moderat islamischen Partei (AKP) geführt wurde und vehement in die EU drängte. Gegner eines EU-Beitritts der Türkei führten ins Feld, die geopolitische Lage sei kein gutes Argument, die Türkei habe historisch nie zum Westen gehört, im Land selbst sei es um die westlichen Werte nicht gut bestellt und allein der demografische Faktor sei problematisch – in wenigen Jahren wäre die Türkei das bevölkerungsreichste Land der EU. Statt sich weiterhin europäische Klagen über demokratische Defizite anzuhören, sah Ministerpräsident Recep Tayyip Erdoğan die Zukunft in einem souveränen starken Staat im Konzert mit Mächten wie Russland, dem Iran und China. Erdoğan plante, die Türkei zur führenden Regionalmacht an einer geopolitischen Nahtstelle zwischen Europa, Asien und dem Nahen Osten auszubauen, Demokratie war dabei Nebensache. In dieser Region war die Türkei bald ein unverzichtbarer »Player«. Eine EU-Mitgliedschaft war da kein erstrebenswertes Ziel für die türkische Regierung mehr. Die Europäische Union wurde für Regierungschef Erdoğan regelrecht zum Feindbild.

In mehreren Staaten Ostmitteleuropas legte die Demokratie einen Rückwärtsgang ein. Einige der dortigen Entwicklungen schienen jenen Recht zu geben, welche die Aufnahme dieser Staaten seit 2004 in die Europäische Union für unbedacht und übereilt gehalten hatten. Statt die EU zu stärken, schwächte die Aufnahme diese. Statt Einigkeit zu fördern, wurde der Spaltpilz nach Europa getragen. Dabei gab es unter den neuen Mitgliedern durchaus europäische Musterländer, womit alle drei baltischen Staaten gemeint sind: Litauen, Lettland und Estland. Ihre Reformen waren im Großen und Ganzen vorbildlich, und in einigen Bereichen lagen sie an der Spitze der gesamten EU. Was Ungarn anbelangte, so war die Situation ebenso betrüblich wie in Polen. Nationalistische, die Demokratie einschränkende Politik verband sich mit einer Kritik an der EU, die auch Grenzen zur Gegnerschaft überschreiten konnte. Der ungarische Ministerpräsident Viktor Orbán huldigte einem »illiberalen Staat«. Auch dass juden- und romafeindliche Traditionen in Ungarn wiederbelebt wurden, führte das Land ins Abseits. Das Schlimmste jedoch war, dass die EU-Kommission und auch das Europäische Parlament nur halbherzig reagierten. Dadurch wurde das Vertrauen in europäische Werte erschüttert. Was in Polen und Ungarn von National-konservativen mit demokratischen Mitteln ins Werk gesetzt worden war, hatte im Ergebnis mit Demokratie nicht mehr viel zu tun. Wer hätte sich dies nach den Freiheitsrevolutio-nen von 1989 ausmalen können?

Um das Verhältnis Europas und Deutschlands zum trans-atlantischen Partner, den Vereinigten Staaten von Amerika, war es ebenfalls nicht zum Besten bestellt. Im Jahr 2014 fand US-Präsident Barack Obama in Brüssel noch feierliche Worte: »Europa ist der engste Partner Amerikas, Europa ist der Eckpfeiler unseres Engagements rund um den Globus. Die Welt ist sicherer und gerechter, wenn Europa und Ame-rika zusammenstehen.«[11] Doch als der Republikaner Do-nald Trump im Januar 2017 sein Amt antrat, kippte vieles. Der populistische Präsident bewertete fast alles neu – von Sicherheit und Verteidigung über Wirtschaft und Handel bis zu den gemeinsamen westlichen Werten. Trump verfügte über außergewöhnliche manipulative Fähigkeiten, er wie-gelte die Öffentlichkeit auf, belog und spaltete sie. »America first« lautete seine Parole. Wie alle Populisten produzierte Trump eine Reihe emotionaler Momente, und seine Anhän-gerschaft unterwarf sich ihm in vorauseilendem Gehorsam.

Die Angst vor dem Abstieg, vor Wandel und Verlust in einer rasanten, globalisierten Welt sowie das Misstrauen ge-genüber etablierten Parteien, dagegen noch etwas ausrich-ten zu können oder gar zu wollen, scheint der Hintergrund vieler dieser Entwicklungen zu sein. Nach diesem Muster wuchsen in ganz Europa populistische Bewegungen, und die Flüchtlingskrise trieb deren Zustimmungswerte steil nach oben. In Österreich regierten von Dezember 2017 bis Mai 2019 die rechtsnationalen Freiheitlichen in einer

Koalition mit der ÖVP, bevor diese in einem Skandal um FPÖ-Minister regelrecht auseinanderflog. Im einstmals ur-sozialdemokratischen Schweden gewannen die rechtspopu-listischen Schwedendemokraten mit jeder Wahl an Stim-men dazu. In Italien war der rabiate Rechtspopulist Matteo Salvini Innenminister geworden und hetzte gegen Europa. In Frankreich stand die Politik mit dem Aufkommen der »Gelbwesten«-Bewegung auf der Kippe. In Spanien verlo-ren die traditionellen konservativen Parteien zugunsten von Rechtspopulisten. Die Rechtsradikalen Europas versuch-ten, eine Allianz von Ost nach West, von Süd nach Nord zu schmieden.[12] Im Jahr 2016 stellte sich die Situation so dar: Nur in neun der insgesamt 28 EU-Länder gab es keine rechtspopulistischen Parteien, die im Parlament vertreten waren. 118 der 751 Mitglieder des Europäischen Parlaments waren insgesamt 15 rechtspopulistischen Parteien aus 14 Län-dern zuzurechnen.[13] Bei der Europawahl vom Mai 2019 stieg die Zahl ihrer Abgeordneten auf 172.

Die westliche Demokratie steckte in einer Krise. Teile der Bevölkerung kehrten ihr den Rücken zu und machten sich auf die Suche nach einem »starken Mann«, der es richten sollte. Der Bürger als zentrale Figur der liberalen Demokra-tie wurde im politischen Diskurs abgelöst durch das Volk, und dieses präsentierten die Populisten als ethnisch homo-gen und politisch geschlossen.[14] Wie war der Siegeszug des Populismus zu erklären? War es ein »Verlust der Würde«, der ihnen in die Hände spielte?[15] Menschen wollen nicht pater-nalistisch oder gar respektlos behandelt werden, doch das Verhaltensmuster von Politikern in westlichen Gesellschaf-ten führte oft dazu, dass Menschen sich in ihrem Selbstwert beeinträchtigt fühlten. In den USA folgte dies aus der Min-derheitenpolitik, die, so meinten viele, zulasten des »weißen Mannes« gehe. Hier neigten Politiker dazu, sich nicht mehr als Vertreter eines Ganzen zu sehen, sondern lediglich spezieller Gruppen, die durch Opfernarrative Zorn aufbauten. Die politische Auseinandersetzung wurde durch einen anklagenden Ton der moralischen Überlegenheit vergiftet. Schuld daran war auch die politische Linke, die es aufgegeben hatte, sich mit einem großen Projekt für das Ganze einzusetzen und sich stattdessen darauf verlegte, die Anliegen soziokulturell benachteiligter Gruppen zu vertreten. Politisch wirksam, so der amerikanische Politikwissenschaftler Francis Fukuyama, sei der Wunsch nach Identität. Werde er nicht erfüllt, schwinde der Grundkonsens in einer demokratischen Gesellschaft. Demokratien seien auf eine lebendige demokratische Kultur angewiesen, die das Bedürfnis nach Würde und Stolz der Menschen befriedigen könne. »Bis in die 60er Jahre hinein waren Sorgen um die Identität überwiegend denen vorbehalten gewesen, die ihr individuelles Potenzial verwirklichen wollten. Im Zuge des Aufstiegs der sozialen Bewegungen verknüpften viele Menschen nun ihre eigenen Vorhaben und Ziele mit der Würde ihrer Gruppe (…). So wurde das geboren, was wir heute als Identitätspolitik bezeichnen.«[16]

Hier gingen also generelle politisch-tektonische Verschiebungen vor sich. Was die Bundesrepublik Deutschland anbelangte, so war auf die gesellschaftliche Mitte lange Zeit immer Verlass gewesen. Nach der Hyper-Emotionalisierung durch den Nationalsozialismus waren die Deutschen nach 1945 zur Ruhe gekommen, zuerst aus Erschöpfung, dann aus Einsicht. Sie haben seither auch in schwierigen Zeiten ihre Fassung und Ausgewogenheit bewahrt. Die immer wiederkehrende Frage lautete jedoch: Wird die gesellschaftliche Mitte auch weiterhin bestehen, wird sie auf ihre eigene Kraft vertrauen und sich den Polarisierungen von rechts und links entgegenstellen? In diesem Sinne war der Streit um die »deutsche Leitkultur« in der Bundesrepublik bedeutsam, der bereits um die Jahrtausendwende herum ausgefochten worden war – ohne dass es zu einem abschließenden Ergebnis kam.

Es begann mit der Attacke des CDU-Fraktionsvorsitzenden Friedrich Merz gegen die rot-grüne Bundesregierung, die das Staatsbürgerschaftsrecht reformierte und Einwanderung als nötig ansah. Merz kündigte an, dass die Ausländerpolitik, die Einwanderungs- und die Integrationsproblematik wesentliche Themen aller kommenden Wahlen sein würden. Der hessische Wahlsieg von Roland Koch im Frühjahr 1999 hatte gezeigt, wie sehr das Thema »Ausländer« die Menschen beschäftigte und die Union damit Rot-Grün in die Enge treiben konnte. Koch hatte mit einer Anti-Ausländer-Politik die Wahlen im einstmals »roten Hessen« gewonnen. In der Zeitung *Die Welt* forderte Merz Ende Oktober 2000 eine »freiheitliche deutsche Leitkultur« und begann seinen Beitrag sogleich mit einem gehörigen Schuss Polemik: »Schweinebraten statt Döner, Deutschtümelei, Biedermeier, fünfziger Jahre – Rassismus! Kein Vorwurf aus dem wohlbekannten Arsenal der political correctness und der Gutmenschen in diesem Land, der nicht erhoben wird. Doch worum geht es wirklich?«[17] Einwanderung und Integration, so führte er aus, könnten auf Dauer nur Erfolg haben, wenn sie eine breite Zustimmung in der Bevölkerung fänden, und dazu gehörte eine Integrationsfähigkeit auf beiden Seiten: Das Aufnahmeland müsse tolerant sein, und die Zuwanderer müssten die Regeln des Zusammenlebens in Deutschland respektieren. Merz verwies hierbei ausdrücklich auf die Stellung der Frau innerhalb der west-

lichen Freiheitsordnung. »Gleich, ob dieses nun die Identität unseres Landes, der Verfassungspatriotismus oder eben
die freiheitliche Leitkultur ist, die uns geprägt hat: Einwanderung und Integration von Ausländern, die wir wollen
und die wir fördern müssen, braucht Orientierung an allgemein gültigen Wertmaßstäben. Wer einer Diskussion darüber ausweicht oder allenfalls mit abgedroschenen Floskeln
antwortet, der bereitet erst den Boden für politischen Ra-
dikalismus.« Was war falsch an dieser Aussage? Vermutlich
wäre die Attacke ins Leere gelaufen, hätte sie bei Rot-Grün
nicht einen wunden Punkt getroffen: »Leitkultur« sei ein
»Totschlagargument«, eine ungeheuerliche Provokation, ein
Wort der Überheblichkeit, das dem Arsenal der NS-Sprache
entstamme, und die dahinter stehende Polemik sei in ho-
hem Maße »unanständig«, so scholl es aus der SPD-Fraktion
zurück.[18]

Der Kern des Gedankens von der »Leitkultur« ging auf
Theo Sommer, den Mitherausgeber der Wochenzeitung *Die
Zeit* zurück, der schon im Juli 1998 einen Artikel zu Auslän-
dern in Deutschland verfasst und darin plädiert hatte, dass
Integration keine Einbahnstraße sein dürfe.[19] Sommer wie-
derum hatte sich auf das Buch *Europa ohne Identität?* des
Göttinger Politikwissenschaftlers Bassam Tibi bezogen, der
darin für eine »europäische Leitkultur« eingetreten war.[20] In
Sommers Artikel hieß es: »Die überwölbende Gemeinschaft
erträgt durchaus lebendige Untergemeinschaften – aber die
Vielfalt hat sich in der Einheit zu bewähren. Das Rezept
könnte auch in Deutschland taugen. Man sollte es freilich
lieber nicht mit dem Etikett ›multikulturell‹ bekleben; dem
Begriff haftet zu viel Fragwürdiges an (…). Ein Deutschland,
das aus lauter Ghettos besteht, ein paar für Türken, ein paar
für Griechen, ein Dutzend für die Deutschen – das kann

nicht das Ziel sein (…). Integration bedeutet zwangsläufig ein gutes Stück Assimilation an die deutsche Leitkultur und deren Kernwerte.« Dahinter stand eine einfache Erkenntnis: Je bunter der ethnische Flickenteppich im Land wurde, desto fester musste er durch ein Gewebe der gemeinsamen Werteordnung zusammengehalten werden. Man konnte dies als eine durch und durch vernünftige Position bezeichnen.

Solche Debatten gab es seinerzeit auch im internationalen Maßstab, und sie gingen häufig zurück auf Thesen eines »Kampfes der Kulturen«, die Samuel Huntington in den USA zur Diskussion gestellt hatte. Gerade islamische Kulturkreise galten ihm als »Herausforderer-Kulturen« des Westens, der zu zögerlich seine eigene Identität betonte, dessen Bevölkerung schrumpfte, dessen Ökonomie nachließ und der deshalb von einem allgemeinen Machtverlust bedroht war. Nicht nur demografische und wirtschaftliche Probleme bedrohten laut dieser Sicht die Macht des Westens, hinzu komme ein moralischer Verfall, der zu einem kulturellen Selbstmord führen könne.[21] Ähnliche Begriffe wie »Leitkultur« tauchten denn auch in anderen Ländern auf: »culture dominante«, »cultura dominante«, »culture de référence«, »American way of life« waren einige der bekanntesten Termini. Kaum jemand hatte daran je Anstoß genommen, doch in Deutschland wurde »Leitkultur« zur Waffe im parteipolitischen Kampf. Denn dass Deutschland ein Einwanderungsland sei – dieser Erkenntnis hatten sich konservative Kreise immer verschlossen, und dies verlieh der Auseinandersetzung ihre Schärfe.

Was genau mit »Leitkultur« gemeint war, schwankte dabei erheblich: Einige beschränkten sich auf die Loyalität gegenüber der Verfassung und auf die Sprachkompetenz;

andere wiesen weit darüber hinaus und entwarfen eine deutsche Kultur oder einen deutschen Nationalcharakter, an dem sich Zuwanderer auszurichten hätten; auch Ausgrenzungen und Stigmatisierungen blieben nicht aus. Für die Opposition war es der Versuch, über dieses Thema die kulturelle Hegemonie von Rot-Grün zu brechen. Unionspolitiker wie der bayerische Ministerpräsident Edmund Stoiber verstanden »Leitkultur« als Gegenentwurf zu einem Nebeneinander verschiedener Kulturen. In einer Fernsehsendung der ARD über den CSU-Parteitag in München interviewte Ulrich Deppendorf den Parteivorsitzenden, der ins Mikrofon sprach: »Wir wollen praktisch Leitkultur gerade als Antithese zu multikulturell verstehen – weil die Grünen und auch Teile der SPD wünschen ja eine multikulturelle Gesellschaft – und die wollen wir – ja – die will ich nicht.«[22]

Im Laufe der hitzigen Debatte folgte Zuspitzung auf Zuspitzung: In einer recht wirklichkeitsfremden Überhöhung des Multikulturalismus forderten die Grünen völlig offene Grenzen in Europa und malten das einträchtige Zusammenleben der verschiedensten Kulturkreise in hellsten Farben aus. Wieder zum Vorschein kam ein grundsätzlicher Denkfehler der Linken: der Glaube, dass alle Menschen eigentlich gut seien, und das Erstaunen, wenn sich einige plötzlich als böse entpuppten, etwa islamisch geprägte Männer, die wie selbstverständlich Gewalt gegen »abtrünnige« Frauen anwandten – »Ehrenmord« sollte sich als Terminus einschleifen. Die Vorsitzende von Bündnis 90/Die Grünen, Renate Künast, sprach sich gegen einen Zwang für Ausländer aus, Deutsch lernen zu müssen.[23] Die Redaktion des Wörterbuches *Pons* kürte »deutsche Leitkultur« zum »Unwort des Jahres«.[24] CDU-Parteichefin Angela Merkel warf der SPD »in Teilen« ein gestörtes Verhältnis zum Vaterland vor. So schien

es den Befürwortern um eine Rückbesinnung auf den deutschen Nationalstaat, die deutsche Kulturnation und den
Nationalstolz zu gehen. Damit auch alle verstanden, was gemeint war, stimmte Merkel das alte Lied der »vaterlandslo-
sen Gesellen« in Gestalt der Sozialdemokraten neu an.[25] Be-
gleitet wurde die Debatte von Forderungen nach repressiven
Maßnahmen im Bereich der Asyl- und Ausländerpolitik und
einer pronatalistischen Bevölkerungspolitik: »Kinder statt
Inder«, auf diese »Alternative« brachte es schließlich Jürgen
Rüttgers, CDU-Vorsitzender in Nordrhein-Westfalen.[26]

Der frühere Präsident des Goethe-Instituts, Hilmar Hoff-
mann, bezeichnete den Begriff »Leitkultur« als »verheerend«,
weil er auf eine »völlig falsche Fährte« führe, und warnte,
dass damit der rechten Klientel das Feld bereitet werde.
Die Goethe-Institute im Ausland vermieden es, von einer
»deutschen Leitkultur« zu sprechen und verwendeten stattdessen die Formulierung einer »Kultur aus Deutschland«,
denn diese sei ja auch vom Ausland beeinflusst worden, wie
Kultur immer ein ständiger Prozess und nichts Festgefügtes
sei.[27] Dass eine wie auch immer geartete »deutsche Leitkultur« den Anspruch erhob, andere Kulturen leiten zu wollen, konnte als vermessen bezeichnet werden. Noch schär-
fer im Ton reagierte Paul Spiegel, Präsident des Zentralrats
der Juden in Deutschland. Er forderte die Politiker auf, ihre
»populistische Sprache« zu zügeln, und fuhr fort: »Was soll
das Gerede um die Leitkultur? Ist es etwa deutsche Leitkultur, Fremde zu jagen, Synagogen anzuzünden, Obdachlose
zu töten? Geht es um die Kultur oder um die Wertvorstel-
lungen der westlich-demokratischen Zivilisation, die wir in
unserem Grundgesetz fest verankert haben?«[28]

Die Wogen schlugen immer höher, in den Fraktionen des
Bundestages herrschte helle Empörung, aber auch in der Öf-

fentlichkeit. Nach Meinung von Bundespräsident Johannes Rau hatte Paul Spiegel zu Recht darauf hingewiesen, dass auf Unworte leicht Untaten folgen könnten. Rau drang zum Kern vor, indem er bekundete, dass Deutschland, auch wenn es vielen schwerfiel, dies anzuerkennen, ein Einwanderungsland sei. Nur wenn diese Tatsache endlich akzeptiert werde, erfolge alles Weitere wie selbstverständlich: »Die Wertebasis des Zusammenlebens in Deutschland ist das Grundgesetz, das ja bewusst die Würde des Menschen und nicht etwa die Würde der Deutschen an die erste Stelle setzt. Verfassungspatriotismus ist essenziell wichtig, aber nicht alles. Natürlich gibt es Vieles, was uns Deutsche von anderen unterscheidet. Dazu gehört nicht nur unsere Sprache und der Reichtum all dessen, was wir traditionell unter ›Kultur‹ zusammenfassen. Dazu gehört genauso der alltägliche Umgang miteinander wie unser Verhältnis zu Natur und Umwelt und das Bild unserer Städte und Landschaften. Dazu gehört unsere Geschichte mit ihren guten und schlechten Tagen und mit der besonderen Verantwortung, die uns daraus erwächst. Unterschiede sollen und dürfen aber nicht zu Ab- oder gar Ausgrenzung führen. Unsere Kultur und unsere Identität sind allein deshalb nicht fest und abschließend zu umreißen, weil sie sich geschichtlich gebildet haben und sich auch in Zukunft durch Anstöße und Einflüsse von innen und außen weiterentwickeln werden.«[29]

Auch auf christdemokratischer Seite regte sich Unmut, etwa bei Rita Süssmuth, der Leiterin der Einwanderungskommission der Bundesregierung, oder Dieter Oberndörfer, dem Direktor des angesehenen Arnold-Bergstraesser-Instituts in Freiburg, welcher der Union nicht fern stand. »Leitkultur« führe, so Oberndörfer in einer scharfen Replik, »zum Verrat an der universalen Geltung der Menschenrechte, wenn der Eindruck vermittelt wird, letztere seien spezifisch nationale oder europäische Güter – charakteristisch und gültig nur für westliche Gesellschaften«.[30] Außerdem stand die Forderung nach einer »deutschen Leitkultur« im Widerspruch zum verfassungsrechtlich verankerten kulturellen Pluralismus.

Nach der rot-grünen Regierungszeit, seit 2005, verpuffte die Debatte schnell wieder. Eine sinnvolle Diskussion über gesellschaftliche Leitbilder, also darüber, auf welche Werte ein gemeinsames nationales und europäisches Selbstverständnis gründen konnte, kam nicht zustande. Die Ruhe erwies sich jedoch als trügerisch, denn die extreme politische Rechte bemächtigte sich des Begriffs »Leitkultur«, versah ihn mit dem Ruf nach Zucht und Ordnung und reicherte ihn um rassistische und antisemitische Elemente an. Unterhalb der Oberfläche formierte sich so die neue Rechte – auch in Gestalt einer Terrororganisation.

Der Nationalsozialistische Untergrund (NSU) war eine neonazistische terroristische Vereinigung, die – nach Vorläufern in Thüringen seit den frühen 1990er Jahren – 1999 gebildet wurde, um Ausländer in Deutschland zu ermorden. Die Mitglieder waren durch die ausländerfeindlichen Ausschreitungen nach der Wiedervereinigung in Hoyerswerda und Rostock geprägt worden. Zwischen 2000 und 2007 töteten sie neun Migranten und eine Polizistin und verübten 43 Mordversuche sowie Sprengstoffanschläge und Raubüberfälle. Das Umfeld der Unterstützer wurde auf etwa 200 Personen geschätzt, darunter eingeschleuste V-Leute und Funktionäre rechtsextremer Parteien. Ab 2011 wurde der NSU öffentlich bekannt. Bis dahin hatten die Ermittler rechtsextreme Hintergründe der Verbrechen weitgehend ausgeschlossen, vielmehr die Täter im Umfeld der Opfer ge-

sucht und damit viele Angehörige stigmatisiert. Beamte des
Verfassungsschutzes hatten relevante Akten vernichtet, um
V-Leute zu schützen. Es handelte sich somit um ein Versagen der deutschen Sicherheitspolitik. Der NSU-Prozess vor
dem Oberlandesgericht München ab 2013 war der größte,
der in Deutschland je gegen Neonazis geführt worden war.
Gerichtsreporter der *Süddeutschen Zeitung* sahen das Verfahren in einer Reihe mit den Nürnberger Prozessen, den Au-
schwitzprozessen und dem RAF-Prozess. Das Verfahren, das
mit der Verurteilung der Hauptangeklagten endete, hatte
über hundert Beteiligte, die Anklage wurde durch vier Bun-
desanwälte vertreten, die fünf Angeklagten durch 14 Vertei-
diger; 60 Anwälte vertraten die 95 Nebenkläger.

Die Vernetzung der rechtsextremen Gruppen und deren
Kader war lange unterschätzt worden, und ein NPD-Ver-
botsverfahren war 2002/03 kläglich gescheitert.[31] So hatten
sich die Kräfte sammeln können. Die Radikalisierung der
rechtspopulistischen AfD seit 2014 ging maßgeblich auf die
Stärke der ostdeutschen Strömungen zurück. Dabei war die
AfD ursprünglich als eine elitäre Partei von Professoren,
die den Euro als Währung ablehnten, ins politische Leben
getreten. Nun aber wurde sie als Protestpartei zum parlamentarischen Sprachrohr des »einfachen Mannes« und der
»einfachen Frau« sowie Teilen der unteren Mittelschicht.
Die Flüchtlingskrise trieb eine in ihrer Resonanz beispiellose Bewegung hervor, die sich als Blutzufuhr für die Rechtspopulisten erweisen sollte: die Patriotischen Europäer gegen die Islamisierung des Abendlandes (Pegida).[32]

»Wutbürger« hatte es in verschiedenen Dimensionen seit
einigen Jahren schon gegeben. In Stuttgart wandten sie
sich etwa gegen den kostspieligen Bau des neuen Haupt-
bahnhofes. Nur das Misstrauen gegenüber dem politischen

»Establishment« einte alle Formen. Neu bei Pegida waren die antimuslimischen Ressentiments, das simple Weltbild sowie die Huldigung eines identitären Politikbegriffs: Wir sind das (deutsche) Volk. War dies eine ostdeutsche Reaktion auf den nach 1990 herrisch auftretenden Westen? War es ein Seismograf dafür, dass etwas schieflief zwischen den Eliten und den Bürgern? Die Teilnehmerinnen und Teilnehmer der Massendemonstrationen bezeugten beides: Fremdenangst und »Wende«-Enttäuschung.[33] Der trotzige Protest der Straße infolge der Flüchtlingskrise gebärdete sich als ein Aufstand des Abendlandes. Doch die »Wutbürger« entpuppten sich nicht selten als Brandstifter.[34] Unter den relativ zufriedenen Menschen sympathisierten nur sehr wenige mit Pegida und der AfD, bei den Unzufriedenen steigerte sich der Wert hingegen explosionsartig. Lange Zeit blieben die Veränderungen in den politischen Haltungen vieler Menschen diskret, individuell, fast unsichtbar. Dies war ein großer Unterschied zur Weimarer Republik. Sie manifestierten sich nicht sofort an der politischen Oberfläche wie in Weimar, sondern verbreiteten sich schleichend. Unter der Hand wurden rechte Haltungen über viele Jahre hinweg gesellschaftsfähig, so etwa auch in der Populär- und Jugendkultur.

So wie es in den 1960er Jahren eine »stille Revolution« des Wertewandels in den meisten demokratischen Gesellschaften gegeben hatte, so gab es seit dem ersten Jahrzehnt des 21. Jahrhunderts einen stillen Rechtsruck. Die neuen Kommunikationstechnologien begünstigten dies: Nicht nur, dass sich die Netzwerke besser verknüpfen ließen; vor seinem Bildschirm hatte niemand Sanktionen zu befürchten, wenn er sich im Schutz der Anonymität einmal ganz weit nach rechts außen wagte. Die digitalen Medien erwiesen sich als Katalysatoren des raueren Umgangstones. Ausgrenzungs-

und Gewaltfantasien wurden nicht mehr als Abweichung, sondern als teilgesellschaftlich akzeptabel verstanden, auch weil es unter den konservativen Politikern, vor allem der CSU, Brückenfiguren gab, die Kanzlerin Merkels (Flücht-lings-)Politik anprangerten (ohne am Ende aufrichtig die Konsequenzen zu ziehen) und fremdenfeindliche Haltun-gen gesellschaftsfähig machten. Gefährlich war, dass sich die Ablehnung der liberalen Grundordnung, der Pressefreiheit und des Rechtsstaatsprinzips tief hinein in die Mitte der Ge-sellschaft gefressen hatte und sich die Rechtspopulisten als »Opfer des Systems« stilisierten.

Bei der Bundestagswahl 2017 kam die AfD auf 12,6 Pro-zent der Stimmen. Die Landtagswahlen in Sachsen und Brandenburg im Sommer und in Thüringen im Herbst 2019 katapultierten die AfD dort an die Stelle der zweitstärksten Partei, jeweils etwa ein Viertel aller abgegebenen Stimmen entfiel auf sie. Die Gesellschaft spaltete sich nicht mehr nur zwischen arm und reich, rechts und links oder Land und Stadt, sondern auch zwischen einem kosmopolitischen Welt-bild einerseits und einem, das der Globalisierung skeptisch und der Moderne feindlich gegenüberstand, andererseits. Die AfD wurde nicht aus Frustration, sondern aus Über-zeugung und nicht selten von gut situierten Menschen ge-wählt. Der Graben verlief zwischen einer demokratischen Mehrheit und einer rechtsradikalen bis -extremen Minder-heit. Es gelang der AfD, die Wut auf »den Westen« und das Misstrauen gegenüber dem liberalen Staat und den freien Medien aufzugreifen und in einem ostdeutschen National-ismus zu kanalisieren.

Es bildete sich eine Art kulturelle Konfliktlinie aus, deren Basis ein Wertegegensatz zwischen einer offenen und einer geschlossenen Gesellschaft darstellte. Minderheiten wurden wieder als Sündenböcke auserkoren. Die Rechtspopulisten pflegten eine »Arroganz der Ignoranz«[35] gegenüber ihnen nicht passenden Meinungen, Intellektuellen und Medien. Verzerrungen, Lügen und Verschwörungstheorien gehörten zum täglichen Geschäft. Die Gewalt gegen Flüchtlinge war nicht nur ein ostdeutsches Problem, aber es gab in den neuen Bundesländern besondere Anfälligkeiten. Viele fühlten sich als Verlierer der Einheit und entwickelten Blockaden gegen das »System«. Die Populisten boten das, was vermisst wurde: Orientierung, neue Aufgaben, Lebenssinn.

Mit dem Beginn der Pegida-Demonstrationen im Oktober 2014 vollzog sich eine atmosphärische Veränderung der gesellschaftspolitischen Debatten. Sie wurden auf die Straße verlagert, besonders in der Region um Dresden, und es kam zu einer Verrohung der Debattenkultur. In der Flüchtlingskrise offenbarte sich somit eine allgemeine Krise der deutschen Gesellschaft und ihrer Identitäten. Dabei war die Frage nach der Identität der Deutschen alles andere als neu; sie hatte bereits die alte Bundesrepublik über die Jahrzehnte hinweg durchzogen und in den 1970er Jahren einen Höhepunkt erlebt.[36] Die zahlreichen Krisen, von der ökonomischen Rezession bis hin zum RAF-Terrorismus hatten damals zu einem übermächtigen publizistischen, wissenschaftlichen und politischen Diskurs über die »deutsche Identität« geführt, wodurch dieser bis dahin nicht gebräuchliche Begriff zum Modewort und Sammeletikett einer Kompensation verschiedener wahrgenommener Defizite geworden war.[37] Offenbar waren die unruhigen Deutschen immer auf der Suche nach dem, was sie sein wollten.

Nun also klagte Pegida über die »Mega-Umvolkung« der Deutschen. Aber was war deutsch? Wie wurde man deutsch? Die Frage, was Nationalismus und Patriotismus, was der

Bezug zur Nation in Krisenzeiten bedeutete, war uralt, urdeutsch. Im Jahr 2014 stimmten 53 Prozent der Deutschen der Aussage ganz oder teilweise zu, dass Deutschland in einem gefährlichen Maß »überfremdet« sei. Dagegen meldeten sich die Spitzen der deutschen Wirtschaft mit der Sichtweise zu Wort, dass die Ökonomie mehr Zuwanderer benötige. Kanzlerin Merkel heizte die Debatte an: »Wenn wir jetzt anfangen, uns noch entschuldigen zu müssen dafür, dass wir in Notsituationen ein freundliches Gesicht zeigen, dann ist das nicht mein Land.«[38] Umfragen belegten: Die Ausländerfeindlichkeit war im Osten größer als im Westen; im Osten wurde das Christentum zwar weniger als im Westen als Fundament »unserer Kultur« angesehen, doch war man sich dort stärker als im Westen sicher, dass der Islam nicht zu Deutschland passe. Das Verständnis für Demonstrationen gegen die »Islamisierung des Abendlandes« war im Osten um mehr als 12 Prozent höher als im Westen; mehr als jeder Dritte hatte dort sehr großes oder großes Verständnis für die Protestmärsche der Pegida und nur 28 Prozent der Befragten meinten, die Zuwanderung nach Deutschland habe eher Vorteile (im Westen immerhin 34 Prozent).[39]

Auffallend war zudem die Liebe der deutschen Rechten – und der Rechten in Europa insgesamt – zum autoritären Russland unter Putin: Dort habe das »Volk« nach dem Ende des Kalten Krieges wieder zu sich selbst gefunden und sich gegen Liberalismus sowie eine postmoderne US-Globalisierung positioniert. Dieser Populismus erschien als eine Antwort auf das Gefühl der Ohnmacht und basierte auf einer Ideologie des Antagonismus, die von einem »reinen Volk« und einer »korrupten Elite« ausging. Am Anfang stand die Unzufriedenheit mit den Ergebnissen der demokratischen Ordnung: sie sei zu langsam, zu unentschlossen, mit zu viel

Kompromiss behaftet, zu liberal und zu nachsichtig. Diese Motive bündelten sich mit einer Elitenkritik und einer Kritik am Verfahren der Elitenbildung. Populistische Bewegungen erweckten den Eindruck, sie könnten die Herausforderungen selbst und ohne strukturierte Elitenbildung bearbeiten. Sie gaben vor, das Volk zu vertreten – doch das hatte mit einer pluralen Gesellschaft, in der verschiedene Interessen aufeinanderstoßen, nichts mehr zu tun. »Gemeinschaft« lautete das Zauberwort, »Gesellschaft« das Unwort. Gemeinschaft – das war starr, eine Art Insel der Geborgenheit in einer unwirtlichen Welt der Beschleunigung. Gesellschaft hingegen erwies sich immer schon als dynamisch, flexibel, lernfähig.[40]

Die Denktraditionen der neuen Rechten in Deutschland reichten tief in das 19. Jahrhundert zurück, nahmen jedoch vor allem Gedanken der »konservativen Revolution« aus der Weimarer Republik auf. »Abendland« wurde zu einem »relationale(n) Kampfbegriff« erkoren,[41] der von Gruppen wie Pegida als Schlagwort zur Ablehnung der europäischen Integration und zugunsten einer prorussischen Orientierung gewendet wurde. Eine Politik mit der Angst und allgemein eine Politikverdrossenheit wuchsen parallel zum Unmut über die etablierten Volksparteien, deren Profil immer unschärfer wurde. So befand sich auch der deutsche Konservativismus in einem Zustand der Erschöpfung – einerseits durch die lange Regierungstätigkeit Helmut Kohls und Angela Merkels, andererseits durch neue gesellschaftliche Entwicklungen. Bereits seit der zweiten Hälfte der 1980er Jahre hielten Konservative die von Kohl 1982 verkündete »geistig-moralische Wende« – eine Rückkehr zu konservativen Werten nach langer sozialliberaler Regierungszeit – für gescheitert, und Soziologen sprachen von einer »Sozialdemokratisierung« der Union.[42] Der Hass auf die Kanzlerin infolge ihrer Flüchtlingspolitik brachte das Fass zum Überlaufen.

Vor der politischen Macht steht oft in der Geschichte die geistige Vorherrschaft, die sogenannte »kulturelle Hegemonie«. Wer den Diskurs beherrschte, konnte auch bald auf die Herrschaft hoffen. So war es in der Bundesrepublik beim Machtwechsel 1969, beim Aufstieg der Grünen in den 1980er Jahren, aber auch bei der Merkel-CDU, die grüne und sozialdemokratische Ideen aufsaugte und modifizierte. Mit dem Anwachsen der AfD und überhaupt der populistischen Bewegungen in Europa schien zum ersten Mal seit Langem in der Bundesrepublik Deutschland die kulturelle Hegemonie der liberalen Demokraten massiv herausgefordert. Die Diskurshoheit rutschte nach rechts und AfD-Chef Alexander Gauland erklärte, »wir versuchen, die Grenzen des Sagbaren auszuweiten«.[43] Es wird darum gehen, dass die 85 Prozent, die die AfD nicht gewählt haben, den Rechtspopulismus ächten und zeigen, dass die in Reaktion auf die Zerstörung der Weimarer Republik begründete »wehrhafte Demokratie« der Bundesrepublik kein Papiertiger ist.

12.

ES LEBE DIE REPUBLIK!

Erneuerung der deutschen Erinnerungskultur

Mit den Freiheitsbewegungen ihrer Geschichte taten sich die Deutschen lange schwer. Wer in Aufständischen und Freiheitskämpfern nur meuternde Rotten zu erblicken vermochte, hatte ein Problem damit. Die freudigen Menschenmassen bei der Maueröffnung am 9. November 1989 konnten daran etwas ändern, endlich eine Revolution von unten. Doch über den 9. November 1918 regierte bis zum 100. Jubiläum 2018 das Fragezeichen: Eine deutsche Revolution? Es wurde einem ganz schwindelig, was im Überbietungswettbewerb der Attribute in den zurückliegenden hundert Jahren alles für Bezeichnungen gefunden wurden: verratene Revolution, überflüssige, paradoxe, verfehlte, halbe, steckengebliebene, unvollendete, gebremste, ungeliebte, vergessene, die größte aller Revolutionen und die wunderlichste, die Revolution der Besonnenen. Man konnte 2018 kein schöneres Beiwort mehr finden, und es hätte auch nichts gebracht.[1] Stattdessen war es an der Zeit, es den Franzosen gleichzutun, die – nach vielen Jahrzehnten der Beschäftigung – ihre einfach Französische Revolution nennen. Also: Deutsche Revolution. Bundespräsident Frank-Walter Steinmeier tat genau dies und rief die Deutschen in seiner Rede zum 9. November auf, geschichtsbewusst zu sein: Der 9. November 1918 ist die Geburtsstunde der parlamentarischen Demokratie in Deutschland.[2]

Bis zu dieser geschichtspolitischen Anerkennung war es ein langer Weg. Und doch, blickt man genauer hin, auch wieder nicht. Denn einer von Steinmeiers sozialdemokratischen Vorgängern, Bundespräsident Gustav Heinemann, hatte bereits am Anfang der 1970er Jahre die freiheitlich-demokratischen Traditionen der Bundesrepublik seit den Bauernaufständen des 16. Jahrhunderts, über das Hambacher Fest von 1832 und die Revolutionen von 1848 und 1918 bis zum Grundgesetz 1949 betont. Hier sah Heinemann die Wurzeln der Demokratie in Deutschland, und sie waren ihm wichtiger als die Kriege der Könige und Kaiser, denn in diesen Ereignissen lagen die Ursprünge der Zivilgesellschaft, der Bürgertugenden und der emanzipatorischen Bewegungen – und nicht einer »Untertanengesinnung«. Dies korrespondierte seinerzeit vortrefflich mit Willy Brandts »Wir wollen mehr Demokratie wagen«. Im Zuge der konservativen Tendenzwende seit dem Ende der 1970er Jahre war vieles davon jedoch wieder verschüttet worden.[3]

Steinmeier war es dann, der als oberster Repräsentant der Bundesrepublik den 9. November 1918, das »Stiefkind unserer Demokratiegeschichte«, wieder aus dem Vergessen holte. Die Bundesrepublik erklärte sich ihm zufolge nicht allein »ex negativo«, sie habe eigenständige Wurzeln in den deutschen Freiheitsbewegungen. »Man kann das Land«, so der Bundespräsident, »nicht begründen ohne die weitverzweigten Wurzeln von Demokratie- und Freiheitsbestrebungen, die es über Jahrhunderte hinweg gegeben hat«.[4]

Nichtsdestotrotz: Der 9. November ist das komplizierteste Gedenkdatum der Deutschen. Auch die Öffnung der Berliner Mauer fand an diesem Tag statt. Vor allem jedoch

war es das Datum der Reichspogromnacht 1938. Am meis-
ten über die Revolution von 1918 gesprochen hat Hitler. Die
Nazis verstanden sich als Bewegung gegen 1918, gegen die
»Novemberverbrecher«, gegen die »Judenrepublik«. Die SS
wurde bewusst am 9. November gegründet, Jahr für Jahr
nach 1933 sprach Hitler am Vorabend des 9. November im
Münchner Bürgerbräukeller, zum 20. Jahrestag der Revolution brannten die Synagogen, gab es Pogrome und Mord.
Bis zuletzt war die Revolution 1918 für die Nazis ein Trauma.
Allein das schon war 2018 Grund genug, dass die Deutschen
die Revolution wieder in ihr Gedächtnis holten.

Die Bundesrepublik Deutschland vermag, auch dies
machte Steinmeier klar, ihre Identität nicht zu denken ohne
die Katastrophe zweier Weltkriege, ohne das »Dritte Reich«,
ohne das Menschheitsverbrechen der Shoah.

Die Idee eines Holocaust-Mahnmals war zehn Jahre älter
als die rot-grüne Bundesregierung, unter der es schließlich
eröffnet werden sollte. Bereits vor der Wiedervereinigung,
im Jahr 1988, war sie als private Initiative entstanden und
hatte es 1992 bis zur staatlichen Förderung geschafft. Blenden wir kurz zurück: Weder in der alten Bundesrepublik vor
1989 noch in der DDR hatte es ein großes nationales Denkmal zum Holocaust gegeben. Die Gründe dafür waren vielfältig. Von allen Möglichkeiten, Narrative identitätsstiftend
im Bewusstsein einer Gesellschaft zu installieren, kommt
das Denkmal dem Ideal des reinen Symbols am nächsten.
Allerdings wurzelte diese Denkmalsgläubigkeit im 19. Jahrhundert und schien der neuen, modernen Zeit unangemes-
sen zu sein; auch die zwischen den beiden deutschen Staaten geteilte Erinnerung in den Zeiten des Kalten Krieges
verhinderte ein solches Ansinnen. Statt eines Monumental-
baus bevorzugte man in der Bundesrepublik eine Vielzahl

von kleineren Erinnerungsstätten, die seit den 1980er Jahren in der ganzen Republik zu finden waren.[5]

Die Journalistin Lea Rosh forderte jedoch 1988 bei einer öffentlichen Diskussion zur Gestaltung des Prinz-Alb-recht-Geländes in Berlin, dort ein »Denkmal für die er-mordeten Juden Europas« zu errichten, eine Idee, die sie gemeinsam mit dem Historiker Eberhard Jäckel während eines Besuchs in der israelischen Holocaust-Gedenkstätte Yad Vashem entwickelt hatte.[6] Nicht zufällig entstand der Grundgedanke zu diesem Mahnmal im Gefolge des Histo-rikerstreits von 1986, der eine Art letztes Gefecht jener dar-stellte, welche die deutsche Erinnerung an den Holocaust ganz grundsätzlich herunterspielen wollten, weil sie mut-maßten, dass ein deutscher »Schuldkomplex« die Nation daran hindere, »normal« zu werden – was auch immer »nor-mal« bedeuten sollte. Zu den Erstunterzeichnern eines Auf-rufes für ein Mahnmal gehörten Willy Brandt, Günter Grass, Walter Jens und Christa Wolf. Kurze Zeit darauf warnte der Zentralrat Deutscher Sinti und Roma in einer Stellung-nahme vor einer Hierarchisierung der Opfer, die in einem ausschließlich den Judenmord thematisierenden Denkmal zum Ausdruck komme – ein Konflikt, der in den folgenden Jahren immer wieder aufflammte.

Der nationalsozialistische Massenmord hatte den Deut-schen nach der Wiedervereinigung 1990 ein kaum lösba-res Dilemma hinterlassen: Errichteten sie, aus welchen redlichen Gründen auch immer, kein Holocaust-Mahn-mal, würde man ihnen vorhalten, sie verdrängten aus dem Wunsch heraus, eine »normale« Nation zu sein, den Natio-nalsozialismus und dessen Verbrechen. Bauten sie jedoch ein opferzentriertes Mahnmal, würde man ihnen entgegen-halten, sie identifizierten sich in unzulässiger Weise mit den

Opfern und gingen der Auseinandersetzung mit den Tätern und den Taten aus dem Weg. Entschlössen sie sich zu einem täterzentrierten Mahnmal, käme der Vorwurf auf, sie vernachlässigten das Andenken der Opfer.

So hatte bei der nationalen Denkmalspolitik des vereinigten Deutschland zunächst die Verlegenheit Pate gestanden: Die christlich-liberale Bundesregierung hatte die ehemalige preußische »Neue Wache« in Berlin, die später Kriegerdenkmal und schließlich in der DDR Denkmal für die »Opfer des Faschismus und Militarismus« gewesen war, zur zentralen Gedenkstätte für die »Opfer von Krieg und Gewaltherrschaft« bestimmt, was kaum jemanden zufriedenstellte. Eine stark vergrößerte Skulptur von Käthe Kollwitz' *Mutter mit totem Sohn* steht im Zentrum. Darüber konnte man ästhetisch streiten. Aber war der Text passend? In der Formulierung vermengten sich alle Opfer: die deutschen Soldaten, die Zivilbevölkerung, Juden, Sinti und Roma, Homosexuelle, Widerstandskämpfer und so weiter. War dieser Opferbegriff nicht verlogen – weil er die Alternative: Opfer für etwas oder Opfer durch etwas verschwieg?[7] Jedenfalls wurde die Forderung nach einem Mahnmal nur noch lauter.

Die Zeit zwischen 1993 und 1995 stand im Zeichen des ausgelobten Wettbewerbs für das geplante Holocaust-Denkmal, zu dem 528 unterschiedlichste Entwürfe eingingen. Im März 1993 gab die Jury ihre Entscheidung bekannt. Daraufhin kam es zu einem Streit, der bald eskalierte. Ignatz Bubis, der Vorsitzende des Zentralrats der Juden in Deutschland, setzte sich für einen der ausgezeichneten Entwürfe ein, während sich die Jury auf einen anderen Entwurf festlegte, welchen wiederum Bundeskanzler Helmut Kohl als nicht akzeptabel bezeichnete. Er stoppte das Verfahren. Nur mühsam ging es in den folgenden Jahren bis 1998 voran, der Weg war mit

immer neuen, nicht selten grundsätzlichen Konflikten ge-
pflastert, so etwa zur Frage, welche prinzipielle Aussage das
Denkmal überhaupt treffen sollte. Auf einen eindeutigen
Sieger konnte man sich nicht einigen, woraufhin wiederum
der Bundeskanzler eingriff, indem er das Stelenfeld des amerikanischen Architekten Peter Eisenman und des amerikanischen Künstlers Richard Serra präferierte, jedoch verlangte,
dass Anzahl und Höhe der Pfeiler reduziert würden. Dies
wiederum veranlasste Serra, sich aus dem Projekt zurück-
zuziehen; Eisenman revidierte den ursprünglichen Entwurf
allein.

Das war der Stand der Dinge, als Rot-Grün an die Macht
kam. Mittlerweile lehnten einige Intellektuelle das geplante
Holocaust-Mahnmal energisch ab, allen voran der Schriftsteller Martin Walser. Ihm war der Friedenspreis des Deutschen Buchhandels verliehen worden, und am 11. Oktober
1998 hielt der Geehrte anlässlich der Preisverleihung eine
Rede in der Frankfurter Paulskirche mit dem harmlos klin-
genden Titel »Erfahrungen beim Verfassen einer Sonntags-
rede«. Walsers Thema war nicht der Holocaust, sondern die
Art und Weise wie mit dem Holocaust erinnerungskulturell
umgegangen wurde. Hier erkannte er nur noch Instrumen-
talisierungen, Ritualisierungen und Moralisierungen, denen
er selbst und – so unterstellte er – viele Menschen überdrüs-
sig waren. Der Kernsatz Walsers lautete: »Auschwitz eignet
sich nicht dafür, Drohroutine zu werden, jederzeit einsetzba-
res Einschüchterungsmittel oder Moralkeule oder auch nur
Pflichtübung.« Zum Holocaust-Mahnmal bemerkte er, hier
könne die Nachwelt »einmal nachlesen, was Leute anrichte-
ten, die sich für das Gewissen von anderen verantwortlich
fühlten. Die Betonierung des Zentrums der Hauptstadt mit
einem fußballfeldgroßen Alptraum.«[8] Statt eines »negativen

Nationalismus« wünschte sich Walser, der in der Zeit der Weimarer Republik geboren wurde, wieder ein positives deutsches Nationalgefühl. Walsers Rede veranlasste die in der Paulskirche versammelte politische und kulturelle Elite des Landes zu stehenden Ovationen – nur einer blieb sitzen: der Vorsitzende des Zentralrats der Juden in Deutschland, Ignatz Bubis. Dieser wertete die Rede als »geistige Brandstiftung«; auch der Schriftsteller Ralph Giordano warf Walser vor, er wolle das Verdrängen des Nationalsozialismus »intellektuell sanktionieren«.[9]

Ein von FAZ-Herausgeber Frank Schirrmacher anberaumtes »Versöhnungsgespräch« Ende November im Verlagshaus ging gründlich schief. Walser nahm nämlich Bubis nicht als Überlebenden des Holocaust wahr – dieser hatte fast seine gesamte Familie in Auschwitz verloren –, sondern beharrte rechthaberisch auf seinem einmal eingenommenen Standpunkt. Die Walser-Bubis-Kontroverse beförderte die Mahnmal-Debatte noch einmal und trug letztlich – ganz gegen die Absicht Walsers – dazu bei, dass dieses Mahnmal errichtet wurde. Am 25. Juni 1999 beschloss der Deutsche Bundestag auf einer seiner letzten Sitzungen im Bonner Plenarsaal mit großer Mehrheit, in Berlin ein Mahnmal zu errichten, es ausschließlich den jüdischen NS-Opfern zu widmen, den Eisenman-Entwurf zusammen mit dem »Ort der Information« zu realisieren und für weitere Schritte eine Stiftung zu gründen.

Doch mit der Begründung der Berliner Republik stand diese Stadt auch für ganz andere Traditionen als nur für die Erinnerung an totalitäre Schreckensherrschaft. Berlin war ebenso ein Symbol für eine demokratische Selbstbehauptung und für einen unverbrüchlichen Freiheitswillen der Menschen. Zwischen dem Nationalsozialismus und

Deutschland von 1998 hatte sich wie ein Puffer die Erfolgsgeschichte der Bundesrepublik und West-Berlins gelegt,
weshalb ein alleiniger Rekurs auf die NS-Vergangenheit für
weite Teile der Generation, die nach 1945 geboren worden
war, nicht mehr infrage kam.

War die Debatte um ein Holocaust-Mahnmal in Berlin
noch weitgehend national geführt worden, so kann die
Stockholmer Holocaust-Konferenz vom 26. bis zum 28. Januar 2000 als die Geburtsstunde einer transnationalen Kooperation und eines europäischen Gedächtnisses im Bereich der Holocaust-Erinnerung bezeichnet werden.[10] Rund
600 Delegierte aus 46 Staaten – Politiker, Wissenschaftler und Zeitzeugen – kamen auf Einladung des schwedischen Premierministers Göran Persson zum internationalen Holocaust-Forum zusammen. Von ihren Vorgängern in
London – »Nazi Gold-Conference«, 1997 – und Washington – »Holocaust-Era Assets«, 1998 – unterschied sich die
Konferenz dadurch, dass prominente Politiker anwesend
waren. Mehr als zwanzig Staats- und Regierungschefs, darunter Bundeskanzler Gerhard Schröder, nahmen teil und
demonstrierten so den überragenden Stellenwert von Holocaust-Erinnerung, -Forschung und -Edukation. Ende Januar gelegen, war es zugleich das erste politische Gipfeltref-
fen des 21. Jahrhunderts, was die weltweite Aufmerksamkeit
zusätzlich erhöhte. 870 Journalisten und 40 TV-Stationen
sendeten Berichte von der Konferenz und ihrer gemeinsamen Deklaration in alle Erdteile.

Warum die Konferenz gerade in Schweden abgehalten
wurde, mag auf den ersten Blick überraschen, klärt sich jedoch schnell auf. Wissenschaftler hatten kurze Zeit zuvor
bei schwedischen Schülern erhebliche Lücken in der historischen Bildung festgestellt, ein Drittel der Oberschü-

ler war nicht einmal sicher, dass der Holocaust überhaupt stattgefunden hatte. Dieses Ergebnis hatte besonders den sozialdemokratischen Chef der Minderheitsregierung Göran Persson entsetzt, zumal in Schweden seit einiger Zeit rechtsextremistische Holocaust-Leugner ihr Unwesen trieben. Hinzu kam die Kritik des Auslandes am schwedischen Schweigekartell, das jahrzehntelang gehalten hatte und das Nazigold, die schwedische Wirtschaftskooperation mit den Nationalsozialisten sowie die ureigene schwedische Rassenpolitik mit ihren Zwangssterilisationen betraf.

So sollte das anvisierte Ergebnis der Stockholmer Konferenz keine Debatte über die Verbrechen der Deutschen sein, sondern ein Gespräch zwischen den Generationen über die Ursachen und Folgen von Rassismus und Intoleranz. Natürlich kam die Delegation aus der Bundesrepublik nicht umhin, die deutsche Verantwortung zu betonen. Doch markierte die Veranstaltung in erster Linie das Zeitlos- und Ortloswerden der Holocaust-Erinnerung, indem ein abstraktes, universal zugängliches Terrain abgesteckt wurde, auf welchem kosmopolitische Erinnerungen gedeihen konnten.

Die »Stockholmer Erklärung« besiegelte das globale Bewusstsein für die Einzigartigkeit der millionenfachen Ermordung der europäischen Juden. Artikel 1 der Erklärung lautet: »Der Holocaust (die Shoah) hat die Zivilisation in ihren Grundfesten erschüttert. In seiner Beispiellosigkeit wird der Holocaust für alle Zeiten von universeller Bedeutung sein«.[11] Die Erklärung stellte zwar keinen völkerrechtlichen Vertrag dar, womit die in Artikel 5 bis 7 aufgeführten konkreten Maßnahmen den Charakter einer freiwilligen Selbstverpflichtung besaßen: finanzielle Förderung holocaustbezogener Lehr- und Bildungsangebote, Errichtung eines jährlichen Holocaust-Gedenktages und

Öffnung relevanter Archive für die Forschung. Vergegen-
wärtigt man sich jedoch die Atmosphäre der Konferenz, so
konnte man durchaus historische Vergleiche ziehen und
ein unverbrüchliches Bündnis wahrnehmen. »Es schien ein
moderner Ballhausschwur Europas, wie so jeder die Eides-
formel des Antirassismus auf seine Weise vortrug und alle
gemeinsam sich ihrer Entschlossenheit und guten Absichten versicherten.«[12]

Noch bevor die Stockholmer Konferenz zu Ende ging,
sollte die Probe aufs Exempel folgen, wie ernst es den Europäern tatsächlich war. Während bereits zahlreiche Politiker aus Anlass des Holocaust-Forums in der schwedischen
Hauptstadt weilten, nahm der Kanzlerkandidat der konservativen Österreichischen Volkspartei, Wolfgang Schüssel,
am 25. Januar 2000 Gespräche über eine mögliche Koalition
mit Jörg Haider und dessen Freiheitlicher Partei Österreichs
auf – einer rechtsgerichteten Partei, die in der Vergangenheit eindeutig rassistische und fremdenfeindliche Tenden-
zen vertreten sowie die Verbrechen des Nationalsozialismus
relativiert hatte. Jacques Chirac, der französische Präsident,
der in Frankreich immer eine klare Grenze zwischen seinen Gaullisten und dem rechtsextremen Front National zog,
setzte sich an die Spitze der Gegner eines Bündnisses zwischen den österreichischen Konservativen und den Rechtspopulisten. Israel zog seinen Botschafter aus Wien ab, und
die USA schränkten ihre diplomatischen Beziehungen zu
Österreich ein. Die rot-grüne Bundesregierung befand sich
an der Speerspitze eines Boykotts der Alpenrepublik, der bis
Mitte September 2000 dauerte. Österreich wurde zum Test-
fall einer gemeinsamen europäischen Menschenrechts- und
Erinnerungspolitik; im Prinzip, so könnte man sagen, bildeten die Stockholmer Konferenz und der Boykott Österreichs

eine europäische Institutionalisierung des bekannten Satzes
von Außenminister Joschka Fischer »Nie wieder Auschwitz«
aus, den er zur Rechtfertigung der deutschen Beteiligung
am Kosovo-Einsatz 1999 formuliert hatte. Der Holocaust, das
»Nie wieder« und das »Wehret den Anfängen«, so kann das
Resümee zum Fall Österreich lauten, wurden zu Chiffren
des Gründungsmythos einer wie auch immer gestalteten europäischen »Nation«.

Vor dem »Nie wieder«, das in die Zukunft wies, musste
jedoch erst nachgeholt werden, was in der Vergangenheit
sträflich versäumt worden war. Eine Entschädigung für
NS-Zwangsarbeiter war ein langjähriges »Moralprojekt« der
sozialdemokratischen und der grünen Fraktion, wie der Historiker Lutz Niethammer schreibt, der das Kanzleramt in
dieser vergangenheitspolitischen Frage beriet.[13] Das sittliche
Motiv und der politische Grundsatzwille waren das eine,
doch Dynamik erhielt das Vorhaben erst durch Sammelklagen von Holocaust-Opfern aus den USA gegen deutsche
Unternehmen. Boykottdrohungen, welche die Geschäftsin-
teressen deutscher Firmen auf dem amerikanischen Markt
gefährdeten, zeigten Wirkung. In einer Mischung aus Moral und Pragmatismus definierte die Bundesregierung ihre
Verpflichtungen aus der NS-Vergangenheit und ihre nationalen Interessen. 16 deutsche Firmen gründeten auf Druck
des Kanzleramtes im Februar 1999 die Stiftungsinitiative der
deutschen Wirtschaft: Allianz, BASF, Bayer, BMW, Commerzbank, Daimler, Degussa-Hüls, Deutsche Bank, Deutz,
Dresdner Bank, Hoechst, RAG, Siemens, Thyssen-Krupp,
Veba und Volkswagen. Dass es zu einer solchen kollektiven
Lösung kam, war mithin auch einer transnational verflochtenen Weltwirtschaft an der Schwelle zum 21. Jahrhundert
zu verdanken. Die Globalisierung begünstigte die Forderun-

gen nach Entschädigung, denn einen Imageverlust fürchteten die Unternehmen ebenso wie Umsatzeinbußen.

Der Wandel war fundamental. Bis weit in die 1990er Jahre hinein hatte die deutsche Industrie Forderungen ehemaliger Zwangsarbeiter fast routinemäßig mit der Begründung abgelehnt, sie habe nur »im Auftrag des Reiches« gehandelt, obwohl die historische Forschung längst gezeigt hatte, dass der Handlungsspielraum in zahlreichen konkreten Fällen viel größer gewesen war. Sämtliche bundesdeutsche Regierungen werteten die Nutzung von Sklaven- und Zwangsarbeitern nicht im juristischen Sinne als NS-Verbrechen, sondern als allgemeine Kriegsfolgeerscheinung. Aus der Wiedergutmachungsgesetzgebung für NS-Unrecht ist sie deshalb ausgeklammert worden. Man betrachtete die Forderungen als Bestandteil von Reparationen und sah diese wiederum durch die Regelungen des Londoner Schuldenabkommens von 1953 als abgegolten an. Das Schuldenabkommen verschob eine endgültige Lösung auf einen kommenden Friedensvertrag, was jedoch 1990 ohne Konsequenzen blieb.

1996 allerdings verschafften sich jüdische Opfergruppen Gehör, indem sie Schweizer Großbanken, die sich an den Verbrechen des »Dritten Reiches« bereichert hatten, massiv mit einer Medienkampagne überzogen. Im gleichen Jahr erklärte das Bundesverfassungsgericht in Karlsruhe, entgegen der völkerrechtlichen Tradition könnten nicht allein Staaten, sondern auch Einzelne ihren Entschädigungsanspruch verfechten. Damit stieß das Gericht eine Reihe von Sammelklagen amerikanischer ehemaliger Zwangsarbeiter an. Anders als seine Vorgänger unterstützte Bundeskanzler Schröder nun die Initiative, die der amerikanische Botschafter in Bonn, John Kornblum, vorschlug – ein freiwilliger Fonds der Deutschen als Entschädigungsersatz und dafür im Tausch eine endgültige Einstellung der Verfahren vor den amerikanischen Gerichten.[14] Die Stiftungsinitiative wollte somit »am Ende des Jahrhunderts ein abschließendes materielles Zeichen aus Solidarität, Gerechtigkeit und aus Selbstachtung« setzen[15] und zugleich suchte Schröder auf dieser Basis mit dem amerikanischen Präsidenten Clinton eine Regelung, um den Rechtsfrieden zu sichern, sprich: künftige Klagen abweisen zu können.

Anerkennung der Schuld, aber auch Limitierung der Ansprüche, so könnte man die vergangenheitspolitische Staatsräson der 68er-Generation, die nun an den Hebeln der Macht saß, charakterisieren. Im Vergleich zu den 1950er Jahren, als Kanzler Adenauer die Wiedergutmachung mit Israel gegen eine Mehrheit der Deutschen – und gegen die Mehrheit in seiner eigenen Partei – hatte durchsetzen müssen, schwamm Rot-Grün auf einer Welle der Zustimmung auch in dieser schwierigen Frage. Weil die meisten Deutschen dies unterstützten, konnte die Bundesregierung es wagen, alles auf einmal zu regeln, um ins Reine zu kommen: den Entschädigungsprozess durch private Unternehmen zu befördern, das geschehene Unrecht anzuerkennen und zugleich Rechtsfrieden für deutsche Firmen einzufordern.

Im Dezember 1999 einigten sich die Beteiligten, die geplante Stiftung mit zehn Milliarden DM auszustatten, die Bund und Wirtschaft, auf deren Seite es zuvor eine beschämende Zurückhaltung gegeben hatte, je zur Hälfte zahlen sollten. Nach heftigem Streit verständigte man sich auf die Verteilung des Geldes: Zur individuellen Entschädigung waren 8,25 Milliarden DM vorgesehen, der Rest für Vermögensschäden, Zukunftsprojekte und Verwaltungskosten. Von den 8,25 Milliarden sollten zwei Drittel an osteuropäische Opfer, der Rest an jüdische Opfer und ehemalige Zwangsarbeiter außerhalb der beteiligten Staaten gehen. In verschiedenen Staffelungen konnten ehemalige Zwangsarbeiter bis höchstens 15 000 Mark erhalten, wobei die Zahlungen keinen Ersatz für einen entgangenen Lohn darstellten, sondern eine »pauschale Würdigung des Gesamtschicksals der Zwangsarbeiter«.[16] Den Weg dorthin hatte der Deutsche Bundestag am 6. Juli 2000 frei gemacht: 556 Parlamentarier aller Fraktionen stimmten für das Entschädigungsgesetz, 42 dagegen, 22 enthielten sich.

Dass diese abschließenden Regelungen eben kein blamabler Freikauf waren, sondern in Würde stattfanden, kann auch als ein Verdienst des nach Gustav Heinemann zweiten sozialdemokratischen Bundespräsidenten Deutschlands, Johannes Rau, bezeichnet werden, der Moral und Verantwortung zusammenbrachte. »Wir alle wissen«, so Rau, »dass man die Opfer von Verbrechen mit Geld nicht wirklich entschädigen kann. Wir alle wissen, dass das Leid, das Millionen Frauen und Männern zugefügt wurde, nicht wiedergutgemacht werden kann. Es macht auch keinen Sinn, begangenes Unrecht gegeneinander aufzurechnen. Sklaven- und Zwangsarbeit bedeutet nicht nur das Vorenthalten des gerechten Lohnes. Sie bedeutet Verschleppung, Entrechtung, brutale Missachtung der Menschenwürde. Oft war sie planvoll darauf angelegt, die Menschen durch Arbeit zu vernichten. Für alle, die damals ihr Leben verloren haben, kommt Entschädigung genauso zu spät wie für alle, die inzwischen gestorben sind.« Der Bundespräsident schloss: »Ich gedenke heute aller, die unter deutscher Herrschaft Sklavenarbeit und Zwangsarbeit leisten mussten und bitte im Namen des deutschen Volkes um Vergebung.«[17] Hatte man sich bisher seit den 1950er Jahren an Formulierungen gewöhnen müssen, wonach »im Namen des deutschen Volkes« Verbrechen begangen worden seien, so entschuldigte sich Rau nun im Namen dieses Volkes. Die Verantwortung wurde keiner scheinbar höheren Macht, die ohne Zutun der deutschen Bevölkerung gewütet habe, überschrieben, sondern die Deutschen stellten sich der Verantwortung für die begangenen Verbrechen.

Einer der Höhepunkte von Raus fünfjähriger Amtszeit, auf den mit größter, auch internationaler öffentlicher Aufmerksamkeit geblickt wurde, war ebenfalls geschichtspolitischer Natur: Als erster deutscher Bundespräsident durfte er am 16. Februar 2000 im israelischen Parlament, der Knesset, sprechen, und zwar in deutscher Sprache, der Sprache, die sich den Holocaust-Überlebenden als die Sprache der Mörder eingeprägt hatte. Die Israelis hatten lange mit sich gerungen, ob dies statthaft wäre, wie Avraham Burg, der Präsident der Knesset, nicht ohne seine Seelenqualen zu erwähnen, bemerkte. Es gab Proteste im ganzen Land. Nicht wenige empfanden das Vorhaben als eine Schändung des Holocaust-Andenkens. Schließlich habe er sich, so Burg, in Absprache mit allen Fraktionen dafür entschieden, dass der Bundespräsident auf Deutsch spreche, da Rau »der größte Freund Israels in Deutschland« sei.[18] In der Knesset bat der Bundespräsident nicht um Verzeihung, sondern, was für einen Christen angemessen ist, um »Vergebung«. Rau trug seine große Rede ohne Gestik vor und wich an keiner Stelle vom Manuskript ab, man spürte seine Anspannung, doch sie wurde in vielen Ländern der Welt, nicht zuletzt in Israel selbst, als das gesehen, was sie in der Tat war: historisch.[19] Johannes Rau, der so lange die Geschicke der alten Bundesrepublik mitgestaltet hatte, beförderte die vergangenheitspolitische Zeitenwende nach Kräften.

So groß das deutsche Einvernehmen um die Jahrhundert-

wende herum auch war, mit der NS-Vergangenheit ins Reine
zu kommen, so stieß sich dies in der Bundesrepublik immer
mit der Frage: Wie wird die kommunistische Diktatur aufgearbeitet?

Eine Besonderheit der zweiten deutschen Vergangenheitsbewältigung war es, dass der geschichtspolitische Kampf
um die Deutung der DDR-Diktatur auf parlamentarischer
Ebene institutionalisiert wurde. Die vom Bundestag nach
einer emotionsgeladenen Debatte im Frühjahr 1992 einge-
setzte Enquete-Kommission »Aufarbeitung von Geschichte
und Folgen der SED-Diktatur in Deutschland« hat gewiss
viel zur Erforschung der DDR-Diktatur beigetragen; aber
in diesem Gremium vermischten sich »politische Willens-
bildungs- und wissenschaftliche Wahrheitsfindungsprozesse
auf eigentümliche Weise«.[20] So wurden Wissenschaft und
Politik nicht immer sauber voneinander getrennt, sondern
gingen eine manchmal enge Bindung ein. Dass die Vergangenheitsaufarbeitung einen hohen Stellenwert für die Stabilität der Demokratie hatte, wurde nicht bezweifelt, und es
herrschte ganz offensichtlich die Bereitschaft, nach 1989/90
mit großer Energie das nachzuholen, was nach 1945 versäumt
worden war. Daraus erwuchs freilich ein Dilemma, auf das
Jürgen Habermas hinwies: »Wenn wir heute in der guten
Absicht, Fehler einer problematischen ›Vergangenheitsbewältigung‹ wettzumachen, andere Maßstäbe anlegen als seinerzeit, verstoßen wir, im historischen Vergleich, gegen den
Grundsatz der Gleichbehandlung.«[21]

Eine wesentliche Schwierigkeit ergab sich außerdem aus
der asymmetrischen Verteilung der Erblasten, denn die
Deutschen in Ost und West teilten nur die erste der beiden diktatorischen Vergangenheiten. Westdeutsche Medien
waren so stark auf die skandalösen Praktiken des Überwa-

chungs- und Spitzelsystems der Stasi fixiert, dass ein Ost-
deutscher Autor kommentierte: »Der Einfluss der Stasi auf
die DDR war nie größer als jetzt, da man sie los ist«.[22] Der
Eindruck von »alles Stasi« führte zu einer flächendecken-
den Entwertung der ostdeutschen Erinnerung auf der einen
Seite der ehemaligen Mauer und zu einem »Sieger-Besieg-
ten-Syndrom« auf der anderen.

Als Folge der doppelten Vergangenheitsbewältigung gelangte die Totalitarismustheorie zu neuen Ehren, was sich
bei nahezu jedem Anlass zeigte. So hatte es bei der Entschädigung der NS-Zwangsarbeiter eine Reihe von Kritikern gegeben, die zum einen beklagten, dass die finanziellen Forderungen »ausufern« könnten, die zum anderen aber aus
einem Totalitarismustheorem heraus argumentierten. Die
ehemalige DDR-Bürgerrechtlerin Vera Lengsfeld (CDU)
störte die »Ungleichbehandlung gegenüber den Opfern der
kommunistischen Diktatur, wo es ja auch Zwangsarbeit gegeben hat«.[23]

Die Debatten über den Nationalsozialismus stellten in
der Bundesrepublik nicht allein historische Kontroversen
dar, sondern waren »zugleich Debatten über die Wertakzen-
tuierung der politischen Gegenwartskultur«, so drückte es
der Soziologe M. Rainer Lepsius einmal aus.[24] Prinzipiell
galt das Gleiche für das SED-Regime, doch anders als dort
waren die geschichtlichen Erklärungen in höchstem Grade
umstritten und widersprüchlich. Die Frage »Wohin treibt
die DDR-Erinnerung?« fand noch keine abschließende Antwort.[25] Gab es einen »guten Anfang« oder war die DDR
eine »Diktatur von Anfang an«? War die DDR ein »Unrechtsstaat«? Existierte ein »verordneter« oder ein »verinner-
lichter« Antifaschismus? War das zweite Deutschland eine
»deutsche Alternative«? War es ein fehlgeschlagenes Experi-

ment mit ursprünglich hehren moralischen Intentionen, die sich irgendwann unglücklich in ihr Gegenteil verkehrten? War die DDR eine totalitäre oder eine moderne Diktatur oder eine Fürsorgediktatur oder ein radikalisierter Wohlfahrtsstaat oder dessen »illiberal-fürsorgliche-nachbürgerliche Variante« oder ein »(spät)totalitärer Versorgungs- und Überwachungsstaat«?[26] Noch komplizierter gestaltet sich die vergleichende Perspektive: War die DDR nach dem Nationalsozialismus eine zweite Diktatur in Deutschland, aber keine zweite *deutsche* Diktatur? Handelte es sich nur um ein von außen gestütztes Regime, ein Produkt des Kalten Krieges und somit lediglich ein »abgeleitetes Phänomen«, wohingegen der Nationalsozialismus ein »Phänomen sui generis« darstellte? Impliziert schließlich ein ostmitteleuropäischer Systemvergleich, dass die DDR primär als Teil der Geschichte des sowjetischen Herrschaftsgebietes verstanden werden muss und erst in zweiter Hinsicht als Teil der deutschen nationalen Geschichte?

Wie umkämpft diese Fragen waren, zeigte der Streit über die »Empfehlungen der Expertenkommission zur Schaffung eines Geschichtsverbundes ›Aufarbeitung SED-Diktatur‹«, die noch unter der rot-grünen Bundesregierung von Kulturstaatsministerin Christina Weiss eingesetzt worden war, deren Ergebnisse nach einjähriger Beratung aber erst im Januar 2006 vorlagen, als die Große Koalition regierte. Das zehnköpfige Expertengremium musste sich viel Kritik gefallen lassen; die »Sabrow-Kommission« – so genannt nach dem Leiter des Zentrums für Zeitgeschichtliche Forschung in Potsdam, Martin Sabrow – hatte das Pech, in Zeiten der politischen Machtverschiebung agieren zu müssen. Hinter der von ihr befürworteten Schwerpunktsetzung auf den DDR-Alltag vermuteten manche wie der konservative Direktor des Instituts für Zeitgeschichte in München, Horst Möller, gar einen von Rot-Grün verordneten Paradigmenwechsel in der Aufarbeitung der SED-Diktatur, die auf eine Weichzeichnung hinauslaufe.[27]

Lässt man solche auch konkurrenzbedingten Streitpunkte beiseite, so war es das Verdienst der Kommission, nicht nur »Leitlinien der Empfehlungen« für die weitere SED-Aufarbeitung zu beschreiben, sondern eine Bestandsaufnahme der bisherigen Aufarbeitung vorzulegen. Sie verdeutlichte, wie gut die Bundesrepublik im europäischen Vergleich der Auseinandersetzung postkommunistischer Gesellschaften abschnitt. Als Leistungen aufgezählt wurden: ein »Netzwerk« von Archiven, Dokumentationszentren und Austauschforen, die »generelle Öffnung staatlicher und parteilicher Überlieferungen« mit faktischer Aufhebung der 30-jährigen Sperrfrist, die gesetzlich legitimierte Behörde für die Stasi-Unterlagen (BStU), zwei Enquete-Kommissionen des Deutschen Bundestages und die daraus erwachsene Stiftung zur Aufarbeitung der SED-Diktatur, eine breite und intensive wissenschaftliche Erforschung der DDR und ihre Integration in die allgemeine Zeitgeschichte, sowie die »Ausbildung einer facettenreichen Topographie von Lern- und Gedenkorten, Sammlungen (…), von Publikationen sowie Dauer- und Wechselausstellungen, die in ihrer Pluralität und Vielschichtigkeit Ausdruck einer offenen Gesellschaft ist und zu den schützenswerten Charakteristika der Auseinandersetzung mit der SED-Diktatur zählt«.[28] Allerdings gab es auch Negatives zu berichten, so insbesondere eine nach Ost und West geteilte Wahrnehmung der DDR-Geschichte, eine »medial vermittelte Trivialisierung ihrer Diktaturaspckte«, finanzielle Unterausstattungen der Gedenkstätten und mangelnde Professionalität einzelner Einrichtungen.

Beklagenswert war zudem, dass zwanzig Jahre nach dem Mauerfall vor allem bei ostdeutschen Schülern ein Sachwissen fehlte und haarsträubende Klischeebilder und sozialromantische Traumwelten ins Auge fielen. Weit verbreitet war, einer Untersuchung der FU Berlin zufolge, die Vorstellung, die DDR sei ein ärmliches, kleines, irgendwie skurriles und witziges Land gewesen, eine Art Hobbit-Staat, wohingegen der menschenverachtende Diktaturcharakter, die Toten an der Mauer, die zerstörten Biografien kaum Erwähnung fanden und der Stasi ein »James-Bond-Image« anhaftete.[29] Dass in einem solchen Land Repression alltäglich war und Menschen zugrunde gerichtet wurden, war kaum vorstellbar – die Opfer der Diktatur blieben auf der Strecke.

Dies muss auch über die strafrechtliche Aufarbeitung gesagt werden. Fast 15 Jahre lang wurde vor deutschen Gerichten über die Toten an der innerdeutschen Grenze und den Schießbefehl verhandelt. Seit 2005 sind sämtliche einschlägigen Ermittlungs- wie auch die gerichtlichen Verfahren erledigt; die Strafverfolgung von DDR-Unrecht ist abgeschlossen. Eine Bilanz der justiziellen Vergangenheitsbewältigung muss sehr gemischt ausfallen. Der Bundesgerichtshof (BGH) stellte zwar fest, dass sich sowohl die Schützen an der Grenze wie auch die Mitglieder des Politbüros des Zentralkomitees der SED wegen der Todesschüsse strafbar gemacht hatten; es habe eine ununterbrochene Verantwortlichkeitskette vom Politbüro bis zum Schützen bestanden. Der BGH nahm dabei die DDR-Verfassung und die von der DDR anerkannten internationalen Menschenrechtsvereinbarungen beim Wort. Demnach waren die Persönlichkeit und Freiheit eines jeden DDR-Bürgers unantastbar, und die SED-Führung sei persönlich zum Schutz von Leben und körperlicher Unversehrtheit verpflichtet gewesen.

Die Sanktionen der Gerichte, meist Bewährungsstrafen, waren indessen überaus maßvoll. »Das Unrecht«, so ein Experte, »ist überwiegend nur noch beurkundet, nicht aber geahndet worden.«[30] Die Gesamtzahl der nach der deutschen Vereinigung wegen DDR-Unrechts (ohne Spionage) eingeleiteten Ermittlungsverfahren lässt sich nur schätzen, man geht von bis zu 100 000 aus. Bezogen auf diese Zahl wurde etwa jeder 133ste verurteilt; üblicherweise liegt die Verurteilungsquote in Deutschland bei rund 20 Prozent, also bei jedem fünften. Die zahlenmäßig größte Deliktgruppe waren die Gewalttaten an der deutsch-deutschen Grenze. Hierzu gab es insgesamt 244 Verfahren, das entspricht 24 Prozent aller Verfahren (nur bei »Rechtsbeugung« gab es geringfügig mehr Verfahren). Insgesamt wurden 466 Personen angeschuldigt, 385 davon wurden abgeurteilt, bei 110 lautete das Urteil Freispruch, 275 wurden rechtskräftig verurteilt.

Bei der Strafzumessung unterschieden die Gerichte nach der Hierarchie: Für die Grenzposten und deren Vergatterer – jenen, die den einfachen Soldaten vor dem Streifeneinsatz an der Mauer die Regeln des Grenzregimes noch einmal einschärften – kam es in der Regel zu Bewährungsstrafen zwischen sechs Monaten und zwei Jahren. Die Strafzumessung stieg dann kontinuierlich für Regimentskommandeure, Chefs von Grenzkommandos und so fort bis hin zu den Mitgliedern des Politbüros. Insgesamt lediglich 20 Befehlsgeber der Grenzschützen erhielten Freiheitsstrafen ohne Bewährung und wurden wegen Totschlags, nicht wegen Mordes verurteilt. Gegen viele Angeklagte wurden die Verfahren wegen Krankheit eingestellt, der bekannteste Fall ist Erich Honecker, dem eine Ausreise nach Chile ermöglicht wurde. Besonders erbärmlich war, wie Egon Krenz, der letzte Partei- und Staatschef der DDR, vor dem Europäischen Gerichtshof

Beschwerde gegen seine Verurteilung einlegte und behaup-
tete, die Toten an der Mauer seien nicht dem SED-Regime
anzulasten; Krenz bezeichnete sie als Opfer des Kalten Krieges. Der Unverbesserliche wollte damit seine persönliche
Schuld und die der Sicherheitsorgane bagatellisieren und
die Verantwortung einem globalen Konflikt zuschieben.

Dass Deutsche Opfer des Kommunismus waren, ist eine
ebensolche Binsenweisheit wie die Feststellung, dass auch
sie Opfer des Zweiten Weltkrieges waren. Allerdings hatte
sich seit den 1970er Jahren die Debatte in der Öffentlichkeit – nicht jene in den Familiengedächtnissen – umgedreht
und ging weg von einem Opferdiskurs, der bis dahin vorge-
herrscht hatte, und wandte sich einem Täterdiskurs zu: Die
Deutschen waren Täter. Seit den 1990er Jahren war wiederum ein Wandel festzustellen, der sich neben den Debatten
um den Bombenkrieg infolge der »Bombardierungsjahres-
tage« vieler deutscher Städte am besten an der deutsch-pol-
nischen Kontroverse um Flucht und Vertreibung der Deutschen 1944/45 ablesen lässt.

Parallel zum Bau des Holocaust-Mahnmals in Berlin trieb
insbesondere die Vorsitzende des Bundes der Vertriebenen,
Erika Steinbach (CDU), die Idee voran, in Berlin ein »Zentrum gegen Vertreibungen« zu errichten, in dessen Mittelpunkt die Vertreibung der 14 Millionen Deutschen aus Mit-
telosteuropa stehen sollte. Im September 2000 gründete sie
gemeinsam mit dem SPD-Vordenker Peter Glotz, der aus
Böhmen stammte, die Stiftung »Zentrum gegen Vertreibungen«, für das sie auch bei Innenminister Otto Schily Zustimmung fand. Zusammen mit Glotz, der 2005 verstarb, wurde
das Vorhaben weiter lanciert, stieß jedoch in Polen auf här-
teste Ablehnung. So sagte der stellvertretende Präsident des
polnischen Oberhauses, Donald Tusk, im September 2003,

jeder unsensible Umgang mit der jüngeren Geschichte –
und dafür stehe die Idee des geplanten Zentrums – wecke
in Polen die Geister der Vergangenheit, die Erinnerung an
die Gräuel der Besatzungszeit und gefährde damit die vielen
Bemühungen Einzelner, die Aussöhnung mit Deutschland
zustande zu bringen.

In Polen vermuteten Politiker und Intellektuelle, die Befürworter eines solchen Zentrums wollten eine staatlich
sanktionierte Vergangenheitspolitik zum Schaden Polens
betreiben und ein entsprechendes Geschichtsbild in Europa festzurren. Die Diskussion verlief dabei vollkommen
asymmetrisch, denn in der Bundesrepublik kam – trotz
eines Manifestes prominenter Zentrumsgegner, die sich um
den SPD-Abgeordneten Markus Meckel sammelten – eine
vergleichbar große Debatte nicht in Gang. Der Eindruck in
Polen jedoch war ebenso verheerend wie verquer: Aus Tätern sollten Opfer gemacht werden. Was hätte Bestand, so
wurde dort gefragt, wenn die Erlebnisgeneration des Zweiten Weltkrieges abgetreten sei? Es existiere dann in Berlin
ein Holocaust-Mahnmal, in dem der Nationalsozialismus
nur anonym auftaucht, und ein Zentrum gegen Vertreibungen, in dem die Polen als Täter dargestellt seien. Folglich
blieben aus dem Zweiten Weltkrieg zwei Opfergruppen übrig: die Juden und die Deutschen.

Nicht nur auf diesem Feld, sondern beim gesamten »Schlachtfeld«[31] der europäischen Erinnerung stand
Deutschland im Zentrum. Der deutsche Umgang mit der
NS- und der SED-Vergangenheit wurde seit den 1990er Jahren oftmals als weltweites Vorbild für die Aufarbeitung
diktatorischer Vergangenheit aufgeführt – manche sprachen von der »DIN-Norm«, wobei nicht entschieden war,
ob dies anerkennend oder herabsetzend gemeint war, denn

der »Weltmeister der Vergangenheitsbewältigung« (Péter Esterházy) hatte zuvor mit dem Holocaust und dem Vernichtungskrieg auch die größten Verbrechen begangen. Jedenfalls schien die deutsche »Vergangenheitsbewältigung« als eine Art Norm zu fungieren, an der andere europäische Staaten sich orientierten und ihren Umgang mit der Vergangenheit maßen. Ein Trend der Zeit war, dass dabei nicht allein nationale, sondern in zunehmendem Maße transnationale, europäische Bemühungen sichtbar wurden, Standards und verbindliche Richtlinien für Vergangenheitsaufarbeitung zu etablieren.

Nach der Stockholm-Konferenz von 2000 kam es regelrecht zu Interventionen europäischer Institutionen, die verschiedenen diktatorischen Vergangenheiten und ihre Folgen als gemeinsame Geschichte zu begreifen und einheitlicher mit ihnen umzugehen. Beispiele dafür sind die Entschließungen des Europäischen Parlaments zum Gedenken an den Holocaust sowie zu Antisemitismus und Rassismus (2005) und zum 60. Jahrestag des Endes des Zweiten Weltkrieges (2005) sowie die Resolution des Europarates über die Notwendigkeit, Verbrechen totalitärer kommunistischer Regime international zu verurteilen (2006), bis hin zu Empfehlungen, wie mit dem spanischen Franco-Regime umzugehen sei (2006). Der letztlich gescheiterte Vorschlag, einen gemeinsamen europäischen Gedenktag für die Opfer der stalinistischen und nationalistischen Verbrechen einzurichten (2008), bildete den bisherigen Gipfel, Europa als einen gemeinsamen Geschichtsraum mit gemeinsamer Zuständigkeit aller Europäer zu begreifen.[32]

Wie in anderen europäischen Bereichen so war auch hier die Rede von »europäischen Mindeststandards« oder von »Mindestharmonisierungen«. Allerdings: Eine gemeinsame

Sicht auf das Jahrhundert der Extreme existierte noch nicht, denn die Trennlinien verliefen zwischen Ost und West. Insbesondere seit der EU-Erweiterung 2004, als zehn neue Staaten, darunter acht osteuropäische, der Union beitraten, sah sich Europa mit konkurrierenden Geschichtsbildern konfrontiert. Die Debatte über ein EU-weites Verbot des Hakenkreuzes Anfang 2005 stellt nur das prägnanteste Beispiel dafür dar: Vertreter einiger osteuropäischer Staaten forderten nämlich im Gegenzug ein Verbot der Darstellung kommunistischer Symbole wie Hammer und Sichel. Eine solche Konkurrenz der Opfer ließ sich in der Debatte des Europäischen Parlaments über die Entschließung zum Gedenken an den Holocaust sowie zu Antisemitismus und Rassismus vom Januar 2005 ebenfalls feststellen. Allerdings fand die ursprüngliche Entschließung, die den Holocaust in den Mittelpunkt stellte und den 27. Januar zum Europäischen Holocaust-Gedenktag erklärte, bei nur zehn Enthaltungen ihre Zustimmung, was verdeutlicht, dass der Holocaust als essenzieller Bestandteil der europäischen Geschichte angesehen wurde. Mit dieser vollzogenen »Europäisierung des Holocaust« scheinen die deutschen Täter bzw. die Täter insgesamt zu verschwinden.

Im Ganzen betrachtet bildete sich somit mehr und mehr ein »Befreiungsnarrativ« für die europäische Geschichte des 20. Jahrhunderts heraus – und die Schuld an Kriegen und Verbrechen wurde und wird in diesem »Europa der Opfer« gewissermaßen auf mehrere europäische Schultern verteilt. Neben den abschließenden vergangenheitspolitischen Großprojekten wie Zwangsarbeiterentschädigung und Holocaust-Mahnmal dürfte nicht zuletzt diese Entwicklung eine wesentliche Rolle dafür gespielt haben, dass in den Regierungsjahren von Rot-Grün, also zwischen 1998 und 2005, das demokratische Deutschland in den Kreis der Sieger des Zweiten Weltkrieges aufgenommen wurde.

Am 6. Juni 2004 nahm Gerhard Schröder als erster Bundeskanzler überhaupt an den Gedenkfeierlichkeiten zum 60. Jahrestag der Landung der Alliierten in der Normandie teil – auf Einladung des französischen Präsidenten Jacques Chirac, die dieser zu Beginn des Jahres ausgesprochen hatte.[33] Am Morgen des »D-Day« 1944 waren 155 000 alliierte Soldaten an fünf verschiedenen Stränden der Normandie gelandet, hatten hier im Westen die zweite Front eröffnet und damit den Anfang vom Ende der Nazi-Diktatur eingeläutet. In einem zweieinhalb Monate währenden Kampf kamen auf alliierter Seite mindestens 40 000 und auf deutscher Seite 22 000 Soldaten ums Leben; fast 20 000 französische Zivilisten wurden getötet.

Kein anderer der anwesenden Staats- und Regierungschefs stand so im Brennpunkt wie Schröder. Neben der offiziellen, internationalen Eröffnungszeremonie in Arromanches und den jeweils nationalen Zeremonien, die bereits Tage zuvor begonnen hatten, fanden am Haupttag der Feierlichkeiten, die in die ganze Welt übertragen wurden, eine Reihe von bilateralen Zeremonien zwischen Frankreich als Gastgeber und den wichtigsten eingeladenen Staaten statt. Die französisch-deutsche Zeremonie war dabei nicht bloß eine von vielen, sondern man hatte sie bewusst ans Ende gestellt, um ihre besondere Bedeutung hervorzuheben. Sie wurde im Mémorial de la Paix, einem Geschichtsmuseum über den Zweiten Weltkrieg in Caen, abgehalten. Unter dem Beifall der deutsch-französischen Brigade und der Gäste enthüllten der französische Staatspräsident und der deutsche Bundeskanzler eine Gedenktafel im Friedensmuseum, hielten anschließend jeweils eine Rede, die mit einer emotionalen

Umarmung und einem Bad in der Menge der anwesenden französischen und deutschen Gymnasiasten endete.[34]

Diese Geste war symbolisch bedeutsam. Deutschland stand auf der Seite der Siegernationen. Jacques Chirac fand in seiner Ansprache gegenüber dem Deutschen sehr starke Worte: »An diesem Tag des Gedenkens und der Hoffnung empfangen die Franzosen Sie mehr denn je als Freund. Sie empfangen Sie als Bruder.«[35] Dass ein französischer Präsident einem deutschen Kanzler dies eines Tages sagen würde, hätte sich 1945 niemand träumen lassen. Einer im Vorfeld der Feierlichkeiten erhobenen Umfrage zufolge jedoch stieß die Anwesenheit des Kanzlers bei 88 Prozent der Franzosen auf Zustimmung, in Deutschland lag der Wert bemerkenswerterweise nur bei 71 Prozent der Befragten.[36] Gleichzeitig hielten 82 Prozent Deutschland für den zuverlässigsten Verbündeten, das waren fast 20 Prozent mehr als noch zehn Jahre zuvor[37] – sicherlich auch eine Folge des deutsch-französischen Schulterschlusses bei der Ablehnung des Irakkrieges.

Nicht dem mächtigsten Geschichtskanzler der deutschen Demokratiegeschichte, Helmut Kohl, der am 1. Juli 2017 mit einem europäischen Trauerakt im Parlament in Straßburg geehrt werden sollte, sondern Gerhard Schröder, dem viele unterstellten, er sei der Historie weniger zugeneigt, wurde diese Auszeichnung zuteil. Allerdings wurde bei der Planung der Zeremonie für 2004 auch bekannt, dass Chiracs Vorgänger, François Mitterrand, Helmut Kohl 1994 gern zum 50. Jubiläum des D-Day eingeladen hätte. Kohl habe jedoch aus persönlicher Betroffenheit abgelehnt – sein Bruder war in der Normandie verwundet und später bei einem Luftangriff getötet worden.[38] Es war mithin auch eine Frage der Generation, dass ein deutscher Bundeskanzler Arm in Arm mit den Siegern des Zweiten Weltkrieges auftreten konnte. Kohl wurde 1930 geboren, Schröder 1944, der eine gehörte zur Kriegs-, der andere zur Nachkriegsgeneration. Auch deshalb hatte es 2004 eine Debatte über die Einladung nicht mehr gegeben.

Der französische Präsident Chirac hatte den D-Day vom Veteranen-Gedenktag zum politischen Weltgipfel umfunktioniert und die Deutschen gleichberechtigt mittendrin platziert. Es sollte nicht die letzte solcher Premieren sein: Schröders Nachfolgerin, Angela Merkel, nahm am 25. August 2006 an der Gedenkfeier zum 62. Jahrestag der Befreiung von Paris und am 11. November 2009 am 91. Jahrestag des Waffenstillstandes von 1918 teil. Der Höhepunkt für die symbolische internationale Aufwertung Deutschlands ereignete sich jedoch ein Dreivierteljahr nach der Normandie in Moskau, wo Schröder sich am 9. Mai bei der Siegesparade wie selbstverständlich im Kreis der über 50 Staats- und Regierungschefs bewegte.[39] Schröder ordnete die Einladung in einen größeren Rahmen ein und verdeutlichte so einen Kern seiner Kanzlerschaft, als sich diese bereits dem Ende neigte, nämlich den globalen Auftritt eines selbstbewusst gewordenen, allseits respektierten Deutschland. So vollendete die rot-grüne Regierung das Projekt, das namentlich bereits Helmut Kohl in der »alten« Bundesrepublik begonnen hatte: Die Bildung eines bundesrepublikanischen Selbstverständnisses, das auf der Übernahme historischer Verantwortung basierte und Deutschland eine neue Rolle in der Weltpolitik eröffnete.

Beim Gedenken und bei der Erinnerungskultur spielt die Zeit eine wichtige Rolle. Nach 80 bis 100 Jahren setzt eine biologische Zäsur ein. Davon war in erster Linie die europäische Erinnerung an den Beginn und an das Ende des Ersten Weltkrieges betroffen. 1914 bis 2014 und 1918 bis 2018 –

diese 100-jährige Zeitspanne bedeutete einen biologischen, sozialen und kulturellen Einschnitt. Nach drei Generationen löst sich immer das Milieu der verkörperten Erinnerung auf, und sie muss in die Gesellschaft neu eingeschrieben werden – durch Orte, Zeichen, Symbole und Praktiken eines langfristigen kollektiven Gedächtnisses.[40] In Ländern wie Frankreich, England oder Belgien hatte sich der »Große Krieg«, der Erste Weltkrieg, tief in die Erinnerungskultur eingegraben, mittels Gedenkstätten, Denkmälern, politischen Symbolen und gesellschaftlichen Praktiken, während es eine solche allgegenwärtige Präsenz in Deutschland nicht gab. Hier ist der Erste vom Zweiten Weltkrieg, von Nationalsozialismus und Holocaust, vollkommen (und zu Recht) überlagert worden. Dies änderte sich ab 2014.

Kein Buch war im Jahr 2014 in Deutschland so populär wie das des in Cambridge lehrenden australischen Historikers Christopher Clark, der in seinem Werk *Die Schlafwandler* die Kriegsschuld des Deutschen Kaiserreiches 1914 relativierte.[41] Clark erlöste die Deutschen förmlich von dem Trauma des »Kriegsschuldartikels« 231 im Versailler Vertag und verteilte in erstaunlicher Weise die Verantwortung für den Ersten Weltkrieg gleichmäßig auf die europäischen Mächte. Dies blieb allerdings, und mit guten Argumenten, nicht unwidersprochen, denn immerhin war das Deutsche Kaiserreich 1914 die Schlüsselmacht, wenn es um Krieg und Frieden ging.

Vier Jahre später, 2018, nutzte vor allem der französische Präsident Emmanuel Macron das von internationaler Prominenz begleitete Gedenken in Paris an das Ende des Ersten Weltkrieges dazu, sich und sein Land in Zeiten der globalen Krise der Demokratie als Anführer einer freien Welt zu präsentieren. Dass aus einem Kontinent des Krieges ein Kontinent des Friedens geworden war, war und ist nach wie

vor aktuell. Doch gleichzeitig marschierten in den europäischen Hauptstädten neben gut gesinnten Patrioten, die
Europa wünschten, auch stramme Nationalisten, die das
Gift noch in sich trugen, welches die Völker Europas 1914 in
die Schützengräben getrieben hatte. Auch in Deutschland
gingen die Nationalisten im Gleichschritt durch die Städte
und schwangen Reden in den Landtagen und im Deutschen
Bundestag. Dort, in Deutschland, wo populistische Impulse
von rechts verfingen, das »Dritte Reich« als »Vogelschiss der
Geschichte«[42] bagatellisiert und das Unbehagen an der Erinnerungskultur massiv artikuliert wurde, galt Liberalismus
wieder als Bedrohung, es wucherten Verleumdungsparolen,
wie man sie seit dem kurzzeitigen Aufstieg der NPD 1968
nicht gekannt hatte.

Vergangenheit kann nicht ein für alle Mal »bewältigt«
werden. Schon gar nicht eine Vergangenheit der Deutschen,
die den Nationalsozialismus, den Vernichtungskrieg und
den Völkermord zu verantworten hatten. »Vergangenheitsbewältigung« in Deutschland bleibt vielmehr ein ständiger
Prozess und ein Lebenselixier für die Demokratie, die so
ihren Triumph über die Diktatur tagtäglich erneuern kann
und muss.

Gerade deshalb war es wichtig, dass die deutschen demokratischen Patrioten sagten: Der 9. November 1918 ist
die Geburtsstunde unserer Demokratie. Bundespräsident
Steinmeier bezeichnete ihn als »ein(en) Meilenstein der
deutschen Demokratiegeschichte«. Er stand für die Geburt
der Republik in Deutschland und für die parlamentarische
Demokratie, die erstmals das Frauenwahlrecht einschloss.[43]
Historisch gescheitert war ja nicht die Demokratie, denn
Weimar hatte Chancen und musste nicht zwangsläufig
scheitern, musste nicht in 1933 münden. Historisch geschei-

tert waren einzig und allein die Feinde der Demokratie. Ebenso wie die Amerikaner ihren 4. Juli und die Franzosen ihren 14. Juli feiern, sollte der deutsche 9. November in seiner ganzen Widersprüchlichkeit dazu da sein, das Selbstbewusstsein als demokratische Gesellschaft zu stärken.

Es ging 2018 um einen demokratischen Patriotismus. Dieser umschloss, anders als vor 39 Jahren, als der Politikwissenschaftler Dolf Sternberger 1979 vom »Verfassungspatriotismus« gesprochen hatte, das ganze Deutschland – in Europa. In Zeiten der Zweistaatlichkeit hatte Sternberger nur auf die Verfassung des Weststaates rekurrieren können, und ihm war deshalb vorgeworfen worden, es handele sich um ein blutleeres Akademikerkonzept.[44] 2018 war Deutschland geeint, war eine führende europäische Nation, und der Stolz auf die demokratischen Farben Schwarz-Rot-Gold begründete sich seit dem Völkerfrühling und der Paulskirche von 1848. Diese Fahne der Freiheit, der Einigkeit und des Rechts durfte nicht den neuen Nationalisten in der Bundesrepublik überlassen werden. Die Gründe für eine erinnerungskulturelle Neubelebung der deutschen Demokratie- und Freiheitsbewegung lagen somit nicht in der Vergangenheit, sie lagen in der Gegenwart und der Zukunft der deutschen freiheitlichen und wehrhaften Demokratie. Das war kein neuer deutscher Sonderweg mehr. Vielmehr war das Ergebnis drei Jahrzehnte nach der Wiedervereinigung folgendes: Alles bettete sich ein in die demokratische und freiheitliche Erinnerung Europas. Vielleicht könnte dies ein zukunftsweisendes Narrativ der europäischen Erinnerungskultur zum 20. Jahrhundert werden. Was ist Europa? Europa ist die Überwindung von Diktaturen und autoritären Regimes und der Durchbruch zur Freiheit.

SCHLUSS: WILLKOMMEN
IM HUMBOLDT FORUM

Seit mehreren Jahren stand das Humboldt Forum, das 2020 im Herzen der deutschen Hauptstadt eröffnet werden soll, im Zentrum zahlreicher hitziger Debatten. Sie umschlossen viele Aspekte, die den »Aufsteiger« charakterisierten. Deutschland wollte in der Liga jahrhundertealter universaler Kulturstaaten mitspielen, so wie Frankreich und Großbritannien es taten, und nicht nur auf seine NS-Vergangenheit reduziert werden. Eine moderne Berliner Botschaft sollte die Welt vernehmen. Man wollte sich als freundlich, weltoffen und gründlich von alten deutschen Krankheiten entgiftet präsentieren. Das andere, das gute Deutschland – eine friedliche Kulturmacht in der Mitte Europas – sollte erstrahlen.

Misstöne, Häme und Verdächtigungen gab es von Beginn an. Einige hofften, das Projekt des Humboldt Forums möge scheitern, damit Deutschland eine Quittung dafür erhalte, den Palast der Republik aus DDR-Zeiten, der früher an dieser Stelle gestanden hatte, abgerissen zu haben. So manche wollten im prognostizierten Misserfolg eine Abrechnung dafür sehen, dass Deutschland sich nicht ausreichend mit seiner kolonialen Vergangenheit beschäftigt habe. Etliche meinten, ein Scheitern sei nötig, da das Preußenschloss samt Kuppelkreuz wieder errichtet wurde und es so zu einer Verherrlichung des Macht- und Militärstaates Preußens komme. Was hier ausgetragen wurde, war die bedeutendste Identitätsdebatte der jüngsten Zeit, und sie bewegte sich zwischen Kosmopolitismus, Kolonialismus, nationaler Erinnerungskultur und internationaler Selbstdarstellung. Deutschland, die verspätete Nation, machte Anleihen bei Preußen. Doch war das 1871 gegründete Deutsche Kaiserreich nicht in unheilvoller Art und Weise von Preußen überformt worden? Wie sollte sich Deutschland in Europa und in der Welt positionieren?

Das Humboldt Forum ist das größte Kulturprojekt Deutschlands nach der Wiedervereinigung.[1] Die Stiftung Preußischer Kulturbesitz, die Humboldt-Universität zu Berlin und die Kulturprojekte Berlin/Stadtmuseum Berlin sowie die eigens für das Projekt gegründete Stiftung Humboldt Forum im Berliner Schloss werden in das wiederaufgebaute Stadtschloss der Hohenzollern einziehen. Eine Vielzahl hoch angesehener nationaler und internationaler Wissenschaftlerinnen und Wissenschaftler begleiteten die Entstehung, einige traten im Streit zurück. Bauherrin und Hauptgeldgeberin ist die Bundesrepublik Deutschland. Das Forum befindet sich in Berlin neben schon bestehenden memorialen Zeichen: Zum einen neben Erinnerungsorten, die an je eine von vielen Vergangenheiten Berlins und Deutschlands erinnern, zum anderen neben großen, für die deutsche Erinnerungskultur zentralen Denkmälern wie dem Holocaust-Mahnmal. Durch den Platz, auf dem das Gebäude steht, erhält das Vorhaben seine erinnerungskulturelle Dimension und Brisanz. Der Schlossplatz sowie das Schloss sind Kristallisationspunkte für verschiedene Vergangenheiten Deutschlands. In ihnen konzentriert sich die Erinnerung an Preußen, denn hier stand das Stadtschloss der Hohenzollern, sowie die Erinnerung an die DDR, denn hier war – nach der Beschädigung des Schlosses im Zweiten Weltkrieg und der anschließenden Sprengung durch die SED – der Palast der Republik errichtet worden. Er war ein politischer und gesellschaftlicher Knoten- und Repräsentationspunkt der DDR.

Nach der Vereinigung wurde der Palast der Republik dichtgemacht. Die Mehrheit des Deutschen Bundestages votierte 2002 für den Wiederaufbau des alten Preußenschlosses. Manche wähnten, der Abriss des Gebäudes erfolge weniger aufgrund von Asbestvergiftung als von Ideologievergiftung. 2008 stand der Italiener Franco Stella als Sieger des Architekturwettbewerbes zum Wiederaufbau des Stadtschlosses fest. War die preußische Vergangenheit erinnerungswürdig, die der DDR hingegen nicht? Der Schlossplatz als Stadt- und Staatsmitte wurde zum polysemen umkämpften Raum, und dass auch noch ein Denkmal zur deutschen Einheit in unmittelbarer Nachbarschaft zum Humboldt Forum errichtet werden und innere Kohäsion stiften sollte, verdeutlichte: hier ging es um das Selbstbild der deutschen Nation.

Laut Hermann Parzinger, Präsident der Stiftung Preußischer Kulturbesitz und – neben Horst Bredekamp und Neil MacGregor – einer der drei Gründungsintendanten des Humboldt Forums, soll das Forum »Selbstvergewisserung« ermöglichen.[2] Großen Kulturprojekten wohne eine »identitätsstiftende Wirkung« für Nationalstaaten inne. Deutschland könne mit dem Forum auf die Erfordernisse einer globalisierten Welt reagieren.[3] Für die gegenwärtige deutsche Meistererzählung bot das Projekt offenbar die Möglichkeit, eine Erinnerungskultur zu entwickeln, die einer postkolonialen Migrationsgesellschaft entsprach. Doch diesem Ansinnen stand entgegen, dass Deutschland seine Kolonien nach

dem Ersten Weltkrieg verloren hatte und von einer kolonialen Amnesie geprägt war. Eine ausgeprägte Erinnerungskultur zur Kolonialgeschichte gab es nicht, sie spielte keine entscheidende Rolle im deutschen Geschichtsbewusstsein. Die
deutsche Kolonialgeschichte dauerte nur eine kurze Zeit, es
fehlte eine schmerzhafte Dekolonialisierung wie etwa im
französischen Fall, und es lebten nur wenige Menschen aus
den ehemaligen Kolonialgebieten in Deutschland.

Befeuert wurde die Debatte allerdings dadurch, dass sich
im Jahr 2004 zum hundertsten Male der deutsche Völkermord an den Herero und Nama in Deutsch-Südwestafrika
jährte. Führte die Geschichte von hier aus – von des »Kaisers
Holocaust«, wie es in einer britischen Publikation hieß[4] –
nicht konsequent zum Holocaust während der NS-Diktatur? Was also war Preußen? War Preußen der Staat, den die
Alliierten 1947 mit Recht auflösten und von der europäischen Landkarte verschwinden ließen, weil sie in ihm das
Grundübel der gesamten deutschen Geschichte erkann-
ten, den Hort des aggressiven Militarismus? War Preußen
ein verdammenswerter imperialer und kolonialer Staat, der
Deutschland dominierte, zahlreiche Verbrechen verübte
und in Afrika den ersten Völkermord des 20. Jahrhunderts?

Oder war es ganz anders? War Preußen, wenn man auf
das Beste seiner Geschichte zurückgriff, nicht vielmehr ein
Kulturstaat, fußend auf Toleranz und Aufklärung, aus dem
heraus sich die leuchtende Tradition der deutschen Wissen-
schafts- und Kulturnation entwickelte? Selbst die DDR hatte
in der »Preußen-Renaissance« seit dem Ende der 1970er Jahre
nicht mehr alle seine Traditionen in Bausch und Bogen ver-
dammt, sich sogar einige historische Bestandteile Preußens
angeeignet und das Reiterstandbild Friedrich des Großen
wieder Unter den Linden platziert. Eine Debatte, die die

alte Bundesrepublik bis 1989/90 geprägt hatte, entstand von Neuem: die vom deutschen Sonderweg. Viele linksliberale Historiker hatten Preußen als den Fluch des neuzeitlichen Deutschlands und der Geschichte Europas beschrieben, wogegen vor allem konservative Historiker energisch Widerspruch einlegten. In der großen Preußen-Ausstellung 1981 in Berlin schienen sich die beiden Lager versöhnt zu haben. Das polarisierende Schwarz-Weiß-Denken war überwunden worden.[5]

Nun brach alles wieder hervor. An Preußen schieden sich erneut die Geister. Dass Preußen bei Rechten und Rechtsextremen in Deutschland zu einem politischen Slogan und Identitätsmarker geworden war, heizte die Kontroverse zusätzlich an. »Preußische Tugenden« von Disziplin und Ordnung wurden von ihnen in Beschlag genommen und gegen den angeblichen »Werteverfall« der liberalen Gesellschaft in Stellung gebracht.

Für das gute Erbe standen offenbar die Brüder Alexander und Wilhelm von Humboldt, die beiden Leitfiguren für ebenjenes neue geistige Zentrum, das Humboldt Forum, in der Mitte Berlins. Wilhelms Bedeutung für die klassische Ideen- und Geistesgeschichte Europas war unbestritten, er verband Museum, Universität und Bibliothek miteinander und war Ideengeber der neuhumanistischen preußischen Bildungsreform ab 1808. Und der Weltreisende und Welterkunder Alexander erschien geradezu als Prototyp des guten Deutschen – ein Kosmopolit, ein ökologischer Vordenker, ein begnadeter Dichter, ein Abenteurer. Er schien all jene Eigenschaften zu verkörpern, denen das offizielle Deutschland nach der Wiedervereinigung zuneigte: Er war ein radikaler Multilateralist und Multikulturalist. Wirkte Alexander von Humboldt angesichts der aus den Fugen geratenen

Weltlage und der ökologischen Katastrophen nicht unge-
mein aktuell, fast prophetisch?

Alexander von Humboldt habe Neugier auf das Fremde
und das Andere der Welt ausgezeichnet, betonten die Befürworter des Forums. Neugier sei, so tönte es von Seiten der
Kritiker zurück, zu rassistischen Zwecken ausgenutzt worden. Weltneugier sei ohne Weltknechtung gar nicht denkbar
und in dem Vorhaben komme ein Maß an Geschichtsverges-
senheit und eurozentristischer Selbstgewissheit zum Ausdruck, das seinesgleichen suche. Der kolonial-rassistische
Blick werde schlichtweg ignoriert. Deutschland wollte kul-
turell als »Global Player« mitspielen und machte dieselben
Fehler wie die anderen europäischen Kolonialmächte. Ein
Großteil der einmal im Schloss stehenden Objekte gelangte
durch koloniale Aneignung da hin, sprich auch durch Raub
und Gewalt.

Mit Achille Mbembe äußerte sich auch einer der bedeutendsten afrikanischen Intellektuellen: Wenn Europa und
Deutschland die Objekte behielten, führten sie ihre alte
Politik der angeblichen rassischen Überlegenheit einfach
fort.[6] Auf der europäischen Ebene agierte der französische
Präsident Emmanuel Macron auf seine öffentlichkeitswirk-
same Weise, die auf den Konflikt um das Humboldt Forum
zurückwirkte. Im November 2018 gab er auf der Grundlage eines Berichts über afrikanisches Kulturerbe wichtige
Kunstwerke an Benin zurück. Aus Deutschland gab es keine
vergleichbare Geste. Die generelle Kolonialismusproblema-
tik bildete von nun an den Ausgangspunkt – und die Kontroverse um das Humboldt Forum geriet zum internationalen Symptom dafür.

Doch müssten, so konterte der Kunsthistoriker Horst
Bredekamp aus der Gründungsintendanz des Forums, auch

die nicht feindschaftlichen Begegnungen thematisiert werden, denn die Sammlungsgeschichte in Berlin umfasse 460 Jahre und nur 34 davon seien Kolonialherrschaft gewesen. Außerdem sei die Ethnologie des beginnenden 20. Jahrhunderts in Berlin nicht maßgeblich aus Befürwortern und Profiteuren des Kolonialismus zusammengesetzt gewesen, sondern sie habe sich durch einen »kosmopolitischen Gestus« ausgezeichnet sowie durch »Wissbegierde und Wertschätzung« und gerade nicht durch »aneignende Dominanz«.[7]

Wer alles nur auf die Frage der Rückgabe von Kulturgütern reduziere, so sekundierten Monika Grütters (CDU), Kulturstaatsministerin im Bundeskanzleramt, und Michelle Müntefering (SPD), Staatsministerin für Internationale Kulturpolitik im Auswärtigen Amt, verhindere einen wirklichen Versöhnungsprozess.[8] Doch was hieß »Versöhnung«? Konnte der Umgang mit NS-Raubkunst ein Muster sein? Die Debatten verwiesen immer wieder auf jene um die Shoah angelagerte Erinnerungskultur. Doch der entscheidende Unterschied zum Umgang mit der NS-Raubkunst betraf das Nord-Süd-Verhältnis. Während im NS-Fall das Rechtssystem des globalen Nordens stabilisiert wurde, stand nun der gesamte europäische koloniale Blick auf die Welt, vor allem auf den globalen Süden, zur Diskussion.

Diese Debatte war Deutschland bis dahin fremd. Umso unsicherer fielen die Reaktionen aus. Deutschland wollte im Chor derjenigen, die die Vielfalt der Weltkulturen besangen, dabei sein. Doch das Humboldt Forum katapultierte den »Aufsteiger« in die Rolle des Zauberlehrlings. Als wäre die deutsche Geschichte nicht schon kompliziert genug, bekam er nun auch noch die kolonialen und postkolonialen Geister nicht mehr los. Die Kunsthistorikerin Bénédicte

Savoy erklärte das Humboldt Forum zum »Tschernobyl« der deutschen Selbstdarstellung[9] und trat 2017 aus dem Expertenbeirat aus. Entscheidet sich die Zukunft Europas nun am Umgang mit seinem kolonialen Erbe? Wird das Humboldt Forum zum Prüfstein dafür, wie Deutschland mit allen Seiten seiner Vergangenheit umgeht? Welche Rolle sollen Universalismus und Kosmopolitismus spielen? Wer sind die Deutschen, was wollen sie sein? Deutschland ist, Napoleon hat erneut Recht, wieder einmal auf der Suche.

ANHANG

ANMERKUNGEN

EINLEITUNG: WANDLUNGEN

1 Peter Bender, Deutschlands Wiederkehr. Eine ungeteilte Nachkriegsgeschichte 1945–1990, Bonn 2008.
2 Daniel Vernet, Deutschlandexperte und internationaler Direktor
von Le Monde, zit. nach: Der Spiegel, 06. 06. 1994: »Der Hunger
nach Sinn«.

1. ZAUDERNDER RIESE UND VERUNSICHERTE
DEMOKRATIE? FRAGEN AN DEUTSCHLAND

1 Heinrich August Winkler, Von der deutschen zur europäischen
Frage. Gedanken zu einem Jahrhundertproblem, in: VfZ 63 (2015),
S. 473–486.
2 So schon Dirk Kurbjuweit, Angela Merkel. Die Kanzlerin für alle?,
Hamburg 2009.
3 Stephen Green, Reluctant Meister. How Germany's Past is Shaping
its European Future, London 2014.
4 Neil MacGregor, Deutschland. Erinnerungen einer Nation,
München 2015.
5 Angelo Bolaffi, Deutsches Herz. Das Modell Deutschland und die
europäische Krise, Stuttgart 2014, S. 243 f.
6 Golo Mann, Deutsche Geschichte des 19. und 20. Jahrhunderts,
19. Auflage, Frankfurt M. 1987.
7 Fritz Stern, Fünf Deutschland und ein Leben, München 2007,
S. 601.
8 GIZ (Hg.), Deutschland in den Augen der Welt. Zentrale Ergebnisse
der zweiten GIZ-Erhebung 2015, unter: https://www.giz.de/de/
downloads/de-deutschland-in-den-augen-der-welt (Stand: 23. 07. 2019).

9 Herfried Münkler, Macht in der Mitte. Die neuen Aufgaben
Deutschlands in Europa, Hamburg 2015.

10 Zur Diskussion siehe: Jean-Samuel Marx, Neues Deutschland –
neues Deutschlandbild? Selbstdarstellung und Rezeption der
Berliner Republik in Frankreich von 1990 bis in die Gegenwart,
Paderborn 2019; Ulrike Guérot, Von Normalität über Übermacht
zur Ohnmacht? Betrachtungen zur deutschen Rolle in Europa, in:
APuZ 52 (2015), S. 17–22; Gunther Hellmann, Deutsche Außenpolitik. Eine Einführung, 2. Auflage, Wiesbaden 2014.

11 Hans-Dietrich Genscher zur EU-Krise, Interview in Deutschland-
funk Kultur, 10. 11. 2015.

12 Bernd Ulrich, Guten Morgen Abendland. Der Westen am Beginn
einer neuen Epoche. Ein Weckruf, Köln 2017.

13 Münkler, Macht in der Mitte, S. 7.

14 Martin Sabrow, in: Die Zeit, 12. 05. 2016: »Es geht nicht um Moral«.

15 Manfred G. Schmidt, Die Politik des mittleren Weges. Die Wirt-
schafts- und Sozialpolitik der Bundesrepublik Deutschland im
internationalen Vergleich, in: Wege der Gesellschaftsgeschichte 22
(2006), S. 239–252.

16 Peter Bender, Zweimal Deutschland. Eine ungeteilte Nachkriegsgeschichte 1945–1990, Stuttgart 2007, S. 269.

2. BONNER REPUBLIK, BERLINER REPUBLIK:
WAHLJAHRE UND DEMOKRATIEWANDEL

1 Thorsten Holzhauser, Die »Nachfolgepartei«. Die Integration der
PDS in das politische System der Bundesrepublik Deutschland
1990–2005, Berlin 2019.

2 Vgl. die Bundestagsdebatte vom 20. Juni 1991: Andreas Salz, Bonn–
Berlin: Die Debatte um Parlaments- und Regierungssitz im Deutschen Bundestag und die Folgen, Münster 2006; Ekkehard Kohrs,
Kontroverse ohne Ende. Der Hauptstadt-Streit. Argumente – Emotionen – Perspektiven, Weinheim 1991.

3 Gerhard A. Ritter, Über Deutschland. Die Bundesrepublik in der
deutschen Geschichte, 2. Auflage, München 2000, S. 194–249.

4 Siehe Kapitel 4, »Ein großer Graben zwischen Ost und West?
Deutschlands innere Einheit«, im vorliegenden Buch.

5 Werner Süß (Hg.), Deutschland in den neunziger Jahren. Politik und Gesellschaft zwischen Wiedervereinigung und Globalisierung, Opladen 2002.

6 Reimut Zolnhöfer, Die Wirtschaftspolitik der Ära Kohl, 1982–1998, Opladen 2001.

7 Siehe Kapitel 11, »Angst und Pessimismus: Die populistische Revolte«, im vorliegenden Buch.

8 Norbert Frei u.a., Zur rechten Zeit. Wider die Rückkehr des Nationalismus, Berlin 2019, S. 161–181.

9 Siehe Edgar Wolfrum, Rot-Grün an der Macht. Deutschland 1998–2005, München 2013.

10 Frank Bösch, Zeitenwende 1979. Als die Welt von heute begann, München 2019, S. 333–362.

11 Reimut Zolnhöfer, Große Koalition, in: APuZ 38 (2009), S. 9–14, hier S. 13. Christoph Egle, Reimut Zolnhöfer (Hg.), Die zweite Große Koalition. Eine Bilanz der Regierung Merkel 2005–2009, Wiesbaden 2010.

12 Thomas Saalfeld, Reimut Zolnhöfer (Hg.), Politik im Schatten der Krise. Eine Bilanz der Regierung Merkel 2009–2013, Wiesbaden 2015.

13 Harald Schoen, Robert Greszki, Gemeinsames Regieren, getrennte Rechnungen, in: Thomas Saalfeld, Reimut Zolnhöfer (Hg.), Politik im Schatten der Krise. Eine Bilanz der Regierung Merkel 2009–2013, Wiesbaden 2015, S. 25–48, hier S. 25.

14 Christoph Butterwegge, Große Koalition. Sozialpolitik in Trippelschritten, in: Blätter für deutsche und internationale Politik 8 (2017), S. 21–24.

15 Siehe Kapitel 6, »›Wir schaffen das‹: Die Flüchtlingskrise«, im vorliegenden Buch.

16 Ein Überblick über die internationalen Pressestimmen zur Bundestagswahl findet sich hier: Focus Online, 25. 09. 2017, unter: http://www.focus.de/politik/deutschland/bundestagswahl_2017/pressestimmen-zur-bundestagswahl-2017-das-sagt-das-ausland-zur-wahl_id_7636588.html (Stand: 17. 07. 2019): »›Merkel ist die Mutter der AfD‹: Das sagt das Ausland zur Wahl«.

17 Vgl. Andreas Wirsching, Fortsetzung der »Kanzlerdemokratie«? Von Helmut Kohl zu Angela Merkel, in: Michael Bienert u.a. (Hg.), Die Berliner Republik. Beiträge zur deutschen Zeitgeschichte seit 1990,

Berlin 2013, S. 35–54, hier S. 42; Hans-Peter Schwarz, Helmut Kohl. Eine politische Biographie, München 2012.

18 David Marsh, in: Die Zeit, 01. 10. 1998: »Schröders Probleme«; siehe auch Gregor Schöllgen, Gerhard Schröder. Die Biographie, München 2015.

19 Vgl. Wolfrum, Rot-Grün an der Macht, S. 696–699.

20 Vgl. Manuela Glaab, Political Leadership in der Großen Koalition. Führungsressourcen und -stile von Bundeskanzlerin Merkel, in: Christoph Egle, Reimut Zolnhöfer (Hg.), Die zweite Große Koalition. Eine Bilanz der Regierung Merkel 2005–2009, S. 123–156, hier S. 151 f. Siehe auch Karl-Rudolf Korte, Präsidentielles Zaudern. Der Regierungsstil von Angela Merkel, in: Sebastian Bukow, Wenke Seemann (Hg.), Die Große Koalition. Regierung – Politik – Parteien 2005–2009, Wiesbaden 2010, S. 102–123; siehe auch Kurbjuweit, Angela Merkel.

21 Hans Peter Schwarz, Helmut Kohl. Eine politische Biographie, München 2012, S. 578.

22 Siehe Kapitel 11, »Angst und Pessimismus: Die populistische Revolte«, im vorliegenden Buch.

23 Oskar Niedermayer, Das Parteiensystem der Bundesrepublik Deutschland, in: Ders. (Hg.), Handbuch Parteienforschung, Wiesbaden 2013, S. 739–764, hier S. 753.

24 Vgl. Wolfrum, Rot-Grün an der Macht, S. 138–168; Anthony Giddens, Der Dritte Weg. Die Erneuerung der sozialen Demokratie, Frankfurt M. 2000; Ders. (Hg.), The Global Third Way Debate, Cambridge 2001.

25 Siehe dazu Franz Walter, Im Herbst der Volksparteien? Eine kleine Geschichte von Aufstieg und Rückgang politischer Massenintegration, Bielefeld 2009.

3. KEIN FRIEDLICHES ZEITALTER:
DEUTSCHLAND IM KRIEG

1 Mary Kaldor, Neue und alte Kriege. Organisierte Gewalt im Zeitalter der Globalisierung, Frankfurt M. 2000; Herfried Münkler, Die neuen Kriege, 2. Auflage, Reinbek bei Hamburg 2007.

2 Robert Kaplan, Balkan Ghosts: A Journey Through History, New York 1993.

3 Marie-Janine Calic, Geschichte Jugoslawiens im 20. Jahrhundert, München 2010.

4 Klaus Peter Zeitler, Deutschlands Rolle bei der völkerrechtlichen Anerkennung der Republik Kroatien unter besonderer Berücksichtigung des deutschen Außenministers Genscher, Marburg 2000; Annegret Bendieck, Der Konflikt im ehemaligen Jugoslawien und die europäische Integration. Eine Analyse ausgewählter Politikfelder, Wiesbaden 2004.

5 Interview mit Helmut Kohl, in: FAS, 14. 07. 1991.

6 Kommentar von Michel Debré, in: Le Figaro, 07. 10. 1991.

7 Marcus Hawel, Die normalisierte Nation. Vergangenheitsbewältigung und Außenpolitik in Deutschland, Hannover 2007, S. 236.

8 Entscheidungen des Bundesverfassungsgerichts 90 Nr. 16, S. 286–390.

9 Christopher Muhler, Transformation wider Willen? Die Bundeswehr im Kontext deutscher Auslandseinsätze 1989–2011, Berlin 2018.

10 Joschka Fischer, Die rot-grünen Jahre. Deutsche Außenpolitik – vom Kosovo bis zum 11. September, Köln 2007.

11 Wolfrum, Rot-Grün an der Macht, S. 65.

12 Jürgen Habermas, in: Die Zeit, 29. 04. 1999: »Bestialität und Humanität«.

13 Informationserlass des Auswärtigen Amts vom 19. Februar 1991 über die deutschen Beiträge, abgedruckt in: Reinhard Bettzuege (Hg.), Außenpolitik der Bundesrepublik Deutschland – Dokumente von 1949 bis 1994, Köln 1995, S. 792 f.

14 Bernd Greiner, 9/11. Der Tag, die Angst, die Folgen, München 2011; Peter Bender, Pearl Harbor und der 11. September, in: ZfG 49 (2001), S. 1097–1103.

15 Gerhard Schröder, Regierungserklärung zu den Anschlägen in den Vereinigten Staaten von Amerika, 12. 09. 2001, in: Verh. d. Dtn. Bundestages, Plenarprotokoll 14/186.

16 Wolfrum, Rot-Grün an der Macht, S. 283.

17 Außerordentliche Tagung des Europäischen Rates am 21. September 2001. Schlussfolgerungen und Aktionsplan, unter: https://www.consilium.europa.eu/media/20964/85097.pdf (Stand: 29. 03. 2019).

18 Wolfrum, Rot-Grün an der Macht, S. 314–317.

19 Horst Köhler, Einsatz für Freiheit und Sicherheit. Rede des Bundespräsidenten bei der Kommandeurstagung der Bundeswehr in Bonn, 10. 10. 2005; Muhler, Transformation wider Willen?

20 Gerhard Schröder, in: Bild, 08. 08. 2002: »Meine Vision von Deutschland«; Zu Schröders »deutschem Weg« siehe auch Schöllgen, Gerhard Schröder, S. 624–626.

21 Wolfrum, Rot-Grün an der Macht, S. 446.

22 Donald Rumsfeld, Known and Unknown. A Memoir, New York 2011; zum Irakkrieg: Christian Hacke, Deutschland, Europa und der Irakkonflikt, in: APuZ B 24–25 (2003), S. 8–16; Manfred Berg, Philipp Gassert (Hg.), Deutschland und die USA in der internationalen Geschichte des 20. Jahrhunderts. Festschrift für Detlef Junker, Stuttgart 2004.

23 Rainer Hermann, Arabisches Beben. Die wahren Gründe der Krise im Nahen Osten, Stuttgart 2018, S. 334.

24 Christian Hacke, Deutschland und der Libyen-Konflikt: Zivilmacht ohne Zivilcourage, in: APuZ 39 (2011), S. 50–53.

25 Heinrich August Winkler, Geschichte des Westens. Die Zeit der Gegenwart, München 2015, S. 500–537.

4. EIN GROSSER GRABEN ZWISCHEN OST UND WEST? DEUTSCHLANDS INNERE EINHEIT

1 Marianne Birthler im Interview, in: Süddeutsche Zeitung, 01. 02. 2019.

2 Richard Schröder, Das Glück der deutschen Einheit, in: Martin Sabrow (Hg.), Die schwierige Einheit, Leipzig 2016, S. 163–187.

3 Martin Sabrow, Die historische Herausforderung der deutschen Einheit, in: Ders. (Hg.), Die schwierige Einheit, Leipzig 2016, S. 9–25, hier S. 10.

4 Michael Fritsch, Michael Wyrich, Vom Plan zum Markt, 30. 03. 2010, unter: http://www.bpb.de/geschichte/deutsche-einheit/lange-wege-der-deutschen-einheit/47108/vom-plan-zum-markt?p=0, (Stand: 29. 03. 2019).

5 Andreas Rödder, Die deutsche Einheit – eine Zwischenbilanz nach 25 Jahren, in: Martin Sabrow (Hg.), Die schwierige Einheit, Leipzig

2016, S. 25–43, hier S. 27; Ders., Deutschland einig Vaterland. Die Geschichte der Wiedervereinigung, München 2009.

6   Gerhard Lehmbruch, Die deutsche Vereinigung, in: Der Bürger im Staat 50 (2000), 4, S. 186–192, hier S. 186.

7   Frank Oschmiansky, Angebot und Nachfrage: Entwicklungen seit der deutschen Vereinigung, http://www.bpb.de/politik/innen politik/arbeitsmarktpolitik/164509/entwicklung-seit-1990 (Stand: 18.12.2017).

8   Nachweis der Zahlen ebd.

9   Marcus Böick, Die Treuhand. Idee – Praxis – Erfahrung 1990–1994, Göttingen 2018.

10   Werner Abelshauser, Die Idee des »zweiten Wirtschaftswunders« und der Preis der Wiedervereinigung, in: Martin Sabrow (Hg.), Die schwierige Einheit, Leipzig 2016, S. 81–99, hier S. 89.

11   Ebd., S. 90

12   Andreas Rödder, Die deutsche Einheit – eine Zwischenbilanz nach 25 Jahren, in: Martin Sabrow (Hg.), Die schwierige Einheit, Leipzig 2016, S. 25–43, hier S. 28.

13   Winfried Süß, Was bleibt vom »Modell Deutschland«? Sozialpolitik und soziale Ungleichheit in der vereinigten Bundesrepublik, in: Martin Sabrow (Hg.), Die schwierige Einheit, Leipzig 2016, S. 63–81, hier S. 77.

14   Gerhard A. Ritter, Der Preis der Deutschen Einheit. Die Wiederver- einigung und die Krise des Sozialstaats, München 2006.

15   Hans Günther Hockerts, Drei Wege deutscher Sozialstaatlichkeit. NS-Diktatur, Bundesrepublik und DDR im Vergleich, München 1998; Süß, Was bleibt vom »Modell Deutschland«?.

16   Hans-Ulrich Wehler, Die neue Umverteilung. Soziale Ungleichheit in Deutschland, München 2013.

17   Gerhard A. Ritter, Die deutsche Einheit als sozialstaatliche Heraus- forderung, in: Martin Sabrow (Hg.), Die schwierige Einheit, Leipzig 2016, S. 43–63, hier S. 56f.

18   Rainer Geißler, Die Sozialstruktur Deutschlands. Zur gesellschaft- lichen Entwicklung mit einer Bilanz zur Vereinigung, 4. Auflage, Wiesbaden 2006, S. 77.

19   Walter Romberg und Theo Waigel im Interview mit der Berliner Zeitung, 10.06.2000, unter: https://www.berliner zeitung.de/walter- romberg-und-theo-waigel-haben-vor-zehn-jahren-die-waehrungs

union-ausgehandelt--ein-gespraech-ueber-die-schwierigkeiten--die-
ostmark-abzuschaffen-bei-geld-hoert-die-freundschaft-auf-16490740
(Stand: 29. 03. 2019); Karl-Heinz Paqué, Transformationspolitik
in Ostdeutschland. Ein Teilerfolg, in: APuZ 28 (2009),
S. 22–27.

20 Manfred G. Schmidt, Die Politik des mittleren Weges. Besonderheiten der Staatstätigkeit in der Bundesrepublik Deutschland, in:
APuZ 9/10 (1990), S. 23–31.

21 Bericht der Enquete-Kommission »Zukunft des Bürgerschaftlichen
Engagements« vom 03. 06. 2002, unter: http://kulturrat.de/wp-
content/uploads/altdocs/dokumente/studien/enquete_be.pdf
(Stand: 29. 03. 2019).

22 Dieter Rucht, Deutsche Vereinigung und Demokratisierung. Zum
Scheitern der Bürgerbewegung, in: Lars von Clausen (Hg.), Ge-
sellschaften im Umbruch. Verhandlungen des 27. Kongresses der
Deutschen Gesellschaft für Soziologie in Halle an der Saale 1995,
Frankfurt M. 1996, S. 459–472.

23 Peter Alheit u. a., Die zögernde Ankunft im Westen. Biographien
und Mentalitäten in Ostdeutschland, Frankfurt M. 2004.

24 Wolfgang Schluchter, Neubeginn durch Anpassung? Studien zum
ostdeutschen Übergang, Frankfurt M. 1996, S. 35, 48.

25 Detlef Pollack, Das geteilte Bewusstsein. Einstellungen zur sozialen
Ungleichheit und zur Demokratie in Ost- und Westdeutschland
1990–1998, in: Rudolf Czada u. a. (Hg.), Von der Bonner zur Berliner
Republik. 10 Jahre deutsche Einheit, Opladen 2000, S. 281–307, hier
S. 302.

26 Claudia Lepp, Wege des Protestantismus im geteilten und wiedervereinigten Deutschland, in: GWU 51 (2000), S. 173–189.

27 Siehe hierzu Kapitel 11, »Angst und Pessimismus: Die populistische
Revolte«, im vorliegenden Buch.

28 Aurel Croissant, Demokratische Transformation seit 1989, in:
Zeitschrift für Politikwissenschaft 25 (2015), S. 367–375, hier
S. 368.

29 Thomas Hertfelder, Andreas Rödder (Hg.), Modell Deutschland.
Erfolgsgeschichte oder Illusion? Göttingen 2007.

30 Klaus Zimmermann, Eine Zeitenwende am Arbeitsmarkt, in:
APuZ 16 (2005), S. 3–5, hier S 3.

31 Wolfrum, Rot-Grün an der Macht, S. 559–566.

32 So der Chefredakteur der NPD-Zeitung, Holger Apfel, gegenüber: Bild am Sonntag, 15. 08. 2004.

33 Bild am Sonntag, 15. 08. 2004: »Kanzler beschimpft Union und PDS als ›Volksfront‹«.

34 Wolfrum, Rot-Grün an der Macht, S. 575.

35 Manfred G. Schmidt, Die Sozialpolitik der zweiten rot-grünen Koalition, in: Christoph Egle, Reimut Zolnhöfer (Hg.), Das Ende des rot-grünen Projekts. Eine Bilanz der Regierung Schröder 2002–2005, Wiesbaden 2007, S. 295–312, hier S. 301 f.

36 So jedenfalls Uwe Jean Heuser, in: Die Zeit, 15. 09. 2005: »Deutschland, weitermachen! Lob und Rat der Weltbank«.

37 Bertelsmann-Stiftung-Analyse, Capital 15 (2005), S. 14–22.

38 Gabor Steingart, Deutschland. Der Abstieg eines Superstars, München 2004.

39 Martin Sabrow, Die historische Herausforderung der deutschen Einheit, in: Ders. (Hg.), Die schwierige Einheit, Leipzig 2016, S. 9–25, hier S. 10.

40 Philipp Ther, Die neue Ordnung auf dem alten Kontinent. Eine Geschichte des neoliberalen Europas, München 2014; Frank Bösch (Hg.), Geteilte Geschichte. Ost- und Westdeutschland 1970–2000, Göttingen 2015.

41 Die folgenden Daten zwischen 1990 und 2018 nach: BMI (Hg.), Gesamtwirtschaftliche Daten von Ost- und Westdeutschland im Vergleich in den Jahren 1991 bis 2017, unter: https://de.statista.com/statistik/daten/studie/207076/umfrage/gesamtwirtschaftliche-daten-von-ost-und-westdeutschland-im-vergleich/ (Stand: 11. 02. 2019); BMI (Hg.), Wirtschafts- und Strukturdatenvergleich von Ost- und Westdeutschland im Jahr 2017, unter: https://de.statista.com/statistik/daten/studie/207069/umfrage/wirtschafts-und-strukturdatenvergleich-von-ost-und-westdeutschland/ (Stand: 11. 02. 2019); Bundesagentur für Arbeit (Hg.), Arbeitslosenquote in West- und Ostdeutschland von 1994 bis 2019, unter: https://de.statista.com/statistik/daten/studie/915315/umfrage/arbeitslosenquote-in-west-und-ostdeutschland/ (Stand: 11. 02. 2019); außerdem Prognos (Hg.), Deutschlandreport 2018, unter: https://www.prognos-deutschlandreport.com/zentrale-ergebnisse-des-neuen-prognos-deutschland-reports/ (Stand: 17. 07. 2019); Clara Albrecht, Stefan Bauernschuster u. a., Deutschland 2017 – Studie zu den Einstellungen

und Verhaltensweisen der Bürgerinnen und Bürger im vereinigten Deutschland, ifo-Studie 2017, unter: https://www.ifo.de/DocDL/ ifo_Forschungsberichte_96_2018_Rainer_etal_Deutschland2017.pdf (Stand: 17. 07. 2019).

42 Wirtschafts- und Sozialwissenschaftliches Institut der Hans-Böck-ler-Stiftung (Hg.), Verfügbare Haushaltseinkommen im regionalen Vergleich, unter: https://www.boeckler.de/wsi_118959.htm (Stand: 23. 07. 2019).

5. IM FADENKREUZ DER GEWALT: EUROPA UND DER GLOBALE TERRORISMUS

1   Vgl. Kirstin Hein, Die Anti-Terrorpolitik der rot-grünen Bundesre-gierung, in: Sebastian Harnisch, Christos Katsioulis, Manfred Over-haus (Hg.), Deutsche Sicherheitspolitik. Eine Bilanz der Regierung Schröder, Baden-Baden 2004, S. 145–171, hier S. 145.

2   Zur RAF v.a. Gerd Koenen, Das rote Jahrzehnt. Unsere kleine Kul-turrevolution 1967–1977, Köln 2001.

3   Vgl. Jason Burke, Al Qaida. Wurzeln, Geschichte, Organisation, Düsseldorf 2004.

4   Vgl. Rolf Gössner, Computergestützter Generalverdacht. Die Raster-fahndungen nach »Schläfern«, in: Vorgänge. Zeitschrift für Bürger-rechte und Gesellschaftspolitik 159 (2002), S. 41–51.

5   Helmut Schmidt in der Regierungserklärung vom 25. April 1975, in: Verh. d. Dt. Bt., Stenografische Berichte 93, 1975, 11784.

6   Vgl. Volkhard Wache, Die Strafverfolgung islamistischer Terroris-ten, in: Kai Hirschmann, Christian Leggemann (Hg.), Der Kampf gegen den Terrorismus. Strategien und Handlungserfordernisse in Deutschland, Berlin 2003, S. 143–152.

7   Otto Schily, Vorwort des Bundesministers des Innern, in: Bundesmi-nisterium des Innern (Hg.), Verfassungsschutzbericht 2001, Berlin 2002, S. 3 f.

8   Erstes Gesetz zur Änderung des Vereinsgesetzes vom 04.12. 2001, in: Bundesgesetzblatt 2001, Teil 1, 07. 12. 2001, S. 3319.

9   Vgl. Gert-Joachim Glaeßner, Sicherheit in Freiheit. Die Schutz-funktion des demokratischen Staates und die Freiheit der Bürger, Opladen 2003, S. 265.

10 Vgl. Peter Roell, Deutschlands Beitrag zur internationalen Terrorismusbekämpfung, in: Kai Hirschmann, Christian Leggemann (Hg.),
Der Kampf gegen den Terrorismus. Strategien und Handlungserfordernisse in Deutschland, Berlin 2003, S. 125–142, hier S. 133.

11 Gesetz zu Bekämpfung des internationalen Terrorismus (Terrorismusbekämpfungsgesetz) vom 09. 01. 2002, in: Bundesgesetzblatt
2002, Teil 1, 11. 01. 2002, 361–395, hier 362.

12 Ebd., Art. 5, Abs. 3.

13 Tanja Kristin Deiß, Herausforderung Terrorismus. Wie Deutschland
auf den RAF- und Al-Qaida-Terrorismus reagierte, Marburg 2007,
S. 77ff.

14 Burkhard Hirsch, Der attackierte Rechtsstaat. Bürgerrecht und »innere Sicherheit« nach dem 11. September, in: Vorgänge. Zeitschrift
für Bürgerrechte und Gesellschaftspolitik 159 (2002), S. 1–4; Thilo
Weichert, Sicherheit, Kriminalität und Grundrechte in der informatisierten Risikogesellschaft, in: Humanistische Union e. V. (Hg.),
Innere Sicherheit als Gefahr, Berlin 2003, S. 19–31.

15 Burkard Hirsch, in: Süddeutsche Zeitung, 02. 11. 2001: »Abschied
vom Grundgesetz«.

16 Gerd Pflaumer, Stellungnahme der Aktion Courage zum Terrorismusbekämpfungsgesetz, 26. 11. 2001, unter: https://archiv.cilip.de/alt/
terror/courage.htm (Stand: 22. 03. 2019).

17 Stefan Keßler, Wolfgang Grenz, Julia Duchrow, Stellungnahme von
amnesty international zum Entwurf eines Gesetzes zur Bekämpfung
des internationalen Terrorismus (Terrorismusbekämpfungsgesetz),
28. 11. 2001, unter: https://archiv.cilip.de/alt/terror/amnesty.htm
(Stand: 22. 03. 2019).

18 Jutta Limbach, in: Die Zeit Online, 21. 12. 2013, unter: https://www.
zeit.de/reden/deutsche_innenpolitik/200221_limbach_sicherheit/
komplettansicht (Stand: 22. 03. 2019): »Ist die kollektive Sicherheit
Feind der individuellen Freiheit?«

19 Vgl. Geert Mackenroth, Der Rechtsstaat in der Zwickmühle? Zur
Balance von Freiheit und Sicherheit, Baden-Baden 2011.

20 Vgl. Wolfrum, Rot-Grün an der Macht, S. 362.

21 Institut für Demoskopie Allensbach (Hg.), Allensbacher Berichte 14
(2006): Terroranschläge in Deutschland? Die Mehrheit ist besorgt,
S. 11.

22 Institut für Demoskopie Allensbach (Hg.), Allensbacher Berichte

7 (2004): Mehr als jeder Zweite fürchtet einen Terroranschlag in
   Deutschland, S. 21.
23 R+V (Hg.), R+V Studie: Die Ängste der Deutschen, unter: https://
   www.ruv.de/presse/aengste-der-deutschen (Stand: 11. 03. 2019).

6. CRASHED: WELTFINANZKRISE UND ERSCHÜT-
TERUNG DER EUROPÄISCHEN WÄHRUNGSUNION

1 Kiran Patel, Projekt Europa. Eine kritische Geschichte, München
   2018, S. 124.
2 Jens Peter Paul, Zwangsumtausch. Wie Kohl und Lafontaine die
   D-Mark abschafften, Frankfurt M. 2010; Franz Urban Pappi, Die
   deutschen Wähler und der Euro: Auswirkungen auf die Bundestagswahl 1998?, in: Politische Vierteljahresschrift 41 (2000),
   S. 435–465; Andreas Rödder, Das »Modell Deutschland« zwischen
   Erfolgsgeschichte und Verfallsdiagnose, in: VfZ 54 (2006),
   S. 345–365, hier S. 358ff.; Andreas Wirsching, Der Preis der Freiheit.
   Geschichte Europas in unserer Zeit, München 2012, S. 155–164.
3 Jürgen Kocka, Geschichte des Kapitalismus, München 2013,
   S. 117–120. Werner Plumpe, Kaltes Herz. Geschichte des Kapitalismus, Berlin 2019, S. 585–589.
4 Wolfrum, Rot-Grün an der Macht, S. 508ff.
5 Wolfrum, Rot-Grün an der Macht, S. 110–137; Reimut Zohlnhöfer,
   Rot-grüne Finanzpolitik zwischen traditioneller Sozialdemokratie
   und neuer Mitte, in: Christoph Egle, Reimut Zohlnhöfer, Tobias
   Ostheim (Hg.), Das rot-grüne Projekt. Eine Bilanz der Regierung
   Schröder 1998–2002, Wiesbaden 2003, S. 193–214.
6 Johannes Kuhn, in: Spiegel Online, 10. 03. 2007, unter: http://www.
   spiegel.de/wirtschaft/0,1518,470879,00.html (Stand: 26. 04. 2012):
   »Zocker, Zirkus, Dreistigkeit«; Elke Hartmann, in: Focus Online,
   17. 07. 2000, unter: https://www.focus.de/kultur/leben/new-york-
   die-cyber-gluecksritter_aid_186734.html (Stand: 22. 03. 2019): »Die
   Cyber-Glücksritter«.
7 Siehe Markus Pohlmann, Die Entwicklung des Kapitalismus in Ostasien und die Lehren aus der asiatischen Finanzkrise, in: Leviathan
   32 (2004), S. 360–381.
8 Wehler, Die neue Umverteilung.

9   Adam J. Tooze, Crashed. Wie zehn Jahre Finanzkrise die Welt verän-
    dert haben, München 2018, S. 169–195.
10 Winkler, Geschichte des Westens. Die Zeit der Gegenwart, S. 402.
11 Wolfrum, Rot-Grün an der Macht, S. 521.
12 Angela Merkel, Rede zum Haushaltsgesetz 2010 vor dem Deutschen
    Bundestag, 17. 03. 2010, Plenarprotokoll 17730.
13 Forschungsgruppe Wahlen, Politbarometer März II 2010, 26. 03.
    2010, unter: https://www.forschungsgruppe.de/Umfragen/Politbaro
    meter/Archiv/Politbarometer_2010/Maerz_II/ (Stand: 11. 03. 2019).
14 Tooze, Crashed, S. 380–387.
15 Ebd., S. 396 und S. 412–415.
16 Die Zeit Online, 02. 08. 2012, unter: https://www.zeit.de/wirtschaft/
    2012-08/ezb-leitzins-draghi (Stand: 11. 03. 2019): »EZB-Präsident kün-
    digt Ankauf von Staatsanleihen an«.
17 Tooze, Crashed, S. 24.
18 Ebd., S. 27.
19 Accuity (Hg.), Bank Rankings – Top Banks in the World, unter:
    https://accuity.com/resources/bank-rankings (Stand: 23. 07. 2019).

7. »WIR SCHAFFEN DAS«: DIE FLÜCHTLINGSKRISE

1   Jens Damm, Bettina Gransow, Zwischen Kuli-Export und Busi-
    ness-Netzwerken. Muster interner, inter- und transnationaler chi-
    nesischer Migration seit dem 19. Jahrhundert, in: Albert Kraler u. a.
    (Hg.), Migrationen. Globale Entwicklungen seit 1850, Wien 2007,
    S. 222–244; Robin Cohen (Hg.), The Cambridge Survey of World
    Migration, Cambridge 1995; Frank Bösch, Zeitenwende 1979. Als die
    Welt von heute begann, München 2019, S. 192 f.
2   Siehe Kapitel 11, »Angst und Pessimismus: Die Populistische Re-
    volte«, im vorliegenden Buch.
3   Verordnung (EU) Nr. 604/2013 des europäischen Parlaments und
    des Rates vom 26. Juni 2013 zur Festlegung der Kriterien und
    Verfahren zur Bestimmung des Mitgliedstaats, der für die Prüfung
    eines von einem Drittstaatsangehörigen oder Staatenlosen in einem
    Mitgliedstaat gestellten Antrags auf internationalen Schutz zustän-
    dig ist (Neufassung), Amtsblatt der Europäischen Union L 180,
    Kap. III, Art. 7, Abs. 2.

4 UNHCR Deutschland, unter: https://www.unhcr.org/dach/de/
   services/statistiken (Stand: 12. 03. 2019): »57 % der Flüchtlinge weltweit kommen aus nur drei Ländern«.

5 Die Bundesregierung (Hg.), Sommerpressekonferenz von Bundeskanzlerin Merkel, Mitschrift vom 31. August 2015, unter: https://
   www.bundesregierung.de/breg-de/aktuelles/pressekonferenzen/
   sommerpressekonferenz-von-bundeskanzlerin-merkel-848300
   (Stand: 19. 07. 2019).

6 Siehe Universität Potsdam, Redaktionsbüro Welttrends (Hg.),
   Welttrends 117 (2016): Visegrad versus Brüssel; Paula Berger, Par
   ordre du mufti?, in: Zeitschrift für vergleichende Politikwissenschaft 12 (2018), S. 247–262.

7 Die Zeit Online, 03. 04. 2015, unter: https://www.zeit.de/politik/
   ausland/2015-09/ungarn-eu-fluechtlingspolitik-viktor-orban-martin-
   schulz (Stand: 12. 03. 2019): »Orbán nennt Flüchtlingskrise ›ein
   deutsches Problem‹«.

8 Die Zeit Online, 23. 04. 2015, unter: https://www.zeit.de/politik/
   ausland/2015-09/europaeischer-gerichtshof-fluechtlingskrise-
   slowakei-klage (Stand: 12. 03. 2019): »Slowakei will gegen EU –
   Flüchtlingsquoten klagen«; SZ Online, 06. 04. 2015, unter: https://
   www.sueddeutsche.de/politik/klage-von-ungarn-und-der-
   slowakei-was-das-fluechtlingsurteil-des-eugh-bedeutet-1.3655272
   (Stand 12. 03. 2019): »Was das Flüchtlingsurteil des EuGH bedeutet«.

9 Pressemitteilung von Eurostat, 20. 03. 2018, unter: https://ec.europa.
   eu/eurostat/documents/2995521/8754393/3-20032018-AP-DE.pdf/
   72fe7d90-d966-425a-832f-28dc3a4cd2e6 (Stand: 20. 07. 2019): »Asyl
   in den EU-Mitgliedstaaten: 650 000 erstmalige Asylbewerber im
   Jahr 2017 registriert. Syrer, Iraker und Afghanen weiterhin an erster
   Stelle«.

10 Anna Reimann, in: Spiegel Online, 28. 04. 2015, unter: http://www.
    spiegel.de/politik/ausland/europa-wie-sich-die-fluechtlinge-
    verteilen-a-1030879.html (Stand 12. 03. 2019): »Wohin die Flüchtlinge
    wollen – und wer sie nimmt.«; bpb Online, 11. 10. 2016, unter: http://
    www.bpb.de/gesellschaft/migration/flucht/235280/wie-sich-nord
    europa-gegen-fluechtlinge-abschottet (Stand: 12. 03. 2019): »Wie sich
    Nordeuropa gegen Flüchtlinge abschottet«, FAZ Online, 07. 09.
    2016, unter: https://www.faz.net/aktuell/politik/fluechtlingskrise/
    grossbritannien-baut-eine-mauer-in-calais-gegen-fluechtlinge-

14424691.html (Stand: 12. 03. 2019): »Großbritannien baut Mauer gegen Flüchtlinge«.

11 Christian Wernicke, in: SZ Online, 27. 10. 2015, unter: https://www. sueddeutsche.de/politik/umfrage-in-sieben-laendern-so-denken-die-europaeer-ueber-fluechtlinge-1.2704414 (Stand: 20. 07. 2019): »So denken Europäer über Flüchtlinge«.

12 Europäischer Rat der Europäischen Union, Pressemitteilung vom 03. 02. 2017, »Erklärung von Malta, abgegeben von den Mitgliedern des europäischen Rates, über die externen Aspekte der Migration: Vorgehen in Bezug auf die zentrale Mittelmeerroute«, unter: https://www.consilium.europa.eu/de/press/press-releases/2017/02/03/malta-declaration/ (Stand 14. 03. 2019).

13 Maximilian Popp, in: Spiegel Online, 04. 05. 2019, unter: https://www.spiegel.de/politik/ausland/fluechtlingselend-in-libyen-barbarei-im-namen-europas-a-1265786.html (Stand: 20. 07. 2019): »Barbarei im Namen Europas«.

14 Stephan Detjen, Maximilian Steinbeis, Die Zauberlehrlinge. Der Streit um die Flüchtlingspolitik und der Mythos des Rechtsbruchs, Stuttgart 2019, S. 16.

15 Zit. nach ebd., S. 128.

16 Maria Münkler, Herfried Münkler (Hg.), Die neuen Deutschen. Ein Land vor seiner Zukunft, Berlin 2016, S. 221.

17 Matthias Thiele, Flucht, Asyl und Einwanderung im Fernsehen, Konstanz 2005; Petra Hemmelmann, Susanne Wegner, Flüchtlings-debatte im Spiegel von Medien und Parteien. Ein Überblick, in: Communicatio Socialis 49 (2016), S. 21–38.

18 Zit. nach Andreas Rödder, Wer hat Angst vor Deutschland? Geschichte eines europäischen Problems, Frankfurt M. 2018, S. 233.

19 Lidove noviny, 02. 09. 2015, zit. nach H. J. Schmidt, »Tschechien«, in: bpb Online, 13. 11. 2015, unter: http://www.bpb.de/apuz/215186/tschechien (Stand: 14. 03. 2019).

20 Reinhard Müller, in: FAZ, 25. 09. 2016: »Signale einer Europäischen Union«.

21 Zur Debatte: Münkler, Macht in der Mitte; Heinrich August Winkler, in: Die Zeit, 21. 04. 2016: »Es gibt kein deutsches Moral-monopol«; Martin Sabrow, in: Die Zeit, 29. 05. 2016: »Es geht nicht um Moral«; Bernd Ulrich, in: Die Zeit, 19. 05. 2016: »War es der Rotwein?«

22 Zur Diskussion: Heinrich August Winkler, Zerbricht der Westen? Über die gegenwärtige Krise in Europa und Amerika, München 2017, S. 105–142.

8. DIE ZUKUNFT DES PLANETEN: INDUSTRIENATION UND KLIMAWANDEL

1 Greenpeace (Hg.), »Erderwärmung«, unter: https://www.green peace.de/themen/klimawandel (Stand: 14. 03. 2019).

2 Ines Härtel (Hg.), Nachhaltigkeit, Energiewende, Klimawandel, Welternährung. Politische und rechtliche Herausforderungen des 21. Jahrhunderts, Baden-Baden 2014; Valentin Crastan, Weltweite Energiewirtschaft und Klimaschutz, Berlin 2016.

3 Wolfrum, Rot-Grün an der Macht, S. 245.

4 Gerald Traufetter, in: Der Spiegel, 16. 07. 2001: »Vom Himmel in die Steckdose«.

5 Siehe Bund für Umwelt und Naturschutz Deutschland, »Vier Jahre Rot-Grün. Eine umweltpolitische Bilanz«, unter: http://www2.sowi. uni-mannheim.de/lspol1/wis/wis2/BUND/bilanz.bund.pdf (Stand: 12. 11. 2012).

6 Zu den komplizierten Regelungen im Einzelnen: Lutz Mez, Ökologische Modernisierung und Vorreiterrolle in der Energie- und Umweltpolitik? Eine vorläufige Bilanz, in: Christoph Egle, Tobias Ostheim, Reimut Zohlnhöfer (Hg.), Das rot-grüne Projekt. Eine Bilanz der Regierung Schröder 1998–2002, Wiesbaden 2013, S. 329–351, hier S. 338–341.

7 Zit. nach: Frank Dohmen, Frank Hornig, in: Der Spiegel, 29. 03. 2004: »Die große Luftnummer«.

8 Jeremy Rifkin, Die dritte industrielle Revolution. Die Zukunft der Industrie nach dem Atomzeitalter, Frankfurt M. 2011, S. 10 ff.

9 Worldwatch Institute (Hg.), World Watch Institute Report, Zur Lage der Welt 2002. Prognosen für das Überleben unseres Planeten, 2002.

10 Wolfrum, Rot-Grün an der Macht, S. 264–269.

11 Anne Kroh, Klimapolitik – jenseits von »links« und »rechts«? Eine Analyse klimapolitischer Positionen in der Bundesrepublik Deutschland, Duisburg 2015.

12 Eurostat, unter: https://de.statista.com/statistik/daten/studie/786353/
    umfrage/plastikverpackungsabfall-in-ausgewaehlten-eu-laendern-
    je-einwohner/ (Stand: 24. 07. 2019): »Plastikverpackungsabfall in
    ausgewählten EU-Ländern je Einwohner in den Jahren 2015 und
    2016 (in Kilogramm)«.

13 Dpa, in: Energie und Management, unter: https://www.energie-
    und-management.de/nachrichten/wirtschaft/bilanzen/detail/
    schweden-fuehrt-bei-energiewende-mit-54,5-oekoanteil-129328
    (Stand: 24. 07. 2019): »Schweden führt bei Energiewende mit 54,5 %
    Ökoanteil«.

14 Yann Robiou du Point, Malte Meinshausen, Warning assessment of
    the bottom-up Paris Agreement emissions pledgements, in: Nature
    Communications 9 (2018), Art. Nr. 4810.

15 Zitate zum Klimawandel, in: Kurier Online, 1. 6. 2017, unter: https://
    kurier.at/politik/ausland/ausgewaehlte-trump-zitate-zum-klima
    wandel/267.316.897 (Stand: 14. 03. 2019): »Ausgewählte Trump –
    Zitate zum Klimawandel«.

16 Claus Leggewie, Wie viel Klimawandel erträgt die Demokratie?
    (Und wie viel Demokratie erlaubt der Klimaschutz?), in: Härtel
    (Hg.), Nachhaltigkeit, Energiewende, Klimawandel, Welternährung,
    Baden-Baden 2014, S. 321–338, hier S. 321; Joachim Radkau, Ge-
    schichte der Zukunft. Prognosen, Visionen, Irrungen in Deutsch-
    land von 1945 bis heute, München 2017.

9. EIN KOMPLIZIERTER KONTINENT: EUROPA AM SCHEIDEWEG

1 Deutschland als Vorbild Europas und Führungsmacht: Angelo
   Bolaffi, Deutsches Herz. Das Modell Deutschland und die europä-
   ische Krise, Stuttgart 2014; Deutschland als Schreckbild Europas:
   Emmanuel Todd, in: Die Zeit, 22. 05. 2014: »Eure Unfähigkeit zur
   Selbstkritik«; Eine Zusammenstellung der Positionen bei: Rödder,
   Wer hat Angst vor Deutschland?, S. 193–235; Ivan Krastev, Euro-
   padämmerung: Ein Essay, Berlin 2017.

2 Patel, Projekt Europa.

3 Wirsching, Der Preis der Freiheit; Harold James, Geschichte Europas. Fall und Aufstieg 1914–2001, München 2004; Tony Judt, Die Ge-

schichte Europas von 1945 bis zur Gegenwart, München 2006; Iván
T. Berend, Europe since 1980, Cambridge 2010; Hartmut Kaelble,
Sozialgeschichte Europas: 1945 bis zur Gegenwart, München 2007;
Konrad H. Jarausch, Aus der Asche. Eine neue Geschichte Europas
im 20. Jahrhundert, Stuttgart 2018; Ian Kershaw, Achterbahn. Eu-
ropa 1950 bis heute, München 2019.

4   Europäischer Rat Kopenhagen, Schlussfolgerungen des Vorsitzes,
    21.–22. 06. 1993 (Kopenhagener Kriterien), S. 13, unter: http://www.
    consilium.europa.eu/ueDocs/cms_Data/docs/pressData/de/ec/72924.
    pdf (Stand: 13. 09. 2012).

5   Wolfrum, Rot-Grün an der Macht, S. 381.

6   Die Welt, 09. 03. 1999: »Für Osteuropa ist Berlin die Hoffnung«.

7   Klaus-Peter Schöppner, in: Die Welt, 04. 09. 2001: »Die Deutschen
    sind erstmals für die Osterweiterung der EU«.

8   Philipp Ther, Die neue Ordnung auf dem alten Kontinent: Eine
    Geschichte des neoliberalen Europa, Berlin 2014, S. 59.

9   Siehe Klemens H. Fischer, Der Vertrag von Nizza: Text und Kom-
    mentar, Baden-Baden 2001.

10 Joschka Fischer, Die rot-grünen Jahre: Deutsche Außenpolitik –
    vom Kosovo bis zum 11. September, Köln 2007, S. 350.

11 Judt, Geschichte Europas, S. 844.

12 Rödder, Wer hat Angst vor Deutschland?, S. 226 ff.

13 Timothy Garton Ash, Im Namen Europas. Deutschland und der
    geteilte Kontinent, München 1993.

14 Joschka Fischer, Vom Staatenverbund zur Föderation – Gedanken
    über die Finalität der europäischen Integration. »Humboldt-Rede«,
    12. 05. 2000, in: Themenportal Europäische Geschichte, 2006, unter:
    www.europa.clio-online.de/quelle/id/artikel-3231 (Stand: 13. 03. 2019).

15 Wolfgang Schäuble / Karl Lamers, Überlegungen zur europäischen
    Politik, 1. 9. 1994, unter: https://www.bundesfinanzministerium.de/
    Content/DE/Downloads/schaeuble-lamers-papier-1994.pdf
    (Stand 10. 11. 2019).

16 Fischer, »Humboldt-Rede«.

17 Rudolf Augstein, Der Spiegel, 22. 05. 2000: »Joschka auf dem
    Hochseil«.

18 Brendan Simms, in: The New Statesman, 15. 03. 2013: »The German
    Problem«; Simon Heffer, in: The Daily Mail Online (17. 08. 2011),
    unter: https://www.dailymail.co.uk/news/article-2026840/European-

debt-summit-Germany-using-financial-crisis-conquer-Europe.html
(Stand: 20. 07. 2019): »Rise of the Fourth Reich: How Germany is
using the financial crisis to conquer Europe«.

19 Claus Offe, in: Die Zeit, 27. 10. 2016: »Der Euro war ein Fehler«.

20 Jürgen Habermas, in: Die Zeit, 05. 07. 2018: »Sind wir noch gute
Europäer?«.

21 Joschka Fischer, Scheitert Europa?, Köln 2014.

22 Hauke Brunkhorst, Europa am Abgrund. 12 Jahre Merkel, in: Blätter
für deutsche und internationale Politik 7 (2017), S. 55–62.

23 Krastev, Europadämmerung.

24 Yanis Varoufakis u. a., Europa kaputt? Für das Ende der Alternativlosigkeit, Berlin 2017.

25 Dieter Grimm, Europa ja – aber welches? Zur Verfassung der
europäischen Demokratie, München 2016; Ulrike Liebert, Neuer
Schwung für Europa? Lehren aus der Vergangenheit und aktuelle
Handlungsfelder, in: APuZ 37 (2017), S. 41–47.

26 Steven Hill, Europa an der Spitze?, in: APuZ 37 (2017), S. 48–53.

27 Winkler, Von der deutschen zur europäischen Frage.

10. NEUE WELTEN: DIGITALISIERUNG UND BIG DATA

1 Für redaktionelle Unterstützung bedanke ich mich bei Tim Schinschick.

2 Martin Hilbert, Priscila López, The World's Technological Capacity
to Store, Communicate, and Compute Information, in: Science 332,
6025 (2011), S. 60–65, hier S. 62.

3 Ein aktueller Forschungsstand findet sich bei Frank Bösch, Wege
in die digitale Gesellschaft. Computer als Gegenstand der Zeitge-
schichtsforschung, in: Ders. (Hg.), Wege in die digitale Gesellschaft.
Computernutzung in der Bundesrepublik 1955–1990, Göttingen
2018, S. 7–39.

4 Dazu: Yuval Noah Harari, Homo Deus. Eine Geschichte von Morgen, München 2017; Ders., 21 Lektionen für das 21. Jahrhundert,
München 2018.

5 Viktor Mayer-Schönberger, Was ist Big Data?, in: APuZ 11/12 (2015),
S. 14–17; Harald Welzer, Die smarte Diktatur. Der Angriff auf unsere
Freiheit, Frankfurt M. 2016.

6 Jeremy Rifkin, Das Ende der Arbeit und ihre Zukunft, Frankfurt M. 1995.

7 Jeremy Rifkin, Die Null-Grenzkosten-Gesellschaft. Das Internet der Dinge, kollaboratives Gemeingut und der Rückzug des Kapitalismus, Frankfurt M., New York 2014.

8 Edgar Wolfrum, Die geglückte Demokratie: Geschichte der Bundesrepublik Deutschland von den Anfängen bis zur Gegenwart, Stuttgart 2006, S. 409.

9 Harari, 21 Lektionen, S. 43–74.

10 Bundesministerium für Arbeit und Soziales (Hg.), Weißbuch Arbeiten 4.0., Berlin 2017. Auch: Harald Fortmann, Barbara Kolocek (Hg.), Arbeitswelt der Zukunft. Trends – Arbeitsraum – Menschen – Kompetenzen, Wiesbaden 2018; Christian Dopheide, Zur Digitalisierung des Sozialen. Ethische und ökonomische Reflexionen, Baden-Baden 2017.

11 BMAS (Hg.), Weißbuch Arbeiten 4.0, S. 8f.

12 Zur Debatte: Thomas Straubhaar, Radikal gerecht. Wie das bedingungslose Grundeinkommen den Sozialstaat revolutioniert, Hamburg 2017; Heiner Flassbeck u. a. (Hg.), Irrweg Grundeinkommen. Die große Umverteilung von unten nach oben muss beendet werden, Frankfurt M. 2012; Christoph Butterwegge, Armut, 4. Auflage Köln 2019; Götz W. Werner, Einkommen für alle. Bedingungsloses Grundeinkommen – die Zeit ist reif, Köln 2019.

13 Arno Rolf, Weltmacht vereinigte Daten. Die Digitalisierung und Big Data verstehen, Marburg 2018, S. 29.

14 Siehe hierzu Yascha Mounk, Der Zerfall der Demokratie. Wie der Populismus den Rechtsstaat bedroht, München 2018, S. 171–176.

15 Horst von Buttlar, Christian Kirchner, »Der Markt ist embryonal«, in: Capital 12 (2018), S. 42–46.

16 Siehe stellvertretend zu solchen Debatten Sarah Spiekermann, Digitale Ethik. Ein Wertesystem für das 21. Jahrhundert, München 2019.

17 Wolfgang Eixelsberger, Jürgen Stember, Andreas Spichinger (Hg.), Wirkungen von E-Government. Impulse für eine wirkungsgesteuerte und technikinduzierte Verwaltungsreform, Wiesbaden 2018.

18 Stephan Scheuer, Der Masterplan. Chinas Weg zur Hightech-Weltherrschaft, Freiburg 2018; Kai Strittmatter, Die Neuerfindung der Diktatur. Wie China den digitalen Überwachungsstaat aufbaut und uns damit herausfordert, München 2018.

19 Wolfrum, Rot-Grün an der Macht, S. 520.

20 Stefan Kornelius, in: SZ (Spezial Münchner Sicherheitskonferenz), 14. 02. 2019.

21 Zit. nach Rolf, Weltmacht vereinigte Daten, S. 30 f.

22 Spiegel Online, 24. 10. 2013, unter: http://www.spiegel.de/politik/ deutschland/handy-spaehaffaere-um-merkel-regierung-ueber prueft-alle-nsa-erklaerungen-a-929843.html (Stand: 12. 03. 2019): »Ausspähen unter Freunden – das geht gar nicht«.

23 Eva Schweitzer, Amerikas Schattenkrieger. Wie uns die USA seit Jahrzehnten ausspionieren und manipulieren, München 2015.

24 FAZ Online, 28. 01. 2014, unter: https://www.faz.net/aktuell/politik/ eu-justizkommissarin-reding-aerger-in-europa-ueber-nsa-affaere- heuchlerisch-12774679.html (Stand: 12. 03. 2019): »Ärger in Europa über NSA-Affäre heuchlerisch«.

25 Jeanette Hofmann, Zukunft der digitalen Bibliothek, in: APuZ 42/43 (2009), S. 25–32.

11. ANGST UND PESSIMISMUS: DIE POPULISTISCHE REVOLTE

1 IfD Allensbach (Hg.), Generation Mitte 2018 (veröffentlicht 19. 08. 2018), unter: https://www.gdv.de/de/medien/aktuell/die--generation- mitte--2018--35798 (Stand: 20. 07. 2018).

2 Frank Neubacher, Jugend- und Rechtsextremismus in Ostdeutsch- land vor und nach der Wende, Bonn 1994. Armin Pfahl-Traughber, Rechtsextremismus in der Bundesrepublik, München 2001; Norbert Frei u. a. (Hg.), Zur rechten Zeit. Wider die Rückkehr des Nationa- lismus, Berlin 2019, S. 161–181.

3 Bulletin der Bundesregierung Nr. 30–02 vom 10. 04. 2008, unter: https://www.bundesregierung.de/breg-de/service/bulletin/ ansprache-des-bundesministers-a-d-dr-hans-jochen-vogel-794632 (Stand: 29. 07. 2019).

4 Der Spiegel, 01. 02. 1993: »Overkill der guten Absichten«.

5 Heimo Schwilk, Ulrich Schacht (Hg.), Die selbstbewußte Nation. »Anschwellender Bocksgesang« und weitere Beiträge zu einer deut- schen Debatte, 3. Auflage, Frankfurt M. 1995.

6 Gabriele Kämper: Die männliche Nation. Politische Rhetorik der

neuen intellektuellen Rechten, Köln 2005; Johannes Klotz, Ulrich
Schneider (Hg.), Die selbstbewußte Nation und ihr Geschichtsbild.
Geschichtslegenden der Neuen Rechten, – Faschismus, Holocaust,
Wehrmacht, Köln 1997.

7   Konrad H. Jarausch, Michael Geyer, Zerbrochener Spiegel.
Deutsche Geschichten im 20. Jahrhundert, München 2005,
S. 246.

8   Pankaj Mishra, Das Zeitalter des Zorns. Eine Geschichte der
Gegenwart, Frankfurt M. 2017.

9   Winkler, Zerbricht der Westen?

10 Steven Levitsky, Daniel Ziblatt, Wie Demokratien sterben.
Und was wir dagegen tun können, München 2018.

11 Zit. nach: Frederic Delouche (Hg.), Das europäische Geschichtsbuch.
Von den Anfängen bis ins 21. Jahrhundert, Stuttgart 2018, S. 481.

12 Paul Jobst u. a. (Hg.), Autoritäre Zuspitzung. Rechtsruck in Europa,
Münster 2017.

13 Ruth Wodak, Politik mit der Angst. Zur Wirkung rechtspopulistischer Diskurse, Hamburg 2016.

14 Herfried Münkler, in: Die Zeit, 27. 12. 2018: »Demokratie gibt es nur
ganz – oder gar nicht«.

15 Francis Fukuyama, Identität. Wie der Verlust der Würde unsere Demokratie gefährdet, Hamburg 2019.

16 Ebd., S. 133.

17 Friedrich Merz, in: Die Welt, 25. 10. 2000: »Einwanderung und Identität«.

18 Wolfrum, Rot-Grün an der Macht, S. 641.

19 Theo Sommer, in: Die Zeit, 16. 07. 1998: »Der Kopf zählt, nicht das
Tuch«.

20 Bassam Tibi, Europa ohne Identität? Die Krise der multikulturellen
Gesellschaft, München 1998.

21 Samuel P. Huntington, Der Kampf der Kulturen. Die Neugestal-
tung der Weltpolitik im 21. Jahrhundert, München 1998; siehe auch:
Hartwig Pautz, Die deutsche Leitkultur: Eine Identitätsdebatte.
Neue Rechte, Neorassismus und Normalisierungsbemühungen,
Stuttgart 2005; Helmut Berschin, »Und ewig lockt die Leitkultur«,
in: Politische Meinung 374 (2001), S. 38–40.

22 Edmund Stoiber, Ministerpräsident von Bayern, im Interview mit
Ulrich Deppendorf, Fernsehsendung ARD »Bericht aus Berlin« am

Rande des Parteitags der CSU in München, Erstausstrahlung: 17. 11. 2000.

23 Beide Zitate aus: Spiegel Online, 02. 12. 2000, unter: https://www. spiegel.de/politik/deutschland/leitkultur-merz-gegen-kopftuecher-im-unterricht-a-106016.html (Stand: 25. 07. 2019): »Merz gegen Kopftücher im Unterricht«.

24 Der Tagesspiegel, 15. 11. 2000: »›Deutsche Leitkultur‹: Unwort des Jahres«.

25 Kurt Kister, Süddeutsche Zeitung, 07. 11. 2000: »Die Leitkultur der Parteichefin«.

26 In einem Interview mit der Westdeutschen Allgemeinen Zeitung vom 08. 03. 2000 sagte Rüttgers: »Statt Inder an die Computer müssen unsere Kinder an die Computer«. Diese Aussage wurde in der Folge insbesondere von rechtspopulistischer Seite auf die Parole »Kinder statt Inder« reduziert. Westdeutsche Allgemeine Zeitung, 08. 03. 2000: Interview mit Jürgen Rüttgers.

27 Pressemitteilung des Goethe-Instituts, 08. 11. 2000, unter: http:// www.goethe.de/z/03/notiz/depm029 (Stand: 13. 03. 2019).

28 Paul Spiegel, in: Welt Online, 11. 11. 2000, unter: http://www.welt.de/ print-welt/article546696/Paul-Spiegel-Was-soll-das-Gerede-um-die-Leitkultur.html (Stand: 19. 08. 2012): »Was soll das Gerede um die Leitkultur?«.

29 Die Zeit, 22. 11. 2000: Zeit-Gespräch mit Bundespräsident Johannes Rau.

30 Dieter Oberndörfer, Leitkultur und Berliner Republik, in: APuZ B 1–2 (2001), S. 27–30, hier S. 27.

31 Vgl. Wolfrum, Rot-Grün an der Macht, S. 357–360.

32 Hans Vorländer u. a. (Hg.), Pegida. Entwicklung, Zusammensetzung und Deutung einer Empörungswelle, Heidelberg 2016; Eckhard Jesse, Phänomen Pegida, in: ZfP 64 (2017) S. 77–88; Lars Geiges u. a., Pegida. Die schmutzige Seite der Zivilgesellschaft?, Bielefeld 2015.

33 Karl-Siegbert Rehberg u. a. (Hg.), Pegida – Rechtspopulismus zwischen Fremdenangst und »Wende«-Enttäuschung, Bielefeld 2016.

34 Hajo Funke, Von Wutbürgern und Brandstiftern. AfD – Pegida – Gewaltnetze, Berlin 2016.

35 Wodak, Politik mit der Angst, S. 18.

36 Edgar Wolfrum, Geschichtspolitik in der Bundesrepublik Deutsch-

land. Der Weg zur bundesrepublikanischen Erinnerung 1948–1990, Darmstadt 1999, S. 303–316.

37 Vgl. Karl Dietrich Bracher, in: FAZ, 09. 08. 1982, »Das Modewort Identität und die deutsche Frage«.

38 Zit. nach Spiegel, 01. 03. 2016.

39 ARD-DeutschlandTREND über Statista, unter: https://de.statista. com/statistik/daten/studie/378102/umfrage/verstaendnis-fuer-protest maersche-der-pegida-bewegung-in-west-und-ostdeutschland/ (Stand: 13. 03. 2019): »Haben Sie grundsätzlich sehr großes, großes, wenig oder gar kein Verständnis für die Protestmärsche der »Pegida«-Bewegung? (in West- und Ostdeutschland)«.

40 Münkler, in: Die Zeit, 27. 12. 2018.

41 Volker Weiß, Die autoritäre Revolte. Die Neue Rechte und der Untergang des Abendlandes, Stuttgart 2017, S. 179.

42 Thomas Biebricher, Geistig-moralische Wende. Die Erschöpfung des deutschen Konservativismus, Berlin 2018.

43 Die Zeit, 09. 08. 2018: »Haltet den Rand«.

12. ES LEBE DIE REPUBLIK! ERNEUERUNG DER DEUTSCHEN ERINNERUNGSKULTUR

1 Vgl. Wolfgang Niess, Die Revolution von 1918/19. Der wahre Beginn unserer Demokratie, München 2017, S. 8–18.

2 Rede des Deutschen Bundespräsidenten Frank-Walter Steinmeier zum 9. November, 09. 11. 2018, unter: http://www.bundespraesident. de/SharedDocs/Reden/DE/Frank-Walter-Steinmeier/Reden/2018/ 11/181109-Gedenkstunde-Bundestag.html (Stand: 13. 03. 2019).

3 Wolfrum, Geschichtspolitik in der Bundesrepublik Deutschland, S. 258–315.

4 Steinmeier-Rede zum 9. November.

5 Siehe Edgar Wolfrum, Moral und Pragmatismus, in: Christoph Cornelißen u. a. (Hg.), Diktatur – Krieg – Vertreibung, Erinnerungskulturen in Tschechien, der Slowakei und Deutschland seit 1945, Essen 2005, S. 251–269.

6 Die Denkmal-Kontroverse ist gut dokumentiert und aufgearbeitet, siehe: Michael S. Cullen (Hg.), Das Holocaust-Mahnmal. Dokumentation einer Debatte, München 1999; Michael Jeismann

(Hg.), Mahnmal Mitte. Eine Kontroverse, Köln 1999; Ute Heim-rod u. a. (Hg.), Der Denkmalstreit – das Denkmal? Die Debatte um das »Denkmal für die ermordeten Juden Europas«, Berlin 1999; Hans-Georg Stavginsky, Das Holocaust-Denkmal. Der Streit um das »Denkmal für die ermordeten Juden Europas« in Berlin (1988–1999), München 2002; Jan-Holger Kirsch, Nationaler My-thos oder historische Trauer? Der Streit um ein zentrales »Holo-caust-Mahnmal« für die Berliner Republik, Köln 2003; Claus Leggewie, Erik Meyer, »Ein Ort, an den man gerne geht«. Das Holocaust-Mahnmal und die deutsche Geschichtspolitik nach 1989, München 2005.

7 Reinhart Koselleck, Stellen uns die Toten einen Termin?, in: Akade-mie der Künste (Hg.), Streit um die Neue Wache. Zur Gestaltung einer zentralen Gedenkstätte, Berlin 1993, S. 27–34.

8 Rede Martin Walsers zum Friedenspreis des Deutschen Buchhan-dels vom 11. 10. 1998, in: Stiftung Haus der Geschichte der Bun-desrepublik Deutschland, unter: http://www.hdg.de/lemo/html/dokumente/WegeInDieGegenwart_redeWalserZumFriedenspreis/index.html (Stand: 20. 06. 2012). Zur Interpretation siehe Ludger Jansen, Alles Schlussstrich – oder was?, in: Theologie und Philoso-phie 80 (2005), S. 412–422; Frank Schirrmacher (Hg.), Die Walser-Bubis-Debatte. Eine Dokumentation, Frankfurt M. 1999.

9 Zit. nach ebd., S. 34 f.

10 Siehe Jens Kroh, Transnationale Erinnerung. Der Holocaust im Fokus geschichtspolitischer Initiativen, Frankfurt M. 2008; Daniel C. Levy, Natan Sznaider, Erinnerung im globalen Zeitalter: der Holo-caust, Frankfurt M. 2007.

11 Stockholmer Erklärung des Internationalen Forums über den Holocaust vom 28. Januar 2000 (Wortlaut; Original in englischer Sprache veröffentlicht), in: Blätter für deutsche und internationale Politik 3 (2000), S. 375.

12 Michael Jeismann, in: Frankfurter Allgemeine Zeitung, 14. 02. 2000: »Das Seelenbündnis«.

13 Lutz Niethammer, Von der Zwangsarbeit im Dritten Reich zur Stiftung »Erinnerung, Verantwortung und Zukunft«, in: Michael Jansen, Günter Saathoff (Hg.), Gemeinsame Verantwortung und moralische Pflicht, Göttingen 2007, S. 13–84, hier S. 44; das Gebiet ist gut bearbeitet, siehe: Constantin Goschler, Schuld und Schul-

den. Die Politik der Wiedergutmachung für NS-Verfolgte seit 1945,
Göttingen 2005; Karl Doehring, Bernd Josef Fehn, Hans Günter
Hockerts (Hg.), Jahrhundertschuld, Jahrhundertsühne. Reparatio-
nen, Wiedergutmachung. Entschädigung für nationalsozialistisches
Kriegs- und Verfolgungsunrecht, München 2001; Hans Günter
Hockerts u. a. (Hg.), Nach der Verfolgung. Wiedergutmachung
nationalsozialistischen Unrechts in Deutschland?, Göttingen 2003;
Hans Günter Hockerts, Claudia Moisel, Tobias Winstel (Hg.),
Grenzen der Wiedergutmachung. Die Entschädigung für NS-Ver-
folgte in Ost und West 1945–2000, Göttingen 2006; Alfons Kenk-
mann, Christoph Spieker, Bernd Walter (Hg.), Wiedergutmachung
als Auftrag. Begleitband zur gleichnamigen Dauerausstellung –
Geschichtsort Villa ten Hompel, Essen 2006; Susanne-Sophia
Spiliotis, Verantwortung und Rechtsfrieden. Die Stiftungsinitiative
der deutschen Wirtschaft, Frankfurt M. 2003.

14 Siehe Niethammer, Von der Zwangsarbeit im Dritten Reich zur
    Stiftung »Erinnerung, Verantwortung und Zukunft«, S. 45.

15 Zit. nach Manfred Ertel, Dietmar Hawranek, Gerhard Spörl, Gabor
    Steingart, Klaus Wiegrefe, in: Der Spiegel, 30. 11. 1998: »Schuld und
    Schlußstrich«.

16 Goschler, Schuld und Schulden, S. 470.

17 Johannes Rau, Erklärung am 17. 12. 1999 zur Einigung über die
    Höhe des Stiftungsvermögens zur Entschädigung von Zwangsarbei-
    tern, unter: http://www.bundespraesident.de/SharedDocs/Reden/
    DE/Johannes-Rau/Reden/1999/12/19991217_Rede.html (Stand:
    12. 06. 2012).

18 Zit. nach: Nina Gibert, Batsheva Tsur, in: The Jerusalem Post,
    16. 02. 2000, »Rau addresses Knesset in German«.

19 Siehe das Presseecho in der Süddeutschen Zeitung, 18. 02. 2000;
    zum Ablauf der Rede auch das filmische Material, unter: http://
    www.youtube.com/watch?v=G3nOgWOZXOY (Stand: 12. 06. 2012).

20 Jürgen Kocka, in: Frankfurter Rundschau, 03. 05. 1994: »Von der Ver-
    antwortung der Zeithistoriker«.

21 Jürgen Habermas, in: Die Zeit, 13. 05. 1994: »Die Last der doppelten
    Vergangenheitsbewältigung«.

22 Friedrich Dieckmann, Vom Einbringen: Vaterländische Beiträge,
    Frankfurt M. 1992, S. 232; siehe auch Daniela Dahn, Westwärts und
    nicht vergessen. Vom Unbehagen in der Einheit, Berlin 1996.

23 Frankfurter Rundschau, 18. 07. 2000: Vera Lengsfeld im Interview.

24 Rainer M. Lepsius, Demokratie in Deutschland. Soziologisch-histo-
    rische Konstellationsanalysen, Göttingen 1993, S. 245.

25 Martin Sabrow, Rainer Eckert, Monika Flacke u. a. (Hg.), Wohin
    treibt die DDR-Erinnerung? Dokumentation einer Debatte, Göttin-
    gen 2007.

26 Die Kontroversen bei Beate Ihme-Tuchel, Die DDR, Darmstadt
    2002, S. 89–95.

27 Zum Gesamtkomplex siehe Sabrow, Eckert, Flacke u. a. (Hg.),
    Wohin treibt die DDR-Erinnerung?

28 Ebd., S. 236.

29 Klaus Schröder, Soziales Paradies oder Stasi-Staat? Das DDR-Bild
    von Schülern – Ein Ost-West-Vergleich, Stamsried 2008.

30 Bräutigam, Hansgeorg, Die Toten an der Berliner Mauer und an der
    innerdeutschen Grenze und die bundesdeutsche Justiz. Versuch
    einer Bilanz, in: Deutschland-Archiv 37 (2004), S. 969–976, hier
    S. 976.

31 So die Beschreibung bei Claus Leggewie, Anne-Katrin Lang, Der
    Kampf um die europäische Erinnerung. Ein Schlachtfeld wird be-
    sichtigt, München 2011, S. 179 ff.

32 Siehe dazu: Katrin Hammerstein, Ulrich Mählert, Julie Trappe,
    Edgar Wolfrum (Hg.), Aufarbeitung der Diktatur – Diktat der Auf-
    arbeitung, Normierungsprozesse beim Umgang mit diktatorischer
    Vergangenheit, Göttingen 2009; Dieter Langewiesche, Zeitwende.
    Geschichtsdenken heute, Göttingen 2008; Stefan Troebst, Postkom-
    munistische Erinnerungskulturen im östlichen Europa. Bestands-
    aufnahme, Kategorisierung, Periodisierung, Breslau 2005.

33 Chirac lädt Schröder zur D-Day-Gedenkfeier nach Frankreich ein,
    in: Presse- und Informationsamt der Bundesregierung, 02. 01. 2004.

34 Marie-Estelle Pech, in: Le Figaro, 07. 06. 2004: »France-Allemagne,
    l'emotion«. Nicht wenige Medien stellten die Frage nach der Bedeu-
    tung der Umarmung der beiden Staatsmänner. War sie vergleich-
    bar mit Willy Brandts Kniefall 1970 in Warschau oder mit dem
    Händedruck zwischen François Mitterrand und Helmut Kohl über
    den Gräbern von Verdun? Von der französischen Zeitung Libéra-
    tion dazu befragt, gab Heinrich August Winkler die Antwort: »Man
    kann nicht immer passende symbolische Gesten finden. Die Geste
    Willy Brandts war einzigartig. Aber auch die Umarmung Chiracs

und Schröders wird in das kollektive Gedächtnis der Deutschen und der Franzosen eingehen«, in: Libération, 08.06.2004, Heinrich August Winkler im Gespräch.

35 Allocution du Président de la République Française Jacques Chirac – Discours pronounce de Dimanche 6 juin 2004 lors de la cérémonie Franco-allemande au Mèmorial de Caen, unter: https://www.dday-overlord.com/discours_jacques_chirac_caen.htm (Stand 19.06.2012).

36 Geneviève Jurgensen, in: La Croix, 05.06.2004: »Les uns et les autres. La main dans la main«.

37 Jérôme Fourquet, M. Gérard, Le Figaro, 05.06.2004: »L'Allemagne est devenue le meilleur allié de la France«.

38 Romain Leick u.a., in: Der Spiegel, 29.05.2004: »Gipfel über Gräbern«.

39 FAS, 12.09.2004: »Aussöhnung mit Rußland. Schröder begeht 60 Jahre Kriegsende in Moskau«.

40 Aleida Assmann, Der europäische Traum. Vier Lehren aus der Geschichte, München 2018, S. 93 f.; Edgar Wolfrum, Odila Triebel, Cord Arendes u.a. (Hg.), European Commemoration: Locating World War I, Stuttgart 2016.

41 Christopher Clark, Die Schlafwandler. Wie Europa in den ersten Weltkrieg zog, München 2012; weitere große Werke: Herfried Münkler, Der große Krieg. Die Welt 1914–1918, Berlin 2013; Jörn Leonhard, Die Büchse der Pandora. Geschichte des Ersten Weltkriegs, München 2014; Kritik an Clark v.a. von Heinrich-August Winkler, in: Die Zeit, 31.07.2014: »Und erlöse uns von der Kriegsschuld«.

42 Alexander Gauland (AfD), Zitat und Einordnung bei Assmann: Der europäische Traum, S. 166.

43 Deutscher Bundestag: Steinmeier-Rede zum 9. November, unter: https://www.bundestag.de/dokumente/textarchiv/2018/kw45-gedenkstunde-9november-575578 (Stand: 20.07.2019).

44 Vgl. Wolfrum, Geschichtspolitik in der Bundesrepublik Deutschland, S. 291 f.

SCHLUSS: WILLKOMMEN IM HUMBOLDT FORUM

1 Die Literatur ist zusammengetragen in der BA-Arbeit von Dorothea Bach, Erinnerungskonflikte im Diskurs um das Humboldt Forum. Von Kosmopolitismus und Kolonialismus, Heidelberg 2019.

2 Hermann Parzinger, Das Humboldt-Forum im Berliner Schloss: Anspruch und Chance, in: Stiftung Preußischer Kulturbesitz (Hg.), Das Humboldt-Forum im Berliner Schloss, Planungen, Prozesse, Perspektiven, München 2013, S. 29.

3 Hermann Parzinger, Das Humboldt-Forum. »Soviel Welt mit sich verbinden als möglich«. Aufgabe und Bedeutung des wichtigsten Kulturprojekts in Deutschland zu Beginn des 21. Jahrhunderts, Berlin 2011, S. 6.

4 David Olusoga, Casper W. Erichsen, The Kaiser's Holocaust. Germany's Forgotten Genocide and the Colonial Roots of Nazism, London 2010.

5 Das Spannungsfeld Preußens schildert Christopher Clark, Preußen. Aufstieg und Niedergang 1600–1947, München 2007.

6 Achille Mbembe, in: Le Monde Online (03. 12. 2018) unter: https://www.lemonde.fr/afrique/article/2018/12/01/achille-mbembe-la-verite-est-que-l-europe-nous-a-pris-des-choses-qu-elle-ne-pourra-jamais-restituer_5391216_3212.html (Stand: 01. 05. 2018): »La vérité est que l'Europe nous a pris des choses qu'elle ne pourra jamais restituer«.

7 Horst Bredekamp, zit. nach Jörg Häntzschel, in: SZ, 25. 07. 2017: »Wieder Streit ums Humboldt-Forum«.

8 Monika Grütters, Michelle Müntefering, in: FAZ, 15. 12. 2018: »Eine Lücke in unserem Gedächtnis. Deutschland und Europa müssen sich ihrer Kolonialgeschichte stellen. Eine Rückgabe der Kulturgüter ist erst der Anfang«.

9 Niklas Maak, in: FAS, 28. 10. 2018: »Ganz in weiß«. Savoy, in: Jörg Häntzschel, in: SZ, 21. 07. 2017: »Ein unlösbarer Widerspruch. Interview mit Bénédicte Savoy«.

LITERATURVERZEICHNIS

Abelshauser, Werner, Die Idee des »zweiten Wirtschaftswunders« und der Preis der Wiedervereinigung, in: Sabrow, Martin (Hg.), Die schwierige Einheit, Leipzig 2016, S. 81–99.

Albrecht, Ulrich / Riedel, Sabine / Kalman, Michael / Schäfer, Paul (Hg.), Das Kosovo-Dilemma. Schwache Staaten und neue Kriege als Herausforderung des 21. Jahrhunderts, Münster 2002.

Albright, Madeleine, Bridges, Bombs or Bluster, in: Foreign Affairs 82 (2003), 5, S. 2–19.

Alemann, Ulrich von, Der Wahlsieg der SPD von 1998: Politische Achsenverschiebung oder glücklicher Ausreißer?, in: Niedermayer, Oskar (Hg.), Die Parteien nach der Bundestagswahl 1998, Opladen 1999, S. 37–62.

Alheit, Peter / Bast-Haider, Kerstin / Drauschke, Petra, Die zögernde Ankunft im Westen. Biographien und Mentalitäten in Ostdeutschland, Frankfurt M. 2004.

Arnoldi, Jakob, Alles Geld verdampft. Finanzkrise in der Weltrisikogesellschaft, Berlin 2009.

Assmann, Aleida / Roth, Harald (Hg.), Was hat der Holocaust mit mir zu tun? 37 Antworten, München 2014.

Assmann, Aleida, Formen des Vergessens, Göttingen 2016.

Assmann, Aleida, Das neue Unbehagen an der Erinnerungskultur. Eine Intervention, München 2016.

Assmann, Aleida, Der europäische Traum. Vier Lehren aus der Geschichte, München 2018.

Assmann, Aleida, Der lange Schatten der Vergangenheit. Erinnerungskultur und Geschichtspolitik, München 2018.

Außerordentliche Tagung des Europäischen Rates am 21. September 2001. Schlussfolgerungen und Aktionsplan; unter: https://www.consilium.europa.eu/media/20964/85097.pdf (Stand: 29. 03. 2019).

Bach, Stefan, Zehn Jahre ökologische Steuerreform. Finanzpolitisch erfolgreich, klimapolitisch halbherzig, in: Wochenbericht des Deutschen Instituts für Wirtschaftsforschung Berlin 14 (2009), S. 218–229.

Bade, Klaus J. (Hg.), Deutsche im Ausland – Fremde in Deutschland. Migration in Geschichte und Gegenwart, München 1993.

Bade, Klaus J. (Hg.), Migration – Ethnizität – Konflikt. Systemfragen und Fallstudien, Osnabrück 1996.

Bade, Klaus J., Europa in Bewegung. Migration vom späten 18. Jahrhundert bis zur Gegenwart, München 2000.

Bade, Klaus J., Migration, Flucht, Integration. Kritische Politikbegleitung von der »Gastarbeiterfrage« bis zur »Flüchtlingskrise«: Erinnerungen und Beiträge, Karlsruhe 2017.

Bajohr, Frank / Doering-Manteuffel, Anselm u. a. (Hg.), Mehr als eine Erzählung. Zeitgeschichtliche Perspektiven auf die Bundesrepublik: Festschrift für Axel Schildt, Göttingen 2016.

Ball, Laurence M., The Fed and the Lehman Brothers: Setting the record straight on a financial disaster, Cambridge u. a. 2018.

Balz, Hanno, Von Terroristen, Sympathisanten und dem starken Staat. Die öffentliche Debatte über die RAF in den 70er Jahren, Frankfurt M. / New York 2008.

Bank Rankings – Top Banks in the World.; unter: https://accuity.com/ resources/bank-rankings (Stand: 19. 5. 2019).

Bannas, Günter Machtverschiebung: Wie die Berliner Republik unsere Politik verändert hat, Berlin 2019.

Banse, Gerhard / Busch, Ulrich / Thomas, Michael, Digitalisierung und Transformation. Industrie 4.0 und digitalisierte Gesellschaft, Berlin 2017.

Baring, Arnulf, Es lebe die Republik, es lebe Deutschland! Stationen demokratischer Erneuerung 1949–1999, Stuttgart 1999.

Baring, Arnulf / Schöllgen, Gregor, Kanzler, Krisen, Koalitionen. Von Konrad Adenauer bis Angela Merkel, München 2006.

Beck, Ulrich, Weltrisikogesellschaft. Auf der Suche nach der verlorenen Sicherheit, Frankfurt M. 2007.

Beck, Ulrich, Die Metamorphose der Welt, 2. Auflage, Berlin 2017.

Beestermöller, Gerhard (Hg.), Libyen: Missbrauch der Responsibility to Protect?, Baden-Baden / Münster 2014.

Behre, Silja, Vom Erinnern und Vergessen, Rückblicke auf 1968 von 1977 bis 2008, in: Geschichte und Wissenschaft im Unterricht 59 (2008), S. 382–396.

Bender, Peter, Pearl Harbor und der 11. September, in: Zeitschrift für Geschichtswissenschaft 49 (2001), S. 1097–1103.

Bender, Peter, Deutschlands Wiederkehr. Eine ungeteilte Nachkriegsgeschichte 1945–1990, Bonn 2008.

Bender, Peter, Zweimal Deutschland. Eine ungeteilte Nachkriegsgeschichte 1945–1990, München 2009.

Bendieck, Annegret, Der Konflikt im ehemaligen Jugoslawien und die europäische Integration. Eine Analyse ausgewählter Politikfelder, Wiesbaden 2004.

Berend, Ivan T., Europe since 1980, Cambridge 2010.

Berg, Manfred, Der 11. September – eine historische Zäsur?, in: Zeithistorische Forschungen/Studies for Contemporary History 8 (2011), S. 463–474.

Berg, Manfred/Gassert, Philipp (Hg.), Deutschland und die USA in der internationalen Geschichte des 20. Jahrhunderts. Festschrift für Detlef Junker, Stuttgart 2004.

Berg, Nicolas, Der Holocaust und die westdeutschen Historiker. Erforschung und Erinnerung, Göttingen 2003.

Berger, Paula, Par ordre du mufti?, in: Zeitschrift für vergleichende Politikwissenschaft 12 (2018), S. 247–262.

Bergmann, Knut, Der Bundestagswahlkampf 1998. Vorgeschichte, Strategien, Ergebnis, Wiesbaden 2002.

Bericht der Enquete-Kommission »Zukunft des Bürgerschaftlichen Engagements« vom 03. 06. 2002; unter: http://kulturrat.de/wp-content/uploads/altdocs/dokumente/studien/enquete_be.pdf (Stand: 29. 03. 2019).

Berschin, Helmut, »Und ewig lockt die Leitkultur«, in: Politische Meinung 374 (2001), S. 38–40.

Bertelsmann-Stiftung-Analyse, Capital 15 (2005), S. 14–22.

Besio, Cristina/Romano, Gaetano, Zum gesellschaftlichen Umgang mit dem Klimawandel. Kooperationen und Kollisionen, Baden-Baden 2016.

Bettzuege, Reinhard (Hg.), Außenpolitik der Bundesrepublik Deutschland – Dokumente von 1949 bis 1994, Köln 1995.

Beyme, Klaus von, From post-democracy to neo-democracy, Cham 2018.

Beyme, Klaus von, Rechtspopulismus. Ein Element der Neodemokratie?, Wiesbaden 2018.

Bibow, Jörg/Flassbeck, Heiner, Das Euro-Desaster. Wie die deutsche Wirtschaftspolitik die Eurozone in den Abgrund treibt, Frankfurt M. 2018.

Biebricher, Thomas, Geistig-moralische Wende. Die Erschöpfung des deutschen Konservatismus, Berlin 2018.

Bierling, Stephan, Geschichte des Irakkriegs. Der Sturz Saddams und Amerikas Albtraum im Mittleren Osten, München 2010.

Biermann, Raffael, Lehrjahre im Kosovo. Das Scheitern der internationalen Krisenprävention vor Kriegsausbruch, Paderborn 2006.

Biess, Frank, Republik der Angst. Eine andere Geschichte der Bundesrepublik Deutschland, Hamburg 2019.

Bindenagel, James / Herdegen, Matthias / Kaiser, Karl (Hg.), Internationale Sicherheit im 21. Jahrhundert. Deutschlands internationale Verantwortung, Göttingen / Bonn 2016.

Bischoff, Joachim / Burkhardt, Wolfram / Cremer, Uli u. a. (Hg.), Schwarzbuch Rot-Grün von der sozialökonomischen Erneuerung zur Agenda 2010, Hamburg 2005.

Böick, Marcus, Die Treuhand: Idee – Praxis – Erfahrung 1990–1994, Göttingen 2018.

Bolaffi, Angelo, Deutsches Herz. Das Modell Deutschland und die europäische Krise, Stuttgart 2014.

Bösch, Frank, Kontinuität im Umbruch. Die CDU/CSU auf dem Weg ins neue Jahrhundert, in: Aus Politik und Zeitgeschichte B 5 (2000), S. 12–21.

Bösch, Frank (Hg.), Geteilte Geschichte. Ost- und Westdeutschland 1970–2000, Göttingen 2015.

Bösch, Frank, Zeitenwende 1979. Als die Welt von heute begann, München 2019.

Bose, Friedrich von: Das Humboldt-Forum. Eine Ethnografie seiner Planung, Berlin 2016.

Brasche, Ulrich, Europäische Integration. Wirtschaft, Euro-Krise, Erweiterung und Perspektiven, 4. Auflage, Berlin / Boston 2017.

Bredow, Wilfried von, Sicherheit, Sicherheitspolitik und Militär. Deutschland seit der Wiedervereinigung, Wiesbaden 2015.

Brettschneider, Frank, Die Medienwahl 2002. Themenmanagement und Berichterstattung, in: Aus Politik und Zeitgeschichte B 49–50 (2002), S. 36–47.

Brettschneider, Frank / van Deth, Jan / Roller, Edeltraut, Die Bundestagswahl 2002. Analysen der Wahlergebnisse und des Wahlkampfes, Wiesbaden 2004.

Brinkmann, Peter, Die NATO-Expansion. Deutsche Einheit und Ost-Erweiterung, Berlin 2015.

Brömmel, Winfried / König, Helmut / Sicking, Manfred, Populismus und Extremismus in Europa. Gesellschaftswissenschaftliche und sozial-psychologische Perspektiven, Bielefeld 2017.

Brücher, Gertrud, Pazifismus als Diskurs, Wiesbaden 2008.

Brunkhorst, Hauke, Europa am Abgrund. 12 Jahre Merkel, in: Blätter für deutsche und internationale Politik 7 (2017), S. 55–62.

Brunn, Gerhard, Die Europäische Einigung von 1945 bis heute, 4. Auflage, Ditzingen 2017.

Bukow, Sebastian / Seemann, Wenke (Hg.), Die große Koalition. Regierung – Politik – Parteien 2005–2009, Wiesbaden 2010.

Bundesministerium für Arbeit und Soziales, Weißbuch Arbeiten 4.0, Berlin 2017.

Burke, Jason, Al Qaida. Wurzeln, Geschichte, Organisation, Düsseldorf 2004.

Busch, Ulrich / Land, Rainer, Ostdeutschland. Vom staatssozialistischen Fordismus in die Entwicklungsfalle einer Transferökonomie, in: Forschungsverbund Sozioökonomische Berichterstattung (Hg.), Berichterstattung zur sozioökonomischen Entwicklung in Deutschland. Teilhabe im Umbruch. Zweiter Bericht, Wiesbaden 2012, S. 153–185.

Büsching, Stephan, Rechtsstaat und Terrorismus. Untersuchung der sicherheitspolitischen Reaktionen der USA, Deutschlands und Großbritanniens auf den internationalen Terrorismus, Hannover 2009.

Butter, Michael / Christ, Birte / Keller, Patrick (Hg.), 9/11. Kein Tag, der die Welt veränderte, Paderborn / München / Wien / Zürich 2011.

Butterwegge, Christoph, Große Koalition. Sozialpolitik in Trippelschritten, in: Blätter für deutsche und internationale Politik 8 (2017), S. 21–24.

Butterwegge, Christoph, Armut, 4. Auflage, Köln 2019.

Caborn, Joannah, Schleichende Wende. Diskurse von Nation und Erinnerung bei der Konstituierung der Berliner Republik, Münster 2006.

Calic, Marie-Janine, Geschichte Jugoslawiens im 20. Jahrhundert, München 2010.

Camus, Jean-Yves / Lebourg, Nicolas, Far-right politics in Europe, Cambridge 2017.

Clark, Christopher, Preußen. Aufstieg und Niedergang 1600–1947, München 2007.

Clark, Christopher, Die Schlafwandler. Wie Europa in den ersten Weltkrieg zog, München 2014.

Clemens, Clay, Lose-Lose Proposition: Policy Change and Party Politics in the Grand Coalition, in: German Politics & Society 28 (2010), 3, S. 1–24.

Cohen, Robin (Hg.), The Cambridge Survey of World Migration, Cambridge 1995.

Conradt, David P., The Shrinking Elephants: The 2009 Election and the Changing Party System, in: German Politics & Society 28 (2010), 3, S. 25–46.

Conze, Eckart, Die Suche nach Sicherheit. Eine Geschichte der Bundesrepublik Deutschland von 1949 bis in die Gegenwart, München 2009.

Crastan, Valentin, Weltweite Energiewirtschaft und Klimaschutz, Berlin/Heidelberg 2016.

Croissant, Aurel, Demokratische Transformationen seit 1989: Der »Fall Ostdeutschland« aus Perspektive der politikwissenschaftlich vergleichenden Transformationsforschung, in: Zeitschrift für Politikwissenschaft 25 (2015), 367–375.

Cullen, Michael S. (Hg.), Das Holocaust-Mahnmal. Dokumentation einer Debatte, Zürich/München 1999.

Dahn, Daniela, Westwärts und nicht vergessen, Berlin 1996.

Dalinghaus, Ursula M., A Question of Value(s). Money, Currency Unions and the Re-Making of Post-Unification Identities, in: Großbölting, Thomas/Lorke, Christoph (Hg.), Deutschland seit 1990. Wege in die Vereinigungsgesellschaft, Stuttgart 2017, S. 161–186.

Damm, Jens/Gransow, Bettina, Zwischen Kuli-Export und Business-Netzwerken. Muster interner, inter- und transnationaler chinesischer Migration seit dem 19. Jahrhundert, in: Kraler, Albert u.a., Migrationen. Globale Entwicklungen seit 1850, Wien 2007, S. 222–244.

Deiß, Tanja Kristin, Herausforderung Terrorismus. Wie Deutschland auf den RAF- und Al Qaida-Terrorismus reagierte, Marburg 2007.

Delouche, Frederic (Hg.), Das europäische Geschichtsbuch. Von den Anfängen bis ins 21. Jahrhundert, Stuttgart 2018.

Depenheuer, Otto/Grabenwarter, Christoph, Der Staat in der Flüchtlingskrise. Zwischen gutem Willen und geltendem Recht, Paderborn 2017.

Dieckmann, Friedrich, Vom Einbringen: Vaterländische Beiträge, Frankfurt M. 1992.

Doehring, Karl/Fehn, Bernd J./Hockerts, Hans Günter (Hg.), Jahrhundertschuld, Jahrhundertsühne. Reparationen, Wiedergutmachung,

Entschädigung für nationalsozialistisches Kriegs- und Verfolgungsunrecht, München 2001.

Doering-Manteuffel, Anselm, Die deutsche Geschichte in den Zeitbögen des 20. Jahrhunderts, in: Vierteljahrshefte für Zeitgeschichte 62 (2014), S. 321–348.

Dopheide, Christian, Zur Digitalisierung des Sozialen. Ethische und ökonomische Reflexionen, Baden-Baden 2017.

Dörner, Andreas, Unterhaltungsrepublik Deutschland. Medien, Politik und Entertainment, Bonn 2012.

Ebner, Julia, Wut. Was Islamisten und Rechtsextreme mit uns machen, Darmstadt 2018.

Eckel, Jan, Die Ambivalenz des Guten. Menschenrechte in der internationalen Politik seit den 1940ern, 2. Auflage, Göttingen 2015.

Eckert, Georg/Beigel, Thorsten, Populismus. Varianten von Volksherrschaft in Geschichte und Gegenwart, Münster 2017.

Egidy, Stefanie, Finanzkrise und Verfassung. Demokratisches Krisenmanagement in Deutschland und den USA, Tübingen 2019.

Egle, Christoph, Reformpolitik in Deutschland und Frankreich. Wirtschafts- und Sozialpolitik bürgerlicher und sozialdemokratischer Regierungen seit Mitte der 90er Jahre, Wiesbaden 2009.

Ehmke, Horst, Mittendrin. Von der Großen Koalition zur deutschen Einheit, Berlin 1994.

Eixelsberger, Wolfgang/Stember, Jürgen/Spichinger, Andreas (Hg.), Wirkungen von E-Government. Impulse für eine wirkungsgesteuerte und technikinduzierte Verwaltungsreform, Wiesbaden 2018.

Endress, Alexander, Die Kulturpolitik des Bundes. Strukturelle und inhaltliche Neuorientierung nach der Jahrtausendwende?, Berlin 2005.

Entscheidungen des Bundesverfassungsgerichts 90 Nr. 16, S. 286–390.

Etzersdorfer, Irene/Janik, Ralph, Staat, Krieg und Schutzverantwortung. Militärische Interventionen im Namen fundamentaler Menschenrechte aus staatstheoretischer und völkerrechtlicher Perspektive, Wien 2016.

Faas, Thorsten/Klingelhöfer, Tristan, The more things change, the more they stay the same? The German federal election of 2017 and its consequences, in: West European Politics 42 (2019), S. 914–926.

Fäßler, Peter E., Globalisierung: Ein historisches Kompendium, Köln 2007.

Faulenbach, Bernd/Leo, Annette, Zweierlei Geschichte: Lebensge-
schichte und Geschichtsbewusstsein von Arbeitnehmern in West-
und Ostdeutschland, Essen 2000.

Fischer, Joschka, Die rot-grünen Jahre. Deutsche Außenpolitik – vom
Kosovo bis zum 11. September, Köln 2007.

Fischer, Joschka, »I am not convinced«. Der Irak-Krieg und die rot-
grünen Jahre, Köln 2011.

Fischer, Joschka, Scheitert Europa?, Köln 2014.

Fischer, Klemens H., Der Vertrag von Nizza: Text und Kommentar,
Baden-Baden 2001.

Fischer, Sebastian, Gerhard Schröder und die SPD. Das Management
des programmatischen Wandels als Machtfaktor, München 2005.

Flassbeck, Heiner u. a. (Hg.), Irrweg Grundeinkommen. Die große
Umverteilung von unten nach oben muss beendet werden,
Frankfurt M. 2012.

Flassbeck, Heiner/Steinhart, Paul, Gescheiterte Globalisierung. Ungleichheit, Geld und die Renaissance des Staates, Berlin 2018.

Forschungsgruppe Wahlen, Politbarometer März II 2010, 26. 03. 2010,
unter: https://www.forschungsgruppe.de/Umfragen/Politbarometer/
Archiv/Politbarometer_2010/Maerz_II/ (Stand 11. 03. 2019).

Fortmann, Harald/Kolocek, Barbara (Hg.), Arbeitswelt der Zukunft. Trends – Arbeitsraum – Menschen – Kompetenzen, Wiesbaden 2018.

Frei, Norbert, Vergangenheitspolitik, Die Anfänge der Bundesrepublik
und die NS-Vergangenheit, München 1996.

Frei, Norbert, 1945 und wir. Das Dritte Reich im Bewußtsein der Deutschen, München 2005.

Frei, Norbert/Maubach, Franka/Morina, Christina/Tändler, Maik, Zur
rechten Zeit. Wider die Rückkehr des Nationalismus, Berlin 2019.

Friedrich, Jörg, Der Brand. Deutschland im Bombenkrieg 1940–1945,
München 2002.

Friedrich, Roland, Die deutsche Außenpolitik im Kosovo-Konflikt,
Wiesbaden 2005.

Friedrichs, Anne/Gössl, Susanne L./Hoven, Elisa/Steinbicker, Andrea
U. (Hg.), Migration. Gesellschaftliches Zusammenleben im Wandel,
Paderborn 2018.

Fritsch, Michael/Wyrich, Michael, Vom Plan zum Markt, 30. 03. 2010,
unter: http://www.bpb.de/geschichte/deutsche-einheit/lange-wege-

der-deutschen-einheit/47108/vom-plan-zum-markt?p=0, (Stand:
29. 03. 2019).

Fuhr, Eckhard, Wo wir uns finden. Die Berliner Republik als Vaterland,
Berlin 2005.

Fukuyama, Francis, Identität. Wie der Verlust der Würde unsere Demokratie gefährdet, Hamburg 2019.

Funke, Hajo, Von Wutbürgern und Brandstiftern. AfD – Pegida – Gewaltnetze, Berlin 2016.

Garton Ash, Timothy, Im Namen Europas. Deutschland und der geteilte Kontinent, München 1993.

Gassert, Philipp Leonhard / Hennecke, Hans Jörg (Hg.), Koalitionen
in der Bundesrepublik. Bildung, Management und Krisen von
Adenauer bis Merkel, Paderborn 2017.

Gehler, Michael / Graf, Maximilian (Hg.), Europa und die deutsche
Einheit. Beobachtungen, Entscheidungen, Folgen, Göttingen
2017.

Geiges, Lars u. a. (Hg.), Pegida. Die schmutzige Seite der Zivilgesellschaft?, Bielefeld 2015.

Geipel, Ines, Umkämpfte Zone. Mein Bruder, der Osten und der Hass,
Stuttgart 2019.

Geißler, Rainer, Die Sozialstruktur Deutschlands. Zur gesellschaftlichen
Entwicklung mit einer Bilanz zur Vereinigung, 4. Auflage, Wiesbaden 2006.

Gensicke, Thomas, Freiwilligensurvey: Erfolg der Zivilgesellschaft in
Ostdeutschland, in: Ders./Olk, Thomas/Reim, Daphne/Schmithals,
Jenny/Dienel, Hans-Liudger, Entwicklung der Zivilgesellschaft in
Ostdeutschland. Quantitative und qualitative Befunde, (Empirische
Studien zum Bürgerlichen Engagement), Wiesbaden 2009, S. 17–37.

Gerlach, Gunther, Legitimationsideen rot-grüner Sicherheitspolitik. Die
Out-of-area-Einsätze der Bundeswehr, Gießen 2006.

Gesetz zu Bekämpfung des internationalen Terrorismus (Terrorismusbekämpfungsgesetz) vom 09. 01. 2002, in: Bundesgesetzblatt 2002,
Teil I, 11. 01. 2002, 361–395.

Giddens, Anthony, Der dritte Weg. Die Erneuerung der sozialen Demokratie, Frankfurt M. 2000.

Giddens, Anthony (Hg.), The Global Third Way Debate, Cambridge
u. a. 2001.

GIZ, Deutschland in den Augen der Welt. Zentrale Ergebnisse der zweiten GIZ-Erhebung 2015, unter: https://www.giz.de/de/down loads/de-deutschland-in-den-augen-der-welt (Stand 29. 03. 2019).

Glaab, Manuela, Political Leadership in der Großen Koalition. Führungs- ressourcen und -stile von Bundeskanzlerin Merkel, in: Zohlnhöfer, Reimut/Egle, Christoph (Hg.), Die zweite große Koalition. Eine Bilanz der Regierung Merkel 2005–2009, Wiesbaden 2010, S. 123–156.

Glaab, Manuela, Politische Führung und Koalitionsmanagement An- gela Merkels – eine Zwischenbilanz zu den Regierungen Merkel I, II und III, in: Gassert, Philipp Leonhard/Hennecke, Hans Jörg (Hg.), Koalitionen in der Bundesrepublik. Bildung, Management und Kri- sen von Adenauer bis Merkel, Paderborn 2017, S. 247–286.

Glaeßner, Gert-Joachim, Sicherheit in Freiheit. Die Schutzfunktion des demokratischen Staates und die Freiheit der Bürger, Opladen 2003.

Goertz, Stefan, Islamistischer Terrorismus. Analyse – Definitionen – Taktik, Heidelberg 2017.

Görtemaker, Manfred, Die Berliner Republik. Wiedervereinigung und Neuorientierung, Berlin 2009.

Görtemaker, Manfred, Geschichte der Bundesrepublik Deutschland. Von der Gründung bis zur Gegenwart, München 1999.

Goschler, Constantin, Wiedergutmachung: Westdeutschland und die Verfolgten des Nationalsozialismus 1945–1954, München 2002.

Goschler, Constantin (Hg.), Raub und Restitution. »Arisierung« und Rückerstattung des jüdischen Eigentums in Europa, Frankfurt M. 2003.

Goschler, Constantin, Schuld und Schulden. Die Politik der Wiedergut- machung für NS-Verfolgte seit 1945, Göttingen 2005.

Goschler, Constantin/Frei, Norbert/Brunner, José, Die Praxis der Wie- dergutmachung. Geschichte, Erfahrung und Wirkung in Deutsch- land und Israel, Göttingen 2009.

Goschler, Constantin (Hg.), Compensation in practice. The foundation »Remembrance, Responsibility and Future« and the legacy of forced labour during the Third Reich, New York 2017.

Gössner, Rolf, Computergestützter Generalverdacht. Die Rasterfahn- dungen nach »Schläfern«, in: Vorgänge. Zeitschrift für Bürgerrechte und Gesellschaftspolitik 159 (2002), 3, S. 41–51.

Götz, Irene, Die Wiederentdeckung des Nationalen nach 1989. Die Suche nach neuen deutschen Selbstbildern und Identitäten, in: Großbolting, Thomas/Lorke, Christoph (Hg.), Deutschland seit 1990. Wege in die Vereinigungsgesellschaft, Stuttgart 2017, S. 51–74.

Green, Stephen, Reluctant Meister. How Germany's Past is Shaping its
European Future, London 2014.

Greiner, Bernd, 9/11. Der Tag, die Angst, die Folgen, München 2011.

Grimm, Dieter, Europa ja – aber welches? Zur Verfassung der europäischen Demokratie, München 2016.

Gritsch, Kurt, Krieg um Kosovo: Geschichte, Hintergründe, Folgen,
Innsbruck 2016.

Grönebaum, Stefan / Grüger, Stephan, Tanker mit Medienschaden. 14
Thesen zur Zukunft der SPD, in: Blätter für deutsche und internationale Politik 11 (2009), S. 57–66.

Großbölting, Thomas / Lorke, Christoph (Hg.), Deutschland seit 1990.
Wege in die Vereinigungsgesellschaft, Stuttgart 2017.

Grotz, Florian, Bundestagswahl 2005: Kontext, Ergebnisse, absehbare
Konsequenzen, in: Zeitschrift für Staats- und Europawissenschaften 3
(2005), S. 470–495.

Grundmann, Stefan / Möselein, Florian / Hofmann, Christian (Hg.),
Finanzkrise und Wirtschaftsordnung, Berlin 2009.

Guérot, Ulrike, Von Normalität über Übermacht zur Ohnmacht?
Betrachtungen zur deutschen Rolle in Europa, in: Aus Politik und
Zeitgeschichte 52 (2015), S. 17–22.

Hacke, Christian Deutschland, Europa und der Irakkonflikt, in: Aus
Politik und Zeitgeschichte B 24–25 (2003), S. 8–16.

Hacke, Christian, Deutschland und der Libyen-Konflikt: Zivilmacht
ohne Zivilcourage, in: Aus Politik und Zeitgeschichte 39 (2011), S. 50–53.

Haftendorn, Helga, Einsatz im Kosovo 1999. Das vereinte Deutschland
und die Welt, in: Rödder, Andreas / Elz, Wolfgang (Hg.), Deutschland
in der Welt: Weichenstellungen in der Geschichte der Bundesrepublik, Göttingen 2010, S. 131–144.

Hallerberg, Mark, Challenges for the german welfare state before
and after the global financial crisis, in: Cato Journal 33 (2013),
S. 263–267.

Hammerstein, Katrin / Wolfrum, Edgar u. a. (Hg.), Aufarbeitung der
Diktatur – Diktat der Aufarbeitung? Normierungsprozesse beim Umgang mit diktatorischer Vergangenheit, Göttingen 2009.

Hammerstein, Katrin, Gemeinsame Vergangenheit, getrennte Er-
innerung? Der Nationalsozialismus in Gedächtnisdiskursen und
Identitätskonstruktionen von Bundesrepublik Deutschland,
DDR und Österreich, Göttingen 2017.

Hand, Vladimir/Jeffery, Charlie, Germany and Europe after Kohl: Between Social Democracy and Normalization?, in: German Studies Review 24 (2001), S. 55–82.

Hanshew, Karrin, Terror and Democracy in West Germany, Cambridge u.a. 2012.

Harari, Yuval Noah, Homo Deus. Eine Geschichte von morgen, München 2017.

Harari, Yuval Noah, 21 Lektionen für das 21. Jahrhundert, München 2018.

Härtel, Ines (Hg.), Nachhaltigkeit, Energiewende, Klimawandel, Welternährung. Politische und rechtliche Herausforderungen des 21. Jahrhunderts, Baden-Baden 2014.

Hassel, Anke/Schiller, Christof, Der Fall Hartz IV. Wie es zur Agenda 2010 kam und wie es weitergeht, Frankfurt M. 2010.

Hawel, Marcus Die normalisierte Nation. Vergangenheitsbewältigung und Außenpolitik in Deutschland, Hannover 2007.

Hegelich, Simon/Knollmann, David/Kuhlmann, Johanna, Agenda 2010. Strategien – Entscheidungen – Konsequenzen, Wiesbaden 2011.

Hehir, Aidan, Humanitarian intervention after Kosovo. Iraq, Darfur and the record of global civil society, Basingstoke/New York 2008.

Heilmann, Dirk/Rürup, Bert, Fette Jahre. Warum Deutschland eine glänzende Zukunft hat, München 2012.

Heimann, Siegfried, Die SPD in den neunziger Jahren, in: Süß, Werner (Hg.), Deutschland in den neunziger Jahren. Politik und Gesellschaft zwischen Wiedervereinigung und Globalisierung, Opladen 2002, S. 82–104.

Heimbach-Steins, Marianne (Hg.), Begrenzt verantwortlich? Sozialethische Positionen in der Flüchtlingskrise, Freiburg 2016.

Hein, Kristin, Die Anti-Terrorpolitik der rot-grünen Bundesregierung, in: Harnisch, Sebastian/Katsioulis, Cristos/Overhaus, Marco (Hg.), Deutsche Sicherheitspolitik. Eine Bilanz der Regierung Schröder, Baden-Baden 2004, S. 145–171.

Heinemann-Grüder, Andreas, Germany's Anti-Hitler-Coalition in Kosovo, in: Mediterranean Quarterly 12 (2001), S. 31–46.

Heinig, Hans Michael/Schorkopf, Frank (Hg.), 70 Jahre Grundgesetz. In welcher Verfassung ist die Bundesrepublik?, Göttingen 2019.

Heinze, Rolf G., Rückkehr des Staates? Politische Handlungsmöglichkeiten in unsicheren Zeiten, Wiesbaden 2009.

Hellmann, Gunther/Weber, Christian/Sauer, Frank/Schirmbeck, Sonja, »Selbstbewusst« und »stolz«. Das außenpolitische Vokabular der Berliner Republik als Fährte einer Neuorientierung, in: Politische Vierteljahresschrift 48 (2007), S. 650–679.

Hellmann, Gunther, Deutsche Außenpolitik. Eine Einführung, 2. Auflage, Wiesbaden 2014.

Hemmelmann, Petra/Wegner, Susanne, Flüchtlingsdebatte im Spiegel von Medien und Parteien. Ein Überblick, in: Communicatio Socialis 49 (2016), S. 21–38.

Henke, Christoph, Die humanitäre Intervention. Völker- und verfassungsrechtliche Probleme unter besonderer Berücksichtigung des Kosovo-Konflikts, Münster 2002.

Hennecke, Hans Jörg, Die dritte Republik. Aufbruch und Ernüchterung, Berlin 2003.

Hennen, Claudia, Der Einfluss gesellschaftlicher Akteure auf die Entscheidung der Bundesregierung gegen den Irakkrieg, in: Jäger, Thomas/Vierig, Henrike (Hg.), Die amerikanische Regierung gegen die Weltöffentlichkeit?, Wiesbaden 2008, S. 191–213.

Herbert, Ullrich, Geschichte Deutschlands im 20. Jahrhundert, München 2014.

Hermann, Rainer, Arabisches Beben. Die wahren Gründe der Krise im Nahen Osten, Stuttgart 2018.

Hertfelder, Thomas/Rödder, Andreas (Hg.), Modell Deutschland. Erfolgsgeschichte oder Illusion?, Göttingen 2007.

Heydemann, Günter/Gülzau, Jan (Hg.), Konsens, Krisen und Konflikte. Die deutsch-amerikanischen Beziehungen im Zeichen von Terror und Irakkrieg. Eine Dokumentation 2001–2008, Bonn 2010.

Hilbert, Martin/López, Priscila, The World's Technological Capacity to Store, Communicate, and Compute Information, in: Science 332, 6025 (2011), S. 60–65.

Hill, Steven, Europa an der Spitze?, in: Aus Politik und Zeitgeschichte 37 (2017), S. 48–53.

Hirsch, Burkhard, Der attackierte Rechtsstaat. Bürgerrecht und »innere Sicherheit« nach dem 11. September, in: Vorgänge. Zeitschrift für Bürgerrechte und Gesellschaftspolitik 159 (2002), S. 1–4.

Hirschmann, Kai/Leggemann, Chrisitan (Hg.), Der Kampf gegen den Terrorismus, Strategien und Handlungserfordernisse in Deutschland, Berlin 2003.

Hockerts, Hans Günther, Drei Wege deutscher Sozialstaatlichkeit. NS-Diktatur, Bundesrepublik und DDR im Vergleich, München 1998.

Hockerts, Hans Günter (Hg.), Nach der Verfolgung. Wiedergutmachung nationalsozialistischen Unrechts in Deutschland?, Göttingen 2003.

Hockerts, Hans Günter / Moisel, Claudia / Winstel, Tobias (Hg.), Grenzen der Wiedergutmachung. Die Entschädigung für NS-Verfolgte in West- und Osteuropa 1945–2000, Göttingen 2006.

Hofbauer, Günter / Hepting, Margot, Empirische Studie zur »Akzeptanz des Euro«, Ingolstadt 2005.

Hofmann, Birgit / Hammerstein, Katrin / Wolfrum, Edgar (Hg.), Diktaturüberwindung in Europa. Neue nationale und transnationale Perspektiven, Heidelberg 2010.

Hofmann, Jeanette, Zukunft der digitalen Bibliothek, in: Aus Politik und Zeitgeschichte 42/43 (2009), S. 25–32.

Holzhauser, Thorsten, Die »Nachfolgepartei«. Die Integration der PDS in das politische System der Bundesrepublik Deutschland 1990–2005, Berlin 2019.

Hudson, Michael, Der Sektor. Warum die globale Finanzwirtschaft uns zerstört, Stuttgart 2016.

Huntington, Samuel P., Der Kampf der Kulturen. Die Neugestaltung der Weltpolitik im 21. Jahrhundert, München 1998.

Hüther, Michael / Scharnagel, Benjamin, Die Agenda 2010: Eine wirtschaftspolitische Bilanz, in: Aus Politik und Zeitgeschichte, 32/33 (2005), S. 23–30.

Ihme-Tuchel, Beate, Die DDR, 3. Auflage, Darmstadt 2010.

Illing, Falk, Energiepolitik in Deutschland. Die energiepolitischen Maßnahmen der Bundesregierung 1949–2015, Baden-Baden 2016.

Illing, Falk, Die Eurokrise. Analyse der europäischen Strukturkrise, 2. Auflage, Wiesbaden 2017.

Illing, Falk, Deutschland in der Finanzkrise. Chronologie der deutschen Wirtschaftspolitik 2007–2012, Wiesbaden 2019.

Institut für Demoskopie Allensbach (Hg.), Allensbacher Berichte 14 (2006): Terroranschläge in Deutschland? Die Mehrheit ist besorgt.

Institut für Demoskopie Allensbach (Hg.), Allensbacher Berichte 7 (2004). Mehr als jeder Zweite fürchtet einen Terroranschlag in Deutschland.

Jacob, Frank, Migration und Nationalismus, Stuttgart 2019.

Jäger, Thomas, Die Welt nach 9/11. Auswirkungen des Terrorismus auf Staatenwelt und Gesellschaft, Wiesbaden 2011.

Jäger, Thomas / Viehrig, Henrike (Hg.), Die amerikanische Regierung gegen die Weltöffentlichkeit? Theoretische und empirische Analysen der Public Diplomacy zum Irakkrieg, Wiesbaden 2008.

James, Harold, Geschichte Europas im 20. Jahrhundert. Fall und Aufstieg 1914–2001, München 2004.

Jansen, Ludger, Alles Schlussstrich – oder was?, in: Theologie und Philosophie 80 (2005), 412–422.

Jarausch, Konrad H., Die Umkehr. Deutsche Wandlungen 1945–1995, München 2004.

Jarausch, Konrad H. / Geyer, Michael, Zerbrochener Spiegel. Deutsche Geschichten im 20. Jahrhundert, München 2005.

Jarausch, Konrad H., Aus der Asche. Eine neue Geschichte Europas im 20. Jahrhundert, Stuttgart 2018.

Jesse, Eckhard, Phänomen Pegida, in: Zeitschrift für Politik 64 (2017), S. 77–88.

Jesse, Eckhard / Mannewitz, Tom / Panreck, Isabelle-Christine, Populismus und Demokratie. Interdisziplinäre Perspektiven, Baden-Baden 2019.

Jobst, Paul u. a. (Hg.), Autoritäre Zuspitzung. Rechtsruck in Europa, Münster 2017.

Jöckel, Jana, Vom »Wunder von Bern« zum »Sommermärchen«. Fußball-Weltmeisterschaften und die deutsche Nation, Münster 2015.

Judt, Tony, Geschichte Europas von 1945 bis zur Gegenwart, München 2006.

Kaelble, Hartmut, Sozialgeschichte Europas. 1945 bis zur Gegenwart, München 2007.

Kagan, Robert, Demokratie und ihre Feinde: Wer gestaltet die neue Weltordnung?, München 2008.

Kaldor, Mary, Neue und alte Kriege. Organisierte Gewalt im Zeitalter der Globalisierung, Frankfurt M. 2000.

Kallert, Andreas, Die Bankenrettungen während der Finanzkrise 2007–2009 in Deutschland. Zur Kritik der Systemrelevanz, Münster 2017.

Kämper, Gabriele, Die männliche Nation. Politische Rhetorik der neuen intellektuellen Rechten, Köln 2009.

Kaplan, Robert, Balkan Ghosts: A Journey Through History, New York 1993.

Keller, Patrick, Neokonservatismus und amerikanische Außenpolitik. Ideen, Krieg und Strategie von Ronald Reagan bis George W. Bush, Paderborn / München 2008.

Kempf, Udo / Merz, Hans-Georg (Hg.), Kanzler und Minister 1998–2005. Biografisches Lexikon der deutschen Bundesregierungen, Wiesbaden 2008.

Kempf, Udo / Merz, Hans-Georg (Hg.), Kanzler und Minister 2005–2013. Biografisches Lexikon der deutschen Bundesregierungen, Wiesbaden 2015.

Kenkmann, Alfons / Spieker, Christoph / Walter, Bernd (Hg.), Wiedergutmachung als Auftrag. Begleitband zur gleichnamigen Dauerausstellung – Geschichtsort Villa ten Hompel, Essen 2007.

Kershaw, Ian, Achterbahn. Europa 1950 bis heute, München 2019.

Keßler, Stefan / Grenz, Wolfgang / Duchrow, Julia Stellungnahme von *amnesty international* zum Entwurf eines Gesetzes zur Bekämpfung des internationalen Terrorismus (Terrorismusbekämpfungsgesetz), 28. 11. 2001, unter: https://archiv.cilip.de/alt/terror/amnesty.htm (Stand: 22. 03. 2019).

Klotz, Johannes / Schneider, Ulrich (Hg.), Die selbstbewußte Nation und ihr Geschichtsbild. Geschichtslegenden der Neuen Rechten – Faschismus, Holocaust, Wehrmacht, Köln 1997.

Kocka, Jürgen, Arbeiten an Geschichte. Gesellschaftlicher Wandel im 19. und 20. Jahrhundert, Göttingen 2011.

Kocka, Jürgen, Geschichte des Kapitalismus, München 2013.

Koenen, Gerd, Lenin, Stalin, Mao Tse-tung. Führerkulte und Heldenmythen des 20. Jahrhunderts, Frankfurt M. 1992.

Koenen, Gerd, Das rote Jahrzehnt. Unsere kleine Kulturrevolution 1967–1977, Köln 2001.

Koenen, Gerd, Die Farbe Rot. Ursprünge und Geschichte des Kommunismus, München 2017.

Kohrs, Ekkehard, Kontroverse ohne Ende. Der Hauptstadt-Streit. Argumente – Emotionen – Perspektiven, Weinheim 1991.

Koppetsch, Cornelia, Die Gesellschaft des Zorns. Rechtspopulismus im globalen Zeitalter, Bielefeld 2019.

Korte, Karl-Rudolf, »Das Wort hat der Bundeskanzler« – eine Analyse der großen Regierungserklärungen von Adenauer bis Schröder, Wiesbaden 2002.

Korte, Karl-Rudolf (Hg.), Die Bundestagswahl von 2009. Analysen der

Wahl-, Parteien-, Kommunikations- und Regierungsforschung, Wiesbaden 2010.

Korte, Karl-Rudolf, Präsidentielles Zaudern. Der Regierungsstil von Angela Merkel, in: Bukow, Sebastian / Seemann, Wenke (Hg.), Die große Koalition. Regierung – Politik – Parteien 2005–2009, Wiesbaden 2010, S. 102–123.

Krämer, Gudrun, Die islamische Welt im 20. Jahrhundert, in: Noth, Albrecht / Paul, Jürgen (Hg.), Der islamische Orient. Grundzüge seiner Geschichte, Würzburg 1998, S. 439–502.

Krastev, Ivan, Europadämmerung: Ein Essay, Berlin 2017.

Krause, Joachim, Multilaterale Ordnung oder Hegemonie, in: Aus Politik und Zeitgeschichte B 31/32 (2003), S. 6–14.

Krause, Ulf, Die Afghanistaneinsätze der Bundeswehr. Politische Entscheidungsprozesse mit Eskalationsdynamik, Wiesbaden 2011.

Krockow, Christian Graf von, Der deutsche Niedergang. Ein Ausblick ins 21. Jahrhundert, Stuttgart 1998.

Kroh, Anne, Klimapolitik – jenseits von ›links‹ und ›rechts‹? Eine Analyse klimapolitischer Positionen in der Bundesrepublik Deutschland, Duisburg 2015.

Kroh, Jens, Transnationale Erinnerung. Der Holocaust im Fokus geschichtspolitischer Initiativen, 2008.

Kubiak, Daniel, Der Fall »Ostdeutschland«. Einheitsfiktion als Herausforderung für die Integration am Fallbeispiel der Ost-West-Differenz, in: Zeitschrift für vergleichende Politikwissenschaft 12 (2018), S. 25–42.

Kühne, Olaf / Weber, Florian (Hg.), Bausteine der Energiewende, Wiesbaden 2018.

Kundnani, Hans, Perpetrators and Victims: Germany's 1968 Generation and Collective Memory, in: German Life and Letters 64 (2011), S. 272–282.

Kurbjuweit, Dirk, Angela Merkel. Die Kanzlerin für alle?, Hamburg 2009.

Ladiges, Manuel, Die Bekämpfung nicht-staatlicher Angreifer im Luftraum unter besonderer Berücksichtigung des § 14 Abs. Luft SiG und der strafrechtlichen Beurteilung der Tötung von Unbeteiligten, Berlin 2007.

Langenbacher, Eric (Hg.), The Merkel Republic: An Appraisal, New York / Oxford 2015.

Langewiesche, Dieter, Zeitwende. Geschichtsdenken heute, Göttingen 2009.

Langguth, Gerd, Die Grünen – auf dem Weg zu einer Volkspartei? Eine Zwischenbilanz, in: Zehetmair, Hans (Hg.), Das deutsche Parteiensystem. Perspektiven für das 21. Jahrhundert, Wiesbaden 2007, S. 137–158.

Langguth, Gerd, Kohl. Schröder. Merkel. Machtmenschen, München 2009.

Latif, Mojib, Der menschliche Einfluss auf das Klima, in: Aus Politik und Zeitgeschichte 13 (2006), S. 26–31.

LeBor, Adam, Milošević. A biography, New Haven 2004.

Leggewie, Claus/Meier, Horst (Hg.), Verbot der NPD oder mit Rechtsradikalen leben. Die Positionen, Frankfurt M. 2002.

Leggewie, Claus, Die Globalisierung und ihre Gegner, München 2003.

Leggewie, Claus, 11. September 2001 – welche Niederlage? Notizen zum Entstehen eines globalen Erinnerungsortes, in: Carl, Horst/Kortüm, Hans-Henning/Langewiesche, Dieter/Lenger, Friedrich (Hg.), Kriegsniederlagen. Erfahrungen und Erinnerungen, Berlin 2004, S. 447–464.

Leggewie, Claus/Meyer, Erik (Hg.), »Ein Ort, an den man gerne geht«. Das Holocaust-Mahnmal und die deutsche Geschichtspolitik nach 1989, München 2005.

Leggewie, Claus/Welzer, Harald, Das Ende der Welt, wie wir sie kannten. Klima, Zukunft und die Chancen der Demokratie, Bonn 2010.

Leggewie, Claus, Woher kommen Europas Energien? Überlegungen zur Europa- und Energiepolitik, Heidelberg 2011.

Leggewie, Claus/Lang, Anne, Der Kampf um die europäische Erinnerung. Ein Schlachtfeld wird besichtigt, München 2011.

Leggewie, Claus, Prometheische Kultur. Wo kommen unsere Energien her?, München 2013.

Leggewie, Claus, Wie viel Klimawandel erträgt die Demokratie? (Und wie viel Demokratie erlaubt der Klimaschutz?), in: Härtel, Ines (Hg.), Nachhaltigkeit, Energiewende, Klimawandel, Welternährung, Baden-Baden 2014, S. 321–338.

Leggewie, Claus/Mauelshagen, Franz, Climate change and cultural transition in Europe, Leiden 2018.

Lehmbruch, Gerhard, Die deutsche Vereinigung, in: Der Bürger im Staat 50 (2000), 4, S. 186–192.

Leif, Thomas/Raschke, Joachim, Rudolf Scharping, die SPD und die Macht. Eine Partei wird besichtigt, Reinbek bei Hamburg 1994.

Leonhard, Elke, Aus der Opposition an die Macht. Wie Rudolf Scharping Kanzler werden will, Köln 1995.

Leonhard, Jörn, Die Büchse der Pandora. Geschichte des Ersten Weltkriegs, München 2014.

Lepp, Claudia, Wege des Protestantismus im geteilten und wiedervereinigten Deutschland, in: Geschichte in Wissenschaft und Unterricht, 51 (2000), S. 173–189.

Lepp, Claudia / Nowak, Kurt (Hg.), Evangelische Kirche im geteilten Deutschland (1945–1989/90), Göttingen 2001.

Lepsius, Oliver, Freiheit, Sicherheit und Terror: Die Rechtslage in Deutschland, in: Leviathan 32 (2004), S. 64–88.

Lepsius, Rainer M., Demokratie in Deutschland. Soziologisch-historische Konstellationsanalysen; ausgewählte Aufsätze, Göttingen 1993.

Lessenich, Stephan, Die Neuerfindung des Sozialen. Der Sozialstaat im flexiblen Kapitalismus, Bielefeld 2008.

Levitsky, Steven/Ziblatt, Daniel, Wie Demokratien sterben. Und was wir dagegen tun können, München 2018.

Levy, Daniel C./Sznaider, Nathan (Hg.), Erinnerung im globalen Zeitalter: Der Holocaust, Frankfurt M. 2009.

Liebert, Ulrike, Neuer Schwung für Europa? Lehren aus der Vergangenheit und aktuelle Handlungsfelder, in: Aus Politik und Zeitgeschichte 37 (2017), S. 41–47.

Link, Werner, Grundlinien der außenpolitische Orientierung Deutschlands, in: Aus Politik und Zeitgeschichte B 11 (2004), S. 3–8.

Lipset, Seymour Martin, American Exceptionalism. A Double-Edged Sword, New York 1997.

Loquai, Heinz, Der Kosovo-Konflikt – Wege in einen vermeidbaren Krieg. Die Zeit von Ende November 1997 bis März 1999, Baden-Baden 2000.

Loth, Wilfried, Helmut Kohl und die Währungsunion, in: Vierteljahrshefte für Zeitgeschichte 61 (2013), S. 455–480.

Ludwigs, Markus (Hg.), Klimaschutz, Versorgungssicherheit und Wirtschaftlichkeit in der Energiewende, Berlin 2018.

Lukasch, Mike, Zwischen Hoffnung und Scheitern: Die USA und der Nahostfriedensprozess 1997–2005, Paderborn u. a. 2011.

Lutsch, Andres/Schumann, David, Maastricht 1992. Europäischer

»Staatenverbund« auf dem Weg zum Bundesstaat?, in: Rödder, Andreas/Elz, Wolfgang (Hg.), Deutschland in der Welt: Weichenstellungen in der Geschichte der Bundesrepublik, Göttingen 2010, S. 113–130.

Lutz, Dieter S. (Hg.), Der Krieg im Kosovo und das Versagen der Politik, Baden-Baden 2000.

MacGregor, Neil, Deutschland. Erinnerungen einer Nation, München 2015.

Machnig, Matthias/Rudolph, Karsten, Die Neuvermessung der SPD, in: Blätter für deutsche und internationale Politik 12 (2009), S. 64–74.

Mackenroth, Geert, Der Rechtsstaat in der Zwickmühle? Zur Balance von Freiheit und Sicherheit, Baden-Baden 2011.

Mann, Golo, Deutsche Geschichte des 19. und 20. Jahrhunderts, 19. Auflage, Frankfurt M. 1987.

Manow, Philip, Die Politische Ökonomie des Populismus, Berlin 2018.

Marx, Jean-Samuel, Neues Deutschland – neues Deutschlandbild? Selbstdarstellung und Rezeption der Berliner Republik in Frankreich von 1990 bis in die Gegenwart, Paderborn 2019.

Matussek, Matthias, Der Nichtraucher-Präsident, in: Follath, Erich (Hg.), Bill Clinton. Vom Vorbild zum Verlierer?, München 1993, S. 143–181.

Maull, Hanns W./Harnisch, Sebastian/Grund, Constantin (Hg.), Deutschland im Abseits? Rot-Grüne Außenpolitik 1998–2003, Baden-Baden 2003.

Mayer-Schönberger, Viktor, Was ist Big Data? Zur Beschleunigung des menschlichen Erkenntnisprozesses, in: Aus Politik und Zeitgeschichte 11/12 (2015), S. 14–19.

Mbembe, Achille, »La vérité est que l'Europe nous a pris des choses qu'elle ne pourra jamais restituer«, in: Le Monde Online (03. 12. 2018); unter: https://www.lemonde.fr/afrique/article/2018/12/01/achille-mbembe-la-verite-est-que-l-europe-nous-a-pris-des-choses-qu-elle-ne-pourra-jamais-restituer_5391216_3212.html (Stand: 01. 05. 2018).

Mead, Walter Russel, Power, Terror, Peace and War. American's Grand Strategy in a World at Risk, New York 2004.

Meggle, Georg, Humanitäre Interventionsethik. Was lehrt uns der Kosovo-Krieg?, Paderborn 2004.

Meichsner, Sylvia, Zwei unerwartete Laufbahnen. Die Karriereverläufe von Gerhard Schröder und Joschka Fischer im Vergleich, Marburg 2002.

Meiers, Franz-Josef, Zu neuen Ufern? Die deutsche Sicherheits- und Verteidigungspolitik in einer Welt des Wandels 1990–2000, München 2006.

Meiers, Franz-Josef, Germany's role in the euro crisis, Heidelberg u.a. 2015.

Meinel, Florian, Vertrauensfrage. Zur Krise des heutigen Parlamentarismus, München 2019.

Mende, Silke, »Nicht rechts, nicht links, sondern vorn«. Eine Geschichte der Gründungsgrünen, München 2011.

Meng, Richard, Der Medienkanzler, Was bleibt vom System Schröder?, Frankfurt M. 2002.

Merkel, Wolfgang/Egle, Christoph/Henkes, Christian/Ostheim, Tobias/Petring, Alexander, Die Reformfähigkeit der Sozialdemokratie. Herausforderungen und Bilanz der Regierungspolitik in Westeuropa, Wiesbaden 2006.

Metzler, Gabriele, Breite Straßen, schmale Pfade. Fünf Wege zur Geschichte der Bundesrepublik, in: Neue Politische Literatur 46 (2001), S. 244–267.

Meyer, Thomas, Die Kolonisierung der Politik durch das Mediensystem, Frankfurt M. 2001.

Mez, Lutz, Ökologische Modernisierung und Vorreiterrolle in der Energie- und Umweltpolitik? Eine vorläufige Bilanz, in: Egle, Christoph/Ostheim, Tobias/Zohlnhöfer, Reimut (Hg.), Das rot-grüne Projekt. Eine Bilanz der Regierung Schröder, Wiesbaden 2003, S. 329–351.

Mężyk, Robert, Die EU und die Finanzkrise, Die Emergenz eines neuen Systems der wirtschaftspolitischen Koordinierung in den Jahren 2010–2017, Wiesbaden 2019.

Michels, Reinhold, Otto Schily. Eine Biographie, München 2001.

Miegel, Meinhard, Die deformierte Gesellschaft. Wie die Deutschen ihre Wirklichkeit verdrängen, 5. Auflage, Berlin 2005.

Mielke, Siegfried/Reutter, Werner (Hg.), Länderparlamentarismus in Deutschland, Wiesbaden 2004.

Mischler, Gern, Tony Blair. Reformer – Premierminister – Glaubenskrieger, Berlin 2005.

Mishra, Pankaj, Das Zeitalter des Zorns. Eine Geschichte der Gegenwart, Frankfurt M. 2017.

Mittler, Günther R., Geschichte im Schatten der Mauer. Die bundesdeutsche Geschichtswissenschaft und die deutsche Frage 1961–1989, Paderborn u.a. 2012.

Mittler, Günther R., Neue Museen – neue Geschichte?, in: Aus Politik und Zeitgeschichte B 49 (2007), S. 13–20.

Mommsen, Margareta / Nußberger, Angelika, Das System Putin. Gelenkte Demokratie und politische Justiz in Russland, München 2007.

Mounk, Yascha, Der Zerfall der Demokratie. Wie der Populismus den Rechtsstaat bedroht, München 2018.

Muhler, Christopher, Transformation wider Willen? Die Bundeswehr im Kontext deutscher Auslandseinsätze 1989–2011, Berlin 2018.

Müller, Kay / Walter, Frank, Graue Eminenzen der Macht. Küchenkabinette in der deutschen Kanzlerdemokratie. Von Adenauer bis Schröder, Wiesbaden 2004.

Müller, Klaus, Globalisierung, Frankfurt M. 2002.

Müller, Marion G., Grundlagen der visuellen Kommunikation. Theorieansätze und Methoden, Konstanz 2003.

Münch, Ingo von, Die deutsche Staatsangehörigkeit. Vergangenheit – Gegenwart – Zukunft, Berlin 2007.

Münkler, Herfried, Die neuen Kriege, in: Der Bürger im Staat 54 (2004), 4, S. 179–185.

Münkler, Herfried, Die Deutschen und ihre Mythen, Berlin 2009.

Münkler, Herfried / Hacke, Jens (Hg.), Wege in die neue Bundesrepublik. Politische Mythen und kollektive Selbstbilder nach 1989, Frankfurt M. 2009.

Münkler, Herfried, Der große Krieg. Die Welt 1914 bis 1918, Berlin 2013.

Münkler, Herfried, Mitte und Maß. Der Kampf um die richtige Ordnung, Reinbek bei Hamburg 2015.

Münkler, Herfried, Macht in der Mitte. Die neuen Aufgaben Deutschlands in Europa, Hamburg 2015.

Münkler, Herfried: Kriegssplitter. Die Evolution der Gewalt im 20. und 21. Jahrhundert, Berlin 2015.

Münkler, Marina / Münkler, Herfried (Hg.), Die neuen Deutschen. Ein Land vor seiner Zukunft, Berlin 2016.

Mushaben, Joyce Marie, Becoming Madam Chancellor. Angela Merkel and the Berlin Republic, Cambridge u. a. 2017.

Nachtwey, Oliver, Marktsozialdemokratie. Die Transformation von SPD und Labour Party, Wiesbaden 2009.

Naumann, Klaus, Einsatz ohne Ziel? Die Politikbedürftigkeit des Militärischen, Hamburg 2008.

Naumann, Klaus, Militärische Optionen? Die Balkankriege und die Regierung Kohl, in: Historisch-Politische Mitteilungen 24 (2017), S. 177–188.

Nawrat, Sebastian, Agenda 2010 – ein Überraschungscoup? Kontinuität und Wandel in den wirtschafts- und sozialpolitischen Programmdebatten der SPD seit 1982, Bonn 2012.

Neßhöver, Christoph / Slodczyk, Katharina (Hg.), Wunder, Pleiten und Visionen: Ein Streifzug durch 60 Jahre deutsche Wirtschaftsgeschichte, Berlin 2007.

Neumann, Lothar F. / Schaper, Klaus, Die Sozialordnung der Bundesrepublik Deutschland, 5. Auflage, Hamburg 2008.

Niclauß, Karlheinz, Kanzlerdemokratie. Regierungsführung von Adenauer bis Schröder, Paderborn 2004.

Niedermayer, Oskar (Hg.), Die Parteien nach der Bundestagswahl 1998, Opladen 1998.

Niedermayer, Oskar, Das fluide Fünfparteiensystem nach der Bundestagswahl 2005, in: Ders. (Hg.), Die Parteien nach der Bundestagswahl 2005, Wiesbaden 2008, S. 9–35.

Niedermayer, Oskar, Das Parteiensystem der Bundesrepublik Deutschland, in: Ders. (Hg.), Handbuch Parteienforschung, Wiesbaden 2013, S. 739–764.

Niess, Wolfgang, Die Revolution von 1918/19. Der wahre Beginn unserer Demokratie, München u. a. 2017.

Niethammer, Lutz, Von der Zwangsarbeit im Dritten Reich zur Stiftung »Erinnerung, Verantwortung und Zukunft«, in: Jansen, Michael u. a. (Hg.), »Gemeinsame Verantwortung und moralische Pflicht«. Abschlussbericht zu den Auszahlungsprogrammen der Stiftung »Erinnerung, Verantwortung und Zukunft«, Göttingen 2007, S. 13–84.

Nishida, Makoto, Strömungen in den Grünen (1980–2003). Eine Analyse über informell-organisierte Gruppen innerhalb der Grünen, Münster 2005.

Nitze, Konstantin, Finanzhilfen für Euro-Staaten in der Krise. Eine EU-rechtliche Bewertung der als Reaktion auf die sog. Euro-Krise gewährten und vorgeschlagenen finanziellen Hilfen, Berlin 2015.

Noelle-Neumann, Elisabeth / Köcher, Renate (Hg.), Allensbacher Jahrbuch für Demoskopie 1998–2002, München 2002.

Nolte, Paul, Die Ordnung der deutschen Gesellschaft. Selbstentwurf und Selbstbeschreibung im 20. Jahrhundert, München 2000.

Nolte, Paul, Generation Reform. Jenseits der blockierten Republik, München 2004.

Nullmeier, Frank, Die Agenda 2010. Ein Reformpaket und sein kommunikatives Versagen, in: Fischer, Thomas / Kießling, Andreas / Novy, Leonard (Hg.), Politische Reformprozesse in der Analyse – Untersuchungsthematik und Fallbeispiele, Gütersloh 2008, S. 145–190.

Nullmeier, Frank / Köppe, Stephan / Friedrich, Jonas, Legitimation der Sozialpolitik, in: Obinger, Herbert / Rieger, Elmar (Hg.), Wohlfahrtsstaatlichkeit in entwickelten Demokratien. Herausforderungen, Reformen und Perspektiven, Frankfurt M. 2009, S. 151–190.

Oberndörfer, Dieter, Leitkultur und Berliner Republik, Die Hausordnung der multikulturellen Gesellschaft in Deutschland ist das Grundgesetz, in: Aus Politik und Zeitgeschichte B 1/2 (2001), S. 27–30.

Oberreuter, Heinrich (Hg.), Der versäumte Wechsel. Eine Bilanz des Wahljahres 2002, München 2004.

Oltmer, Jochen, Die Epoche der Gewaltmigration. Flucht und Vertreibung im 20. und frühen 21. Jahrhundert, Göttingen 2019.

Olusoga, David / Erichsen, Casper W., The Kaiser's Holocaust. Germany's Forgotten Genocide and the Colonial Roots of Nazism, London 2010.

Osterhammel, Jürgen, Geschichte der Globalisierung. Dimensionen, Prozesse, Epochen, München 2003.

Ostheim, Tobias / Schmidt, Manfred G. / Siegel, Nico A. / Zohlnhöfer, Reimut (Hg.), Der Wohlfahrtsstaat. Eine Einführung in den historischen und internationalen Vergleich, Wiesbaden 2007.

Otto, Christian, Die Grünen und der Pazifismus, Marburg 2011.

Overhaus, Marco, Die deutsche NATO-Politik. Vom Ende des Kalten Krieges bis zum Kampf gegen den Terrorismus, Baden-Baden 2009.

Pappi, Franz Urban, Die deutschen Wähler und der Euro: Auswirkungen auf die Bundestagswahl 1998?, in: Politische Vierteljahresschrift 41 (2000), S. 435–465.

Paqué, Karl-Heinz, Transformationspolitik in Ostdeutschland. Ein Teilerfolg, in: Aus Politik und Zeitgeschichte 28 (2009), S. 22–27.

Parzinger, Hermann, Das Humboldt-Forum. »Soviel Welt mit sich verbinden als möglich«. Aufgabe und Bedeutung des wichtigsten Kulturprojekts in Deutschland zu Beginn des 21. Jahrhunderts, hg. von der Stiftung Berliner Schloss – Humboldt-Forum, Berlin 2011.

Parzinger, Hermann, Das Humboldt-Forum im Berliner Schloss: Anspruch und Chance, in: Stiftung Preußischer Kulturbesitz (Hg.), Das Humboldt-Forum im Berliner Schloss, Planungen, Prozesse, Perspektiven, München 2013, S. 17–29.

Patel, Kiran Klaus, Zeitgeschichte im digitalen Zeitalter, in: Vierteljahrshefte für Zeitgeschichte 3 (2011), S. 331–351.

Patel, Kiran Klaus, Projekt Europa. Eine kritische Geschichte, München 2018.

Paul, Jens Peter, Zwangsumtausch. Wie Kohl und Lafontaine die D-Mark abschafften, Frankfurt M. 2010.

Pautz, Hartwig, Die Deutsche Leitkultur: Eine Identitätsdebatte. Neue Rechte, Neorassismus und Normalisierungsbemühungen, Stuttgart 2005.

Pfetsch, Frank R., Außenpolitik der Bundesrepublik Deutschland. Von Adenauer zu Merkel, 2. Auflage, Schwalbach am Taunus 2012.

Pflaumer, Gerd, Stellungnahme der Aktion Courage zum Terrorismusbekämpfungsgesetz, 26. 11. 2001; unter: https://archiv.cilip.de/alt/terror/courage.htm (Stand: 22. 03. 2019).

Pietschmann, Nina, Der Rechtsstaat im Wandel. Zum Spannungsverhältnis von Freiheit und Sicherheit in der Bundesrepublik Deutschland, in: Riescher, Gisela (Hg.), Sicherheit und Freiheit statt Terror und Angst. Perspektiven einer demokratischen Sicherheit, Baden-Baden 2010, S. 127–154.

Pilz, Frank, Der Sozialstaat. Ausbau – Kontroversen – Umbau, Bonn 2009.

Plumpe, Werner, Das kalte Herz. Kapitalismus: Die Geschichte einer andauernden Revolution, Berlin 2019.

Pohlmann, Markus Die Entwicklung des Kapitalismus in Ostasien und die Lehren aus der asiatischen Finanzkrise, in: Leviathan 32 (2004), S. 360–381.

Pollack, Detlef, Das geteilte Bewusstsein. Einstellungen zur sozialen Ungleichheit und zur Demokratie in Ost- und Westdeutschland 1990–1998, in: Czada, Rudolf/Wollmann, Hellmut (Hg.), Von der Bonner zur Berliner Republik. 10 Jahre deutsche Einheit, Opladen 2000, S. 281–307.

Prantl, Heribert, Verdächtig. Der starke Staat und die Politik der inneren Unsicherheit, Hamburg 2002.

Prognos (Hg.), Die zentralen Ergebnisse. Wie Deutschland sich in den nächsten Jahrzehnten entwickeln wird, Themenschwerpunkt Bun-

desländer, unter: www.prognos-deutschlandreport.de; https://www.
prognos-deutschlandreport.com/zentrale-ergebnisse-des-neuen-
prognos-deutschland-reports/ (Stand: 21. 03. 2019).

R+V (Hg.), R+V Studie: Die Ängste der Deutschen; unter: https://www.
ruv.de/presse/aengste-der-deutschen (Stand 11. 03. 2019).

Radkau, Joachim, Geschichte der Zukunft. Prognosen, Visionen, Irrun-
gen in Deutschland von 1945 bis heute, München 2017.

Ragnitz, Joachim, Realistische Erwartungen an den Aufbau Ost, in:
Wirtschaftsdienst 95 (2015), 6 (25 Jahre deutsche Einheit: Eine Erfolgsgeschichte?), S. 375–378.

Rainer, Helmut u. a. (Hg.), ifo Studie. Deutschland 2017 – Studie zu den
Einstellungen und Verhaltensweisen der Bürgerinnen und Bürger im
Vereinigten Deutschland, Erscheinungsdatum: 04. 09. 2018, vorgelegt
vom ifo Zentrum für Arbeitsmarkt- und Bevölkerungsökonomik,
unter: www.beauftragter-neue-laender.de; https://www.beauftragter-
neue-laender.de/BNL/Redaktion/DE/Downloads/Publikationen/
deutschland-2017-studie.html (Stand: 21. 03. 2019).

Raith, Michael, Der rot-grüne Beitrag zur Konfliktregulierung in Südosteuropa: Eine Rollen- und zivilmachttheoretische Untersuchung
der deutschen Kosovo- und Mazedonienpolitik, Baden-Baden 2006.

Raschke, Joachim, Die Zukunft der Grünen, Frankfurt M. 2001.

Raschke, Joachim / Tils, Ralf (Hg.), Strategie in der Politikwissenschaft.
Konturen eines neuen Forschungsfeldes, Wiesbaden 2010.

Rathefelder, Erich, Kosovo. Geschichte eines Konflikts, Berlin 2010.

Rehberg, Karl-Siegbert u. a. (Hg.), Pegida – Rechtspopulismus zwischen
Fremdenangst und »Wende«-Enttäuschung, Bielefeld 2016.

Reinecke, Stefan, Otto Schily. Vom RAF-Anwalt zum Innenminister.
Biographie, Hamburg 2003.

Richter, Stephan-Götz, Was Amerika und Europa erwartet, Bonn / Berlin
1992.

Rifkin, Jeremy, Das Ende der Arbeit und ihre Zukunft, Frankfurt M. 1995.

Rifkin, Jeremy, Die dritte industrielle Revolution. Die Zukunft der Industrie nach dem Atomzeitalter, Frankfurt M. 2011.

Rifkin, Jeremy, Die Null-Grenzkosten-Gesellschaft. Das Internet der
Dinge, kollaboratives Gemeingut und der Rückzug des Kapitalismus,
Frankfurt M. 2014.

Ritter, Gerhard A., Über Deutschland. Die Bundesrepublik in der deut
schen Geschichte, 2. Auflage, München 2000.

Ritter, Gerhard A., Der Preis der Deutschen Einheit. Die Wiedervereinigung und die Krise des Sozialstaats, München 2006.

Ritter, Gerhard A., Die deutsche Einheit als sozialstaatliche Herausforderung, in: Sabrow, Martin (Hg.), Die schwierige Einheit, Leipzig
2016, S. 43–63.

Robiou du Point, Yann / Meinshausen, Malte, Warning assessment of
the bottom-up Paris Agreement emissions pledgements, in: Nature
Communications 9 (2018), Art. Nr. 4810.

Rödder, Andreas, Die Bundesrepublik Deutschland 1969–1990, München 2004.

Rödder, Andreas, Das »Modell Deutschland« zwischen Erfolgsgeschichte und Verfallsdiagnose, in: Vierteljahrshefte für Zeitgeschichte, 54 (2006), S. 345–365.

Rödder, Andreas (Hg.), Alte Werte – neue Werte. Schlaglichter des
Wertewandels, Göttingen 2008.

Rödder, Andreas, Deutschland einig Vaterland. Die Geschichte der
Wiedervereinigung, München 2009.

Rödder, Andreas (Hg.), Deutschland in der Welt. Weichenstellungen
in der Bundesrepublik, Göttingen 2010.

Rödder, Andreas, Wiedervereinigung 1989/90. Deutsche Revolution und
internationale Ordnung, in: Ders./Elz, Wolfgang (Hg.), Deutschland
in der Welt: Weichenstellungen in der Geschichte der Bundesrepublik, Göttingen 2010, S. 97–112.

Rödder, Andreas, Die deutsche Einheit – eine Zwischenbilanz nach
25 Jahren, in: Sabrow, Martin (Hg.), Die schwierige Einheit, Leipzig
2016, S. 25–43.

Rödder, Andreas, Wer hat Angst vor Deutschland? Geschichte eines
europäischen Problems, Frankfurt M. 2018.

Rödder, Andreas, Konservativ 21.0. Eine Agenda für Deutschland, München 2019.

Roell, Peter, Deutschlands Beitrag zur internationalen Terrorismusbekämpfung, in: Hirschmann, Kai / Leggemann, Christian (Hg.), Der
Kampf gegen den Terrorismus, Berlin 2003, S. 125–142.

Rolf, Arno, Weltmacht vereinigte Daten. Die Digitalisierung und Big
Data verstehen, Marburg 2018.

Roose, Jochen / Sommer, Moritz / Scholl, Franziska, Europas Zivilgesellschaft in der Wirtschafts- und Finanzkrise, Wiesbaden 2019.

Rucht, Dieter, Deutsche Vereinigung und Demokratisierung. Zum

Scheitern der Bürgerbewegung, in: Clausen, Lars von (Hg.), Gesellschaften im Umbruch. Verhandlungen des 27. Kongresses der Deutschen Gesellschaft für Soziologie in Halle an der Saale 1995, Frankfurt M. 1996, S. 459–472.

Rudolf, Peter, Imperiale Illusionen. Amerikanische Außenpolitik unter Präsident George W. Bush, Baden-Baden 2007.

Rudolf, Peter, Ending War on Terror? Die Herausforderung durch den transnationalen Terrorismus und die Zukunft der amerikanischen Weltführungspolitik, in: Hagemann, Steffen/Tönnesmann, Wolfgang/Wilzewski, Jürgen (Hg.), Weltmacht vor neuen Herausforderungen. Die Außenpolitik der USA in der Ära Obama, Trier 2014, S. 289–312.

Rumsfeld, Donald, Known and Unknown. A Memoir, New York 2011.

Rupp, Hans Karl (Hg.), Politik nach Auschwitz. Ausgangspunkt, Konflikte, Konsens. Ein Essay zur Geschichte der Bundesrepublik, Münster 2005.

Sabrow, Martin (Hg.), 1990 – eine Epochenzäsur?, Leipzig 2006.

Sabrow, Martin (Hg.), Wohin treibt die DDR-Erinnerung. Dokumentation einer Debatte, 2007.

Sabrow, Martin (Hg.), Erinnerungsorte der DDR, München 2009.

Sabrow, Martin (Hg.), Mythos »1968«, Leipzig 2009.

Sabrow, Martin (Hg.), Die schwierige Einheit, 2016.

Sabrow, Martin, Die historische Herausforderung der deutschen Einheit, in: Ders. (Hg.), Die schwierige Einheit, Leipzig 2016, S. 9–25.

Salz, Andreas, Bonn-Berlin: Die Debatte um Parlaments- und Regierungssitz im Deutschen Bundestag und die Folgen, Münster 2006.

Schäfer, Ulrich, Der Angriff. Wie islamistischer Terror unseren Wohlstand sprengt, Frankfurt M./New York 2011.

Scherrer, Christoph/Kunze, Karen, Globalisierung, Göttingen 2011.

Scheuer, Stephan, Der Masterplan. Chinas Weg zur Hightech-Weltherrschaft, Freiburg/Basel/Wien 2018.

Schildt, Axel, Ankunft im Westen. Ein Essay zur Erfolgsgeschichte der Bundesrepublik, Frankfurt M. 1999.

Schildt, Axel/Siegfried, Detlef/Lammers, Karl Christian (Hg.), Dynamische Zeiten. Die 60er Jahre in den beiden deutschen Gesellschaften, Hamburg 2000.

Schildt, Axel/Siegfried, Detlef, Deutsche Kulturgeschichte. Die Bundesrepublik von 1945 bis zur Gegenwart, München 2009.

Schildt, Axel, Zeitgeschichte der »Berliner Republik«, in: Aus Politik und Zeitgeschichte 1–3 (2012), S. 3–8.

Schily, Otto, Vorwort des Bundesministers des Innern, in: Bundesministerium des Innern (Hg.), Verfassungsschutzbericht 2001, Berlin 2002.

Schirrmacher, Frank (Hg.), Die Walser-Bubis Debatte. Eine Dokumentation, Frankfurt M. 1999.

Schluchter, Wolfgang, Neubeginn durch Anpassung? Studien zum ostdeutschen Übergang, Frankfurt M. 1996.

Schmidt, Manfred G., Die Politik des mittleren Weges. Besonderheiten der Staatstätigkeit in der Bundesrepublik Deutschland, in: Aus Politik und Zeitgeschichte 9/10 (1990), S. 23–31.

Schmidt, Manfred G., Sozialpolitik in Deutschland. Historische Entwicklung und internationaler Vergleich, Wiesbaden 2005.

Schmidt, Manfred G., Die Politik des mittleren Weges. Die Wirtschafts- und Sozialpolitik der Bundesrepublik Deutschland im internationalen Vergleich, in: Wege der Gesellschaftsgeschichte 22 (2006), S. 239–252.

Schmidt, Manfred G., Die Sozialpolitik der zweiten rot-grünen Koalition, in: Egle, Christoph / Zohlnhöfer, Reimut (Hg.), Das Ende des rot-grünen Projekts. Eine Bilanz der Regierung Schröder 2002–2005, Wiesbaden 2007, S. 295–312.

Schmidt, Manfred G., Der deutsche Sozialstaat, Geschichte und Gegenwart, München 2012.

Schmitt-Beck, Rüdiger (Hg.), Wählen in Deutschland, Baden-Baden 2012.

Schmitt-Beck, Rüdiger (Hg.), Zwischen Fragmentierung und Konzentration: Die Bundestagswahl 2013, Baden-Baden 2014.

Schneehain, Alexander W., Der Atomausstieg. Eine Analyse aus verfassungs- und verwaltungstechnischer Sicht, Göttingen 2005.

Schnieders, Barbara, Die deutsch-amerikanischen Beziehungen nach 09/11/01: Eine konstruktivistische Synthese, Wiesbaden 2015.

Schoen, Harald / Greszki, Robert, Gemeinsames Regieren, getrennte Rechnungen, in: Saalfeld, Thomas / Zolnhöfer, Reimut (Hg.), Politik im Schatten der Krise. Eine Bilanz der Regierung Merkel 2009–2013, Wiesbaden 2015, S. 25–48.

Schöllgen, Gregor, Geschichte der Weltpolitik von Hitler zu Gorbatschow 1945–1991, München 1996.

Schöllgen, Gregor, Gerhard Schröder. Die Biographie, München 2015.

Schone, Harald/Falter, Jürgen W., Die Linkspartei und ihre Wähler, in: Aus Politik und Zeitgeschichte 32/33 (2005), S. 3–8.

Schöne, Jens, Die friedliche Revolution. Berlin 1989/90 – Der Weg zur deutschen Einheit, Berlin 2008.

Schraut, Sylvia, Terrorismus und politische Gewalt, Göttingen 2018.

Schreiber, Jürgen, Meine Jahre mit Joschka. Nachrichten von fetten und mageren Zeiten, Berlin 2007.

Schröder, Richard, Das Glück der deutschen Einheit, in: Sabrow, Martin (Hg.), Die schwierige Einheit, Leipzig 2016, S. 163–187.

Schroeder, Klaus/Deutz-Schroeder, Monika (Hg.), Soziales Paradies oder Stasi-Staat? Das DDR-Bild von Schülern – Ein Ost-West Vergleich, Stamsried 2008.

Schubert, Klaus/Hegelich, Simon/Bazant, Ursula (Hg.), Europäische Wohlfahrtssysteme. Ein Handbuch, Wiesbaden 2008.

Schulz, Peter, Der Kosovokonflikt unter besonderer Berücksichtigung der deutschen Rolle, Hamburg 2008.

Schwab-Trapp, Michael, Kriegsdiskurse. Die politische Kultur des Krieges im Wandel 1991–1999, Opladen 2002.

Schwarz, Hans-Peter, Republik ohne Kompass. Anmerkungen zur deutschen Außenpolitik, Berlin 2005.

Schwarz, Hans-Peter, Helmut Kohl. Eine politische Biographie, München 2012.

Schweitzer, Eva, Amerikas Schattenkrieger. Wie uns die USA seit Jahrzehnten ausspionieren und manipulieren, München/Berlin/Zürich 2015.

Schwilk, Heimo / Schacht, Ulrich (Hg.), Die selbstbewußte Nation. »Anschwellender Bocksgesang« und weitere Beiträge zu einer deutschen Debatte, 3. Auflage, Frankfurt M. 1995.

Sedlmayr, Sebastian, Die aktive Außen- und Sicherheitspolitik der rot-grünen Bundesregierung 1998–2005, Wiesbaden 2008.

Sheehan, James J., Kontinent der Gewalt. Europas langer Weg zum Frieden, München 2008.

Simms, Brendan, Kampf um Vorherrschaft. Eine deutsche Geschichte Europas 1453 bis heute, München 2016.

Sontheimer, Kurt, So war Deutschland nie. Anmerkungen zur politischen Kultur der Bundesrepublik, München 1999.

Sontheimer, Michael, Berlin, Berlin. Der Umzug in die Hauptstadt, Hamburg 1999.

Spiekermann, Sarah, Digitale Ethik. Ein Wertesystem für das 21. Jahrhundert, München 2019.

Spier, Tim / Butzlaff, Felix / Micus, Matthias / Walter, Franz (Hg.), Die
   Linkspartei – Zeitgemäße Idee oder Bündnis ohne Zukunft?, Wiesbaden 2007.

Spiliotis, Susanne-Sophia, Verantwortung und Rechtsfrieden. Die Stiftungsinitiative der deutschen Wirtschaft, Frankfurt M. 2003.

Statista. Das Statistik-Portal: Statistiken, Marktdaten & Studien, unter:
   https://de.statista.com/ (Stand: 21. 03. 2019).

Statistische Ämter des Bundes und der Länder: Gemeinsames Statistik-
   portal, unter: https://www.statistikportal.de/ (Stand: 21. 03. 2019).

Statistisches Bundesamt (Destatis), unter: https://www.destatis.de/DE/
   Startseite.html (Stand: 21. 03. 2019).

Stavginski, Hans-Georg, Das Holocaust-Denkmal. Der Streit um das
   »Denkmal für die ermordeten Juden Europas« in Berlin (1988–1999),
   Paderborn 2002.

Steinberg, Guido, Der nahe und der ferne Feind. Die Netzwerke des
   Islamischen Terrorismus, München 2005.

Steingart, Gabor, Deutschland. Der Abstieg eines Superstars, München
   2005.

Stern, Fritz, Fünf Deutschland und ein Leben, München 2007.

Stöver, Bernd, Der Kalte Krieg. Geschichte eines radikalen Zeitalters
   1947–1991, München 2007.

Straubhaar, Thomas, Radikal gerecht. Wie das bedingungslose Grundeinkommen den Sozialstaat revolutioniert, Hamburg 2017.

Strittmatter, Kai, Die Neuerfindung der Diktatur. Wie China den
   digitalen Überwachungsstaat aufbaut und uns damit herausfordert,
   München 2018.

Stümke, Volker, Der Kosovokrieg als Anwendungsfall einer politischen
   Ethik für das 21. Jahrhundert, Würzburg 2001.

Süß, Werner (Hg.), Deutschland in den Neunziger Jahren. Politik und
   Gesellschaft zwischen Wiedervereinigung und Globalisierung, Opladen 2002.

Süß, Winfried, Was bleibt vom »Modell Deutschland«? Sozialpolitik
   und soziale Ungleichheit in der vereinigten Bundesrepublik, in:
   Sabrow, Martin (Hg.), Die schwierige Einheit, Leipzig 2016, S. 63–81.

Szabe, Stephen F., Parting Ways: The Crisis in German-American Rela-
   tions, Washington, D.C. 2004.

Ther, Philipp, Die neue Ordnung auf dem alten Kontinent. Eine Geschichte des neoliberalen Europas, München 2014.

Theveßen, Elmar, Nine Eleven. Der Tag, der die Welt veränderte, Berlin 2011.

Thiele, Matthias, Flucht, Asyl und Einwanderung im Fernsehen, Konstanz 2005.

Thieme, Tom (Hg.), 25 Jahre Deutsche Einheit. Kontinuität und Wandel in Ost- und Westdeutschland, Chemnitz 2016.

Thränert, Oliver, Die Reform der Bundeswehr: Die Debatte bei den Regierungsparteien SPD und Bündnis 90/Die Grünen, in: Aus Politik und Zeitgeschichte B 43 (2000), S. 24–33.

Tibi, Bassam, Europa ohne Identität? Die Krise der multikulturellen Gesellschaft, München 1998.

Tibi, Bassam, Europa ohne Identität? Europäisierung oder Islamisierung, Stuttgart 2016.

Tooze, Adam J., Crashed. Wie zehn Jahre Finanzkrise die Welt verändert haben, München 2018.

Trampusch, Christine, Der erschöpfte Sozialstaat. Transformation eines Politikfeldes, Frankfurt M. 2009.

Troebst, Stefan, Postkommunistische Erinnerungskulturen im östlichen Europa. Bestandsaufnahme, Kategorisierung, Periodisierung, Wrocław 2005.

Uekötter, Frank, The Greenest Nation? A New History of German Environmentalism, Cambridge 2014.

Ullrich, Sebastian, Der Weimar-Komplex. Das Scheitern der ersten deutschen Demokratie und die politische Kultur der frühen Bundesrepublik, Göttingen 2009.

Ulrich, Bernd, Guten Morgen Abendland. Der Westen am Beginn einer neuen Epoche. Ein Weckruf, Köln 2017.

Varoufakis, Yanis u. a., Europa kaputt? Für das Ende der Alternativlosigkeit, Berlin 2016.

Wirtschafts- und Sozialwissenschaftliches Institut der Hans-Böckler-Stiftung (Hg.), Verfügbare Haushaltseinkommen im regionalen Vergleich, Mai 2019.

Vierhrig, Henrike, Militärische Auslandseinsätze. Die Entscheidungen europäischer Staaten zwischen 2000 und 2006, Wiesbaden 2010.

Vorländer, Hans u. a. (Hg.), Pegida. Entwicklung, Zusammensetzung und Deutung einer Empörungswelle, Wiesbaden 2016.

Wache, Volkhard Die Strafverfolgung islamistischer Terroristen, in: Hirschmann, Kai/Leggemann, Christian (Hg.), Der Kampf gegen den Terrorismus. Strategien und Handlungserfordernisse in Deutschland, Berlin 2003, S. 143–152.

Waldmann, Peter Terrorismus. Provokation der Macht, 3. Auflage, Hamburg 2011.

Wallow, Hans (Hg.), Rudolf Scharping. Der Profi, Düsseldorf 1994.

Walter, Franz, Die SPD: Vom Proletariat zur Neuen Mitte, Berlin 2002.

Walter, Franz, Abschied von der Toskana. Die SPD in der Ära Schröder, Wiesbaden 2005.

Walter, Franz, Charismatiker und Effizienzen. Porträts aus 60 Jahren Bundesrepublik, Frankfurt M. 2009.

Walter, Franz, Die SPD. Biographie einer Partei, Reinbek bei Hamburg 2009.

Walter, Franz, Im Herbst der Volksparteien? Aufstieg und Rückgang politscher Massenintegration, Bielefeld 2009.

Walter, Franz, Gelb oder Grün? Kleine Parteiengeschichte der besserverdienenden Mitte in Deutschland, Bielefeld 2010.

Walter, Franz, Vorwärts oder abwärts? Zur Transformation der Sozialdemokratie, Berlin 2010.

Weber, Florian, Konflikte um die Energiewende. Vom Diskurs zur Praxis, Wiesbaden 2018.

Wehler, Hans-Ulrich, Nationalismus. Geschichte, Formen, Folgen, München 2001.

Wehler, Hans-Ulrich, Konflikte zu Beginn des 21. Jahrhunderts: Essays, München 2003.

Wehler, Hans-Ulrich, Deutsche Gesellschaftsgeschichte 1949–1990 (Bd. 5): Von der Gründung der beiden Staaten bis zur Vereinigung, München 2008.

Wehler, Hans-Ulrich, Die neue Umverteilung. Soziale Ungleichheit in Deutschland, München 2013.

Weichert, Thilo, Sicherheit, Kriminalität und Grundrechte in der informatisierten Risikogesellschaft, in: Humanistische Union e. V. (Hg.), Innere Sicherheit als Gefahr, Berlin 2003, S. 19–31.

Weidenfeld, Werner (Hg.), Demokratie am Wendepunkt. Die demokratische Frage als Projekt des 21. Jahrhunderts, Berlin 1996.

Weiner, Rainer, Politischer Personalismus in Deutschland. Soziologische Aspekte des »System Kohl«, in: Berliner Jahrbuch für Soziologie, 3 (2002), S. 375–390.

Weinhauer, Klaus, Zwischen »Partisanenkampf« und »Kommissar Computer«: Polizei und Linksterrorismus in der Bundesrepublik bis Anfang der 1980er Jahre, in: Ders. (Hg.), Terrorismus in der Bundesrepublik: Medien, Staat und Subkulturen in den 1970er Jahren, Frankfurt M. 2006, S. 244–270.

Weiß, Volker, Die autoritäre Revolte. Die Neue Rechte und der Untergang des Abendlandes, Stuttgart 2017.

Weissermel, Philip, Terrorismus als Kommunikationsstrategie. Ein Vergleich der Roten Armee Fraktion und des Islamischen Staates, Baden-Baden 2017.

Welzer, Harald, Die smarte Diktatur. Der Angriff auf unsere Freiheit, Frankfurt M. 2016.

Welzer, Harald, Alles könnte anders sein. Eine Gesellschaftsutopie für freie Menschen, Frankfurt M. 2019.

Werner, Götz W., Einkommen für alle. Bedingungsloses Grundeinkommen – die Zeit ist reif, Köln 2018.

Wewer, Göttrick (Hg.), Bilanz der Ära Kohl, Opladen 1998.

Wilzewski, Jürgen, Taking Smart Seriously: Obama, präventive Inhaftierungen, gezielte Tötungen und die Zukunft amerikanischer Weltführungspolitik, in: Hagemann, Steffen / Tönnesmann, Wolfgang / Wilzewski, Jürgen (Hg.), Weltmacht vor neuen Herausforderungen. Die Außenpolitik der USA in der Ära Obama, Trier 2014, S. 19–52.

Winke, Hermann / Will, Gabriele (Hg.), Die Anti-Terror-Debatten im Parlament, Hamburg 1978.

Winkler, Heinrich August, Der lange Weg nach Westen, Bd. 1: Deutsche Geschichte vom Ende des Alten Reiches bis zum Untergang der Weimarer Republik, München 2000.

Winkler, Heinrich August, Der lange Weg nach Westen, Bd. 2: Deutsche Geschichte vom »Dritten Reich« bis zur Wiedervereinigung, München 2000.

Winkler, Heinrich August, Integration oder Erosion. Joschka Fischers »Humboldt-Rede«. Absicht und Wirkung, in: Hohls, Rüdiger / Schröder, Iris / Siegrist, Hannes (Hg.), Europa und die Europäer. Quellen und Essays zur modernen europäischen Geschichte, Stuttgart 2005.

Winkler, Heinrich August, Geschichte des Westens, Bd. 4: Die Zeit der Gegenwart, München 2015.

Winkler, Heinrich August, Von der deutschen zur europäischen Frage. Gedanken zu einem Jahrhundertproblem, in: Vierteljahrshefte für Zeitgeschichte 63 (2015), S. 473–486.

Winkler, Heinrich August, Zerbricht der Westen? Über die gegenwärtige Krise in Europa und Amerika, 2017.

Wirsching, Andreas, Abschied vom Provisorium. Geschichte der Bundesrepublik Deutschland 1982–1990, München 2006.

Wirsching, Andreas, Der Preis der Freiheit. Geschichte Europas in unserer Zeit, München 2012.

Wirsching, Andreas, Fortsetzung der »Kanzlerdemokratie«? Von Helmut Kohl zu Angela Merkel, in: Bienert, Michael C./Hübener, Kristina/Creuzberger, Stefan/Oppermann, Matthias (Hg.), Die Berliner Republik. Beiträge zur Zeitgeschichte seit 1990, Berlin 2013, S. 35–54.

Wirsching, Andreas, Demokratie und Globalisierung. Europa seit 1989, München 2015.

Wodak, Ruth, Politik mit der Angst. Zur Wirkung rechtspopulistischer Diskurse, Wien 2016.

Wolfrum, Edgar, Geschichtspolitik in der Bundesrepublik Deutschland. Der Weg zur bundesrepublikanischen Erinnerung 1948–1990, Darmstadt 1999.

Wolfrum, Edgar, »1968« in der gegenwärtigen deutschen Geschichtspolitik, in: Aus Politik und Zeitgeschichte B 22–23 (2001), S. 28–36.

Wolfrum, Edgar, Moral und Pragmatismus. Die deutsche Erinnerung an den Holocaust im Denkmal, in: Cornelißen, Christoph (Hg.), Diktatur, Krieg, Vertreibung. Erinnerungskulturen in Tschechien, der Slowakei und Deutschland seit 1945, Essen 2005, S. 251–271.

Wolfrum, Edgar, Die geglückte Demokratie: Geschichte der Bundesrepublik Deutschland von den Anfängen bis zur Gegenwart, Stuttgart 2006.

Wolfrum, Edgar, Zivilgesellschaft – ein Erbe von 1989?, in: Sabrow, Martin (Hg.), Bewältigte Diktaturvergangenheit? 20 Jahre DDR-Aufarbeitung, Leipzig 2010, S. 155–128.

Wolfrum, Edgar, Rot-Grün an der Macht. Deutschland 1998–2005, München 2013.

Zeitler, Klaus Peter, Deutschlands Rolle bei der völkerrechtlichen Anerkennung der Republik Kroatien unter besonderer Berücksichtigung des deutschen Außenministers Genscher, Marburg 2000.

Zimmerer, Jürgen: Humboldt Forum: Das koloniale Vergessen, in: Blätter für deutsche und internationale Politik 7 (2015), S. 13–16.

Zimmermann, Klaus, Eine Zeitenwende am Arbeitsmarkt, in: Aus Politik und Zeitgeschichte 16 (2005), S. 3–5.

Zohlnhöfer, Reimut / Zohlnhöfer, Werner, Die Wirtschaftspolitik der Ära Kohl 1982–1989/90. Eine Wende im Zeichen der sozialen Marktwirtschaft?, in: Historisch-politische Mitteilungen 8 (2001), S. 153–174.

Zohlnhöfer, Reimut, Die Wirtschaftspolitik der Ära Kohl. Eine Analyse der Schlüsselentscheidungen in den Politikfeldern Finanzen, Arbeit und Entstaatlichung, 1982–1998, Opladen 2001.

Zohlnhöfer, Reimut, Republik im Übergang: Machtwechsel in der Bundesrepublik Deutschland seit 1949, in: Zeitschrift für Staats- und Europawissenschaften 2 (2004), S. 612–639.

Zohlnhöfer, Reimut, Rot-grüne Finanzpolitik zwischen traditioneller Sozialdemokratie und neuer Mitte, in: Egle, Christoph / Zohlnhöfer, Reimut (Hg.), Das Ende des rot-grünen Projekts. Eine Bilanz der Regierung Schröder 2002–2005, Wiesbaden 2007, S. 193–214.

Zohlnhöfer, Reimut, »Koalition der neuen Möglichkeiten« oder Interregnum auf dem Weg zu passenden Mehrheiten? Eine Bilanz der Politik der Großen Koalition unter Angela Merkel 2005–2009, in: Gesellschaft – Wirtschaft – Politik 2 (2009), S. 201–213.

Zohlnhöfer, Reimut, Globalisierung der Wirtschaft und finanzpolitische Anpassungsreaktionen in Westeuropa, Baden-Baden 2009.

Zohlnhöfer, Reimut, Große Koalition: Durchregiert oder im institutionellen Dickicht verheddert?, in: Aus Politik und Zeitgeschichte 38 (2009), S. 9–14.

Zohlnhöfer, Reimut / Egle, Christoph (Hg.), Die zweite große Koalition. Eine Bilanz der Regierung Merkel 2005–2009, Wiesbaden 2010.

Zohlnhöfer, Reimut / Saalfeld, Thomas, Politik im Schatten der Krise. Eine Bilanz der Regierung Merkel 2009–2013, Wiesbaden 2015.

DANK

Ich möchte mich bei allen herzlich bedanken, die in vielen Situationen geholfen, recherchiert, das Manuskript gelesen, mit mir diskutiert und somit das Buch möglich gemacht haben. Der Dank gilt meinen Kolleginnen und Kollegen und darüber hinaus besonders Dorothea Bach und Tim Schinschick, die viel geleistet haben, aber ebenso David Betzing, Anna Ewert, Birgit Hofmann, Miriam Jost, Sebastian Mesch, Annika Netter, Joey Rauschenberger, Tobias Renghart und Stefanie Siess. Den Lektoren des Verlages Klett-Cotta, namentlich Daniel Kah, und besonders Senior Editor Christoph Selzer, danke ich für beständige Unterstützung, fortwährende Kritik und für den letzten Schliff am Ganzen. Mein großes Glück ist, dass ich mit Claudia Lepp, meiner Frau, immer alles besprechen kann.

Edgar Wolfrum, Heidelberg im November 2019

NAMENSREGISTER